海上丝路

东印度公司与启蒙时期欧洲的"中国风"

施晔 著

The East India Trade and Chinoiserie in the Enlightenment Period

上海古籍出版社

2017 年度国家社会科学基金项目:
东印度公司与启蒙时期欧洲的"中国风"研究
（批准号：17BZW133）

中国文化的世界性意义
——以启蒙思想与中国文化关系为视角

梁启超当年在谈到中国历史的研究时曾说过,中国的历史发展,可以划分为"中国的中国""亚洲的中国"以及"世界的中国"三个阶段。所谓"中国的中国",这一阶段是指中国的先秦史,自黄帝时代直至秦统一。这是"中国民族自发达自竞争自团结之时代"。所谓"亚洲之中国"的阶段,是为中世史,时间是从秦统一后至清代乾隆末年。这是中华民族与亚洲各民族相互交流并不断融合的时代。所谓"世界之中国"的阶段,是为近世史。自乾隆末年至当时,这是中华民族以及亚洲各民族开始与西方民族交流并产生激烈竞争之时代。由此开始,中国成为世界的一部分。

梁公这样的历时性划分虽然有一定的道理,但实际上中国和世界的关系是一直存在的,尽管中国的地缘有一定的封闭性,但中国文化从一开始就不是一个封闭的文化。中国和世界的关系,亦不是从乾隆年间才为肇始。中国文化在东亚的传播,如果以汉籍传入为起点已有一千多年,[1] 中国和欧洲的关系也可追溯到久远年代,在《汉书》中已经有了"大秦国"的记载,[2] 而早在希腊拉丁作家的著作中也开始有了关于中国的记载,虽然在地理和名称上都尚不准确。[3] 我曾将西方对中国的认识划分为"游记汉学阶段""传教士汉学阶段"和"专业汉学阶段",[4] 虽然这样的划分有待细化,但大体说明欧洲人对中国认识的历史进程。这说明中国文化从来就不是一个地域性的文化,它不仅在东亚文化发展中有着重要的影响,而且在西方文化的发展中也一直扮演着重要角色。因此,对中国文化价值的研究不仅可以从其内在的逻辑出发加以阐述,也可以从其在世界范围的影响角度展开。实际上在世界范围内梳理中国文化外传的历程与影响是中国文化的历史本质所要

---

[1] 参阅严绍璗《日本中国学史》,江西人民出版社,1993年。
[2] 参阅[德]夏德著、朱杰勤译《大秦国全录》,大象出版社,2009年;[美]费雷德里克 J. 梯加特著,丘进译:《罗马与中国——历史事件的关系研究》,大象出版社,2009年;[英]H·裕尔著,张绪山译:《东域记程录丛》,云南人民出版社,2002年。
[3] [法]戈岱司编,耿昇译:《希腊拉丁作家远东古文献辑录》,中华书局,1987年。
[4] 张西平:《欧洲早期汉学史:中西文化交流与西方汉学的兴起》,中华书局,2009年。

求的,唯有此,才能真正揭示中国文化的世界性意义。

在中国与西方的文化关系中,最重要、也最有魅力的就是17—18世纪中国文化西传所引起的欧洲"中国热"和对启蒙运动产生的重要影响,这是"研究中西关系史上一段最令人陶醉的时期,这是中国和文艺复兴之后的欧洲高层知识界的第一次接触与对话"。[1]这段历史最能清楚地显示出中国文化的世界性意义。

对这段历史的研究有三个关键性的问题:第一,17—18世纪时,中国古代文化典籍传到欧洲了吗?第二,欧洲的思想家们阅读到这些书后,产生社会影响了吗?第三,为何中国文化会对近代欧洲文化思想史上最重要的启蒙运动产生影响?

一、中国文化经典的西传

我们首先回答第一个问题。"礼仪之争"是17—18世纪中西文化交流史上最重要的事件。[2]这个事件最后导致中国清朝政府和罗马教廷的直接对峙,成为欧洲和中国之间的重大外交事件。[3]

这一事件首先发生在耶稣会内部,随后逐步演化为来华传教士的各个修会对中国传教策略的争论。[4]它在本质上是欧洲天主教文化第一次面对中国文化时所产生的宗教性困惑和两种文化理解的碰撞,在内容上是一个纯粹传教学的问题或者说是一个纯粹的文化问题的争论。从争论的范围来看,虽然也有中国教徒参与,[5]但实质上是一个罗马教会的内部问题,争论的根源也在欧洲教会内部。当争论演化为一个欧洲文化史和思想史问题时,这场争论基本已与中国没有太大关系了,中国只是作为一个文化的"他者"参与了欧洲文化与思想的进程。[6]

---

[1] [荷兰]许理和著,辛岩译:《十七—十八世纪耶稣会研究》,载《国际汉学》1999年第4期。

[2] [美]苏尔.诺尔编,沈保义、顾卫民、朱静译:《中国礼仪之争:西文文献一百篇(1645—1941)》,上海古籍出版社,2001年。

[3] 参阅李天纲《中国礼仪之争:历史、文献和意义》,上海古籍出版社,1998年,第2、345页。

[4] 参阅张国刚《从中西初识到礼仪之争:明清传教士与中西文化交流》,人民出版社,2003年;Edward Malatesta, *A Fatal Clash of Wills: The Condemnation of the Chinese Rites by the Papal Legate Carlo Tonunasso Maillard de Toumon*, Rites Controversy (1994), pp.210-245; Claudia von Collani, *Charles Maigrot's Role in the Chinese Rites Controversy*, Rites Controversy (1994), pp.49-183.

[5] 关于中国文人参与"礼仪之争",参阅林金水《明清之际士大夫与中西礼仪之争》,载《历史研究》1993年第2期。

[6] 关于这一方向的研究,参阅朱谦之《中国哲学对欧洲的影响》,上海人民出版社,2006年;[法]维吉尔·毕诺著,耿昇译:《中国对法国哲学思想形成的影响》,商务印书馆,2013年;[法]艾田蒲著,许钧、钱林森译:《中国之欧洲》,广西师范大学出版社,2008年;孟华:《伏尔泰与孔子》,新华出版社,1993年;张国刚、吴莉苇:《启蒙时代欧洲的中国观:一个历史的巡礼与反思》,上海古籍出版社,2006年;吴莉苇:《当诺亚方舟遭遇伏羲神农:启蒙时代欧洲的中国上古史论争》,中国人民大学出版社,2005年;韩承良:《由方济会的传教历史文件看中国天主教礼仪之争的来龙去脉》,《善导周刊》1923(1993/4/18)、1924(1993/4/25);魏若望著,吴莉苇译:《耶稣会士傅圣泽神父传:索隐派思想在中国及欧洲》,大象出版社,2006年;B. Guy, *The French Image of China before and after Voltaire*, Geneva, Institut Musée Voltaire, 1963; H. Honour, *Chinoiserie: the Vision of Cathay*, London, Murray 1961.

"礼仪之争"最大的受益者是欧洲的思想和文化界,由于各修会都要为自己的传教路线辩护,耶稣会要向欧洲说明他们的"合儒易佛"是正确的传教路线,这样对儒家经典的翻译以及对中国文化的介绍就成为各个修会的重要内容。"受争论双方影响,欧洲本土自17世纪末掀起一场大规模介绍中国礼仪,介绍中国哲学与宗教,介绍中国历史与文化的著作,这可以说是欧洲文化思想界全面关注和认识中国的起点"。[1]这真是历史的吊诡,或许是黑格尔(G. W. F. Hegel,1770—1831)所说的"理性的狡黠"。来华耶稣会士远渡大洋,来到中国,是为了福音东传,使中华民族皈依天主教。没想到,无心插柳柳成荫,"礼仪之争"却使这些传播福音的来华传教士变成了中国文化西传的主力军,成为儒家经典的翻译者和介绍者,从而成为中国文化向欧洲传播的桥梁。后世的历史学家在评判来华耶稣会士的历史作用时,甚至认为他们在"中学西传"的功劳比在"西学东渐"上的功劳还要大,这恐怕是利玛窦为代表的来华耶稣会士们万万没有想到的。

　　18世纪法国耶稣会士入华后,其翻译的范围在不断扩大,翻译成果首先体现在出版杜赫德(Jean-Baptiste du Halde,1674—1743)所编辑的《中华帝国全志》一书之中。我们仅以这本书为例,就可以看出当时中国古代文化经典在域外的翻译出版情况。"《中华帝国全志》被誉为'西方早期汉学三大名著'之一,由法国耶稣会士杜赫德在编辑《耶稣会士书简集》的过程中,将传教士从中国寄回的这些书信和著作、翻译等加以巧妙的编排而组成的一本书,它的全名为《中华帝国及其鞑靼地区的地理、历史、编年、政治、物理之记述》(*Description Géographique Historique, Chronologique, Politique, et Physique de L'empire de la Chine et de la Tarie Chinoise: Enrichie des Cartes Générales et Particulieres de ces Pays, de la Carte Générale et des Cartes Particulieres du Thibet, & de la Corée, & Ornée d'un Grand Nombre de Figures & de Vignettes Gravées en Taille-Duoce*)。[2]杜赫德并未来过中国,但他以这些耶稣会的来信和著作为基础,重新按照一个完整的体例来进行编辑,从而使这本书体现出了个别著作所不具备的特征,即对中国介绍的完整性。同时,这部书也将在华传教士的大量的关于中国典籍的部分章节、部分片段介绍翻译成法文放入其中。因此,这本书是研究中国古代典籍西译的一部重要著作,也是18世纪中国文化在欧洲传播的代表性著作。囿于该文篇幅,这里仅仅将其翻译中国典籍的部分作品目录做一个初步的列表。[3]

---

[1]　张国刚:《从中西初识到礼仪之争:明清传教士与中西文化交流》,第504页。
[2]　对杜赫德一书的专门研究,请参阅张西平《欧洲早期汉学史:中西文化交流与西方汉学的兴起》,第492、492—513页。关于传教士(包括后来的法国耶稣会士)通信传统和制度,参阅[美]唐纳德·F·拉赫著,周云龙译:《发现的世纪》第一册(上),《欧洲形成中的亚洲》(第一卷),人民出版社,2013年,第390页;[法]维吉尔·毕诺著,耿昇译:《中国对法国哲学思想形成的影响》。
[3]　杜赫德在第一卷中列出了他在书中所采用的来华耶稣会士的手稿和著作的名单,包括:卫匡国、南怀仁、柏应理、安文思、洪若翰、白晋、张诚、卫方济、李明、刘应、雷孝思、马若瑟、殷弘绪、赫苍壁、龚当信、戈维理、夏德修、巴多明、杜德美、汤尚贤、冯秉正、郭中传、彭加德、卜文气、沙守信、宋君荣、雅嘉禄。从这一名单,可以看出这本书所反映出耶稣会士成果的全面性。

杜赫德《中国帝国全志》中的儒家经典和中国典籍翻译目录

序号	卷数	内　　容	页码
1	第二卷	朱熹论著选译	
2		蒙学故事选译	
3		《易经》选译和介绍	288—295
4		《书经》选译和介绍	295—307
5		《诗经》选译和介绍	308—317
6		《春秋》选译和介绍	317—318
7		《礼记》选译和介绍	318—319
8		孔子传选译（附孔子像）	319—324
9		《大学》选译和介绍	325—326
10		《中庸》选译和介绍	327—329
11		《论语》选译和介绍	327—329
12		《孟子》选译和介绍	334—363
13		《孝经》选译和介绍	363—365
14		《小学》选译和介绍	365—384
15		《康熙帝御选朱批历代敕、诏、法、令、谏、言集》选译和介绍	385—612
16		《明代著名文人唐荆川所编文集选》	613—654
17		《王阳明所作关于安静的短言》	654—668
18		《列女传》	668—693
19	第三卷	二程哲学选译（程氏：一位现代哲学家关于世界起源与现状的答问）	
20		理学著作选译（一位现代中国哲学家对中国人的性格与风俗的看法）	
21		《赵氏孤儿》翻译	
22		《本草纲目》选译	
23		《中国植物志》	
24		《中国医学自然历史》	
25		《今古奇观：吕大郎还金完骨肉》	
26		《今古奇观：庄子休鼓盆成大道》	
27		《今古奇观：六月雪》	

通过对《中华帝国全志》这部洋洋大作进行内容分析,我们可以看到,传教士的译作基本上已经向西方读者介绍了相对完整的儒家文化的核心内容,勾画了中国文化精神的世界蓝图。

从西方对中国的认识过程来看,耶稣会士的主要贡献在于从16世纪到17世纪西方对中国认识的演进中,他们首先通过翻译儒家经典和中国文化经典,把对中国的认识推进到精神阶段。拉赫曾这样评价早期来华的道明会传教士在认识中国过程中所做的工作,他说:"最早的记述强调的是物质财富、技术和中国社会复杂的组织结构。在16世纪中期以后,克路士、门多萨和马菲等人尽力呈现一个综合画面,强调盛行在中国政府、教育和社会结构中的合理规则。这些作家也开始更为详细地讲述在中国国家关系和贸易中朝贡体制的主要特征。传教士们一直致力于通过文化渗透在中国传播福音,他们增加了以前中国形象中一直欠缺的智力因素。由于许多传教士都是博学之士,他们不满足于草率的观察和臆测,开始严肃认真地收集中国书籍,进行翻译,并向有学问的提供消息的中国人询问。尽管16世纪欧洲的中国形象在许多细节上仍模糊不清、歪曲失真、畸形怪异,但到1600年时,甚至在利玛窦在北京成功安顿下来之前,实际上,在欧洲文献中中国生活中的每一个突出特征都已被触及,中国形象的基本轮廓已然清晰显露。"[1] 道明会等修会在17世纪对中国精神文化的探索,包括拉达开始翻译中国古代小说和一些典籍,在门多萨的《中华帝国史》中已经表现了出来,这些均为耶稣会的工作打下了基础,进一步促进耶稣会士开启了翻译儒家经典和中国典籍的先河。

正是在来华耶稣会的努力之下,正是通过他们孜孜不倦的翻译工作,中国人的精神世界开始展现在欧洲人面前。

二、16—18世纪中国文化经典对欧洲的影响

儒家经典和中国古代文化典籍在16—18世纪欧洲的影响是一个重要的问题,其内容的复杂性几乎和儒家经典与中国国古代文化典籍在欧洲的历史传播研究一样,涉及多方面的问题,包括文本、人物、历史、思想,等等。笔者在此将重点放在传播历史的研究,并以影响研究为辅。是故,笔者从文化史与观念史的角度对这一时段的影响作一分析。

1. 全球史观下新的思考

在19世纪后由西方所主导的人文社会科学研究中,西方文化是人类思想的中心,它代

---

[1] [美]唐纳德·F·拉赫著,胡锦山译:《发现的世纪》(第二册),《欧洲形成中的亚洲》(第一卷),第373页。

表着人类的未来,其根据是现代化的社会发展模式和思想均由西方人确立。西方之所以取得现代化的显著成就,获得这样的地位,是因为西方有一整套的思想文化传统。文化的优越,导致了发展的优越;文化的先进,导致了社会的先进。这样,西方文化的这种地域性的经验就成为全球性的经验,放之四海而皆准;西方文化的自我表述就成为全球各类文化的统一表述。西方成为所有非西方国家的榜样,西方的道路应是全球各个国家的发展道路;西方的政治制度和文化观念应成为全球所有国家的制度和理念。于是就有了目前被人们广泛接受的"东西之分""现代与传统"之别的二元对立的模式。西方代表着现代和先进,东方或者非西方代表着传统和落后。这样,东方或者非西方国家如果希望走上现代之路,就一定要和传统决裂,要向西方学习,似乎唯有如此,东方或非西方国家与民族才能复兴。

不可否认,西方文化中确有许多有价值的东西,也为人类的文明与文化提供了宝贵的经验和理念,值得东方去学习。但中西对峙、现代与传统二分的模式显然有着它的弊端。仅就历史而言,这样的思路美化了西方的道路,把西方文化与精神发展史说成了一个自我成长的历史,把在漫长历史中阿拉伯文化、东方文化对其的影响与贡献完全忽略。特别是在启蒙时期,完全无视东西文化之间的交流与融合的历史,当然也无视自大航海以后,西方在全球的殖民历史以及对其他文化的灭绝与罪恶。从全球化的历史观点来看,这是有问题的。

弗兰克和吉尔斯认为:"当代世界体系有着至少一段5000年的历史。欧洲和西方在这一体系中升至主导地位只不过是不久前的——也许是短暂的——事件。因此,我们对欧洲中心论提出质疑,主张人类中心论。"[1]世界的历史是各个民族共同书写的历史,西方的强大只是近代以来的事情,而这种强大的原因之一就是西方不断地向东方学习。在希腊时期,"对俄耳蒲斯(Orpheus)、狄俄尼索斯(Dionysus)、密特拉斯(Mithras)的崇拜充斥着整个希腊—罗马世界,这说明在耶稣之后的若干世纪里,基督教学说和信仰很有可能与印度宗教共享了一种遗产。这些问题都值得深思,关于孰先孰后的疑惑很难决断,但是有一点确凿无疑,即任何试图将西方剥离出东方传统的行为都是一种人为的划分。"[2]文艺复兴前几百年中,世界的中心是阿拉伯文明,文艺复兴起始阶段就是意大利人学习阿拉伯文,从阿拉伯文中翻译回他们已失的经典。以后在佛罗伦萨的顶楼上发现了希腊文献的手稿,重点才回到意大利本土。[3]"就连像弗雷德里克·特加特这样的一些西方史学家,早在数代人之前业已批判过'以欧洲为中心的'历史著作,主张撰著单一的'欧亚地区'

---

[1] 安德烈·冈德·弗兰克、巴里·K·吉尔斯主编,郝名玮译:《世界体系:500年还是5000年?》,社会科学文献出版社,2004年,第3页。
[2] [美]J.J.克拉克著,于闽梅、曾祥波译:《东方启蒙:东西方思想的遭遇》,上海人民出版社,2011年,第55页。
[3] [英]约翰·霍布森著,孙建党译,于向东、王琛校:《西方文明的东方起源》,山东画报出版社,2009年;[德]瓦尔特·伯克特著,刘智译:《东方化革命:古风时代前期近东对古希腊文化的影响》,上海三联书店,2010年。

史。特加特1918年指出:'欧、亚两大地区是密不可分的。'麦金德曾指出过:若视欧洲史附属于亚洲史,即可非常深刻地认识欧洲史……史学家们的老祖宗(希罗多德)认为,欧洲史各时期均留有跨越将东西方隔开的假想线而交替运动的印记"[1]。有了这样一个长时段、大历史的全球化史观,破除了西方文化自我成圣的神秘化,我再来讨论16—18世纪启蒙时期中国古代文化在欧洲的影响就有了一个基本的出发点。[2]

2. 18世纪欧洲中国热[3]

关于西方思想和中国思想在启蒙时期的相遇,正像我们在开篇就指出的是,从大航海时代开始,"任何试图弄清楚欧洲和亚洲思想会面问题的研究都必须在这一语境下展开"[4]。

从社会侧面来看,启蒙时期儒家经典和中国古代文化对欧洲的影响就表现在18世纪的中国热。"启蒙时期正是中国清朝的早期和中期,这时中国在世界历史上的影响达到了巅峰……中国在世界历史和世界地理上都引人注目,其哲学、文化和重农思想受到密切的关注,其经验被视为典范……世界历史上任何一个时期都没有像启蒙时期这样,使得中国的商业贸易相对而言如此重要,世界知识界对中国兴趣如此之大,中国形象在整个世界上如此有影响"[5]。在社会生活层面,当时的欧洲上流社会将喝中国茶、穿中国丝绸的衣服、坐中国轿、建中国庭院、讲中国的故事作为一种使命的风尚。Chinoiserie这个词汇的出现,反映了法国当时对中国的热情。这"突出地反映了这样一个事实:在相当长的时期中,各个阶层的欧洲人普遍关心和喜爱中国,关心发生在中国的事,喜爱来自中国的事物"[6]。

德国哲学家莱布尼茨是当时欧洲最关心中国的哲学家,而且他和来华传教士有着直接的接触和联系,他见过闵明我,并与白晋保持了长期的通信,继而出版了德国历史上第一本关于中国的书——《中国近事》。在《礼仪之争》中,他明确地站在耶稣会一边,写了《论尊孔民俗》这一重要文献。晚年,他又写下了其哲学生涯中关于中国研究的最重要文

---

[1] 安德烈·冈德·弗兰克、巴里·K·吉尔斯主编,郝名玮译:《世界体系:500年还是5000年?》,第15页。
[2] [美]王国斌著,李伯重、连玲玲译:《转变的中国:历史变迁与欧洲经验的局限》,江苏人民出版社,1998年。
[3] 参阅罗芃等《法国文化史》,北京大学出版社,1997年,第436—464页。
[4] J.J.克拉克著,于闽梅、曾祥波译:《东方启蒙:东西方思想的遭遇》,第57页。参阅[美]杰克·古迪著,沈毅译《西方中的东方》,浙江大学出版社,2012年;许明龙《东传西渐:中西文化交流史散论》,中国社会科学出版社,2015年。
[5] [英]S.A.M.艾兹赫德著,姜智芹译:《世界历史中的中国》,上海人民出版社,2009年,第275—276页;Chen Shouyi, "The Chinese Garden in Eighteenth Century England", *T'ien Hsia Monthly 2* (1936), pp.321-339, *repr.* in Adrian Hsia (ed.), *The Vision of China in the English Literature of the Seventeent Eighteenth Centuies*, Hong Kong: The Chinese University Press,1998, pp.339-357.
[6] 许明龙:《欧洲18世纪"中国热"》,山西教育出版社,1999年,第121页。

献《中国自然神学论》。

从思想而言，中国思想在两个关键点上是和莱布尼茨契合的：其一，他对宋明理学的理解基本是正确的，尽管他并没有很好地观察到宋明理学中"理"这一观念在伦理和本体之间的复杂关系，但他发现了理的本体性和自己的"单子论"的相似一面；第二，他从孔子的哲学中看到自己自然神论的东方版本。在西方宗教的发展中，斯宾诺萨的自然神论开启了解构基督教人格神的神学基础，传统神学将自然神论视为洪水猛兽。从此斯宾诺萨只能生活在阿姆斯特丹，靠磨眼镜片为生。莱布尼茨通过自然神论来调和孔子与基督教的思想，"在这个意义上，莱布尼茨是当时唯一重要的哲学家，认为中国人拥有一门唯理学说，在某些方面与基督教教义并存"。[1] 尽管莱布尼茨的理解有其欧洲自身思想发展的内在逻辑，但他看到孔子学说中非人格神的崇拜是很明确的。[2]

如果说莱布尼茨从哲学和宗教上论证了孔子学说的合理性，那么伏尔泰（Voltaire, 1694—1778）则从历史和政治上论证了孔子学说的合理性。卫匡国的《中国上古史》以及《中国哲学家孔子》所附的中国纪年表，在欧洲引起了轰动，它们彻底动摇了中世纪的基督教纪年。[3]"《风俗论》是伏尔泰的一部重要著作，在这部著作中，伏尔泰第一次把整个中国文明史纳入世界文化史之中，从而打破了以欧洲史代替世界史的'欧洲中心主义'的史学观……他说东方民族早在西方民族形成以前就有自己的历史，我们有什么理由不重视东方呢？'当你以哲学家身份去了解这个世界时，你首先把目光朝向东方，东方是一切艺术的摇篮，东方给了西方一切'"。[4] 如果中国的历史纪年是真实的，基督教的纪年就是假的，梵蒂冈就在骗人，欧洲的历史也就是一部谎言的历史。借助中国，借助孔子，启蒙思想家们吹响了摧毁中世纪思想的号角。而伏尔泰这位18世纪的启蒙领袖是穿着孔子的外套出场的，他的书房叫"孔庙"，他的笔名是"孔庙大主持"。[5]

魁奈（Francois Quesnay, 1694—1774）也是推动18世纪法国中国热的重要人物。在魁奈的影响下，通过蓬巴杜夫人劝说，路易十五模仿中国古代帝王的"藉田大礼"，于1768年6月15日在凡尔赛王宫举行。皇太子"亲自拿着用丝带装饰的耕犁模型在众人面前炫

---

[1] [法] 艾田蒲著，许钧、钱林森译：《中国之欧洲》，第437页。
[2] [德] G.G.莱布尼茨著，杨保筠译：《中国近事——为了照亮我们这个时代的历史》，大象出版社，2005年；李文潮：《莱布尼茨与中国》，科学出版社，2002年；桑靖宇：《莱布尼茨与现象学：莱布尼茨直觉理论研究》，中国社会科学出版社，2009年；胡阳、李长铎：《莱布尼茨二进制与伏羲八卦图考》，上海人民出版社，2006年；孙小礼：《莱布尼茨与中国文化》，首都师范大学出版社，2006年；[美] 方岚生著，曾小五译，王蓉蓉校：《互照：莱布尼茨与中国》，北京大学出版社，2013年；David E.Mungello, *Leibniz and Conpcianism: The Search for Accord*, Honolulu: University of Hawaii Press,1977; David E. Mungello, "Confucianism in the Enlightenment: Anigonism and Collaboration between the Jesuits and the Philosophes", *China and Europe* (1991), pp.95-122.
[3] 参阅吴莉苇《当诺亚方舟遭遇伏羲神农：启蒙时代欧洲的中国上古史论争》。
[4] 张西平：《中国和欧洲早期宗教与哲学交流史》，东方出版社，2000年，第371页。
[5] 参阅孟华《伏尔泰与孔子》；张国刚、吴莉苇：《欧洲启蒙时期的中国观：一个历史的巡礼与反思》；张西平：《中国和欧洲早期宗教与哲学交流史》；[法] 维吉尔·毕诺著，耿昇译：《中国对法国哲学思想形成的影响》；严建强：《18世纪中国文化在西欧的传播及其影响》，中国美术学院出版社，2002年。

示",这被后人称为"对'重农主义'的流行性疯狂的一个贡献"。[1]魁奈对孔子充满了崇敬之情,他说:"中国人把孔子看作是所有学者中最伟大的人物,是他们国家从其光辉的古代所流传下来的各种法律道德和宗教的最伟大的革新者。这位著名哲学家坚贞不渝,忍受着各种非难和压制,而这些非难和压制有时在哲人们的著述似乎旨在重新建立他们自己国家的秩序时,也会遭遇到。"他从孔子学说中找到自己经济学说的思想基础——自然法则。重农学派的自然秩序理论主要受益于中国古代思想,魁奈说:"中华帝国不是由于遵守自然法则而得以年代绵长、疆土辽阔、繁荣不息吗?那些靠人的意志来统治并且靠武装力量来迫使人们服从于社会管辖的民族,难道不会被人口稠密的中华民族完全有根据地看作野蛮民族吗?这个服从自然秩序的广袤帝国,证明造成暂时的统治经常变化的原因,没有别的根据或规则,只是由于人们本身的反复无常,中华帝国不就是一个稳定、持久和不变的政府的范例吗?……由此可见,它的统治所以能够长久维持,绝不应当归因于特殊的环境条件,而应当归因于其内在的稳固秩序。"[2]这个内在固有的秩序就是"自然秩序",也正是他的学说的核心思想。

魁奈重农学派与中国古代思想之间的渊源和联系,得到学者的研究和证明。利奇温认为,魁奈的学说"特别得力于中国的传统文化",[3]中国学者谈敏认为:"重农学派创立自然秩序思想,其重要思想来源之一,是得自中国的文化传统;尤其是这一思想中那些在西方学者看来不同于欧洲主流思想的独特部分,几乎都能在中国古代学说中找到其范本。"[4]

在启蒙运动中始终有两种声音,从孟德斯鸠(Charles de Secondat Baron de Montesquieu,1689—1755)到卢梭,启蒙思想也在发生不断的演进与变化,这种变化最终在1793年孔多

---

[1] 转引自阎守诚编《阎宗临史学文集》,山西古籍出版社,1998年,第71页。
[2] L.A.马弗莉克:《中国:欧洲的模范》,得克萨斯,1946年,第303—304页,转引自谈敏《法国重农学派学说的中国渊源》,上海人民出版社,1992年,第162页。
[3] [德]利奇温著,朱杰勤译:《十八世纪中国与欧洲文化的接触》,商务印书馆,1962年,第91—93页。
[4] 谈敏:《法国重农学派学说的中国渊源》,第161页。有的学者从魁奈的书名《中华帝国的专制制度》(Le despotism de la Chine),就认为他在批评中国的专制主义,是法国中国热的一个转折点,正像孟德斯鸠对中国专制主义的批评一样。实际上,即便在孟德斯鸠的批评中,他也认为,用专制主义来描述中国是不完全适用的,在魁奈这里更是如此。克拉克认为:"但必须记住,启蒙思想家口中的'专制'绝非批评之辞,在这里中国乃是被视为受开明统治治理的国家典范,也就是说,这种类型的国家不会根据统治者的一时兴起而作出决定,它将视法律而定,它将以全体人民的幸福为目的,它将以社会一切方面的和谐运转作为统治者最关注的核心问题。他的同时代人一样,把中国视为理想社会,它为欧洲提供了一个可供模仿的范本。"(参阅《东方启蒙:东西方思想的遭遇》,第70页)把重农学派说成"回到封建的农业社会","从重农角度讲,他们是维护封建制度的","重农主义推崇中国重视农业"、亚当·斯密比重农学派更重视经济的自由发展等等,这些似是而非的议论,都未正确理解重农学派的基本理论。马克思对魁奈的《经济表》给予很高评价,他说:"重农学派最大的功劳,就在于他们在自己的《经济表》中,首次试图对通过流通表现出来的生产的形式画出一幅图画。"([德]马克思、恩格斯:《马克思恩格斯全集》第23卷,人民出版社,1972年,第648页)他还指出:"魁奈医生使政治经济学成为一门科学,他在自己的名著《经济表》中概括地叙述了这门科学。"(马克思:《哲学的贫困》,《马克思恩格斯全集》第4卷,人民出版社,1958年,第138页)这里并非为中国的制度辩护,只是在理解这些西方学者的思想时,要实事求是。

塞的《人类精神进步史表纲要》中表达了出来,此时,以进步为核心的启蒙观念确定了下来。而与此同时,中国成为与进步对峙的"停滞的国家"。如他所说:"我们就必须暂时把目光转到中国,转到那个民族,他们似乎从不曾在科学上和技术上被别的民族所超出过,但他们却又只是看到自己被所有其他的民族——相继地超赶过去。这个民族的火炮知识并没有使他们免于被那些野蛮国家所征服;科学在无数的学校里是向所有的公民都开放的,惟有它才导向一切的尊贵,然而却由于种种荒诞的偏见,科学竟致沦为一种永恒的卑微;在那里甚至于印刷术的发明,也全然无助于人类精神的进步。"[1]

由此,我们看到启蒙运动从伏尔泰到孔多塞,走过了一个完整的过程,对中国从赞扬变为批判。其实中国仍是中国,这种中国观的变化是欧洲自身思想变化的结果。"中国形象发生颠覆性的转变,归根结底是欧洲人看待中国时的坐标已经斗转星移,从尊敬古代变为肯定当今,从崇尚权威变为拥戴理性,从谨慎地借古讽今变为大胆地高扬时代精神。因此中国曾经被作为圣经知识体系的从属物而被尊敬,被作为古老文明典范而被尊敬,但瞬间又为同样的原因被轻视。借耶稣会士之手所传递的中国知识在17—18世纪的欧洲人眼里堆积起的中国形象其实没有太大变化,只是这个形象的价值随着欧洲人价值观的变化而改变了"[2]。

三、如何评价中国文化对欧洲启蒙运动的影响

在如何看待中国思想在启蒙运动中的影响时,有两个问题需要特别注意。

第一,中国思想是否传播到了欧洲,启蒙思想家们是否读到了中国古代哲学儒家的作品,这是一个知识论的问题。在这个问题上,有的学者将其分为两种立场和方法:"研究西方的中国观,有两种知识立场:一是现代的、经验的知识立场;二是后现代的、批判的知识立场。这两种立场的差别不仅表现在研究对象、方法上,还表现在理论前提上。现代的、经验的知识立场,假设西方的中国观是中国现实的反映,有理解与曲解,有真理与错误;后现代的、批判的知识立场,假设西方的中国观是西方文化的表述(Representation),自身构成或创造意义,无所谓客观的知识,也无所谓真实或虚构。"[3]不可否认,从后现代主义的理论出发,可以揭示出西方中国形象的一些特点,但将现代经验的知识立场和后现代的批判知识立场对立起来本身就是有问题的,尽管从后现代主义的立场来看,这种对立是天经地义的事。知识的传播和知识的接受是紧密不可分的两个阶段。知识是否流动?知识

---

[1] [法]孔多塞著,何兆武、何冰译:《人类精神进步史表纲要》,三联书店,1998年,第36—37页。
[2] 张国刚、吴莉苇:《启蒙时代欧洲的中国观:一个历史的巡礼与反思》,第324页。
[3] 周宁:《西方的中国形象》,载周宁主编《世界之中国:域外的中国形象研究》,南京大学出版社,2007年,第4页。

流动的具体内容如何？接受者如何接受和理解知识？他们的文化身份对所接受知识的影响如何？这些理解和他们所在的时代思想关系如何？这是一个问题的两个方面。"启蒙思想家在关于中国讨论时绝大多数情况下是建立在误读基础上的"，这样的判断只说明了问题的一个方面。不能因为接受者对知识的理解受到自身文化的影响而产生了对异文化的"误读"，就否认知识在传播中的真实性。同样，不因传播者在传播知识时受其自身文化的影响，对其所传播的知识附上自身的色彩，就完全否认了所传播知识仍具有真实的一面。中国后现代主义的知识立场夸大了知识传播和接受的主体自身的文化背景对知识传播和接受的影响，并且将文化之间的交流、知识在不同文化之间的流动完全归结为一个主体自身文化背景的问题，将丰富的历史过程仅仅压缩为主体自己的文化理解问题。这样也就"无所谓客观的知识，也无所谓真实或虚构"。显然，这种理解是片面的。"在讨论18世纪以来的中国观时要一分为二，一方面是欧洲人对中国文明一些基本特质的总结和认识，比如中国和中国人的特性、中国社会发展的特征、中国制度结构的特征，这些知识比较具有恒定性，基调在18世纪差不多都定下，此后也没有大的改观。另一方面则是欧洲人对这些基本恒定的内容的评价，它们或正或反，总不相同"。[1]这说明，知识和对知识的态度是两个问题。

这涉及启蒙时期欧洲知识界所了解到的关于中国的知识、所接触到中国古代文化思想究竟是真实的，还是虚假的？或者启蒙时期所形成的中国观和中国有关还是根本和中国无关？在一些学者看来，"关于西方的中国观的客观认识与真实知识这一假设本身就值得商榷。我们分析不同时代西方的中国观的变异与极端化表现并不是希望证明某一个时代西方的某一种中国观错了而另一种就对了，一种比另一种更客观或更真实，而是试图对其二元对立的两极转换方式进行分析，揭示西方的中国观的意义结构原则"。[2]西方对中国的认识自然有其自身的原因，但所接触和了解的外部因素的多少和真假当然对其内部因素的理解有着直接的影响。把外部因素作为一个虚幻的存在，其内部思想和文化转换的结构当然无法说清。

在笔者看来，尽管后现代主义的知识立场有一定的价值，但完全否认现代知识立场是片面的。中国知识和思想在启蒙运动中引起了巨大的思想震动，这本身是欧洲思想内部的原因造成的，但正是在耶稣会士所介绍的儒家思想的观照下，儒家自然宗教的倾向、中国历史编年的真实性、中国政治制度在设计上比欧洲的合理性，例如科举考试制度等，才会引起欧洲思想的震动。如果中国思想文化不具备一定的特质，则不会引起启蒙思想家如此大的兴趣。如孟华所说："孔子思想的核心是'仁'，它的基本含义是'爱人'。而伏尔泰终其一生不懈追求的，正是这种将人视为人，能够建立起人际间和谐关系的人本

---

[1] 张国刚、吴莉苇：《启蒙时代欧洲的中国观：一个历史的巡礼与反思》，第406页。
[2] 周宁：《西方的中国形象》，载周宁主编《世界之中国：域外的中国形象研究》，第6页。

主义。"[1]对魁奈而言,中国的思想是真实的,也是他的经济思想的重要来源。如谈敏先生所说,他的研究就是"试图以确凿的事实和大量的资料,系统地论证法国重农学派经济学说,从而西方经济学的中国思想渊源,具体地勾勒出重农学派在创建他们的理论体系时从中国所获得的丰富滋养及其对后代经济学家的影响;展示中西文化交流对于18世纪经济科学发展的重要意义,驳斥那些无视东方经济思想对于世界经济思想的贡献与影响的荒谬言论,弘扬中国古代经济思想的光辉成就"。[2]

中国思想和文化在16—18世纪的传播,在欧洲产生如此大的影响,形成了持续百年的中国热,这既是中国思想文化融入欧洲社会发展的一个过程,也是欧洲社会自身发展的一个自然过程,是欧洲思想变迁的内部需要的一个表现,同时也揭示了中国思想文化特点所具有的现代性内涵。这种否认中国知识在启蒙运动中的作用,无视中国思想文化的现代性内涵对启蒙思想的影响,将此时的启蒙发展完全归结于欧洲思想自身发展的逻辑,不仅违背了历史,也反映出了这种观点对欧洲思想自身成圣的神话的迷恋。

"'中国与欧洲的对立性'这一启蒙时所产生的认识也体现在一些长期占据欧洲学者思维的问题上,比如中国为什么古代先进而近代落后?中国的专制主义结构为什么能持续两千年?中国文明为什么会几千年不变?这些问题的提出就是以中国和欧洲处处相对立为前提,并且是以欧洲为标准,欧洲的模式意味着先进,则中国就是落后的例子;经过不断变化而形成的现代欧洲国家的政体是最文明与合理的,则中国的专制暴政长期存在就非常奇怪;欧洲是个不断变化求新的社会,则中国几千年维持原样未免不正常。正是这些基于两种文明对立性认识的问题构成了19、20世纪欧洲学者研究中国时的切入点,以及思索中国问题时所置身的基本框架"。[3]这个观点是中肯的。

我们首先要打破19世纪以来的欧洲神话。面对中国文明,欧洲从18世纪的"热"转为"冷",这是19世纪后开始的。对中国的负面看法尽管在18世纪也有,但成为主流是在19世纪。我这里想表达的是,19世纪后欧洲开始否认18世纪的中国热,一些西方人说这只是耶稣会所编撰的"神话"。他们开始否认18世纪的中国热,认为并不真实。我们要说明这种历史的真相,"在欧洲的'中国热'中,呈现在人们面前的是一个善恶并存、美丑兼有的形象,笼统地把这个形象说成'中国神话',至少是不准确、不全面的。之所以在相当长的一段时间中,对中国的景仰形成主流,而对中国的贬斥未能引起更多人的注意,那是时代精神使然,不应归咎于耶稣会士和伏尔泰们"。[4]弗兰克和彭慕兰的书都在说明这一点,不过他们是从经济史的角度,我们是从文化史的角度加以分析。尽管欧洲的认识有其自己的内在原因,但历史就是历史,这是不容随意篡改的。谢和耐教授曾经说过:"发现

---

[1] 孟华:《伏尔泰与孔子》,第146页。
[2] 谈敏:《法国重农学派学说的中国渊源》,第366页。
[3] 张国刚、吴莉苇:《启蒙时代欧洲的中国观:一个历史的巡礼与反思》,第406页。
[4] 许明龙:《欧洲18世纪"中国热"》,第330页。

和认识中国,对于18世纪欧洲哲学的发展,起到了决定作用,而正是这种哲学,为法国大革命作了思想准备。"[1] "直到今天,欧洲许多关于中国的认识还停留在中西初识时期,欧洲仍相当顽固地根据自己的需要来理解中国。中国文化曾经在启蒙时代这个历史时期里为欧洲文化和社会转型作出贡献,但欧洲还远远没有认识中国。"[2]

其次,应从长时段来重新审视中国和欧洲的文化关系。19世纪只是一个时段的总结,历史只有在长时段中才能显现出本质。在历史的宏大叙述中,百年只是弹指一挥间。中国的重新崛起具有重大的历史意义。

最后,应从思想内容上解构欧洲自我神话。我们必须看到,这段历史不仅说明"中国的'遗产'与所有其他文明国家的'遗产'已结合起来,显然纳入了一条正在实现世界合作大同的轨道",[3]这无疑反映出中国古代文化的世界性意义,同时对我们自身来说,"这段历史又告诉我们:中国的传统并不是完全与近现代社会完全相冲突的,中国宗教和哲学思想并不是与现代思想根本对立的,在我们的传统中,在我们先哲的思想中有许多具有同希腊文明一样永恒的东西,有许多观念同基督教文明一样具有普世性。只要我们进行创造性的转化,中国传统哲学的精华定会成为中国现代文化的有机内容。东方在世界体系中也并非无足轻重,在西方走向世界时,东方无论在思想上还是在经济上都起着不可取代的作用"。[4]因此,1500—1800年是中西文化的伟大的和平相遇,是中国和西方文化交流史最重要、最具有现代意义的一段历史,它是中国与西方共同的文化遗产,"未来的中西文化交流更多地呈现出1500年到1800年间中西方的互动与互惠"。[5]

再者,对启蒙运动后期所确立的进步史观应进行解构。孔多塞最终所确立的以进步为核心的启蒙观是欧洲思想走向自我中心主义的开始。孔多塞写于1793年的《人类精神进步史表纲要》,以进步史观为核心,将人类历史发展分为9个时期,由低到高,最终达到完美阶段。他把中国安排在人类历史发展的第三个时代,他对中国历史与文明的安排为以后黑格尔《历史哲学》对中国思想的评价打下了基础。[6]正如学者所说:"启蒙主义者努力在知识与观念中'发现'并'建设'一个完整的、体现人类幸福价值观的世界秩序,该秩序的核心就是进步,进步的主体是西方,世界其他地区与民族只是对象,这其中既

---

[1] 谢和耐:《关于17、18纪中国与欧洲的接触》,载《亚洲学报》,转引自许明龙《欧洲18世纪"中国热"》,第332页。
[2] 张国刚、吴莉苇:《启蒙时代欧洲的中国观:一个历史的巡礼与反思》,第426页。
[3] 李约瑟:《中国科学技术史》第一卷第一分册,第17页;潘吉星主编:《李约瑟文集》,辽宁科学技术出版社,1986年,第54、268页。
[4] 张西平:《中国与欧洲早期宗教与哲学交流史》,第492页。
[5] [美]孟德卫:《1500—1800:中西方的伟大相遇》,新星出版社,2007年,第188页。这段和平交流的历史的形成,就其根本而言,乃当时中国国力强大,葡萄牙人面对强大的明朝,无法采取武力;西班牙人桑切斯也放弃攻打中国的计划。因此,这段历史从根本上而言,是中国和欧洲国家国力大体相当所造成的。
[6] 张国刚:《18世纪晚期欧洲对于中国的认识——欧洲进步观念的确立与中国形象的逆转》,载《天津社会科学》2005年第3期。

有一种知识关系——认识与被认识,又有一种权力关系,因为发现与被发现、征服与被征服往往是同时发生的。启蒙主义者都是欧洲中心的世界主义者。他们描述世界的目的是确定欧洲在世界中的位置,他们叙述历史是为了确立自由与进步的价值,并将欧洲文明作为世界历史主体。启蒙运动为西方现代文明建筑了一个完整的观念世界,或者说是观念中的世界秩序。它在空间中表现为不同民族、国家、风俗及其法律的多样的、从文明到野蛮的等级性结构;在时间中表现为朝向一个必然的、目标的、线性的、可以划分为不同阶段的进步。启蒙主义都是历史主义者,他们将世界的空间秩序并入时间中,在世界历史发展的过程中理解不同民族文明的意义和价值。其线性的、进步的历史观念已不仅是人类经验时间的方式,甚至是人类存在的方式。所有的民族、国家都必须先在历史中确认自己的位置,无论是停滞的或进步的,在历史之外或在历史之中,然后才在世界的共时格局——即文明、野蛮的等级秩序——中找到自己的位置。"[1] 这个分析指出了孔多塞所代表的后期启蒙思想家的问题所在,即强烈的西方中心主义和带有强烈西方立场的历史观。

实际上,孔多塞时期的中国仍是一个强大的中国,正如弗兰克所说:"整个世界经济秩序当时名副其实地是以中国为中心的。哥伦布以及在他之后直到亚当·斯密的许多欧洲人都清楚这一点。只是到了19世纪,欧洲人才根据新的欧洲中心论观念名副其实地'改写'了这一历史。正如布罗代尔指出的,欧洲发明了历史学家,然后充分地利用了他们对各自利益的追求,而不是让他们追求准确或客观的历史。"[2]

所以,揭示出启蒙思想的实际发展的历史,说明欧洲思想不是一个自我成圣的过程,仅仅回到希腊,西方思想家无法发展出近代的启蒙思想观念。但当代的西方思想史叙述却不再提这段历史,他们改写西方思想的发展史,并设置一个思想和文化发展对峙的二元模式,以训导东方国家。在此意义上,这种做法反映出西方思想自启蒙后的堕落。后殖民主义理论的意义在于揭示出启蒙以来西方思想发展形成的真实历史和逻辑,以强调东方的价值和西方的虚伪。但这样一种理论,仍只是以西方为中心,东方仅为陪衬而已,从而没有真正从全球化的角度考虑东西方之间文化与思想的互动,没有揭示在这个历史过程中东方思想的价值,也没有揭示出当代西方思想和文化主流叙述的虚伪性。

因而,用后殖民主义理论来论证启蒙思想形成的内在逻辑的合理性的做法,恰恰是用后殖民主义逻辑为西方辩护的一种自我殖民化,违背了后殖民主义理论的初衷。这说明长期以来中国学术界那种以介绍西方文化理论为主,并借用这些西方理论来解释中国和世界的研究方式过时了,这样的研究方法暗含着对西方理论的崇拜,而不能真正地消化西方理论,对其加以"扬弃",吸收后创造出中国学术的理论。

---

[1] 周宁:《西方的中国形象》,载周宁主编《世界之中国:域外的中国形象研究》,第49—50页。
[2] [德]贡德·弗兰克著,刘北成译:《白银资本:重视经济全球化中的东方》,中央编译局出版社,2008年,第169页。

更为重要的是,在这样的理论方法主导下的研究,不能从这段交错的文化史中看到中国文化更为广大深远的意义。启蒙运动与中国文化交错复杂的关系说明,大航海以后,西方开启全球化运动,仅仅在中国本土来解释与理解中国文化的价值和意义已经不够了,应该从中国与世界的"互动"中重新认识中国文化的世界性意义。

张西平

目　　录

中国文化的世界性意义
　——以启蒙思想与中国文化关系为视角 ………………………………… 1

导　　论　文化的移译及交融：东印度公司与"中国风"在欧洲的生成 ……… 1

第一章　东印度公司与中国瓷文化的西传 ……………………………………… 17
　第一节　仿制与创新：荷兰代尔夫特蓝陶的中国渊源 ………………………… 18
　第二节　柳园图：中国"柳意象"的跨文化、多介质传播 ………………… 32
　第三节　阿姆斯特丹邦特瓷与18世纪中国瓷文化的亚欧循环之旅 ………… 59

第二章　东印度公司与中西美术交流 …………………………………………… 73
　第一节　东印度公司与广东外销画的崛起 ……………………………………… 74
　第二节　清代油画《公审"海王星"号商船水手案》本事考 ………………… 86
　第三节　南粤泥塑艺术的西传：广州艺匠吉官（Chitqua）研究 …………… 105

第三章　东印度公司与欧洲园林、建筑艺术的"中国风" ………………… 129
　第一节　东印度公司与英华园林在欧洲的传播 ……………………………… 129
　第二节　东印度公司与欧洲的瓷塔镜像 ……………………………………… 149

第四章　东印度公司与欧洲室内装饰的"中国热" ………………………… 171
　第一节　东印度公司与欧洲室内装饰的"中国热"（China-mania） ……… 172

第二节　墙面的风景：东印度公司与中国通景贴落画的西传 …………… 183
　　第三节　东印度公司与中国漆器的欧洲新变 ………………………………… 196
　　第四节　Singerie：18世纪欧洲"中国风"装饰艺术中的猴戏图研究 …… 212

第五章　东印度公司与中西音乐、戏剧的早期相遇 ……………………… 222

　　第一节　东印度公司与中英音乐的邂逅 ……………………………………… 223
　　第二节　视觉与隐喻：清代外销乐女画研究 ………………………………… 238
　　第三节　冯德尔戏剧《崇祯》：明清鼎革的西方演绎 ……………………… 251

第六章　东印度公司沉船出水遗珍的文物及文化价值 …………………… 270

　　第一节　"南京货"（The Nanking Cargo）：东印度公司沉船遗珍
　　　　　　及20世纪西方的"收藏中国"热 …………………………………… 270
　　第二节　从"哥德堡号"到卓宁霍姆宫：东印度公司与18世纪瑞典的"中国风" …… 280

总　　论　后东印度公司时代"中国风"的消长与海上丝路的复兴 ………… 293

参考文献 ……………………………………………………………………………… 303

导论
文化的移译及交融：东印度公司与"中国风"在欧洲的生成

提起历史悠久的海上丝绸之路，17世纪中叶开始对华直接贸易的东印度公司是一个无法忽略的重要篇章，尽管它曾因罪恶的殖民扩张及鸦片贸易而臭名昭著。东印度公司直通广州的这条航路，将中国的茶叶、瓷器、丝绸、漆器、壁纸等大宗商品运抵欧洲各国。公司在开展跨国贸易的同时，客观上承担了部分中欧文化交流的使命，且与盛行于欧洲一个多世纪的"中国风"兴衰与共。从这个意义上来讲，欧洲的"中国风"是经济全球化初期由东印度公司主导的国际商贸的独特副产品，一种由多种合力催生而成的文化现象。

东印度公司与"中国风"的生成

"中国风"（Chinoiserie）一词衍生自法语单词"chinois"，意为"中国风格"或"中国趣味"，起初仅局限于室内装饰艺术，后逐渐扩展至建筑、园林、服饰甚至形而上的音乐、美术、文学、哲学领域，因而具有狭义、广义之分。"中国风"一词生成的确切时间已无从考证，应不迟于18世纪中叶。但词汇的产生往往滞后于该词所指称的现象，正如"文艺复兴"一词直到19世纪中叶方由法国历史学家儒勒·米什莱（Jules Michelet, 1789—1874）首次提出一样。[1] 广义的"中国风"出现在欧洲远早于18世纪。西历纪元之初，轻柔亮滑的丝绸已缀起了希腊、罗马人最初的中国观；[2] 中世纪波斯、阿拉伯与大唐中土商舶

---

* 本书所用外文资料除注明出处的释文外，皆为作者自译。

[1] 儒勒·米什莱在其学术专著 *Histoire de France*（1833—67）第九册 *La Renaissance* 中，首先提出"文艺复兴"这一概念。J. Michelet, *Histoire de Franace*, Vol. IX, Paris, Galeries de L'odeox et rue Rotrou 4, 1879, p.1.

[2] 古罗马人 Gaius Pling（23—79）的《博物志》（*Naturalis Historia*）及古希腊人 Claudius Ptolemy 的《地理志》所提及的赛利斯（Seres），即指中国人。

互往，交通频繁，他们搜集的远东知识不时传至欧土；蒙元崛起时，意大利教士柏朗嘉宾（Giovanni da Pian del Carpine, 1182—1252）、法人鲁勃洛克（Guillaume de Rubruck, 1215—1295）等所述东行见闻、蒙人风习甚详，为欧人增添了甚为可贵的中国知识。[1]意大利旅行家马可·波罗（Marco Polo, 1254—1324）的游记则因广涉元代之朝章国故、南北民风、琐闻佚事而成为欧人治汉学及对中国有兴趣者之宝典。明朝末年，罗马教廷为在远东拓展传教区域，派遣大批耶稣会士来华，罗明坚（Michele Ruggieri, 1543—1607）、利玛窦（Matteo Ricci, 1552—1610）、金尼阁（Nicolas Trigault, 1577—1628）、卫匡国（Martinus Martini, 1614—1661）等传教士敬仰中国文化，将中华帝国描绘为道德化、理想化、诗意化的上邦乐土，他们自此成为中西文化交流的中坚力量，对欧人了解中国产生了深远影响。清代以降，欧洲各国陆续创建的东印度公司扮演了海上马车夫的角色，将中国的茶叶、瓷器、丝绸、漆器、壁纸等源源不断地运往欧洲，为"中国风"在欧洲的勃兴奠定了坚实的物质基础。而欧洲"中国风"的兴起又刺激了东印度公司远东贸易的快速增长，因此，两者相辅相成、兴衰与共。

"东印度"是一广义名称，并非只指印度，而是对包括今日之印度、印尼、中国、缅甸、菲律宾、马来西亚等国在内的东南亚地区的通称。在17—19世纪的欧洲历史上，先后出现过葡萄牙、英国、荷兰、瑞典、丹麦、法国等多个东印度公司，成为大航海时代欧洲向东半球殖民扩张、开展贸易、掠夺资源的先遣部队及主力军，为各国资本的原始积累发挥了重要作用。英国东印度公司（British East India Company）在上述诸公司中实力最强、运作时间最长，[2]是一个拥有强大军事力量的商业王国。仅次于它的是荷兰东印度公司（Vereenigde Oostindische Compagnie），[3]该公司是世界上第一个可以自组佣兵、发行货币的股份有限公司，具有国家职能，致力于殖民掠夺和对远东贸易的垄断。自1624年开始，曾占据台湾约40年。瑞典东印度公司（Svenska Ostindiska Companiet）的实力亦不容小觑，[4]自1732—1733年成功首航广州始，便与清政府建立了稳固的通商关系，前后抵达广州100余次开展跨国贸易。法国东印度公司（La Compagnie française des Indes orientales or Compagnie française pour le commerce des Indes orientales）则由早先成立的中国、东方、马达加斯加三家公司于1664年整合而成，[5]旨在促进法国在东半球的贸易。但因公司植根于封建专制的土壤，财政、行政皆受政府掣肘，因而发展缓慢，实力远弱于英、荷等国。尽管东印度公司在人类文明进化史上曾留下斑斑劣迹及昭彰罪恶，然而世间事物皆有两面性，公司开辟的欧亚海上商道在客观上以贸易带动了东西文化的交流，尤其助推了"中

---

[1] 柏朗嘉宾于1247年发表《事实报告》（*Libellus Historicus*）一册；鲁勃洛克于1254年后撰写旅行报告 *Itinerarwn Fratris Wilhelmi de Rubruck de ardine Fratrum Minorum, anno gratiae M. CC. L III ad partes Orientales*。
[2] 英国东印度公司成立于1600年，解散于1874年。
[3] 荷兰东印度公司成立于1602年，解散于1799年。
[4] 瑞典东印度公司建成于1731年，解散于1813年。
[5] 法属东印度公司1664年由让-巴普蒂斯特·柯尔伯（Jean-Baptiste Colbert）创建，解散于1789年法国大革命后。

国风"在欧洲的兴起,具体表现在以下四方面:

一、公司经营的货物本身均为"中国风"的重要物质载体,中国货物尤其是瓷器刺激了欧洲各国的技术及产品创新,成为波澜壮阔的工业革命的诱因之一。

人类对某一异质文化的认知和接受一般始于物质层面,"中国风"亦然。卷入这一艺术风尚的欧人最初皆始于对光洁瓷器及轻柔丝绸的迷恋,而正是东印度公司开辟的中西贸易海上丝路实现了这些物品的大量西传。法国东印度公司自1664年创建起便命运多舛,时有分合,并未创造远东贸易奇迹。1719年诞生的新"东印度公司"由约翰·卢瓦(John Law)当家,该公司不仅接管了对华贸易专营权,且在广州建立商馆,30多艘商船往返于欧亚之间,自1736—1743年间,每年创造出141%的利润。"中国风"在法国的兴盛期正值该公司贸易的黄金期,而且天缘巧合地与路易十五(Louis XV of France,1710—1774)的情妇蓬巴杜夫人(Madame de Pompadou,1721—1764)倡导的精致、优雅、柔美、舒适的洛可可室内装饰风合流,并由此辐射至建筑、园林、绘画、雕塑乃至音乐、戏剧领域。"中国风"与东印度公司相互生发的情况在法国之外的欧洲其他国家亦然。

以公司对华贸易的最大宗商品——茶叶为例。茶的引进改变了欧人的休闲习惯,同时带动了瓷器的消费。这些在远东航线开辟之前只为上层贵族专用的奢侈品经由公司商船的不懈输送而平民化,民众对上流社会高雅、奢侈生活的渴慕在金色的茶汤及光洁的瓷器中得以实现,渴慕的满足又引发出对中国其他物品如漆器、丝绸及室内装饰品的好奇和兴趣。如此种种均跳不出物质的范畴,而满足这种文化好奇心及消费虚荣心的物质提供者仍是东印度公司。当欧洲不再满足于仅靠公司货船定期定量搬运时,对中国物品尤其是瓷器的仿制热潮便应运而生。荷兰代尔夫特蓝陶(Delft Blue Ware)以酷似青花瓷的外形独步17世纪末的欧洲陶器市场;法国耶稣会士殷弘绪(Francois Xavier d'Entrecolles,1664—1741)于1712年将景德镇制瓷流程及原料寄回欧洲,为法国软瓷业的发展奠定了基础;而硬瓷则于1708年由弗里德里希·伯特格尔(Johann Friedrich Bottger,1682—1719)在德国迈森(Meissen)试制成功,从此迈森瓷器称霸欧洲。可以毫不夸张地说,"从16世纪起,欧洲陶瓷史实际上是欧洲在装饰和材料方面努力模仿中国瓷器的历史"。[1]而造瓷技术的不断创新、瓷器和棉布的大批量生产则直接推动了欧洲工业革命的兴起与发展。

二、公司职员中涌现出多位汉学家,在哲学、文学、艺术、建筑等领域有力助推了"中国风"的兴发,并为这一时尚提供了充足的理论支撑。作为一个在远东开展商贸活动的庞大商业王国,东印度公司延揽八方对东方文化尤其是中国文化感兴趣者,这些人在服务于公司的同时,也从各自的兴趣出发展开汉学研究。英国著名建筑师钱伯斯(William Chambers,1723—1796)早年任职于瑞典东印度公司,曾数次前往广东,并出版过《中国建筑、家具、服装和器物的设计》(*Designs of Chinese Buildings, Furnitures, Dresses, Machines,*

---

[1] [法]艾田蒲撰,许钧、钱林森译:《中国之欧洲》下卷,广西师范大学出版社,2003年,第43页。

and Utensils，1757年）、《东方园林论》(A dissertation on Oriental Gardening，1772年）等多本介绍中国园林建筑、服饰器皿的专著，其设计、督造的丘园（Kew Garden）及园中宝塔成为最具"中国风"的英华园林的代表；中国通小斯当通（Sir George Thomas Staunton，1781—1859）曾在英国东印度公司广州商行任中文翻译及公司特选委员会秘书等职，其翻译的《大清律例》于1810年在英国出版，此为第一本直接中译英的重要文献；第一位来华的英国新教传教士马礼逊（Robert Morrison，1782—1834）也曾在英国东印度公司任职20余年，首部正式出版的中英字典《华英词典》即出自其手，而排印该字典的公司印刷工汤姆斯（Peter Perring Thoms，1814—1851），也因翻译《花笺记》《博古图》等成为推动中国文学西传的业余汉学家；德国传教士郭实腊（Karl Friedrich August Gutzlaff，1803—1851）曾任英国东印度公司翻译，他创办了《东西洋考每月统计传》杂志，并有《中国沿海三次航行记》《中国简史》《道光皇帝传》等60余种有关中国的著述；瑞典东印度公司随船牧师彼特·奥斯贝克（Pehr Osbeck，1723—1805）从中国带回几百种植物标本及种子，为著名植物学家林耐（Carl von Linné，1707—1778）的研究填补了东亚空白……相关例子不胜枚举。

三、东印度公司自身的出版物为欧洲输送了最新鲜可靠的中国知识，公司本身也常成为各种"中国风"艺术品的题材。荷兰东印度公司早在1651年便派遣贡使访华，使团成员约翰·尼霍夫（Johan Nieuhof，1618—1672）于1665年在阿姆斯特丹出版《1656年荷兰东印度公司使团觐见当今中国大汗纪实》，不仅详细记录中国社会的方方面面，而且收录有描绘中国人物、动植物、建筑、船舶、桥梁、风景等内容的插图150幅。此书一出很快便被译为法、德、英等语言在欧洲广为流传，成为欧人了解中国的重要文献。后荷兰人达珀（Olfert Dapper，1635—1689）又撰写了《荷兰东印度公司使团第二和第三次出访大清帝国纪实》，该书于1670年由荷属东印度公司的阿姆斯特丹出版中心付梓。此书同样广泛介绍了中国社会状况及风物人情，并配有大量铜版画，在欧洲社会各阶层尤其是知识界引发了极大关注。马礼逊的《华英字典》成为欧人习汉语之"葵花宝典"，英属东印度公司出版的《广州纪录报》(The Canton Register)、《中国丛报》(Chinese Repository)、《东西洋考每月统记传》、《广东杂记》(The Canton Miscellany)等报刊成为当时中西方人士获取各方面知识及信息的重要平台。除出版物外，东印度公司成员因对华贸易量的激增常年与中国官府、商人打交道，这些场景成为艺术家青睐的题材。十三行外国商馆及公司职员、商船成为各时期外销画、瓷器、漆器纹样的重要主题。例如德国迈森瓷厂约制于1725—1730年间的一个带盖广口瓷杯，杯身两侧绘有中国风的褐色镀金花纹，但中间的图像则是停泊在黄浦港口的欧洲商船及岸上与中国人洽谈事务的东印度公司商人。[1]

---

[1] 瓷杯图片参见Jessie McNab Dennis, J.G. Herold and Company: The Art of Meissen Chinoiserie, *The Metropolitan Museum of Art Bulletin*, Vol. 22, No. 1, 1963, p.20。

四、东印度公司开辟的海上航线实现了中西学者、文人及艺术家的早期互访。随着跨国贸易量的逐年提升,东印度公司的航船密度也与日俱增,如1775—1804年10年间,从欧洲前来广州的公司商船共计496艘,平均每年约有17艘。[1]而且公司商船驻有雇佣兵,颇具安全保障,成为欧洲各国传教士、外交官、冒险家旅华的便捷交通工具,公司设在广州、澳门的商馆有时也为这些人提供暂时的栖身之所。马礼逊入华之初犹如"丧家之犬",因受澳门天主教徒排挤而栖身于广州美国商馆,东躲西藏、生活拮据的他最终为东印度公司接纳,不仅为公司商务拓展、汉语人才培养作出了巨大贡献,而且成为一个成就卓著的汉学家。而早期赴欧的中国民间艺匠、文人也多搭乘东印度公司商船往返于中欧之间。如中国泥塑艺人奇官(Chitqua)就是搭乘公司航班"霍生顿号"(East Indiaman the Horsendon)抵英,成为1769年前唯一抵达英国乃至欧洲并在伦敦引起轰动的中国艺术家。又如1867年应理雅各之邀前往欧洲的文人王韬,在其《漫游随录》上记曰:"十一月二十日,附公司轮舶启行,已正展轮……船中无物不具。"[2]这些互访人士皆为"中国风"现身说法,是有效推动华风西被的文化使者。

"中国风"在启蒙时期欧洲的呈现形态

同"洛可可"(Rococo)风格一样,"中国风"的发源地亦在法国,且两者皆以追求优雅、精致、逸乐为宗旨,因而一拍即合,相互生发。"洛可可艺术风格和古代中国文化的契合,其秘密即在于这种精细入微的情调。洛可可时代对于中国的概念主要不是通过文字而来的。以淡色的瓷器、色彩飘逸的闪光丝绸的美化的表现形式,在温文尔雅的十八世纪欧洲社会之前,揭露了一个他们乐观地早已梦寐以求的幸福生活的前景"。[3]18世纪初,一间摆放中国花瓶及漆屏,壁挂青花瓷盘,墙贴花鸟图案壁纸的中式房间是法国上流社会的时尚标志,清代宫廷的生活场景包括亭台楼阁被这里的人们狂热地模仿重构,时人因而写诗吟咏道:

> 多么神奇的国度!无须走出巴黎,
> 在罗亚尔宫,你就拥有中国物品:
> 一支中国乐队,来自北京,
> 呼呼地演奏一支马丁的独奏曲;

---

[1] [美]Morse H.B.撰,区宗华、林树惠译:《东印度公司对华贸易编年史》附录,中山大学出版社,1991年,第741—775页。
[2] (清)王韬:《漫游随录》,《走向世界丛书》VI卷,岳麓书社,2008年,第70页。
[3] [德]利奇温著,朱杰勤译:《十八世纪中国与欧洲文化的接触》,商务印书馆,1962年,第30—31页。

> 而在中国的水池,又是另一把戏,
> 从优雅的亭子,勾勒出建筑的踪迹,
> 那岩石堆砌的小山,是一堆石膏,
> 那外表美丽的岩洞,由纸板构成。
> 这样,巴黎人离住宅不远,就可手执拐杖,身临广州。[1]

"中国风"的势头如此之猛,不久便由法国刮遍整个欧洲。先看"中国风"在物质领域中的呈现。

茶与瓷器。早在16世纪中叶,茶便已传入威尼斯。但直至1610年,才由荷兰商人批量进口。从此,茶叶便逐渐在欧洲传播开来,被称为东方的恩赐之物。17世纪中叶,耶稣会士基歇尔(Athanasius Kircher,1602—1680)在其《中国图说》(*China Illustrata*,1667年)中介绍茶这种饮品,细述其有助于消化、醒酒、提神乃至解忧的神奇功效。茶在欧洲的风行更代表了时人休闲习俗的变革,约翰·普拉特(John T.Pratt)曾感叹道:"对于一个英国人来说,没有茶的日子会是多么烦闷!我们应该意识到我们有负于那个遥远的国度。"[2]瓷器入欧的时间与茶相仿,但17世纪之前出现在欧洲的中国瓷器多由葡萄牙商人零星购进,因物稀价昂、轻巧美丽而成为皇室和贵族垄断的奢侈品,如西班牙腓力二世(Felipe II de España,1527—1598)、英格兰女王玛丽二世(Mary II,1662—1694)均拥有恢宏的瓷器收藏。东印度公司组建以后,中欧瓷器贸易进入稳步上升阶段,瓷器被用作室内装饰品或茶餐具走入寻常百姓家,时人曾讴歌道:

> 让我们走向那瓷品,
> 它的美丽吸引我,引诱我。
> 它来自新的世界,
> 看不到有什么比它更美。
> 多么引人,多么细腻!
> 它是中国出产的瓷器![3]

可见中国瓷器对欧洲人的巨大吸引力。

漆器与壁纸。除了瓷器外,18世纪欧洲还流行以中国漆器、屏风、壁纸、灯饰等作为室内装饰物。漆器传入欧洲的时间与瓷器差不多,法国自17世纪初,已从中国进口髹漆箱柜、描金屏风、中式轿子及其他漆器。漆器与瓷器一样,在当时的法国人眼里是最能彰

---

[1] 转引自《中国之欧洲》下卷,第47页。
[2] John T. Pratt, *China and Britain*, London: Collins, 1944, p.33.
[3] 《中国之欧洲》下卷,第43页。

显财富与地位的奢侈品,因而引发了仿制热潮。巴黎工匠罗贝尔·马丁是仿制中国漆制家具的能手,路易十五的情妇蓬巴杜夫人是其忠实顾客,她在贝尔维城堡中摆满了各式描金漆制家具。蓬巴杜夫人带动了收藏漆器的时尚,奥地利美景宫专门辟有"中国漆器厅",此为女大公特蕾莎(Maria Theresa,1717—1780)为纪念丈夫神圣罗马帝国皇帝弗朗茨一世(Franz Stephan,1708—1765)特意设计的。中国壁纸自17世纪始传入英国,因其富于装饰效果且比壁毯轻薄洁净而广受青睐,装点了众多王公贵族的宫殿厅堂,与其间的中式家具相得益彰。18世纪以降,随着中国壁纸在欧洲的广泛使用,英、法等国开始仿制,在传统的山水、花鸟、人物等中国题材中融入诸多西方元素。

丝绸与服饰。中国对欧洲服饰的影响主要体现在丝绸、绣品的大量进口及广泛使用上。巴黎是欧洲时尚之都,自耶稣会士白晋(Joachim Bouvet,1656—1730)的《中国现状》(Etat présent de la Chine,1697年)出版后,书中描述的中国服饰便成为王公贵妇标新立异的工具,不时出现在上流社会的化装舞会中,随后传播至英、德、意、荷等国家。东印度公司的崛起为中国生丝、绣品及丝织品进入欧洲开辟了便捷通道,欧洲诸国贵妇成为狂热拥趸者,把丝绸穿在身上,戴在头上,摇在手上,铺在床上,原因在于其精美高贵、色彩艳丽、质优价廉,且极具东方情调。1772年,雷那尔评论这一时尚曰:"前世纪,欧洲人从中国输入的丝绢为量甚少(即与十八世纪不断增加的输入来比较),我们满足于当时所用的黑色和有颜色的肩巾;近四十年,尤其是近二十五年的时尚,好用白色的和彩色鲜明的肩巾,造成了越来越大的对中国出品的需要。每年的消费额最近已达八万条,其中法国就占了四分之一。"[1]因中国进口的丝织品影响到了法国本土丝织业的发展,17—18世纪,当局多次出面禁止东印度公司大规模输入中国制品。但是时尚的力量如此强大,这些禁令往往成为一纸空文。

建筑与园林。有关中式建筑及园林的知识自马可·波罗时代起,便已零星传入欧洲,荷兰人约翰·尼霍夫的东印度公司使团访华纪实中收录了多幅中式建筑及园林的铜版画,尤其是"南京瓷塔"一图广为欧人熟悉。17世纪下半叶仿造之风兴起于欧洲,代表有法国国王路易十四为情人蒙特斯班夫人建造的"瓷宫"、法国贵族安蒂尼·佛朗索斯修建的香侬塔及钱伯斯建造于丘园的宝塔。此后,耶稣会士亦纷纷在日记及书信中介绍中国建筑及园林,奥地利著名建筑师斐舍(Johann Bernhard Fischer von Erlach,1656—1725)所著《建筑物史略》(Sketch of an Historical Architecture)最早将中国建筑纳入其专著,相关内容即基于传教士卫匡国的《中国新图志》(Novus Atlas Sinensis)及东印度公司访华报告,并多有中国瓷塔、桥梁、假山、水池等的插图。后意大利籍耶稣会士马国贤(Matteo Ripa,1682—1746)将康熙年间《御制避暑山庄三十六景诗图》刻制成铜版画,法国教士王致诚(Jean Denis Attiret,1702—1768)又于1749年出版的《富有教益而有趣的书信》卷二七发表《中国皇帝游宫写照》一文,盛赞北京的宫廷建筑和皇家园林,这些著述在欧洲

---

[1] 转引自《十八世纪中国与欧洲文化的接触》,第31页。

引起强烈反响。从此,中式建筑在欧洲不断涌现,上翘的屋檐、塔檐的铃铛尤受青睐。科隆大主教奥古斯特在主教区建造颇具"中国风"的布律尔宫(Brühl),仅有一层的建筑屋顶呈曲线拱形,四角屋檐悬挂铜铃。与此同时,英国的中式园林开始兴起,以钱伯斯1759年在伦敦郊外兴建的丘园为代表,用中式宝塔、拱桥流水、曲径怪石点缀园林,展现他对中国园林艺术精髓的理解,也即师法自然而又高于自然,将自然与人力浑然天成地巧妙融合。英华园林一时成为厌倦了古典主义及巴洛克(Baroque)整齐划一、人工造作的各国园艺家竞相模仿的范式,如德国卡塞尔伯爵(Landgrave of Kassel)的"木兰村"(Moulang)即为其中翘楚,村中的宝塔、魔桥(Devil's Bridge)、湖江(Hu-Kiang)成为最具中国风韵的地标。"此潮流来势凶猛,传统的建筑师们为此惴惴不安,极力加以抵制:早在1751年,罗贝尔·莫里斯(Robert Morris)就对中国热提出了抗议,后又在《选择建筑》中写道:'……欢快、豪华、哥特式的野蛮,或毫无可取之处的中国风格,这就是我们的现代建筑师们所追求的东西。然而,希腊、罗马的纯正和简洁却被忽视。'"[1]由此可见"中国风"对当时建筑园林设计的冲击。

"中国风"在精神领域的流行并不亚于物质领域。有人指出,法国启蒙思想家"没有一个人在他们著作的某一部分中,不对中国倍加赞扬。只要读他们的书,就一定会看到对中国的赞美……在中国,专制君主不持偏见,一年一度举行亲耕礼,以奖掖有用之术;一切官职均经科举考试获得;只把哲学作为宗教,把文人奉为贵族。看到这样的国家,他们叹为观止,心往神驰"[2]。17、18世纪法国思想界对中国重农国策、儒道思想的敬仰由此可见一斑。我们可从汉学研究、文学戏剧、音乐绘画三个领域对"中国风"展开论述。

汉学研究的肇始。13世纪之前,欧洲对中国的了解均基于传说与想象,那是一个盛产丝绸、广袤无际的梦幻国度。直至元蒙时代,意大利人柏朗嘉宾、马可·波罗方始近距离观察中国。16世纪大航海时代来临,西班牙奥斯定会修道士门多萨(Juan Gonzales de Mendoza,1545—1618?)于1585年所撰《中华大帝国史》的问世成为传教士汉学的先声,为欧洲提供了有关中国的百科全书式的丰富知识。17世纪,随着耶稣会的入华,以译读经籍、纂辑史册为主的传教士汉学逐渐兴起,成果大抵集中于经籍翻译、历史及考古研究和汉语音韵学研究三方面。意大利教士利玛窦于万历二十一年以拉丁文译"四书",此为欧人西译中国经书之肇始。法国教士金尼阁于天启六年译"五经",与利玛窦译本相得益彰,惜此二本皆已不传。德国教士基歇尔(Athanasius Kircher,1602—1680)的《中国图说》首录大秦景教碑原文,并对中国宗教、哲学、建筑、文字、自然景观等作了全面介绍。18世纪以降,意、法、荷、俄、德、英诸国于华有兴趣之教士、学者接踵东游,致力于搜求翻译儒道经籍,编订华欧诸语字典,旁及中土史实、民风国政、文化艺术诸端,于中西文化沟通贡献甚

---

[1]《中国之欧洲》下卷,第45页。
[2][法]托克维尔著,冯棠等译:《旧制度与大革命》,商务印书馆,2013年,第203页。

大。法国不仅是"中国风"的发源地,亦为汉学研究之重镇。当时有冯秉正(Joseph-Anne-Marie de Moyriac de Mailla,1669—1748)译《通鉴纲目》,宋君荣(Le P. Antoine Gaubil,1689—1759)译《书经》并著《鞑靼史》《大唐史纲》等,钱德明(Jean-Joseph Amiot,1718—1793)首次将《孙子兵法》介绍给欧洲并撰有《孔子传》《中国音乐古今记》等多种汉学著作;马若瑟(Joseph de Premare,1666—1736)译《赵氏孤儿》等,可谓人才济济,成果丰硕。其他国家的汉学研究则刚起步,如荷兰有赫尔纽斯(Justius Heurnius,1587—1652)编《华荷拉丁语汇》,德国有克拉普洛特(Heinrich Julius Klaproth,1783—1835)著《亚细亚杂考》论及中国历史、文学及宗教,英国马戛尔尼使团催生出一批记录中国政治、社会、宗教、文学、艺术的访华报告。如此种种,不胜枚举,代表着欧洲学术领域初成气候的"中国风"。

文学与戏剧。"中国风"对文学领域的辐射首先体现在法国文学界出现多种托名中国人的信札及与中国有关的报告,如阿尔让侯爵(Marquis d'Argens)所撰《中国人书札》(*Lettres Chinoises*)、腓特烈大帝(Friedrich Ⅱ,1712—1786)的《中国皇帝的使臣菲希胡发自欧洲的报道》,哥尔斯密(Oliver Goldsmith,1728—1774)的《世界公民》等,这些信札、报告多属荒唐无稽之杜撰,意欲借中国想象抨击欧洲社会的时弊及统治阶级的腐败。对中国文化情有独钟的法国文豪伏尔泰(François-Marie Arouet,1694—1778)出版于1768年的《巴比伦公主》则属一部严肃的哲理小说,盛赞中国为主权国家中最公正、文明、智慧的国家,施行重农国策的皇帝以亲耕垂范天下。英国东印度公司职员詹姆斯·威尔金森英译首部中国小说《好逑传》(由托马斯·帕西编纂)于1761年刊印,在欧洲引起巨大反响,德国诗人歌德(Johann Wolfgang von Goethe,1749—1832)阅后甚至得出"世界文学时代即将到来"之结论。对中国文学极具兴趣的歌德亦自译《百美新咏》,成为德译汉诗之翘楚,而其自创的《中德四季晨昏杂咏》则深得中国古诗尤其是陶渊明田园诗之神韵。戏剧方面,荷兰著名诗人、剧作家冯德尔(Joost van den Vondel,1587—1679)以天主教视野观照明清鼎革的历史剧《崇祯》(*Zungchin*,1667)成为欧洲文学"中国风"创作的嚆矢;英国诗人及剧作家艾尔卡纳·赛特尔(Sir Elkanah Settle,1648—1724)撰写于1676年的《征服中国》(*The Conquest of China*,1674年)及此后罗伯特·霍华德(Sir Robert Howard,1626—1698)的另一部同名戏剧均反映满清对中国的征服。1729年,法国内斯托(Nestier)剧团于圣洛朗博览会上演的《中国公主》(*La Princesse de la Chine*)则是以北京为背景的轻喜剧。1755年,由马若瑟神父(Joseph de Premare,1666—1736)翻译、伏尔泰(Voltaire,1694—1778)改编的《中国孤儿》(*Orphelin de la Chine*)在巴黎上演,引起轰动。歌德《情感之胜利》(*Triumph of Sentiment*)一剧富于中国元素,其第四幕小引还对剧中的中国花园的古寺、尖塔、回廊、渔舍、凉亭、假山作了诗意描述,显然想以中国花园作为浪漫主义的象征。[1]意大利剧作家卡洛·戈齐(Carlo Gozzi,1720—1806)的《图兰朵》

---

[1]《十八世纪中国与欧洲文化的接触》,第114页。

(Turandot)以北京为背景,演绎中国皇帝燕蓟王及其喜欢猜谜的女儿图兰朵的有趣故事。尽管17、18世纪欧洲作家对中国知之甚少,但"无论在英国还是在法国,中国风尚如此不可抗拒,似乎舞台上少了必须出场的中国人,就不成其为真正的戏剧或歌剧表演了"。[1]

音乐与绘画。中欧艺术领域的交流同样滥觞于传教士的著述。葡萄牙多美尼克修士克鲁兹(Gaspar da Cruz)在其1569年出版的《中国概论》一书中,最早对中国音乐作了客观、积极的描述。1600年,利玛窦进京向明神宗进献的物品中包括一架西琴,与其同行的庞迪我(Diego de Pantoja,1571—1618)曾教授宫廷乐师演奏这种乐器。与此同时,利氏也向欧洲介绍中国音乐,尽管他认为华乐因缺少和声及变奏而异常单调、刺耳。18世纪以降,杜赫德(Jean-Baptise Du Halde,1674—1743)在《中华帝国全志》中收录了五首由来华传教士记录整理的中国乐曲,旨在说明中国音乐缺乏乐谱及音调标志,故无法与西方音乐比肩。而第一位向欧洲系统介绍中国音乐理论者非钱德明莫属,钱氏本就极具音乐造诣,来华后首先翻译了文渊阁大学士李光地之《古乐经传》,后又撰写《中国音乐古今记》《论中国音乐补遗》等系统介绍中国宫调、乐器、八音分类法等知识的专著,并附有多首译为五线谱的中国乐谱,为西方人了解中国音乐作出极大贡献。英国音乐史家查尔斯·伯尼(Charles Burney,1726—1814)通过东印度公司大班马修·雷珀(Matthew Raper,1741—1826)、医生詹姆士·林德(James Lind,1736—1812)等人了解中国音乐,搜集中国乐器。此后,随马戛尔尼使团访华的惠纳(Johann Hüttner,1765—1847)、约翰·巴罗(Sir John Barrow,1764—1868)分别在《英国遣华使团报告》及《中国旅行记》二书中记录了多种中国乐曲,并介绍了中国音阶、节奏、乐器及中国人的音乐审美倾向,其中最出名的是中国民歌《茉莉花》,后为意大利歌剧家普契尼(Giacomo Puccini,1858—1924)采用于歌剧《图兰朵》中,成为西人耳熟能详的中国民歌。另外,很多学者都认为明宗室朱载堉的十二等比律理论影响了欧洲音乐律学的发展。[2]但总的来说,西人对中国音乐大多持否定态度,只有少数传教士如英人李太郭(George Tradescant Lay,1799—1845)、湛约翰(John Chalmers,1825—1899)、苏慧廉(William E.Soothill,1861—1935)及德人花之安(Ernst Faber,1839—1899)等人,因研究过中国乐理并学习过中国乐器的演奏,尚能较为客观地对中国音乐作出评价论述。

在绘画方面,18世纪以前传入欧洲的中国绘画稀少而零星,倒是出现了一些表现中国风物民俗的插图绘画,[3]如上文提及的约翰·尼霍夫及达珀撰写的荷兰东印度公司使团访华报告中大量的铜版画插图,让渴慕中国知识的人们大开眼界,也为"中国风"的生成预备了诸多视觉形象上的参照。法、英等国的艺术家深受荷兰人影响,如法国画家布歇

---

[1] 《中国之欧洲》下卷,第73—74页。
[2] 如王光祈《千百年间中国与西方的音乐交流》提出朱载堉的十二等比律成果较欧洲相似成果早一个世纪,见《王光祈音乐论著选集》,人民音乐出版社,1993年。又如李约瑟在其《中国科学技术史》卷一中亦提到:"斯特芬的平均律可能受到朱载堉的影响。"科学出版社,1975年,第314页。
[3] 卫匡国《中国新图志》(1655年)、基歇尔《中华文物图志》(1667年)所收图片多为地图及文物,在严格意义上不算绘画作品。

(François Boucher，1703—1770)设计的中国系列挂毯、英国家具设计家托马斯·齐本代尔(Thomas Chippendale，1718—1779)制作的中式家具、法国画家让·巴蒂斯特·皮勒蒙(Jean-Baptiste Pillement，1728—1808)创作的中国园林人物的装饰画很多取材于尼霍夫访华报告中的铜版画及中国瓷器画，但也融入了这些艺术家的丰富想象。特别值得一提的是首倡绘画界"中国风"的法国画家华托(Jean Antoine Watteau，1684—1721)，其装饰画《中国皇帝》《中国神灵》《女神Ki Mao Sao》以怪异的东方风情引发观者无限遐想，画界模仿者众多。另有英国画家约翰·罗伯特·科泽斯(John Robert Cozens，1752—1797)的水彩风景画极具中国特色，其画法也是先泼墨写意，后布彩设色，勾勒皴染等细节与中国山水画极为相似，我们无法证明他是否直接从中国画中得到启发，但至少他可以观察到当时流行的瓷器、壁纸中的中国山水画。法国洛可可画家及收藏家加布里埃尔·胡桂尔(Gabriel Huquier，1695—1772)则是一个众所周知的中国迷，他曾出版过《中国花卉翎毛图汇》《中国吉祥花瓶汇品》《中国图案入门》《中国式灯罩缝纫法》等各类画谱，为装饰艺术领域的"中国风"提供了难能可贵的样板。

综上，"中国风"于17世纪末在法国兴起(壁纸的使用及英华园林起始于英国)，随后传播至欧洲其他各国并于18世纪中叶达到鼎盛期。"中国风"皆具物质及精神层面的表现形态，两者相辅相成，互为生发。本书意在探讨艺术领域与巴洛克、洛可可风格并肩进而相融的这种独特风格，侧重于从物质层面的器物、园林、外销画等切入，检讨"中国风"对启蒙时期欧洲建筑园林、室内装饰、绘画音乐等艺术的深刻影响。

"中国风"的特质及其在欧洲兴起的原因

上文我们就"中国风"的呈现形态作了简要阐述，因精神层面的事物具有更深广的内涵及更复杂、多元的评判标准，我们不妨先从物质层面切入来剖析"中国风"的特质。

1. 艳丽与繁复。"中国风"的基本构成要素是清代宫廷装饰风格，因而绚丽多彩的颜色及繁复精巧的图案是其突出特色。以装饰瓷为例，仅色彩就有元明时的青花、斗彩、五彩及清代的粉彩、珐琅彩等，不一而足。中国瓷流传至欧洲后，又与洛可可风格中的鎏金、镀金、镶嵌元素融合，将色彩缤纷、光亮耀目的特色发挥到极致。而"中国风"的繁复则源自清代宫廷装饰丰富的题材、多样的组合及局部的精雕细琢。清宫装饰向有龙凤、麒麟、花鸟、山水、人物、戏曲故事、历史传说等多样主题，同一主题又能生发出无数种组合形式，如花鸟题材就有折枝花鸟、锦上添花、缠枝花、过枝花、单花、散花等，令人眼花缭乱。这些主题与巴洛克、洛可可风格结合后，龙凤、花鸟、山水主题被大量移植至壁纸、绣品、织物、瓷器图案中，按欧人的审美趣味重新组合，原作中的人物则常被西方的女神、天使、英雄等替代。精心雕琢、匠心独具的局部细节，令"中国风"制品细腻精致且充满东方情调。如收藏于纽约大都会博物馆的一幅18世纪法国刺绣床幔,亮黄色丝绸底上绣有花鸟、人兽等装饰图案,散花及过枝花点缀四周,床幔上部左、中、右各有一个手执武器或旗帜的西方人物形象,下部则是精致的龙虎争斗图案,红、蓝、绿、黑、白各种撞色的运用耀人眼目,右侧的菱形边饰又给人以华丽整饬之感。[1]这种艳丽、繁复、奢华的风格恰好迎合了18世纪欧洲上层贵族对华丽、精致、浪漫生活的追求,而中国清代装饰风格所体现出来的美学特征又与当时盛行的洛可可风格的审美理想相当接近,这便是"中国风"易于在法国落地之因。

2. 多元与混杂。"中国风"的另一个显著特点便是多元与混杂。其实,欧洲的"中国风"往往并非纯粹的中式或仿中式,而是同时杂糅着日本式、印度式、欧式甚至伊斯坦布尔式的典型混血风格。从时代看,即便是中式的物品,亦并非纯粹的清代格调,或许还有明代抑或马可·波罗时代的蒙元风格。西人移译中国风格,"让这些物品去适应他们自己的文化,把它们从某个背景中取出来,然后放入另一个背景。在通常的情况下,他们感兴趣的是一些具体的物品,而不是这些物品在原本所处的环境中是如何构造的。他们所实践的是一种'拼凑'(bricolage)的方法,就字面而言是指'拼凑'物质文化的物品,而从比喻的角度而言,则是指思想的'拼凑'"。[2]欧洲第一本有关"中国风"的专著是1688年出版于牛津的《关于上漆与抛光的专论》,[3]主要介绍源于中国的漆器制作及上漆技术,而"亮漆"或"上漆"居然被称为"japan"并沿用至今。因此,"中国风的很多元素来自中国瓷器及画作,有些还来自日本漆器及印度印花布。18世纪中国风的多元性使其看似几乎与马可·波罗的朋友们所见的同样模糊、混杂"。[4]这种混杂性不仅是输入源的多元性,还指"中国风"与欧洲本土装饰艺术融合后随即分化出的不同风格,如在法国是洛可可式"中国风",在英国则是哥特式"中国风"。"中国风"在兴起及传播的过程中,"始终抵制任何使其精粹的努力,从而显现出一种特质,也即其本身是一首混成曲,一种拒绝纯粹及正统而倾向于彻底混血的指导原则"。[5]作为"中国风"在欧洲的一个完美休止符,由当时的威尔士亲王、日后的乔治四世(George Ⅳ,1811—1830)委派知名建筑师约翰·纳西(John Nash,1752—1835)建造的布莱顿宫(The Royal Pavilion Brighton)乃是各种格调混合的典范。这一皇家行宫的外形是印度莫卧儿式的白色洋葱形建筑,内部却充满了令人眼花缭乱的中国元素,长廊(The Long Gallery)、宴会厅(The Banqueting Room)、阿德莱德走廊(Adelaide Corridor)里的中国壁纸、灯饰、花瓶、雕塑、竹藤楼梯中又混杂着亲王从巴黎买来的镀金饰物和家具,令这座融汇着东西多元建筑及装饰艺术风格的宏大宫殿至今仍令人惊艳称羡。

---

[1] Edith Appleton Standen, Embroideries in the French and Chinese Taste, *The Metropolitan Museum of Art Bulletin*, New Series, Vol. 13, No. 4, 1954, p.146.

[2] [英]彼得·伯克著,蔡玉辉译:《什么是文化》,北京大学出版社,2009年,第122—123页。

[3] G. Parker and J. Stalker, *A Treatise of Japaning and Varnishing*, Printed and sold by the authors, Oxford, 1688.

[4] A. Hyatt Mayor, Chinoiserie, *The Metropolitan Museum of Art Bulletin*, Vol. 36, No. 5, 1941, p. 112.

[5] David L. Porter, Eighteenth-Century Fashion and the Aesthetics of the Chinese Taste, *Eighteenth-Century Studies*, Vol. 35, No.3, Aesthetics and the Disciplines, 2002, p.403.

3. 不对称与曲线美。不对称的设计及曲线条的运用是中国装饰传统的主旋律之一，用以体现自由、舒展、柔和、流动等装饰理念。这种设计理念在园林中以小桥、曲径、流水、假山、怪石等加以表现，在装饰纹样上以汉代云气纹、唐代卷草纹、宋元明代缠枝纹等为代表，在建筑中又以圆形屋顶、飞檐斗拱等加以烘托，以缓解楼宇亭台的沉重感。西方古典主义风格则多对称设计及直线条运用，给人以严肃、宁静、稳重、威严等感觉。18世纪以降，人们似乎开始厌倦对称及直线的沉闷与呆板，洛可可风格应运而生，倡导一种自由、浪漫、轻倩的设计理念，因而与不规则、多曲线的东方装饰风格一拍即合。皮勒蒙装饰画中翘角的凉亭、悬铃的走索、斜撑的阳伞、雕花的拱桥出现在各国的壁纸、挂毯、漆镶板甚至鼻烟壶上。被称为"中国—哥特式"的英华园林在英国本土崛起，后又迅速传播至法、德、俄、荷兰、丹麦等国家。"对中国艺术与文化外表天马行空的拙劣模仿，仿佛是用极具装饰意味的洛可可风格加以表达……墙纸和绘有杨柳图案的盘子，壁炉前的花饰、木质的飞檐、格子窗和家具、亭阁宝塔……"[1]所有这些，均离不开中国装饰造型艺术中的不对称及曲线美。

启蒙时期的欧洲是一个思想活跃、风格多样的社会，古典、浪漫两大阵营你方唱罢我登场，争妍斗艳，各领风骚。18世纪20年代兴起的洛可可风格是从奢侈、厚重、华丽的巴洛克风格发展而成的一种艺术潮流，其最鲜明的特征就是追求逸乐、新异，善于吸收利用东方艺术元素演变出自己轻倩、明亮、活泼的风格。法国是洛可可的发源地，也是"中国风"的兴起地。上文曾提及"中国风"与东印度公司间的诸多关系，或许会有人提出这一疑问："中国风"为何发源于法国而非16—17世纪称霸欧亚海上丝路的两牙（葡萄牙、西班牙）及荷兰？法国东印度公司的实力及存世时间明显无法与上述三国相比。事实上，从商品中升华出某种艺术风格需要两个必不可少的条件：一是关注商品艺术趣味的艺术家，二是适合这种艺术趣味生长的土壤。葡、西、荷等国尽管运回欧洲大量中国货物，但显然缺乏这两个条件。17世纪的荷兰静物或人物画中时常出现青花瓷，但画家只是为传统油画增添一抹异域风情。此外，葡、西、荷是重商国家，东印度公司最关注的是商业实利，贵族阶层似乎也缺乏法国式的风花雪月，即便荷兰人产出了青花瓷的仿制品代尔夫特蓝陶，但其宗旨在于以本土产品取代当时成本高昂的东方瓷器，而非追求一种融汇中西的艺术风格。而在法国，耶稣会士及东印度公司的入华使精英阶层始终热切地关注着中国，在思想、政治、艺术、文化各层面积极以华为鉴，努力吸收中国文化的营养。1686年暹罗使团访问法国，该使团在巴黎觐见了路易十四，并带来了暹罗王的一大批礼物，包括中国瓷器、漆器、绣品、丝绸及波斯毯等，这些奇珍异宝此后在凡尔赛宫的镜厅展出，深刻激发了法国人的艺术想象。"太阳王"路易十四的去世使上层社会严格的等级及礼仪制度有所松懈，新兴资产阶级与贵族阶层的交往逐渐密切，奢靡享乐之风日益炽烈。由上流社会赞助的艺术家们灵敏嗅出了贵族阶层对庄严华丽的巴洛克艺术的厌倦，积极求变以滋养贵族

---

[1] [新西兰]乔纳森·思朋斯：《秦的广袤大陆：西方人心中的中国》，企鹅书店，1998年，第62页。

阶层对逸乐、浪漫情调的追求，中国元素给予他们无限灵感，洛可可风格应运而生，"中国风"由此在法国找到了拥抱它的艺术家及得以落地生根的土壤。中国艺术的轻巧与华丽在法国贵族眼中恰与洛可可所崇尚的逸乐、浪漫相得益彰，相似的文化精神汇同相似的审美凝练，"中国风"遂从法国刮向四面八方，成为流行于18世纪的时代风尚。

然而，这些都是"中国风"在法国兴起的浅层次诱因，更深层次的文化因缘是由耶稣会士早先播种下的。1534年，耶稣会创立于巴黎，自17世纪始，大批入华的法国耶稣会士成为华风西被、燕书郢说的主力军。"天主教神父与教主及法国政府要人通信时，皆盛称中土。故欧洲当时，对于在地球他面神秘帝国之兴趣，非常浓厚。故十八世纪最聪明之福泰尔氏（Voltaire），每叹欧洲之不能与中国比。就事实言之，现在有人证明法国现行之政治制度，即延用中国旧时之府县制，即以欧人日常应用之纸、茶、丝及磁器而论，亦未尝不原始于中国"。[1]法国许多启蒙思想家和学者深受耶稣会士影响，如孟德斯鸠（Montesquieu, 1689—1755）、伏尔泰、魁奈等，中国在他们的著述中一度成为产生新思想的源泉、改变旧秩序的动力，尽管启蒙思想家高举的中国文明大旗染有许多想象的幻彩。在这种集体想象中，中国文化具有无法抵挡的魅力，因而被艺术、文学界所乐意接受。法国作家格利姆（Friedrich Melchior Grimm, 1723—1807）在1776年的《通讯文札》中对此评述道："在我们的时代里，中国帝国已经成为特殊注意和特殊研究的对象。传教士的报告，以一味推美的文笔，描写远方的中国，首先使公众为之神往；远道迢迢，人们也无从反证这些报告的虚谬。接着，哲学家从中利用所有对他们有用的材料，用来攻击和改造他们看到的本国的各种弊害。因此，在短期内，这个国家就成为智慧、道德及纯正宗教的产生地，它的政体是最悠久而最可能完善的；它的道德是世界上最高尚而完美的；它的法律、政治，它的艺术实业，都同样可以作为世界各国的模范。"[2]所以，在某种意义上，"中国风"并非真实的"中国趣味"，它是一个被欧洲人按自己的文化品格、审美趣味或政治意图塑造出来的、充满神秘与浪漫的想象。法国人迷恋它，因为它身上流淌着法国化了的"中国情调"；其他西方国家迷恋它，因为法国是欧洲的时尚之都，该国的审美取向自然会辐射、影响到其他国家。

还有学者从社会等级、审美心理方面揭示"中国风"在欧洲盛行之因，他们认为"中国风"在18世纪的欧洲恰好处于古典与摩登、高雅与通俗审美趣味的两极之中，扮演了一个文化调停人的角色。[3]中国是一个具有几千年古老文明的国家，因此价值昂贵的中国物品不仅代表着一种新时尚，同时也是令人信服的文化价值的象征。欧洲传统审美观一向崇尚银盘

---

[1] Esson M. Gale撰，邝耀韩译：《各国对于中国文化之研究》，李孝迁编校：《近代中国域外汉学评论萃编》，上海古籍出版社，2014年，第56页。

[2] 格里姆：《通讯文札》(Grimm, *Correspondance Littéraire*)，1766年9月15日。转引自《十八世纪中国与欧洲文化的接触》，第86页。

[3] 参见David L. Porter, Monstrous Beauty: Eighteenth-Century Fashion and the Aesthetics of the Chinese Taste, *Eighteenth-Century Studies* 35, No.3 (2002): 395-411。

上的黑色锈斑及有年代的家具、服饰,因为它们是世代簪缨的贵族的象征。但工业革命开始以后,经济环境的快速变迁使奢侈品替代了神圣古董,乔舒亚·威基伍德(Josiah Wedgwood,1730—1795)这种成功的制造商及时尚推手已成为最受人艳羡的财富拥有者。而"中国风"恰好处于古老贵族及新兴商人阶层地位的变迁期,中国物品既摩登又古典,这种辩证的身份让上流社会及商人阶层皆能找到拥有它们的合理性及拥有者的身份认同。身份是人对自己与某种文化关系的认定,是人们寻求社会地位的某种心理过程,经常可以通过商品的符码价值获取。鲍德里亚认为:"消费的一个基本机制,就是集团、阶级、种姓(及个体)的形式自主化。"[1]消费社会中,人们购买艺术商品不仅看重其观赏或实用价值,更在意其所承载的、能够突出消费者社会身份的符号价值,这种"符号性的凸状炫示"代表了人们通过艺术消费摆脱一种低位团体而进入较高社会地位的团体的欲望。"贵族购买瓷器,因为他们注意到女王的橱柜;上升中的商人阶层也购买瓷器,因为他们视其为完美的贵族趣味的象征。作为一个审美对象或一个异质文化标志的中国瓷花瓶的特殊自然本性则被置之度外"。[2]

此外,"中国风"还处于大众与精英文化、富有教养及通俗趣味、高雅美术和俗艳时尚两极的中间地带。一方面,当时欧洲的批评家不断宣称中国及仿中式物品是充满脂粉气的愚蠢琐物,如当季的帽子或天鹅绒手套一样不值得严肃对待。它们甚至是审美畸形或堕落的象征,会损坏整个社会的文化品味;另一方面,你又会发现绘画、诗词、建筑等领域的中国作品不时被他们拿来与西方同领域中的名作进行对比,即便在他们眼中,中国绘画因缺乏透视及光线的使用而怪诞稚拙。英国瓷器纹样柳园图(Willow pattern)是典型的"中国风"制作,图中的两只飞鸟奇大无比、不成比例,但这些作品看似与西方对等物受到相同的重视,象征着当时欧洲社会各阶层审美趣味的多元化。

正因为这种多元化,"中国风"在席卷欧洲的同时也引发了颇多争议及抵制。从宏观的国家经济利益角度看,"中国风"所激发的对中国物品的过度消费并不利于各国的贸易平衡。中国的茶叶、瓷器、丝绸大量流入欧洲,而他们的羊毛织物、锡制品在自给自足的中国却无市场,如此,欧洲的贸易逆差与日俱增,这对于各购买国均是不利的。因而各国统治者并不赞成"中国风"在本国的过度蔓延,法国多次对中国丝绸颁布贸易禁令,瑞典只准东印度公司经营转口贸易,英国则开始向中国倾销罪恶的鸦片以逆转入超局面,种种举措均为获取贸易平衡及西方工业革命所需的原始资本。从形而上的美学欣赏层面看,"'中国风'所鼓励的缺乏教养的感观享乐不仅挑战了正统审美趣味的空白点,还扰乱了道德领域"。[3]英国伦理学家、美学家夏夫兹博里伯爵(The Earl of Shaftesbury,1671—1713)曾痛斥"中国风"是一种低层次、无教养、仅满足于感观愉悦的低级趣味,他反省自

---

[1] [法]让·鲍德里亚著,刘成富、全志刚译:《消费社会》,南京大学出版社,2008年,第131页。
[2] Monstrous Beauty: Eighteenth-Century Fashion and the Aesthetics of the Chinese Taste, *Eighteenth-Century Studies* 35, No.3(2002), p.402.
[3] Ibid., p.403.

已被这种"矫情俗艳"之美迷惑了双眼。对于夏夫兹博里伯爵们来讲,"中国风"的审美愉悦无需懂得拉丁文诗句,无需接受任何传统文化熏陶,那是一种错误、放纵、肤浅的欲望和感观快乐。从消费层面来看,"中国风"的消费史对欧洲社会既作了阶级分层,又作了性别分层。17世纪后期,只有英格兰女王玛丽二世等极少数人以宏富的瓷器收藏闻名欧洲。但到18世纪前半叶,为数甚多的乡村别墅中已充斥着从中国进口的壁纸、漆器及青花瓷盘,而该世纪下半叶"中国风"极盛之际,英国演员及剧作家戴维·盖立克(David Garrick,1717—1779)也在其伦敦寓所摆上了中国床及五斗橱,这些物品至今保存在伦敦维多利亚与阿尔博特博物馆(V&A Museum)中。因此,这一时尚潮流代表了新崛起的商人和艺人阶层跨越社会阶层的上升野心,令贵族阶层侧目。更重要的是,瓷器、漆器、丝绸制品的最多使用者为女性,带有仪式感的下午茶的主导者亦是女性,因而"中国风"多脂粉气,更代表了一种不值得严肃对待的女性消费品味。诸如此类在审美或消费层面的特点使"中国风"在18世纪后期已带有一种明显的、颇具争议的阶级及性别暗示。

众所周知,中西文化的交流历时久远、包罗万象,本书聚焦于"中国风"这一论题。笔者在前文中业已提及"中国风"有广义、狭义之分,前者指启蒙时期欧洲建筑园林、室内装饰、音乐美术、文学哲学各领域的中国元素,而后者仅指兴起于18世纪法国的一种室内装饰艺术。广义"中国风"的范围之大亦难以用一个课题或一本专著来涵盖,因而本书以"东印度公司"这一前提缩小了研究范围及时限,对传教士所作的贡献虽时有征引却并未作为重点研究,更关注公司输入欧洲的中国物品以及欧洲本土的仿制品,利用它们既是商品又是艺术品的特殊性,探讨"中国趣味"或"中国风格"在西方世界各领域的传播和变异,因而应属广义"中国风"范畴。本书拟以"中国风"与东印度公司兴衰与共这一历史事实为基础,采用文化史研究的方法,打通史学、文学、美学、美术学、音乐学、建筑学、陶瓷学、装饰学等学科壁垒,以17世纪初至19世纪中期东印度公司兴亡史为时间轴,再以"中国风"在绘画雕塑、园林建筑、音乐戏剧、室内装饰等各领域的兴衰为纬度,构建起本研究纵横相交的考察脉络,立足于真实可靠的史料,既对东印度公司商道上的中西文化双向流动作宏观考察,又对每一艺术领域的"中国风"案例作微观剖析,整个研究将分以下六部分展开:东印度公司与中国瓷文化的西传,东印度公司与中西绘画雕塑艺术交流研究,东印度公司与欧洲园林、建筑艺术的"中国风",东印度公司与欧洲室内装饰的"中国热",东印度公司与中西音乐、戏剧的早期相遇,东印度公司沉船出水遗珍的文物及文化价值,力争从这六个不同侧面最大程度地还原"中国风"这一艺术风格对启蒙时期欧洲物质文化及艺术领域的深刻影响,并在此基础上以古鉴今,结合我国现今面向世界的"一带一路"倡议,对后东印度时代海上丝路的复兴及"中国风"的消长兴替作出积极的、建设性的思考。

第一章
东印度公司与中国瓷文化的西传

东瓷西传，历史久远。此话题之大，足以支撑一本专著，因此便有罗伯特·芬雷《青花瓷的故事：中国瓷的时代》这样的力作问世。[1]东印度公司是东瓷西传的主要执行者，在其两百余年选购、定制、拍卖瓷器的过程中，文化的对流悄然展开。通过这一商道，瓷都景德镇名动天下，中国瓷器对西方社会的影响无处弗届。本章拟从代尔夫特蓝陶、柳园图及阿姆斯特丹邦特瓷（Amsterdam Bont Porcelain）这两个"中国风"经典个案着手讨论东瓷西传这一宏大话题。代尔夫特蓝陶诞生于17世纪中后期，至今已为荷兰国宝之一。学界对蓝陶的研究多从贸易、烧制、材质等几个方面展开，而对其渊源大多语焉不详。笔者将从蓝陶之祖、仿制与创新、文学与艺术的再现三个层面剖析蓝陶的前世今生，探析其多元血统中的中国基因，展现东西方陶瓷文化在代尔夫特的相遇融会，以此阐述蓝陶是青花瓷经由丝绸之路跋山涉水、游走天下，与西亚、欧洲文化不断整合、交融的结晶，是中国造瓷工艺在欧洲落地进而本土化的成功典范。华瓷在欧洲的仿制谱系除荷兰蓝陶外，尚有英国蓝柳（Willow pattern），它们今天俨然成为代表各自国家形象的重要文化符号，言说着陶瓷艺术的巨大可塑性和无限再生性。蓝柳也即柳园图，是18世纪末英国陶工仿制青花瓷时设计的一种图案，由此图案又衍生出神话故事"柳碟缘"。一目了然的中国血统使二者充溢着新异的东方情调，成为英国文人乐于书写、化用及再造的文学原型。中国爱情母题孕育下的"柳碟缘"是中英文化交流的范式性案例，是中国灵感及英人集体想象的结晶。而其在中英两国间的往返"旅行"更是充满传奇色彩，折射出异质文化交流中必然出现的变异及"本土在场"意识，值得深昧与剖析。阿姆斯特丹邦特瓷以绚丽的色彩、繁复的图案称世，普龙克（Cornelis Pronk，1691—1759）为荷属东印度公司创作的传世杰作"撑伞美人"更是陶瓷文化亚欧循环及杂交融汇的最佳样本。

---

[1] Robert Finlay, *The Pilgrim Art Cultures of Porcelain in World History*, Berkeley: University of California Press, 2010.

第一节 仿制与创新：荷兰代尔夫特蓝陶的中国渊源

> 这是什么地方？美丽的小城
> 代尔夫特，当她展示出所有陶器时；
> 骄傲，市集，王冠
> 和陶器交易的中心。[1]
> ——亨利·沃兹沃斯·朗费罗《陶土》

17世纪初，紧临大西洋的欧洲低地小国荷兰凭借创建于1602年的东印度公司（简称VOC），成为继葡萄牙、西班牙之后在远东殖民与贸易方面最具实力的商业王国，早在明万历二十九年（1601）即已抵达中国南海寻求通商许可，被严词拒绝后又于万历三十二年（1604）航行至澎湖要求互市未果。在再次试图占据澎湖失败后，荷兰人于天启四年（1624）退据台湾（西人称Formosa），修建热兰遮（Fort Zeelandia）、赤嵌（Saccam）两个贸易及殖民据点，直至康熙元年（1662）被郑成功率军击溃驱离。此后几十年间，荷兰击败葡萄牙成为西太平洋霸主，以巴达维亚（Batavia，即今日的雅加达）为东印度公司总部，通过走私及贸易购买中国商品，成为景德镇青花瓷的最大买主、17世纪欧洲在东南亚大陆及群岛区当之无愧的贸易之王。与此同时，荷兰国内兴起了对青花瓷的仿制热，代尔夫特蓝陶（Delftware、Delftblue 或 Delft Porcelain）自此萌蘖，经过三个多世纪的淬炼磨砺，已然成为今日荷兰之国宝。本节拟对代尔夫特蓝陶之中国血统作一深入研究，通过还原海上丝路上这一中瓷西徂的经典案例，展现近世中西文化交流对欧洲现代资本主义崛起的巨大推动作用。

一、海上丝路与蓝陶之祖"克拉克瓷"（Kraak Porcelain）

在明清两代中西海上贸易的语境中，欧人熟知的"克拉克瓷"主要指明末清初江西景德镇、福建漳州、广东博罗等地所制的专供出口的青花瓷，[2]此为中国陶瓷史上最早的

---

[1] What land is this? Yon pretty town
　　Is Delft, with all its wares displayed;
　　The pride, the market-place, the crown
　　And centre of the Potter's trade.
　　　　——Henry Wadsworth Longfellow
[2] 西人称漳州瓷为Swatow ware，即汕头瓷，因为当时福建漳州、德化等地出产的瓷器主要通过汕头出口至东南亚市场。

·第一章 东印度公司与中国瓷文化的西传·

外销瓷。青花瓷在我国起始于唐宋,成熟于元代,盛兴于明清。元代中叶,随着钴蓝颜料(亦称回回青或苏麻离青)从波斯的引进,青花瓷的生产技艺渐趋成熟,突破宋代单色釉瓷一统天下的局面,开启了釉下彩绘瓷的新纪元。明代初年,景德镇青花瓷已随郑和下西洋的航船流传至东南亚各国,最远甚至到达非洲东海岸的索马里及肯尼亚。[1]60余年后的1498年,葡萄牙航海家瓦斯科·达·伽马(Vasco da Gama,约1469—1524)成功开辟绕过非洲好望角前往印度洋的航线(与郑和航线反向),是为欧洲开展亚欧贸易及殖民活动的起始。1499年达伽马献给葡萄牙国王的珍贵礼物中就有几件中国青花瓷。[2]1511年,葡萄牙船只抵达东印度香料贸易的枢纽地马六甲,而马六甲自明永乐三年后即为中国属郡,亦是中国商人与东印度群岛及向东南海域扩张的伊斯兰国家开展瓷器、丝绸、茶叶等海上贸易的枢纽。1517年,葡船抵达中国开始直接对华贸易。因此可以推知,15世纪末、16世纪初青花瓷便随葡人登陆欧洲。21世纪初在葡萄牙科英布拉的圣克拉拉-韦尔哈(Santa Clara-a-Velha)修道院挖掘出的7 000余块明正、嘉、万年间的瓷器残片(其中绝大部分为青花瓷)也能为此结论提供最为有力的考古支持。[3]据考证,现知最早的绘有欧式纹饰的青花瓷器由葡萄牙国王曼努埃尔一世(Manuel I, 1469—1521)定制于1520年,这只广口执壶壶身绘有环状地球仪,此亦为国王的私人纹章,代表其对神秘东印度的觊觎之心。[4]1562年的特利腾大公会议期间,葡萄牙大主教多姆·巴尔托洛梅乌(Dom Bartolomeu)说:"在葡萄牙,我们用相较于金银而言具备更多优点的瓷制器皿,我建议所有王子都买这种称为瓷器的东西而把银器融掉。它来自印度但产于中国,材质优良呈半透明状,与玻璃或雪花石膏同样美丽。有些瓷器有蓝色装饰,犹如石膏

图1-1 16世纪下半叶进口至葡萄牙的明代瓷器,现藏于里斯本Anastacio Goncalves博物馆。

---

[1] 《明史·郑和列传》中记述郑和"所历凡三十余国"时,具体列出了37国名单,其中"木骨都束"(索马里摩加迪沙)、"麻林"(肯尼亚马林迪)皆位于非洲东海岸。《明史》卷三〇四,中华书局,1974年,第7768页。

[2] Vasco da Gama, Glenn Joseph Ames, *Em nome de Deus: the journal of the first voyage of Vasco da Gama to India, 1497-1499*, Leiden: Brill, 2009, p.133.

[3] Mathilda Larsson, João Pedro Veiga, *Ming Porcelain from the Santa Clara-a-Velha Monastery in Coimbra, Portugal. First Results Using a Portable μ-Edxrf Spectrometer*, Sofia: Publishing House "St. Ivan Rilski", 2008, pp.134-138.

[4] Jorge Grace, The Portuguese Porcelain Trade with China, *Arts in Asia*, 7, 1977, pp.45-47.

与蓝宝石的混合物。当然它易碎,但它便宜。"[1]西班牙国王腓力二世(1580—1598年同时为葡萄牙国王)有青花瓷收藏癖,曾拥有约3 000件中国瓷器,以绘有皇室纹章的定制朝圣者瓷瓶(The Pilgrim Flask)(见彩图1)最为著名。[2]腓力三世"子承父好",同样以收藏中国瓷器为乐,在里斯本举行阅兵仪式时,当地陶工为投其所好敬献凯旋门一道,门饰画面呈现葡萄牙人欢呼港口卸载中国瓷器及装载准备销往欧洲其他国家的本国仿制品。画中一人高举青花瓷器宣称:"最尊崇的皇帝陛下,我们奉上卢西塔尼亚王国生产的朝圣者瓷瓶,中国人卖给我们的价格高得离谱!"门饰铭文曰:"我们的产品,同样销往世界各地。"[3]时人以"the pilgrim art"指代青花瓷,正代表着以腓力二世、三世为代表的欧洲人对其朝圣般的狂热以及仿制青花瓷的梦想。

17世纪初,荷兰摆脱西班牙统治实现独立,国民经济得到快速发展,又凭借紧临北大西洋的优越地理位置及先进的造船技术,以武力逐渐取得欧亚、欧美海上霸主地位,接替葡人开启了大宗克拉克瓷器的贸易。"克拉克瓷"这一名目译自荷兰语Kraak porselein,学界对此词之起源说法不一。多数人认为"kraak"一词源自葡萄牙语"carraca"(或caracca,葡人又称其为nao),即葡人当时用于远航的一种商船。而"carraca"一词又源自阿拉伯语,意为文艺复兴时期在地中海上进行贸易的商船。荷兰语译称carraca为kraken。17世纪初,荷兰东印度公司截获装载有大量青花瓷的葡萄牙商船圣迭亚哥号(Sao Tiago)及卡萨琳娜号(Santa Catharina),便把kraken一词迁延指称葡船所载之青花瓷。[4]另一说认为"kraken"本指荷兰弗里斯兰省(Friesland)用于陈列中国青花瓷的一种饰以雕栏的架子,后即用来专指青花瓷。[5]还有人认为瓷器易碎,而"碎裂"的英语词crack与kraak发音接近,因而把中国瓷器叫做克拉克瓷。[6]尽管众说纷纭,莫衷一是,但可以肯定的是,Kraak Porcelain一词为荷兰人的发明。据最新考证,书面用语"克拉克瓷"最早出现于1638年4月12日东印度公司阿姆斯特丹总部主管送交巴达维亚公司最高管理层(Hoge Regering)的一份备忘录上,此文件具体说明了母国所需的各种瓷器,其中craek和caraek即指克拉克瓷碗及瓷盘,尽管两字仅各出现一次,却是订单的最主要货品。[7]而一封1639年春从巴达维亚东印度公司总部发往热兰遮城的商业信函直接写明需要制作精良、图案美丽的

---

[1] Beurdeley, M., *Porcelaine de la Compagnie des Indes*, Paris, 1962, p.114.

[2] 此瓶的西班牙皇室纹章很可能复制于硬币,因为西班牙于1570年以后可以经由菲律宾及台湾进入部分中国海域,1580年始已与中国人直接贸易了。此瓶另一侧画有一中国士人与随侍小僮相向而坐山间休憩。

[3] *The Pilgrim Art Cultures of Porcelain*, p.5. "Here most gracious Majesty, we offer you the pilgrim art. Made in the Lusitanian Kingdom, which China sold us at such high prices!"

[4] Jorge Welsh, Luisa Vinhais, *Kraak Porcelain, the Rise of Global Trade in the Late 16th and Early 17th Centuries*, London, Jorge Welsh Books, 2008, p.17.

[5] Ibid., pp.17-18.

[6] S. C. Bosch Reit, Two Different Kinds of Ming Porcelain, *The Metropolitan Museum of Art Bulletin*, Vol. 14, No. 11,1919, p. 236.

[7] *Kraak Porcelain, the Rise of Global Trade in the Late 16th and Early 17th Centuries*, p.19.

Kraak porcelains.[1]事实上,当时克拉克瓷不仅在欧洲具有巨大市场,而且也是东印度公司远洋商船抵御风浪的极好压舱物。因此,几乎每艘从中国返航的商船都载有大量瓷器。

而普通荷兰人初识克拉克瓷应从东印度公司1603年截获葡萄牙商船卡萨琳娜号开始。此船所载十万件中国青花瓷抵达荷兰后便于1604年在阿姆斯特丹拍卖,轰动了这一蕞尔小国乃至整个欧洲。这种颜色素雅、花式繁复、别具东方异域风情的瓷器让欧人为之痴狂,旺盛的需求和高额的利润推动东印度公司的大量进口,可谓"一金之值腾涌千百,茗瓯酒盏叹为不世之珍,尺瓶寸盂视为无上之品"。[2]

17世纪初,荷属东印度公司主要依赖爪哇的万丹(Bantam)与中国商船进行转手贸易,货源极不稳定。1625年公司在台湾设立贸易点后,便直接向中国商人订货,瓷器进口数量剧增,返航商船货单上的瓷器少则10万件,多则25万件。据统计,仅17世纪上半叶(1604—1657),公司通过各种渠道购买并运抵欧洲的瓷器总量超过300万件(公司在亚洲内部的贸易不计在内)。[3]明清鼎革之际,景德镇制瓷业因兵燹而衰落,而顺治至康熙初年的严厉海禁更使瓷器外销雪上加霜。但是欧洲对瓷器的需求量却与日俱增,迫使荷属东印度公司转向日本开发货源,伊万里瓷(Imariware)或称有田(Arita)瓷遂成暂时替代品,缓解了供需矛盾,但价格高昂,供货缓慢。康熙中后期景德镇逐渐恢复生产,青花瓷因质优价廉再次成为公司的首选。"卡萨琳娜号"事件及随后"海上马车夫"不倦的瓷器搬运整整影响了欧洲陶瓷工业200年,"一方面,它(笔者按:指卡萨琳娜号事件)刺激了当年至1657年间的中荷瓷器贸易,约有三百万件瓷器运抵荷兰,相较于该国人口而言是个超级庞大的数量;另一方面,它在荷兰引发了平等竞争、生机勃发的瓷器仿制产业"。[4]对青花瓷的仿制催生了至今荷兰人依旧引以为傲的代尔夫特蓝陶。

"安知万里水,始发滥觞时",[5]17世纪初"克拉克瓷"一词的产生并非偶然。从宏观上讲,它是人类地理知识扩展、航海技术提高的必然,是欧洲不断吸收、仿效中国等先发国家创造的优越资源配置以摆脱后发状态的必然,也是西方基督教东征及殖民扩张、资源掠夺的必然。从微观上看,"克拉克瓷"一词是蓝陶研制史上的一块重要里程碑,代表着荷人对青花瓷的"陌生化"惊艳体验和狂热追捧,为随即而来的仿制蓄积了巨大动力和能量。从青花瓷到克拉克瓷再到代尔夫特蓝陶,我们不能只看到表面的词语变迁,更应从文化史角度,体认"克拉克瓷"所充当的海上丝路文化摆渡者的角色。它实现了中西文化在工艺美术层面的对流,推动了青花瓷文化的西徂和落地,经过与欧洲本土文化的嫁接、变异,再生而为代尔夫特蓝陶。

---

[1] Maura Rinaldi, *Kraak Porcelain: A Moment in the History of Trade*, London: Banboo Published Ltd., 1989, p.61.
[2] (清)陈浏:《匋雅》附录,金城出版社,2011年,第51页。
[3] Clare Le Corbeiller, China into Delft: A Note on Visual Translation, *The Metropolitan Museum of Art Bulletin*, New Series, Vol. 26, No. 6, Art Forgery, 1968, p. 269.
[4] Ibid..
[5] 逯钦立:《先秦汉魏晋南北朝诗》,中华书局,1983年,第1089页。

二、仿制与创新：青花瓷的异域重生

综合统计目前收藏于荷兰各博物馆的中国青花瓷，大致可以看出，崇祯八年（1635）之前荷兰进口的瓷器多为纯粹的中国式，以万历年间的瓷器最为时人宝爱。这些瓷器的主产地多为福建漳州、德化，广东博罗、揭阳、饶平及江西景德镇。17世纪20年代以降，景德镇后来居上，成为青花瓷的主产地。进口青花瓷以盘、碟、碗、瓶等家居日用品居多，白底蓝花或蓝底白花，绘有人物、动植物、吉祥物等不同主题画面，并多以重叠式、展开式或开光式构图衬托主画面。（见图1-2）上等瓷器主要出产于景德镇观音阁、莲花岭等瓷厂，多有"大明万历年制""天启年造"等年款，对景德镇明代瓷窑的考古发现也能佐证这一点。

图1-2 明万历年间制青花瓷盘，盘底有年款，现藏于荷兰格罗宁根博物馆（Groninger Museum）。

崇祯八年后，逐渐出现定制瓷器，传统的龙纹、杂宝纹、五伦纹、八吉祥纹、缠枝花卉纹、如意云头纹中越来越多地融入如风车、渔船、打猎场景、东印度公司商船及家族纹章等荷兰元素。（见彩图2）与此同时，代尔夫特、玛库姆（Makkum）、弗里斯兰、鹿特丹等地的陶瓷厂对青花瓷的仿制亦如火如荼地展开了。

"欧洲最早尝试仿制东方瓷器的努力约始于1504年，当时费拉拉公爵（Duke of Ferrara, 1471—1505）购买了七个威尼斯仿制陶碗"。[1] 除威尼斯外，佛罗伦萨的美第奇工坊（Medici Factory, Florence）也是重要的陶器烧造基地，于16世纪后期生产出多件材质与颜色近似于东方瓷器的软质陶，并以熟练采用锡釉工艺著称，但其纹饰更多源于文艺复兴题材及土耳其等西亚国家。荷兰人早在15世纪便引进意大利马略利卡（Majolica）彩陶，1560年，意大利乌尔比诺人皮科尔·帕索（Piccol Passo）在安特卫普建立了第一个陶厂生产马略利卡陶器，从此这种技艺便在低地国家传播开来，[2] 此为代尔夫特蓝陶之嚆矢。目前我们所知的第一个代尔夫特陶工是来自荷兰西部哈勒姆（Haarlem）的鳏夫赫曼·彼特兹（Herman Pietersz），他以制陶为业，后于1584年与代尔夫特一位老姑娘安娜·科尼利斯（Anna Cornelisz）结婚，从此制陶产业在当地发展起来。1610年，荷兰第一个陶工协会"圣·路加"（the Guild of St. Luke）在代尔夫特成立，赫曼·彼特兹与英国移

---

[1] China into Delft: A Note on Visual Translation, *The Metropolitan Museum of Art Bulletin*, New Series, Vol. 26, No. 6, Art Forgery, 1968, p. 269.

[2] N. Hudson Moore, *Delftware-Dutch and English*, London: Hodder & Stoughton, 1909, p.3.

彩图 1　明代景德镇青花瓷香客瓶

瓶身印有西班牙皇室纹章
现藏于美国皮博迪·埃塞克斯博物馆（Peabody Essex Museum）

彩图 2　清康熙年制 VOC 纹章盘

直径 41 厘米，盘底有年款，澳大利亚麦肯锡（Mckenzie's）拍卖行拍品（lot427）
http://www.mckenziesauctioneers.com.au/auction/auction_lot/view/5906

彩图 3 代尔夫特蓝陶鞋,制成于 18 世纪,纹样模仿中国绣品

现藏于剑桥大学菲茨威廉博物馆(Fitzwilliam Museum),作者拍摄

彩图 4 意大利画家安德里亚·蒙塔纳布面油画《东方三博士的崇拜》

约创作于 1495—1500 年间,54.6×70.7 厘米

现藏于洛杉矶盖蒂中心(The J. Paul Getty Museum)

彩图 5 荷兰画家卡夫《静物》（1660）

布面油画，58×71 厘米，现藏于法国卢浮宫（Louvre Museum）

彩图 6 荷兰画家约翰内斯·维米尔《窗前读信的少女》

布面油画，创作于 1658-1659 年，83×64.5 厘米
现藏于荷兰国立博物馆（Rijksmuseum）

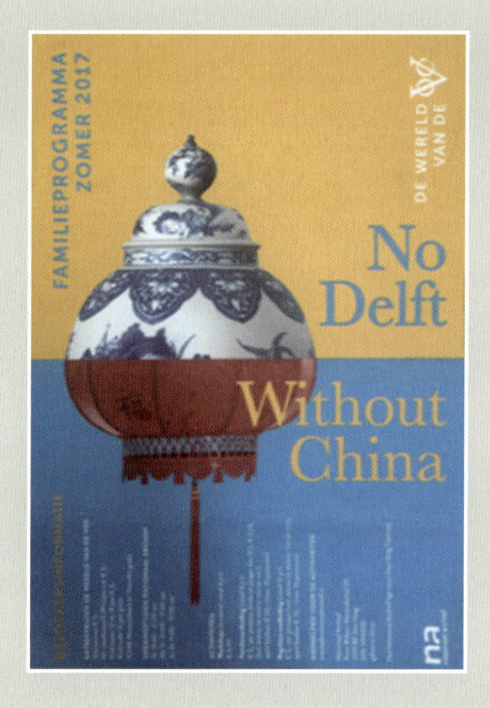

彩图 7　荷兰国家档案馆 2017 年夏季家庭活动项目海报：没有中国，就没有代尔夫特

作者拍摄

彩图 8　清乾隆年间青花柳亭纹茶壶

现藏于广东省博物馆，作者拍摄

彩图 9　斯波德瓷厂 1818 年产柳园图瓷盘

上有 Thomasine Willey 款识

彩图 10　普龙克设计的"撑伞美人"图盘

约 1740 年

现藏于德国杜塞尔多夫陶瓷博物馆（Hetjens Deutsches Keramikmuseum），作者拍摄

彩图 11　鲁龙克纹样的中国变形，景德镇制粉彩"撑伞美人"瓷器

约 1740 年，佳士得拍品图片

https://www.christies.com/img/LotImages/2008/NYR/2008_NYR_01958_0256_000.jpg

彩图 12　佚名水彩画《笙与唢呐》

现藏于英国曼彻斯特大学约翰·赖兰兹图书馆（John Rylands Library），笔者拍摄

彩图 13　油画《1807 年 10 月 1 日广东审讯四个英国水手：庭外场景》

现藏于英国国家航海博物馆（National Maritime Museum），作者拍摄

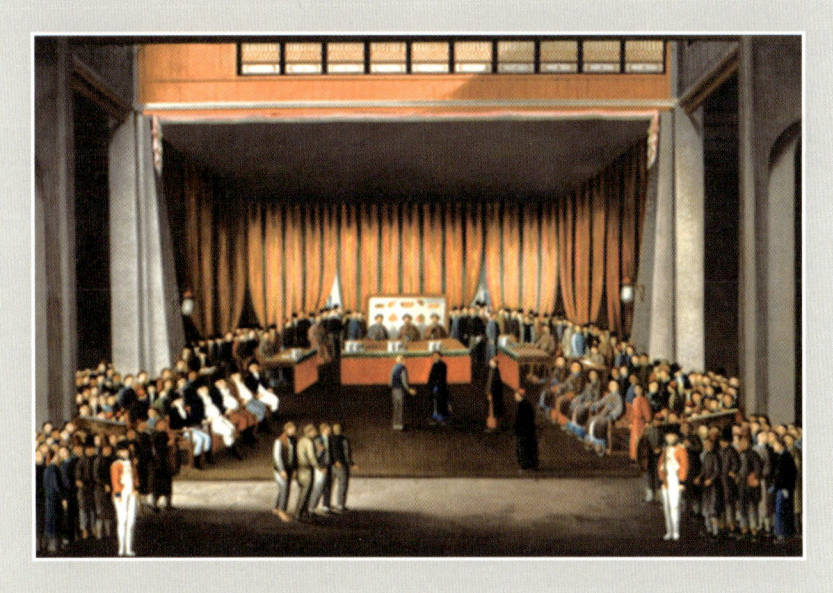

彩图 14　油画《设于广东英国行大厅的中国公堂》

现藏于伦敦皇家亚洲学会（The Royal Asiatic Society of Great Britain and Ireland），作者拍摄

彩图 15 吉官肖像（Tan Che-qua c.1728—1796）

现藏于皇家外科医学院亨特博物馆（Hunterian Museum），作者拍摄

彩图 16 吉官作品：荷兰商人范罢览坐像

约制作于 1770 年，现藏于荷兰国立博物馆，作者拍摄

民托马斯·杰茨（Thomes Jansz）成为这一协会的创始人，其他会员包括各陶厂所雇佣的画家、雕工、釉工、陶艺家、刺绣工等。这一组织在此后200年中权势显赫，掌握着陶瓷业生产、扩张、销售之大权。[1]从此，代尔夫特不仅凭借其曾为荷兰王国奠基人奥兰治的威廉（William of Orange, 1533—1584）的崛起地而出名，更因其发达的制陶业而傲视整个低地国家。

引进青花瓷后，这儿又掀起了新一轮的仿制热潮，以景德镇青花瓷作为样板研制代尔夫特蓝陶。[2]17世纪末中国因朝代更替及清初海禁，截断了青花瓷的供货渠道。再加上1654年发生在代尔夫特的夺去数百人性命、夷平数百间房屋的大爆炸，多家酿酒坊被毁，竞争激烈、利润微薄的酿酒业难以为继，而家用瓷器市场则供不应求，种种因素坚定了代尔夫特人将酿酒坊改造成陶瓷厂仿制瓷器的决心。至1680年，"代尔夫特总人口24 000人，其中1 150人为陶厂工作，有70余位大师级画家被30余家陶厂雇佣制作驰名世界的代尔夫特蓝陶"。[3]18世纪上半叶，代尔夫特蓝陶进入了快速发展期，以其重复烧制技术及近似青花瓷的精美色彩而在全荷兰独占鳌头，圣·路加协会更成为产业标杆，掌控着代尔夫特蓝陶的生产、质检、销售及陶艺家的水平认定。1720年，代尔夫特陶器在欧洲的销量已超越了中国青花瓷，甚至远销美洲及亚洲，获取了丰厚利润。然而，好景不长，18世纪后期代尔夫特陶业因德、英制瓷业的迅速崛起走向衰落，1780年只有11家工厂仍在生产，1805年仅剩5家惨淡经营，而至1840年唯余"瓷瓶"（De Porceleyne Fles）工坊一脉单传至今。[4]

代尔夫特蓝陶对青花瓷最具代表性也最为直观的模仿是蓝白双色。元、明、清三代青花瓷使用的钴料有中东进口的苏麻离青，亦有江西饶州之平等青、瑞州之石子青及浙料、珠明料等，各代陶工熟练掌握不同钴料的铁、锰等矿物质含量配比，烧造出的成品蓝白分明，莹澈青翠，明亮静丽，代表着中国人平正中和的文化性格和审美趣味，以其对比鲜明、内敛沉静的东方异域风情深得荷人青睐。"在代尔夫特时代（笔者按：约指1630—1670年间），进口的中国花瓶及瓷器受到极大追捧，但价格高昂。为了尝试仿制中国瓷器的精致及色彩，代尔夫特邂逅其日后遐迩闻名的代尔夫特蓝（Delft blue），许多人将仿制出精确的忧郁蓝作为其一生的目标及事业。尽管已相当接近，但从未有人成功地复制出青花瓷"。[5]尽管如此，荷兰人通过对钴蓝等颜料孜孜不倦的调配和试验，终于研制出独具特色的代尔夫特蓝，以其温润、淡雅、清新而深得青花瓷神韵，尽管其蓝色的种类始终不如青花瓷丰富。

---

[1] *Delftware-Dutch and English*, p.5.
[2] 法国中部城市纳韦尔（Nevers）于1650年始开始仿制青花陶器，是欧洲首先采用中国装饰风格的制陶中心，但其规模和影响远逊于后来居上的代尔夫特蓝陶。
[3] Ella Schaap, Three Delft Pieces in the Philadelphia Museum of Art, *Philadelphia Museum of Art Bulletin*, Vol. 62, No. 294, 1967, p. 284.
[4] Jessica Wallien-van Erkel, *De Koninklijke Porceleyne Fles*, Delft: Bekking & Blitx, 2013, p.9.
[5] Ibid., p. 557.

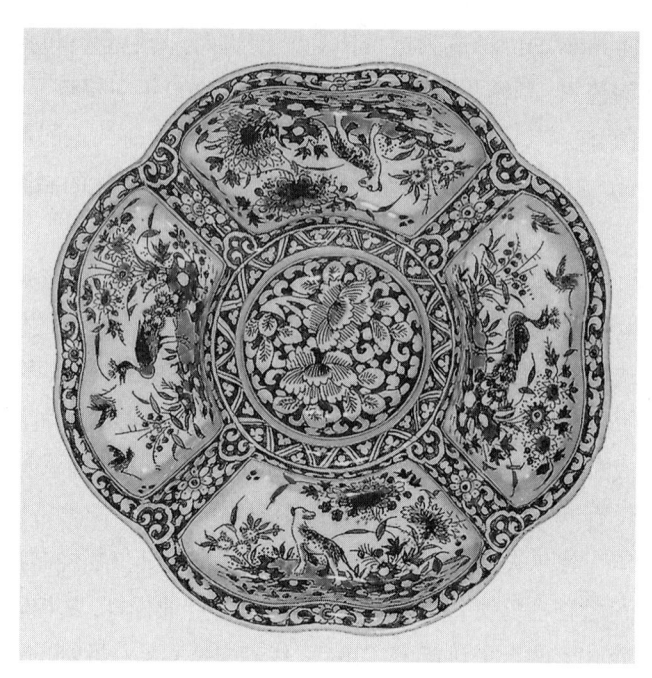

图1-3 AK蓝陶盘，约制于1690年，盘底有代尔夫特著名制陶工Adrianus Kocx的款识。

除色彩外，蓝陶在成型、成纹等工法上基本复制青花瓷制作法。蓝陶坯胎成型不外乎中国传统的内模、外模及拉坯、修坯法，成纹工法至今仍沿用青花瓷的手工画坯法。对青花瓷传统器型、常用纹饰和构图的模仿也成为代尔夫特制陶法的题中之义、必由之路。青花瓷的扁平碟、碗成为蓝陶的烧造蓝本及主打产品，常用的花卉、禽鸟、人物、山水等主题也被移植到蓝陶上，外缘以一圈或多圈纹饰衬托中央主图或纹章成为荷兰陶工喜用的设计范本，尤其是源自青花瓷的开光式边饰，以线条勾勒出扇面形栏框，框内绘以花朵及线条图案，用以突出主题画面。青花瓷的惯用纹饰如缠枝花卉、折枝花卉、龙凤、灵芝、杂宝、瓜果、卷草、如意云头纹、满地锦纹等也常被用于蓝陶制品中，而且大多数陶器底部均模仿青花瓷标上年款、陶厂或陶工名称，以作为质量及信誉的保证。"回归的旅行者所描述的东方奇异习俗及异域动植物激发起陶艺家的无限想象力，鼓舞他们将其对东方文化的好奇熔铸于作品。结果，他们作品中的中国趣味远浓于荷兰本土风味，尽管有时很难确指是哪一种中国原型"。[1] 如图1-3的蓝陶作品为17世纪末代尔夫特著名陶厂（1686—1701）当家陶艺师阿德里亚努斯·科茨（Adrianus Kocx）设计，盘子采用牡丹花为主题画面，外缘饰以菊花及如意云头纹，四扇扇形开光片中绘有孔雀、老虎及中国传统花鸟图案，古雅清新，极具中国韵味。总之，代尔夫特蓝陶为荷兰版青花瓷，此为人所共知之事实。但它又不仅仅是青花瓷的翻版，更是中西文化交融及荷人创新精神的结晶。

---

[1] Three Delft Pieces in the Philadelphia Museum of Art, *philadelphia Museum of Art Bulletin*, p.277.

最初，荷人并不知晓胎料的差别会导致淮橘为枳，他们所用的陶土并非景德镇高岭土及瓷石（亦称白不子）的合成土，[1]因而烧制出的陶器胎质粗糙，胎体厚重，且施釉欠匀净，蓝、白双色调控失衡，毫无青花瓷的轻、透、亮、润，土性使然。"代尔夫特陶器既笨重又劣质，其釉质还危害健康，因为其中含有的铅与锡在玻化以后，仍然会被微酸溶解。相似的危害出现在其他各种铅釉或锡釉陶器中"。[2]邯郸学步而成的仿制品充其量只能在中国货源不足的年代暂时满足荷兰人对青花瓷的向往，尽管这种满足在很大程度上是一种自欺欺人。为了制造出精美的蓝陶，代尔夫特几代陶艺师呕心沥血，进行了艰难的探索及试验。

图1-4 被烧化粘结的代尔夫特陶器，约1655—1670年。英国维多利亚和阿尔博特博物馆。作者拍摄。

首先是改良胎料。荷兰人曾试图破解景德镇瓷土的奥秘，1712年法国耶稣会士殷弘绪（François-Xavier d'entrecolles, 1664—1741）写给奥里（Orry）神父的信中已提及："几年前有几个英国人或荷兰人（这两个民族的中文名是一样的）叫人买了坯胎子土运回国内，想在本国制作瓷器，但因为没有带高岭土，计划终于失败，他们自己也承认了这件事。"[3]这一努力失败后，代尔夫特只能以当地称为"marl"的一种富含石灰质及碳酸钙的泥土混合托耐（Tournai，比利时的一个地区）土及莱茵兰德（Rhineland，德国莱茵河中部地区）土，[4]不断调配淘洗、翻扑踏炼以改善胎泥，最终研制成神秘的混合陶土，烧造出洁白、轻薄而又坚硬的陶胎。蓝陶的胎土与其钴料、釉料配方一起，成为荷兰的国家机密。

其次是烧造工法的改革。青花瓷是将经画坯、罩釉后的瓷胎经1 280度左右的高温还

---

[1] 高岭土是一种以高岭石族黏土矿物为主的黏土和黏土岩。洁白细腻松软，具有良好的可塑性和耐火性，又称白云土，因江西省景德镇高岭村而得名。

[2] Richards Sarah, *Eighteenth-century Ceramics: Products for a Civilised Society*, Manchester University Press, 1999, p.166.

[3] ［法］杜赫德编，朱静译：《耶稣会士中国书简集》二，大象出版社，2001年，第142页。

[4] Alan Caiger-Smith, *Tin-Glaze Pottery in Europe and the Islamic World: The Tradition of 1000 Years in Majolica, Faience and Delftware*, London: Faber, 1973, p. 130.

原焰一次烧制而成，色料完全渗透于坯釉，成品釉面肥厚润泽，釉色白中带青，透明秀雅，水头饱满，经久不变。而代尔夫特蓝陶因胎料及锡釉无法承受高温烧制，在总结无数次烧裂失败的教训后，荷人改用低温烧制技术，其工序是，先将制模而成的素坯用约900摄氏度的温度进行第一次烧制，出窑后由专业画师画坯，然后用浸、喷、吹等方法为陶坯涂上白色锡釉及透明釉浆，均匀盖住粗糙的胎体，再用约1 040摄氏度的温度玻化。因而，代尔夫特蓝陶本质上是低温锡釉陶器(tin-glazed pottery)而非高温釉下彩瓷。

再者是新品及新器型的开发。明清之际的景德镇主要生产家用及装饰瓷器，如瓶、盘、杯、碗、罐、壶、盂、尊、扇盒、烛台等，以其独特的工艺及精良的品质对代尔夫特蓝陶构成了巨大的竞争压力。富于商业头脑的荷兰人因而开发出景德镇从不生产的蓝白墙面瓷砖、地砖及富于本土文化风韵的工艺品，与青花瓷形成错位竞争，大量出口欧洲其他国家。17世纪后半叶代尔夫特的陶艺大师如阿布瑞契·德·凯泽（Aelbrecht de Keiser）、范·施特恩（Van Steen）、鲁道夫·范·瓦立克博士（Dr. Rudolphus Van Varick）等人均擅长以陶砖为媒介创作大型风景或风俗画。[1] 300年后的今天，荷兰仍有许多建筑贴有17或18世纪生产的蓝陶瓷砖。即便家居用品，也开发出根据欧人室内装饰及餐饮习惯而设计的鸟笼、酱汁船（sauce boat）、模具鞋（见彩图3）、啤酒杯、小提琴、潘趣挂碗、多头郁金香花插（bouquetier）等不见于传统青花瓷的新器型，极大丰富了世界陶瓷产品的品种及类型。

最后，东西方设计习惯及元素的交融。不得不承认，荷兰人具有极强的模仿和创新能力，蓝陶的成功充分展现了他们对外来发明消化吸收、改进再造的天分。代尔夫特陶艺师以模仿为起点，在诠释与解构青花瓷艺术的过程中不断增加荷兰元素，将东方文化的概念、灵感融入蓝陶纹饰及造型的设计中。如图1-5为一对制于19世纪上半叶的蓝陶花瓶，瓶口采用伊斯兰装饰元素的直线条形纹，但瓶颈、瓶肩及圈足的设计明显承袭了中国元素，如瓶颈的海棠图案、瓶肩的缠枝花卉、牡丹纹及圈足的如意云头，尽管这些代表吉祥、高洁、富贵等意蕴的联想因脱离中国语境而枯萎简化成西人眼中只具异域、古朴情趣的纹饰。而瓶腹上所绘之运河、帆船、风车、农

图1-5 19世纪代尔夫特蓝陶花瓶，高17.5厘米，直径9.5厘米。图片来源：www.ebay.co.uk。

---

[1] *Delftware-Dutch and English*, pp.12–13.

场等则是典型的荷兰意象,尤其是击桨运河的健壮背影充溢着西方男人的阳刚美。画面与留白疏密有致,做到了陶艺家所说的"水路均匀"。由此,代尔夫特经验辐射至伦敦兰贝斯、德国迈森等欧洲城镇,激发起一股巨大的陶瓷仿制、创新热潮,完成了视觉文化领域第一次大规模融汇东西方文化的实践。当然,蓝陶对东方文化的吸纳并不仅限于中国的青花瓷,如锡釉这一欧洲制陶业的重要原料,也是于9世纪在巴格达发明后传入摩尔人的西班牙,然后再于13世纪传入欧洲其他地区的。另如日本伊万里瓷器、土耳其和波斯等西亚国家的设计元素均给蓝陶输送了无尽的创作灵感。

值得说明的是,陶瓷的文化旅行是双向、循环、充满误读与附会的,而非单纯的西方模仿、复制东方。代尔夫特蓝陶以及1709年试制成功的迈森瓷器不断想象、解构中国元素,然后融汇本土文化合成出一种符合西人审美情趣的"中国风",西式的"中国风"又随东印度公司回返至中国,在清代景德镇外销瓷上烙上圣经故事、罗马神话、家族徽号等不灭的印记,尽管耶稣的荆棘冠冕常被误画成玫瑰花环,顾客的定制说明也被一字不差地复制在徽章一侧。"最后结果,有得亦有失。跨文化交流之下,促成了创新,也造成误读。外国工匠与艺术家以他们的方式重新表现中国文化,巨大的简化自然无可避免。然而正是这过度简化本身,创造出新的装饰图案,得以流通国际。世界变得愈趋紧密,但却是相互误解、比附的结果"。[1] 不管是误解还是比附,青花瓷在荷兰的仿制,代表着荷人在经济上竭力摆脱仰赖中国、立意振兴自身陶瓷实业的决心。

三、青花瓷主题在荷兰绘画、文学艺术中的再现

据笔者所掌握的材料看,对青花瓷器最早的艺术呈现为意大利画家安德里亚·蒙塔纳(Andrea Mantegna,1431—1506)的宗教画《东方三博士的崇拜》(The Adoration of the Magi,见彩图4),画中圣母玛利亚怀抱婴儿耶稣接受三博士的崇拜,前景中央的青花瓷杯为一东方圣哲奉献给耶稣的礼物,婴儿的小脚几乎触碰到了杯沿,喻指基督教与东方异教的早期接触。1514年,青花瓷又出现在意大利著名威尼斯画派画家乔凡尼·贝利尼(Giovanni Bellini,1430—1516)的油画《众神聚宴》(The Feast of the Gods)中。此画之灵感源于古罗马诗人奥维德(Publius Ovidius Naso,前43—17或18年)《盛宴》中的诗句,描绘奥林匹斯山诸神的一次夏日聚会,以此展现威尼斯和平自由、欢乐祥和的世俗生活。天朗气清,诸神欢会,画面中间手拿婚姻果实的女神双膝边有一装盛水果的青花瓷碗,后排另有男女二神分别手捧、头顶青花瓷碗碟,三件瓷器上绘有相似的缠枝花卉图案。根据这些瓷器的器型及缠枝莲花纹饰看,应为典型的中国青花瓷。尽管我们无法得知乔凡尼·贝利尼所见之瓷器是以何种渠道、于何时传至威尼斯的,但据大航海史推测,这些瓷器应该是由16世纪初抵达东南亚的葡萄牙商船带回欧洲的。

---

[1] [美]罗伯特·芬雷著,郑明萱译:《青花瓷的故事:中国瓷的时代》,海南出版社,2015年,第344页。

随着17世纪荷属东印度公司对中国青花瓷的大量进口，荷兰本土画家的作品中逐渐出现它的倩影，且与进口量的与日俱增同步增长，最终成为静物、人物画表现荷兰黄金时代（The Golden Age，约从1600年至18世纪初）浮华世俗生活的一个突出主题物。"17世纪中叶，荷兰人的居室普遍装饰有瓷器，艺术紧随着生活，画家们由此将中国瓷盘纳入呈现社会阶层及现实生活的室内场景之中"[1]。荷兰伟大的静物画家海达（Willem Claeszoon Heda, 1594—1680）的画面一般描绘几种基本物品：金属与玻璃器皿、水果、火腿、牡蛎、虾蟹，还有各式桌布、织毯及斜倒的烛台。17世纪40年代以后，这些物品中加入了新成员青花瓷，代表作如《早餐的螃蟹》《有火腿的静物》《有桃的静物》等。《早餐的螃蟹》（图1-6）一画中，锃光发亮的银制雕花酒壶和晶莹剔透的高脚酒杯仍占据中心画面，海达式的横倒铜烛台与前景左侧盘中之银匙构成一种奇妙的平衡，弯曲下垂的柠檬皮呼应白绸桌布的弯曲皱褶。盛有牡蛎的青花瓷盘在前景右侧，盘沿为扇形开光式构图，此为景德镇瓷器惯用图样，借开光构图营造错落有致、疏密相间的多种画面，以形成不同的节奏和韵律，产生奇妙的表现效果。白色绸缎餐布代替了普通的棉麻衬布，去皮柠檬继续成为画面中不可或缺的角色，以其明亮的黄色调动起整个画面丰盈的色彩层次。油画主角螃蟹却被置于画面左后侧，这可能是出于画家审美趣味的考虑。海达尤其擅长以具有反光效果的器皿彰显油画色彩的表现力，画法精细清晰，色彩饱和度高。

图1-6　荷兰画家海达《早餐的螃蟹》(1648)，布面油画，118×118厘米，现藏于圣彼得堡艾尔米塔什博物馆（Hermitage Museum）。

---

[1] Timothy Brook, *Vermeer's Hat: The Seventeenth Century and the Dawn of the Global World*, New York and London: Bloomsbury Press, 2008, p. 77.

而另一著名画家杨·戴维茨·德·希姆(Jan Davidsz de Heem, 1606—1683)不仅在多幅静物画中描绘各种器型的青花瓷,且往往将其置于画面中心位置。如创作于16世纪中叶的《有水果和龙虾的静物》(Still Life with Fruit and Lobster)(图1-7),此画以作者惯用的深色背景突出画面中品种繁多的食物及装盛它们的瓷盘、银质壶、玻璃杯,画面前景中那只装有葡萄、桃子、杏子的青花大瓷盘尤其醒目,盘沿亦为开光花卉纹。瓷盘后绘有一只蓝色天鹅绒盒子,与青花的蓝色形成呼应,盒上放置有鹦鹉螺。画面下侧的龙虾色泽红艳,似乎正等待食客的享用。整幅油画色彩丰丽、层次鲜明、极富质感,形象展现了自然造物与人类制品间充满张力的融合。

图1-7 荷兰画家杨·戴维茨·德·希姆《静物水果和龙虾》,布面油画,95×120厘米,现藏于柏林画廊艺术馆(Gemaldegalerie, Berlin)。

最喜采用青花瓷入画的画家为海达的弟子威廉·卡夫(Willem Kalf, 1619—1693),他喜用静物画展现荷兰新兴资产阶级富足华贵的物质生活,其中《水果静物》(1654)、《明青花碗和鹦鹉螺杯》(1660)、《明代盖碗和鹦鹉螺杯》(1662)、《银器和水果》(1665)、《有明代花瓶的静物》(1669)等多幅画作均将明代青花瓷置于画面最显著的位置,代表着中产阶层以瓷器彰显身份及财富的隐密心理。《静物》(Still-Life)(彩图5)堪称卡夫的经典之作,画面右上方散发着莹莹微光的明代广口青花姜罐占据显著位置,罐腹的蓝底白折枝莲花图案素雅清新,颈与肩部为伊斯兰风格的几何花纹。[1]其左后侧的高脚玻璃杯晶莹剔透,画面正中装着瓜皮的白底蓝花瓷碗莹润秀雅。右侧切开的橙色甜瓜瓤与左侧吃剩的苹果

---

[1] 此罐还出现在卡夫创作于1669年的另一幅静物画《晚明姜罐和静物》(Still-Life with a Late Ming Ginger Jar)中。

和面包、去皮柠檬、无花果叶相互呼应，含有关注生命终结的寓意。整幅画面黄、绿、蓝、白、红、橙、褐诸色对比鲜明而又相得益彰，画家将这些物品展示在一张波斯红毯上，然后用伦勃朗式的聚光效果和他高超的绘画技巧凸显明代瓷器精湛的工艺和昂贵的价值。

17世纪各年代的荷兰静物画家，如巴尔萨泽·范·德·阿斯特（Balthasar van der Ast, 1593—1657）、亚伯拉罕·范·彼扬恩（Abraham van Beyeren, 1620—1690）、巴伦德·范·德尔·米尔（Barend van der Meer, 1659—1700）等均喜在作品中描画青花瓷，其色泽和纹样得到完美呈现，似是对丰富物质世界和荷兰黄金时代的无声欢庆。

除静物画家外，荷兰著名肖像画家、《戴珍珠耳环的少女》的创作者约翰内斯·维米尔（Johannes Vermeer, 1632—1675）《睡觉的女孩》《窗前读信的女孩》等作品中也频现青花瓷。《窗前读信的女孩》（见彩图6）一画中的少女沐浴在柔和的自然光中，正低头专注读信，或许是爱人的情书。前景是铺有土耳其手工织毯的桌子，上有盛放水果的青花瓷盘，盘沿绘有清晰的缠枝花卉纹。巧合的是，维米尔亦是代尔夫特人，皇家代尔夫特蓝陶博物馆至今保留着他的起居室，餐桌及壁炉架上陈列着多件青花瓷器。

由此可见，青花瓷已堂而皇之地登上了需要抽象提炼及象征隐喻活动的绘画艺术殿堂，此为荷兰新兴资产阶级喜用瓷器炫耀财富、标识社会身份现实之折射，亦是17世纪欧洲"中国风"的最形象写照。尽管陶瓷画亦属绘画，但更接近于工艺美术。从工艺美术到绘画艺术，青花瓷的传说得到不断凝炼和升华，成为一种无障碍交流的通行语，流通于从平民到贵族，从商界到政界、文化界的社会各阶层、各领域，呈现出多重文化面相，"它是想象力的运用、习俗传统的表露、社群意识认同的陈述、社会凝聚的彰显、身份地位管理的载体、自我的物象化呈现，也是社会价值的具现"。[1]从这些画作中，我们还可体认到颇多社会学意义上的信息，如青花瓷已逐渐取代了以往荷兰风俗画中常见的粗陶、白镴、银质餐具，以其亮丽轻巧成为餐桌的主角，并进而引发了改变欧人用餐习惯（由多人合用餐具而为一人一套餐具）的餐具革命。

青花瓷对荷兰文学的影响同样令人瞩目。荷兰汉学家高罗佩（Robert Hans van Gulik, 1910—1967）凭借狄公案系列小说（Judge Dee）而闻名遐迩，这一系列小说凡17种，其中一种名为《柳园图》（The Willow Pattern），小说的主题物即为绘有柳园图的青花瓷器。高罗佩早年与荷属东印度政府签署合同就读于莱顿大学，专攻汉语、日语及法律专业，意欲成为东印度殖民政府的官员，后因合同解除而最终成为外交官，曾在荷兰驻中国、日本、马来西亚等地的领事馆工作多年。高氏有浓厚的中国情结，不仅对古琴、书画、动物及古代性文化作出开创性的深入研究，还以小说为媒介传播中国的政治、司法制度及器物文化、民风民俗。《柳园图》即通过狄公破获的两件奇案传播中国的青花瓷文化，第一案"关内世家梅亮被杀案"的案眼是一只绘有柳园图的青花瓷碟：一幢垂柳掩映下的楼阁，柳荫一侧傍

---

[1]《青花瓷的故事：中国瓷的时代》，第8页。

水,一弯小桥通往对岸水榭,桥上一对男女亲密携手而行,后边一老翁正挥舞棍棒追赶他们,形象阐述了这一案件的诱因:少妻背叛老夫的婚外恋。高罗佩借狄公的长随陶甘之口直接评论柳园图说:"这是青花瓷最普通的花式,俗称柳园图,各地窑坊最是常制。"[1]第二案"关中侯叶奎林被杀案"的案眼是一只青花瓷瓶,长安侠女蓝白为解救妹妹、替母报仇,杀死了残毒狡诈的叶奎林,叶死前扫落八仙桌上画着柳园图的瓷瓶以期官府能通过蓝白双色的瓷器碎片勘破凶手为蓝白。长安另一世族的嫡裔何朋正是私通梅夫人、杀害梅亮的凶手,其家的花园楼阁恰是柳园图的原型。为进一步关合青花瓷这一主题,高罗佩为小说中两个女性人物取名"蓝白""蓝宝石",皆与青花瓷相关,在在体现了高罗佩围绕青花瓷布局故事的独特匠心及良苦用心。总之,"柳园图"与蓝陶一样,显然是东西方多元文化的结晶,是文学、艺术与商业交集并通过不同介质进行环球旅行之产物。"用来装饰英国餐具及荷兰代尔夫特蓝陶的蓝、白雕刻画标志着一个重要时期,在此期间异域文化及自然环境被改造并商品化为高档骨瓷上具有阐释性的装饰图案,从而成为19及20世纪最具辨识力的视觉语言"[2]。从青花瓷被代尔夫特蓝陶的直接仿制,到荷兰画家乐此不疲地在艺术作品中呈现青花倩影,再到20世纪作家将其以小说的形式再现,至少在3个世纪里,青花瓷深深楔入了荷兰人的精神及物质生活,并以蓝陶的形式继续延续、辐射这种影响力。

综上,作为启蒙时期欧洲"中国风"的一个重要载体,代尔夫特蓝陶是中西文化交融及贸易全球化的一个生动样本。青花瓷经由代尔夫特的仿制,又先后在德国迈森和英国韦兹伍德(Wegewood)那儿实现了青出于蓝而胜于蓝的生命轮回,并直接推动了欧洲的工业革命,此为中国在西方崛起中产生重要影响的一个具象。从微观上看,在欧洲辉煌了三个多世纪的青花瓷身兼商品、工艺品、实用品三重角色,是商业、艺术乃至文化的聚合物,既可作为商品进入货易流通领域,又可置于架上、挂在墙上供人观赏,更可作为餐具、茶具时时与人肌肤相亲,因而具有多重文化身份。与东印度公司经营的其他大宗商品诸如丝绸、棉布、茶叶、香料、咖啡等不同,瓷器具有其特殊性:其一,寿命长久,即便沉海几百年,出水后依然光洁如新;即便粉身碎骨,其残片依旧留存有丰富的文化信息,不像茶叶、香料被吃喝消耗,丝绸、棉布被穿用磨损,皆逃不过灰飞烟灭的宿命。其二,瓷器的颜色、花样、纹饰在异域文化语境中被不断诠释、解构、重组,并辐射至其他诸如棉布、丝绸、银器等介质,再经由东西双向的文化旅行,实现其永不终止的文化大循环。"虽然说中国与其瓷器在这场影响深远、无远弗届的大交流中占有主导地位,但是世界作为一个整体参与其中,也共同创造出了一个跨越不同地域、超越不同民族的陶瓷文化"[3]。这就是考察代尔夫特蓝陶的中国渊源的意义所在。

---

[1] Robert van Gulik, *The Willow Pattern*, Penguin Books Ltd., 1965, p.43.

[2] About Danie Mellor, http://artmuseum.uq.edu.au/filething/get/11734/Danie-Mellor-Learning-Resource-2014.pdf,p.5.

[3] 《青花瓷的故事:中国瓷的时代》,第341页。

第二节 柳园图：中国"柳意象"的跨文化、多介质传播

> 如果没有柳园图盘作证，将很难发现任何英国人曾在地球上居住过的痕迹。
> ——J.F. Blacker《19世纪英国的陶瓷艺术》

一、中国咏柳、画柳传统与18世纪英国"柳园图"纹式的诞生

柳树向以品种多、分布广著称，[1]而本节所论仅为其中之一：垂柳。垂柳是中国原生树种，为杨柳科柳属落叶乔木，至今已有4 000余年的栽种史。[2]其花名荑荑，花序直立或斜展，先叶或与叶同时开放。枝条细长、状若柔丝、下垂及地，因外形优美且极具辨识度而广受青睐。垂柳由丝绸之路经西南亚引种至欧洲后，[3]于1736年被瑞典植物学家卡尔·林耐（Carl Linnaeus，1709—1778）命名为Salix babylonica（林耐当时误以为垂柳原产于巴比伦，故有此名），[4]但英人更喜欢称其为"weeping willow"。

我国有关垂柳的最早的文学书写见于《诗经·小雅·鹿鸣之什》"采薇"中之名句："昔我往矣，杨柳依依。今我来思，雨雪霏霏。行道迟迟，载渴载饥。我心伤悲，莫知我哀！"此诗为后世文人折柳寄情、惜别、思归之发端。在周代以后3 000余年的文学长河中，柳以其风姿的婀娜柔美及阐释的多元性尤得文人青眼，陶渊明以"五柳"自况表明超然尘外、淡泊名利之志；桓温北征见昔年所栽之柳皆已十围，不禁对柳而叹，感慨时光易逝、人生无常。[5]而历代咏柳诗文更是汗牛充栋，以题材而论概有以下诸种：

咏离别。因柳、留谐音，中国自古便有折柳赠别之习俗。王维以"渭城朝雨浥轻尘，客舍青青柳色新"寄托送别元二的深情厚谊，[6]透露出些许轻快且富于希望的情调；宋代诗僧惠洪则以"绿槐烟柳长亭路。恨取次、分离去。日永如年愁难度"宣泄伤离恨别的

---

[1] 柳树共约450个天然种，广泛自然分布于大约从南纬52度至北纬82度，从海平面附近至海拔5 000余米，从南温带、热带、北温带至北寒带的非洲、南美洲、欧洲、亚洲和北美洲。赵良能、龚固堂：《垂柳故土考》，《四川林业科技》2011年第4期，第33页。

[2] 俄罗斯柳树分类学家Alexey K. Skvortsov（1920—2008）于20世纪中叶提出垂柳原产于中国中部和北部地区的观点，参见A.K. Skvortsov, *Willows of Russia and Adjacent Countries* (1968)；也有中国植物学研究者则认为垂柳原产于中国蜀地，也即现今成都一带，参见赵良能、龚固堂《垂柳故土考》，《四川林业科技》2011年第4期。

[3] Santamour, F.S. & McArdle, A.J., Cultivars of Salix babylonica and other Weeping Willows, *Journal of Arboriculture* 14, 1988, pp.180–184.

[4] Carl Linnaeus, *Hortus Cliffortianus*, 1737.

[5] （南朝）刘义庆撰，徐震堮校笺：《世说新语校笺》"言语第二"，中华书局，1984年，第64页。

[6] （唐）王维：《渭城曲》，（清）彭定求等校点：《全唐诗》第四册，中华书局，1960年，第1306页。

怅惘情绪,[1]"为出家人未能忘情绝爱者"。[2]这种以柳咏别的传统承续不绝,直至晚清仍有诗人吟咏"多情不若堤边柳,犹是依依远送人"。[3]有离别便必有思念,借柳丝言相思成为题中必有之义。唐穆宗时文人王涯夫妻情笃,在外任东川节度使期间以"厌攀杨柳临清阁,闲采芙蕖傍碧潭"倾诉其对爱妻的无限思念;[4]与王涯厌见杨柳不同,温庭筠以柳丝喻情思,"柳丝长,春雨细,花外漏声迢递",[5]活画出闺中少妇怅惘、寂寞、凄苦之情状,其远人之思比柳丝更绵长、比春雨更细密。除了对亲人、情人的思念外,咏柳诗中还有一抹永恒的乡愁。王之涣以"羌笛何须怨杨柳,春风不度玉门关"诉戍卒不得还乡之怨情,[6]苍凉慷慨而又不失豁达悲壮;李白"此夜曲中闻折柳,何人不起故园情"以哀怨幽咽的《折杨柳》曲感怀故土相思之情。[7]

咏美貌。柳枝纤细、柳叶秀长等特征极易被用来比附美女,因而花娇柳媚、章台杨柳、分花拂柳、杨柳宫眉、柳腰花貌等成语层出不穷,以柳咏美更是诗家常情。白居易以"芙蓉如面柳如眉,对此如何不泪垂"咏绝代佳人杨玉环,[8]张孝忠以"豆蔻梢头春意浓,薄罗衫子柳腰风"吟青春少女灵动之美,[9]而"腰如细柳脸如莲"[10]"体柳轻盈千万态"[11]则更多是欢场情迷或酬答唱和之作,脱不了佻达浮薄的底色。这一倾向又逐步演变为以柳喻妓、以柳絮喻薄情的意象,如眠花宿柳、寻花问柳、折柳攀花、花衢柳陌、柳户花门皆为此属,而年老色衰、遭人遗弃之女则被以残花败柳、柳折花萎比喻。元人李邦祐便以"花街柳陌,恨他去胡沾惹;秦楼榭馆,怪他去闲游冶"宣泄女子对花心情郎的一腔幽怨。[12]

咏春景。作为植物中的报春使者,垂柳一般在早春二月便能感应到萌动的春意而率先发芽开花,所谓"江南腊尽,早梅花开后,分付新春与垂柳",[13]故无论迎春、惜春抑或伤春诗,总少不了垂柳意象。柳枝甫一萌芽,遥望若有似无,因而被冠以"烟柳"美名。"烟柳画桥,风帘翠幕,参差十万人家",[14]此为柳永眼中东南形胜杭州西湖之春景;而韩愈则更青睐如酥春雨及遥看近无的春草,故曰"最是一年春好处,绝胜烟柳满皇都"。[15]春光

---

[1] (宋)惠洪:《青玉案》,唐圭璋编:《全宋词》第一册,中华书局,1965年,第712页。
[2] 薛砺若:《薛砺若宋词通论》,吉林人民出版社,2013年,第148页。
[3] (清)秋瑾:《去常德州中感赋》,郭延礼选注:《秋瑾选集》,人民文学出版社,2004年,第87页。
[4] (唐)王涯:《秋思赠远二首》,《全唐诗》第一一册,第3877页。
[5] (唐)温庭筠:《更漏子》,彭玉平:《唐宋词举要》,商务印书馆,2014年,第32页。
[6] (唐)王之涣:《凉州词二首·其一》,《全唐诗》第八册,第2849页。
[7] (唐)李白:《春夜洛城闻笛》,《全唐诗》第六册,第1877页。
[8] (唐)白居易:《长恨歌》,《全唐诗》第一四册,第4816页。
[9] (宋)张孝忠:《鹧鸪天》,《全宋词》第三册,第1828页。
[10] (唐)顾敻:《荷叶杯》,(后蜀)赵崇祚编,杨景龙校注:《花间集》,中华书局,2015年,第1054页。
[11] (宋)苏轼:《减字木兰花·赠徐君猷三侍人妩卿》,《全宋词》第一册,第323页。
[12] (元)李邦祐:《转调淘金令·思情》,李文禄、宋绪连主编:《古代爱情诗词鉴赏辞典》,辽宁大学出版社,1990年,第1040页。
[13] (宋)苏轼:《洞仙歌·江南腊尽》,《全宋词》第一册,第297页。
[14] (宋)柳永:《望海潮·东南形胜》,《全宋词》第一册,第39页。
[15] (唐)韩愈:《早春呈水部张十八员外二首》,《全唐诗》第十册,第3864页。

易逝,与人类韶华易落何其相似,而未老先衰、体质虚弱也能被古代文人以柳作比。《世说新语》中顾悦以"蒲柳之姿,望秋而落;松柏之质,经霜弥茂"自嘲华发萧萧,同时巧妙恭维同龄的简文帝雄姿英发。[1]这一意象颇受后代诗人喜爱,"孤舟乱春华,暮齿依蒲柳"[2]"况今蒲柳姿,俛仰及大耋"[3]等皆用此典。

唐末宋初,文人画渐成中国古代美术的主流,垂柳凭借其灵动、飘逸的风姿成为山水、田园画的重要题材。唐代画家韩干、[4]戴嵩善画动物,人称"韩马戴牛"。戴嵩传承其师韩滉所长,[5]以画牛称世,后人谓其得"野性筋骨之妙"。戴嵩《牧牛图》(图1-8,纵110厘米,横57厘米)所绘为暮春之景,画面中央斜横之柳颇具野趣,且形成对角构图;树下牧童骑牛横笛,与左上方的叠翠远山构成奇妙的平衡。牧童、短笛、村牛、垂柳有效调动了读者(观者)的视觉与听觉,成为中国诗、画艺术的经典意象。

北宋亡国之君徽宗赵佶向以超人的艺术天分而见称后世,[6]其瘦金体书法运笔爽利瘦劲,侧锋如兰竹,至瘦而

图1-8 唐戴嵩绢本《牧牛图》立轴,中国嘉德2006年四季第3期拍品。

不失风姿,为书法史上极具个性和创造力的一种书体。赵佶又是工笔画之创始人,花鸟、山水、人物、楼阁无所不精,以体察入微、用笔挺秀、精细逼真而著称。《柳鸦芦雁图》(图1-9,纸本淡设色,纵34厘米,横223厘米)水墨浅赭设色,笔法简朴灵动,画面明净舒展,融

---

[1] 《世说新语校》"言语第二",第65页。
[2] (唐)杜甫:《上水遣怀》,《全唐诗》第7册,第2375页。
[3] (宋)陆游:《书志》,《陆游集》卷七四,中华书局,1976年,第1732页。
[4] 韩干(约706—783),陕西蓝田人,唐代画家,尤擅画马。
[5] 韩滉(723—787),字太冲,京兆长安人。唐代大历、贞元年间历任镇海军节度使、浙江东西观察使、江淮转运使等,谥号"忠肃",唐代著名画家、书法家。
[6] 赵佶(1082—1135),宋神宗第十一子、宋哲宗之弟、宋朝第八位皇帝。

图1-9 宋赵佶《柳鸦芦雁图》，纸本设色，上海博物馆藏。

粗笔写意与精湛写生于一体，体现出平和典雅而又生机勃发之美。《柳鸦芦雁图》分两段，前段画垂柳一株、鸦雀数只。柳树细条垂秀，流畅天成，与树干的粗壮浑朴、虬曲凹凸形成鲜明对比。树上白头鸦或偎依缠绵，或相顾而语，自在安详。画家构图洗练，运笔精细圆润，鸟身敷以浓墨，黝黑如漆，鸟嘴以淡红点染，头腹敷以白粉，墨色层次分明，醇和雅致，遂成妙制。

明代唐寅[1]工山水、人物、花鸟，人物宗法李唐，色彩艳丽清雅，体态优美，造型准确；山水田园以南宋刘松年[2]为师，笔墨细秀，布局疏朗，风格秀逸清俊；花鸟画则长于水墨写意，妍丽典雅，与沈周、文徵明、仇英并称"吴门四家"或"明四家"。《落霞孤鹜图》（图1-10，纵189.1厘米，横105.4厘米）为唐寅山水画代表作之一。画面境界沉静，洗练洒脱：落霞余晖中，峻岭耸峙于江岸，孤鹜翱翔于烟水，水榭掩映于垂柳，错落成趣，虚

图1-10 明唐寅《落霞孤鹜图》，绢本设色，上海博物馆藏。

---

[1] 唐寅（1470—1524），字伯虎，号六如居士、桃花庵主、鲁国唐生、逃禅仙吏等，苏州府吴县人，明代著名画家、书法家、诗人。
[2] 刘松年（约1155—1218），浙江金华汤溪人，南宋孝宗、光宗、宁宗三朝宫廷画家。曾宦居钱塘清波门，故有刘清波之号。

实相映。画家以重墨皴擦勾斫山石，以淡墨晕染勾勒烟柳，墨色和悦润泽、缜密秀逸。水阁台榭，斯人独坐，童子侍立，左上侧有画家自题诗曰："画栋珠帘烟水中，落霞孤鹜渺无踪。千年想见王南海，曾借龙王一阵风。"想见画家崇尚王勃[1]诗才，尤羡其少年得志，因以《滕王阁序》中名句题画，以其极高的文学、艺术造诣再现"诗中有画、画中有诗"之境界。

综上，中国文人的咏柳、画柳传统承续千年，代有佳作，牢固奠定了垂柳在文学艺术殿堂中的特殊地位。随着中国古诗的西译及外销工艺品在欧美的传播，中国的柳文化渐为西人知晓。

中国古诗西译是较为晚近之事，最早始于法国耶稣会士。首次尝试向英语世界介绍中国古诗的学者为威廉·琼斯（William Jones, 1746—1794），其《论中国的第二部典籍》（On the Second Classical Book of the Chinese）一文简单介绍《诗经》并翻译了《淇奥》《桃夭》《节南山》三首诗的片段。1829年，汉学家德庇时（John Francis Davis, 1795—1890）的《汉文诗解》（On the Poetry of the Chinese）发表于英国皇家亚洲学会会刊（Transactions of the Royal Asiatic Society of Great Britain and Ireland）第二卷，后又以单行本形式分别于伦敦及澳门出版，[2]此为欧洲首部全面系统介绍中国古典诗歌之专著，也为中国诗歌的英译树立了一座丰碑。在讲到诗歌押韵时，德庇时引用了一首无名氏律诗："柳色未遮径，桃花已满林。物犹怜气候，吾岂忘天心？隐几人空老，乘时力未任。柴门对滴沥，行坐一沉吟。"[3]论及山水田园诗时，又有："天气今年异昔年，纷纷万物各争妍。已惊柳絮条条长，又讶辛夷簇簇鲜。"[4]此为最早英译的咏柳诗。此后，随着理雅各（James Legge, 1815—1897）的散体及韵体译本《诗经》（The She King, 1871, 1876）的出版，《采薇》中"杨柳依依"的名句也为英人所知晓。[5]

由此可知，英国人初识中国古典诗中的柳意象已迟至19世纪30年代，且相关英译作

---

[1] 王勃（约650—约676年），字子安，古绛州龙门（今山西河津）人，唐代文学家，与杨炯、卢照邻、骆宾王并称"王杨卢骆""初唐四杰"。因王勃不幸溺水南海惊悸而死，故唐寅称其为"王南海"。

[2] 单行本标题为：Poeseos Sinensis commentarii: On the poetry of the Chinese，伦敦版出版于1829年，澳门版出版于1834年。

[3] John Francis Davis, On the Poetry of the Chinese, *Transactions of the Royal Asiatic Society of Great Britain and Ireland*, Vol. 2, No. 1, 1829, p.408.

[4] Ibid., p.460.

[5] At first, when we set out,
　　The willows were fresh and green;
　　Now, when we shall be returning,
　　The snow will be falling clouds.
　　Long and tedious will be our marching;
　　We shall hunger; we shall thirst.
　　Our hearts are wounded with grief,
　　And no one knows our sadness.

品又极稀少，可以推知闻名欧洲的英式"柳园图"（willow pattern）的设计者不太可能受到中国咏柳诗的直接影响。但是，1849年J.B.L.《习见的柳园图盘的故事》中却引用了《英国皇家亚洲学会学刊》（Transactions of the Royal Asiatic Society of Great Brain and Ireland）上威廉·琼斯所译的中国诗歌，[1]并借鉴其特殊隐喻法（peculiar metaphorical style of Oriental poetry）结撰男女主人公的情诗，"作者行文中在在透露出柳园图文本的原始诗歌语境及作者将其插入神话中以彰显其古老渊源的意图"。[2]另有一个毋庸置疑的事实是，中国文人的咏柳尤其是画柳传统逐渐为民间画工、陶工习得，他们将文人画中的烟柳图移置于屏风、墙纸、外销瓷等工艺品中，而正是这些商品中的柳意象给"柳园图"的设计者带来了最直接的艺术灵感。

图1-11 青花松柳园林图纹碟（直径42厘米，约1750年），荷兰东印度公司戈德默森号（Geldermalsen）沉船出水遗物。

17世纪初，随着英、荷、法等国东印度公司的相继成立，中国的茶叶、瓷器、漆器、丝绸、墙纸、香料等大量涌入欧洲，给当地的消费习惯及艺术领域带来了深远而巨大的影响。被工匠们描绘在外销工艺品上的柳树图案也随之进入欧人视域。1751年于中国南海沉没的荷属东印度公司"戈德默森号"（Geldermalsen）商船打捞出水的遗珍中有多套绘有柳

---

[1] J.B.L., The Story of the Common Willow Pattern Plate, *Family Friend*, Vol. 1, 1849, p.126.
[2] Patricia O'Hara, The Willow Pattern that We Knew: The Victorian Literature of Blue Willow, *Victorian Studies*, Vol. 36, No. 4, 1993, p.427.

园图案的青花瓷餐具(如图1-11)。[1]广东省博物馆所藏乾隆年间"青花柳亭纹"茶壶的构图与英式柳园图有极高的相似度,(参见彩图8)柳树、果树、亭榭、栅栏、小船、小岛等图纹一应俱全。相似的图案多见于当时由英属、荷属及瑞典东印度公司进口的中国外销瓷器中,说明柳树纹样早在18世纪上半叶或更早时期已通过东印度公司传播至欧洲。而英式"柳园图"的始作俑者托马斯·特纳(Thoms Turner, 1749—1809),"以两只东方瓷盘为模版设计了柳树图纹,这两只瓷盘至今仍由特纳先生之子保存,他还曾展示给本书作者看过"。[2]

除瓷器外,外销漆器及壁纸中亦多有此类纹饰。如图1-12为一组清代黑金漆屏风(凡八围)中之两围,描绘岭南水乡疍民日常生活,尺幅硕大,纵215.5厘米,横448厘米,共出现人物190多个,建筑30余座,船只10余艘,刻画精细,层次分明,为广州外销漆器之精品。[3]左侧屏风中的前景即为由柳树、拱门、栅栏、太湖石构成的花园,屏风中央为河畔水榭、楼阁、果树、人物,后景为宝塔、小桥、亭子、画舫,这些意象在日后英人设计的"柳园图"中得以忠实再现。

图1-12 18世纪清外销黑漆描金《龙舟竞渡图》屏风,现藏于广东省博物馆。

英式"柳园图"诞生于18世纪的英格兰,对于其最初设计者及产出地,英国学界尚有诸多争议,但有一个观点已取得共识,也即柳园图是18世纪末英国陶瓷业界集体性、历时性的设计成果。根据笔者所掌握的文献资料,可大致描述出这一图案的诞生经过:英格兰什罗普郡(Shropshire)考格利瓷器厂(Caughley Porcelain Manufactory)厂主托马斯·特纳在受到青花瓷纹样的启发后于18世纪70年代中期构想出两种柳树图形,

---

[1] 该船由英国海难搜救专家迈克尔·哈切(Michael Hatcher)于1986年打捞出水,所有出水货物于当年在阿姆斯特丹佳士得拍卖行拍卖。Christie's Amsterdam, *The Nanking Cargo: Chinese Export Porcelain and Gold*, Christie's Amsterdam B.V., 1986, p.143.

[2] Simeon Shaw, *History of the Staffordshire Potteries: and the Rise and Progress of the Manufacture of Pottery and Porcelain*, Hanley: Printed for the author by G. Jackson, 1829, p.214. "The pattern Mr. Turner used was the willow, designed by him from two Oriental Plates, still preserved and exhibited to the Author by Mr. W. Turner."

[3] 转引自广东省博物馆编《异趣同辉:广东省博物馆藏清代外销艺术精品集》,岭南美术出版社,2013年,第190页。

由其手下的见习工匠托马斯·明顿(Thomas Minton,1765—1836)于1779年设计出了一种柳园图并雕刻于用作印模的铜盘,其间,陶瓷雕工托马斯·卢卡斯(Thomas Lucas)可能也提供了当时流行的某些"中国风"元素。这一图案沿用了青花瓷中的柳树、村墅、河岸、水榭、行船等元素,但并无日后标准"柳园图"中的小桥与人物,也未在考格利陶厂批量生产。[1]此后,托马斯·明顿投奔富于创新精神的陶艺家乔舒亚·斯波德(Josiah Spode,1733—1797),斯波德位于英格兰斯塔福德郡(Staffordshire)的斯托克陶厂(Stoke Pottery)于1790年左右生产出最早的柳园图陶瓷产品,并被认为具备了日后柳园图标准纹样中包括楼、桥、人、柳、鸟、篱、岛等所有重要的设计元素。[2]1800年以降,此图案已被韦奇伍德(Wedgewood)、亚当斯(Adams)等许多陶瓷厂模仿采用。[3]在不断发展及进化过程中,这一蓝白双色图案被整合为一种标准纹样:圆形或椭圆画面右侧,一座宝塔式的两层楼阁矗立于湖边,此楼飞檐斗拱,三根廊柱尤其醒目。楼后巨树一棵,硕果(橙子或苹果)累累。廊下台阶连接画面右下方的花园,园中怪石嶙峋,灌木丛生。河畔一株虬曲苍劲的老柳"结根挺涯浃,垂影覆清浅"(崔护《五月水边柳》),占据了画面中央。又有曲篱一道将花园与外界隔开,湖上有三(或四)拱古雅小桥一座,桥上三人奔向对岸的拱门建筑。湖中一人持篙行船,此船有舱,首尾翘曲。画面上端一对斑鸠(或燕子、鸽子)亲密相向,[4]恰似秦观所谓"柳外一双飞去、却回头"(《虞美人·三之三》)的情景。画面左上侧为一小岛,岛上一亭掩映在杂树中。(参见彩图9)各厂家的柳园图纹大同小异,唯某些细节诸如回文边饰、栅栏及亭榭的形状、桥拱及果子的数量等稍有不同。柳园图纹秉承了中国诗画合一的传统,产品上市后颇受消费者青睐,销量超过了所有其他纹样的总和,"到十九世纪中叶,它已稳定占据了当时家用陶瓷器的头把交椅。至该世纪末,这个我们现在视为典型维多利亚风格的柳园图纹已在逾50家英国陶瓷厂生产及销售,高、中、低各档产品齐全"。[5]而在欧美他国,柳园图亦极受欢迎,美国人昵称其为"蓝柳"(Blue Willow)。1905年,由约翰·拉金(John Larkin)创建于纽约的布法罗陶瓷厂(Buffalo Pottery)在美国本土生产出首批柳园图陶器。[6]

---

[1] G.A. Godden, The Willow Pattern, *The Antique Collector*, June 1972, pp. 148-150. 这一说法尚有争议,罗伯特·科普兰认为考格利瓷厂设计的图纹尽管包含很多中国风元素,但并无柳树等要素。Robert Coperland, *Spode's Willow Pattern and Other Designs after the Chinese*, London: Artillery House, 1980, p.39.

[2] John R. Haddad, *Imagined Journeys to a Distant Cathay: Constructing China with Ceramics, 1780–1920*, Winterthur Portfolio 41, no. 1, 2007, p.63.

[3] *Britain's Chinese Eye: Literature, Empire, and Aesthetics in Nineteenth-century Britain*, p.86.

[4] 柳园图的对鸟图纹亦非原创,较早已出现于G. Parker and J. Stalker, *A Treatise of Japaning and Varnishing*, Printed and sold by the authors, Oxford, 1688, p.69.

[5] The Willow Pattern that We Knew: The Victorian Literature of Blue Willow, *Victorian Studies*, Vol. 36, No. 4, 1993, p.421.

[6] Lisa Gubernick, *Blue Plate Special*, Forbes April 25, 1994, p.184.

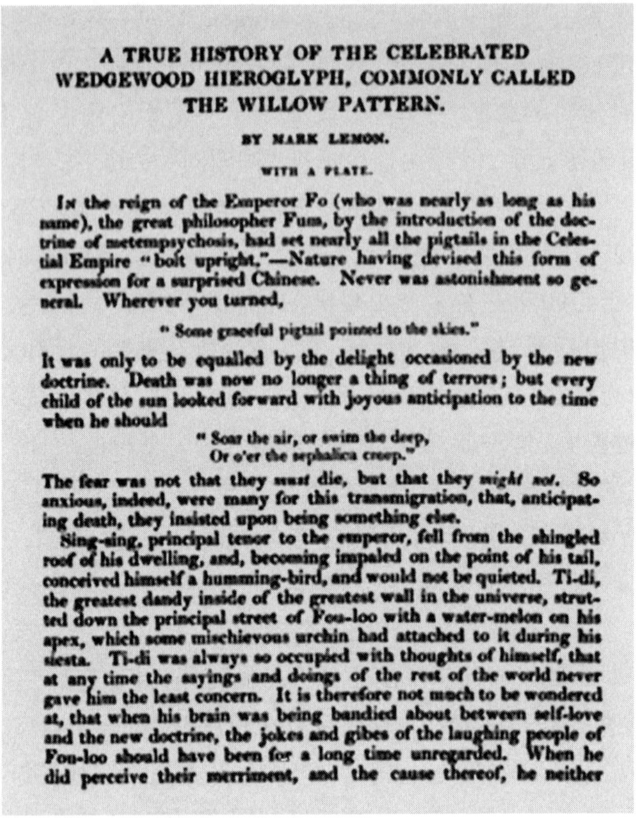

A TRUE HISTORY OF THE CELEBRATED WEDGEWOOD HIEROGLYPH, COMMONLY CALLED THE WILLOW PATTERN.

BY MARK LEMON.

WITH A PLATE.

In the reign of the Emperor Fo (who was nearly as long as his name), the great philosopher Fum, by the introduction of the doctrine of metempsychosis, had set nearly all the pigtails in the Celestial Empire "bolt upright."—Nature having devised this form of expression for a surprised Chinese. Never was astonishment so general. Wherever you turned,

"Some graceful pigtail pointed to the skies."

It was only to be equalled by the delight occasioned by the new doctrine. Death was now no longer a thing of terrors; but every child of the sun looked forward with joyous anticipation to the time when he should

"Soar the air, or swim the deep,
Or o'er the sephalica creep."

The fear was not that they *must* die, but that they *might not*. So anxious, indeed, were many for this transmigration, that, anticipating death, they insisted upon being something else.

Sing-sing, principal tenor to the emperor, fell from the shingled roof of his dwelling, and, becoming impaled on the point of his tail, conceived himself a humming-bird, and would not be quieted. Ti-di, the greatest dandy inside of the greatest wall in the universe, strutted down the principal street of Fou-loo with a water-melon on his apex, which some mischievous urchin had attached to it during his siesta. Ti-di was always so occupied with thoughts of himself, that at any time the sayings and doings of the rest of the world never gave him the least concern. It is therefore not much to be wondered at, that when his brain was being bandied about between self-love and the new doctrine, the jokes and gibes of the laughing people of Fou-loo should have been for a long time unregarded. When he did perceive their merriment, and the cause thereof, he neither

图1-13　马克·莱蒙《著名的威基伍德叙事性图纹，也即众所周知的“柳园图”的真实历史》书影。

产销两旺的柳园图陶瓷器扩大了这一图案的影响力，同时也催生出带有神话色彩的叙事文本。如1838年1月，马克·莱蒙（Mark Lemon）在《本特利杂志》（*Bentley's Miscellany*）发表《著名的威基伍德叙事性图纹，也即众所周知的“柳园图”的真实历史》（A True History of the Celebrated Wedgewood Hieroglyph, Commonly Called the Willow Pattern）一文。[1]在一段冗长且充满歧视色彩的有关佛（Fo）帝国及哲人方（Fum）的介绍后，马克·莱蒙开始了柳园图故事的叙述：在弗罗斯罗（Flo-slo）湖边的郊外别墅中，住着富有的槟榔果商周主（Chou-chu），他有一个美丽而情窦初开的女儿西淑（Si-so），对自己未来的婚姻及郎君绮想万端。当地最有名的歌手丁阿鼎（Ting-a-ting）就是西淑的利安得（Leander，希腊传说中海洛的情人），夜夜在湖中船上为她吟唱美妙的情歌，这对恋人于花前柳下私订了终身。但女儿的私情不久便被周主察觉，他马上在众多求婚者中选定了一个最富有的男人作为东床快婿。绝望的阿鼎孤注一掷，在婚礼上抢亲，周主气急败坏地与

[1] Mark Lemon, A True History of the Celebrated Wedgewood Hieroglyph, Commonly Called the Willow Pattern, *Bentley's miscellany*, Vol. 3, London: Richard Bentley, 1838, pp. 61–65.

新郎及亲家（桥上三人）追赶而出，这对走投无路的恋人神奇消失，而周家窗口的横木上此后常有一对硕大无朋的鸽子栖息呢喃于上。

马克·莱蒙在行文中毫不掩饰其君临东方的大国沙文主义思想，如对佛教因果轮回说的嘲讽，对中国皇帝及男人发辫的调侃，而其作为基督徒的优越感充溢于字里行间，代表着19世纪下半叶西方帝国主义国家种族歧视及霸权主义的甚嚣尘上。此为英国首个柳园图的"看图说话"式叙事文本，为日后不断涌现的叙事或抒情文本确定了基本情节框架：即以忠贞不渝的爱情反抗父权制的包办婚姻。对于与神话故事无多关联的重要装饰性元素"柳树"，马克·莱蒙在行文中一再提醒读者关注："图中有一特征须作突出描述，这便是带给斯塔福德陶厂永恒名声的柳树！"[1] 在此文出现之前，这一故事可能已在民间流行颇久，始作俑者无法考证。可以肯定的是，这个传说作为成功的营销策略，伴随着柳园图的不断改进和完善，传说的轮廓日益清晰，细节日益完善，逐渐演变成一个独立的彰显反叛精神、追求人性自由的爱情神话故事。柳园图"是西方世界首次大规模遭遇东方文化时产出的最为著名的艺术呈现……是18世纪欧洲对神秘东方想象的一种幼稚呈现"，[2] 它重构传统中国装饰纹样中的亭榭、柳树、小桥、宝塔、花鸟等经典元素而为杰出的西方艺术及叙事文本。

自此，故事的感染力增加了产品的销售，产品的热销更为故事平添了传奇色彩。柳园图瓷器变成了英国风格的范式性象征（Paradigmatic Emblems of Englishness），[3] 是"中国风"在英国本土化的典范，并以其故事性成为陶瓷艺术中一种可收藏的视觉语言。直至今天，柳园图瓷器仍在生产，并在英国最大的零售商店阿尔戈斯（Argos）销售。

二、柳园图在西方世界的跨文本、跨介质传播

柳园图在西方始于18世纪末的传播至今仍未消歇，已从美术领域辐射至了文学、戏剧、电影乃至园艺，呈现出自由、多元且充满不确定性的特征。

1. 小说与戏剧

在马克·莱蒙对柳园图进行半历史性、半虚构性的阐释后十余年，伦敦《家庭之友》（Family Friend）杂志于1849年发表了第一篇有关于此的小说《习见的柳园图盘的故事》（The Story of the Common Willow Pattern Plate），[4] 此为柳园图的首个小说文本，比该产品

---

[1] A True History of the celebrated Wedgwood Hieroglyphic commonly called the Willow Pattern, *Bentley's miscellany*, p.63.

[2] Mary Lina Bemdt, *The Blue Willowware Book and Appraisal Guide*, The Willow Word, June 1992, No page.

[3] David Porter, *The Chinese Taste in eighteenth-century England*, New York: Cambridge University Press, 2010, p.4.

[4] J.B.L., The Story of the Common Willow Pattern Plate, *Family Friend*, Vol. 1, 1849, pp.124-127.

的问世迟了约60年。作者为J.B.L.，具体姓氏无考，罗伯特·科普兰猜测其为苏格兰作家及发明家詹姆斯·波曼·林塞（James Bowman Lindsay, 1799—1862?），但并无实据。[1]

故事讲述一富可敌国的中国税官因害怕其贪赃枉法的事实败露，以老妻亡故为由请求致仕返乡，后定居于市郊一所豪宅。税官有一掌上明珠名孔西（Koong-see），与被其父辞退的张姓书办偷期密约并私定终身。老税官得知女儿私情后将其软禁，并赶走其贴身丫环换一老婆子看管，还威胁张生如敢再骚扰其女将必死无疑。为进一步杜绝后患，税官将女儿许配给有钱有势的大金（Ta-jin）爵爷，婚礼就定在桃花盛开时的某个吉日。孔西日夜绝望地看着柳树发芽、桃花含苞而一筹莫展。这时张书办用椰壳做的小船从水上送来竹叶信，信中洋溢

图1-14 J.B.L.《习见的柳园图盘的故事》书影。

着至死不渝的深情，并流露出殉情的决心。孔西用相同的方式回信给情人，约定当柳花盛开时（春季柳树发芽、开花同步，先花后叶，花期一般在3—4月）和他私奔。不久大金送来丰厚聘礼，而情人音讯全无，孔西再次像笼中的鸟儿一样绝望。娶亲当日，八抬大轿的迎亲队伍敲锣打鼓而来，人们欢呼畅饮，喜乐无比。张生化装成乞丐混入大宅，与孔西一起趁乱出逃。老税官觉察到了异动，马上追赶而出。桥上三人依次为手持卷线杆的孔西、抱着珠宝聘礼的张生及手持皮鞭追赶的老税官。尽管这对恋人侥幸逃脱，但大金滥用职权撒下了追捕与复仇的罗网，一旦他们被捕，将被控告偷盗珠宝罪处死。两人逃到孔西贴身侍女家，举行了简单的婚礼，从此深居简出。但不久这对小夫妻的住处暴露，张生找了条小船载着孔西远遁他乡，隐居于一个荒无人烟的小岛。两人在岛上开垦荒地，建造房屋，过着田园牧歌般宁静的日子。张生亦有空闲回归其士人生活，并撰写了一本让其声名远扬的农耕著作，但此书暴露了他的行踪。大金带人围剿小岛，杀害了张生，孔西自焚殉情。神灵为惩罚大金的暴行，让他众叛亲离，罹患恶疾而亡；而孔西与张生变身为两只象征坚贞爱情的神鸽，缠绵厮守，永不分离。

---

[1] Robert Coperland, *Spode's Willow Pattern and Other Designs after the Chinese*, London: Artillery House, 1980, p.39.

这一文本不枝不蔓，时间、地点、人物、事件诸要素齐全，情节设计合理，人物塑造丰满，已是叙事学意义上的真正的小说，为故事在维多利亚时代的进一步传播作好了充分准备。1897年，这一小说便被纽约蒂芙尼公司印行为小册子，作为赠品送给购买柳园图瓷器的顾客。当然，小说仍留有看图说话的痕迹，如对逃婚后孔西寒伧住所的描述：

> 读者能找到那所被特意描绘的房屋，应在桥的另一头（请看盘子）。这是所样式最简朴的平房，房后栽种着冷杉或榉木类不结果的树种，笼罩着一种贫贱夫妻万事哀的氛围。更让人震动的是一种反差，因为就在桥的另一端，矗立着富丽堂皇而又安稳舒适的她的旧居。[1]

J.B.L.并无马克·莱蒙那种大国沙文主义优越心态，不仅开门见山指出了这一故事的中国源头："尽管现在我们的陶瓷厂已拥有比古老中国样品更美丽的材质，但时尚仍青睐中国的图纹及款式。事实上我们可以找出一个典型案例，那便是众所周知的柳园图蓝白瓷盘，其销售量超越了其他所有产品的总和，而柳园图之名即来自盘子中央的那株花儿盛开的春柳。"[2]而且客观评价了中华文明的先发优势及其对西方的影响：

> 这个约定俗成的给予最上等瓷器的名称China其实表明了它的源头；"China"之名赋予壁炉台上的装饰品、壁橱里的餐具，以及从北至南、幅员辽阔的位于东亚海岸线上的庞大帝国平等的知晓度。我们还受惠于来自这个国家的诸多日常生活必需品，当然中国人在文明之光出现在我国之前很久就熟悉眼镜、放大镜、火药及铸铁了，但是，就像太阳升起在东方却在西方达到绝顶一样，现在文明之光已经来到了我们这儿。[3]

由此可见，J.B.L.并未受第一次鸦片战争的影响，而以一种理性且客观的思维来考量中西文明的发展与变迁，柳园图故事中的税官及城郊河畔的豪宅等细节隐现出广州十三行中英贸易的宏大背景。

相较于J.B.L.的小说，牧师希尔德里克·弗兰德（Rev. Hilderic Friend, 1852—1940）的小说《柳园图》（*The Willow Pattern*, 1883）则逊色得多。[4]该文本结构松散，叙述拖沓，介于游记与小说之间，叙述广州商人李彰的儿子不幸夭折，因而视侍妾所生之女甜

---

[1] J.B.L., The Story of the Common Willow Pattern Plate, Chapter2, *The Family Friend*, Vol. 1, p.151.
[2] Ibid., p.124.
[3] Ibid..
[4] Hilderic Friend, *The Willow Pattern*, London: Hayman Brothers and Lilly, 1883.

(TIM)为掌上明珠,精心养育,并在及笄之年将其许配给马姓丝绸商之子阿秋。但甜有自己的心上人——郎中之子阿康。李彰发现女儿与阿康在花园私订终生后怒不可遏,拿起棍杖追赶这一对恋人。观音娘娘被恋人的忠贞所感动,将其变成一对雎鸠。希尔德里克的创作宗旨在于向西方读者介绍广州城市风貌及文化习俗,并不意在结撰一篇精致的小说,然而书中40余幅铜版画插图却忠实反映了19世纪末广州的民风民俗及城市风貌。

1851年圣诞节翌日,歌剧《满清官员之女》(The Mandarin's Daughter,又称《柳园图盘》,The Willow Pattern Plate)在伦敦威斯敏斯特河岸剧院(Strand Theatre)盛大演出。该剧剧本由托福·弗朗西斯(Talfourd Francis,1828—1862)及威廉·帕尔梅·黑尔(William Palmer Hale)共同创作并出版于1850年,[1]剧本由人物表、剧目、剧情介绍及六幕正剧四部分构成,对J.B.L.的小说情节作了颠覆性更改,老税官何辛(He-sing)将女儿许配给了大金,孔西情人张生扮成行吟歌手在订婚宴上献唱,灌醉众人后与孔西出逃,大金随从赫斯朗(Hi-slang)因喜欢孔西侍女苏思丽(So-sli)也参与私奔事件。此剧除保留小说幽会、私奔这两个主要情节外,删去了大金复仇、孔西自焚、情人幻化等关键情节,以何辛、大金追捕并原谅孔张、有情人终成眷属的结局取而代之,营构出一出庸俗且违背人物性格发展逻辑的华丽铺张的喜剧,为节日寻欢的观众助兴。且该剧充满了对中国文化习俗的嘲弄,名为"黑猩猩"(代表低等、野蛮的民族)的解说员在画有柳园图的大幕前给观众介绍故事情节,不时发表一些辱华言论以迎合当时已渐成气候的蔑视、诋毁中国文化的思想潮流。另外,该剧又处处影带英伦时事,"剧中角色操着伦敦俚语,大谈当时在英国举办的大博览会。《满清官员之女》不仅调侃神话中的中国习俗,而且暗示有关'科普兰德及斯波德的柳园图纹'的传说是一个英国文本。剧中'大金'的珠宝赢得了大博览会金奖,孔西女仆苏思丽则抱怨邮资太贵。《满清官员之女》与其说是中国的'他者'不如说是英国的'我们'"。[2]类似有关柳园图的对剧在英长演不衰,直至20世纪初,塞西尔·库克(Cecil Cook,1872?—?)及巴塞尔·胡德(Basil Hood,1864—1917)创作的两幕轻喜剧《柳园图》(The willow pattern: comic operetta in two episodes)仍在伦敦上演。[3]尽管故事已被改编得面目全非,但娱乐大众、丑化中国的主旨则一以贯之。

2. 诗歌与童谣

兼具神话色彩及浪漫情调的美丽造物柳园图当然少不了诗人的歌咏。19世纪在英国享有盛誉的著名美国诗人亨利·沃兹沃斯·朗费罗(Henry Wadsworth Longfellow,

---

[1] 剧本全名为 The Mandarin's Daughter: Being the Simple Story of The Willow-pattern Plate: a Chinese Tale。
[2] The Willow Pattern that We Knew: The Victorian Literature of Blue Willow, p.428.
[3] Cook Cecil, Hood Basil, The Willow Pattern: Comic Operetta in Two Episodes, London: Chappell & Co.1902.其乐谱至今保留于牛津大学博德林图书馆(Bodleian Libraries of Oxford University)。

1807—1882)以《陶土》(Kéramos)一诗歌咏世界各地出产的陶瓷器,以彰明"不同人种、不同地区的人都生活在这一伟大地球,不管等级和财富,他们都由同一种黏土制成,并因拥有生命而成为同类"的世界大同思想。[1]朗费罗一生致力于将美国文化与其欧洲源头贯通的事业,当然不会忽略烙刻在其童年记忆中的柳园图:

> 柳园图,儿时的我们便已熟知,它的蓝色小桥通往未知大道;
> 孤独的男人凝视着白色河水流过奇妙的柳枝拱顶,自然美丽的田园风光
> 融入童年生活中的瓷砖,赐予我们奇幻与快乐,萦绕着我们香甜的梦乡。[2]

在他笔下,柳园图是清新纯美且充满童真的。与朗费罗不同,一生致力于搜集异域素材创作童话、童谣及神话故事的苏格兰作家、诗人及历史学家安德鲁·朗(Andrew Lang,1844—1912)创作于1880年的《青花瓷叙事诗》(Ballade of Blue China)则更注重对柳园图故乡炎黄帝国及龙图腾的想象性描述,充溢着怀旧、想象以及对当时社会达尔文主义者贬华辱华思想的反讽:

> 有一种无忧无虑无弊端的快乐,一种永远新异的快乐,
> 那便是心满意足地端详瓷器上那古老的蓝釉和图案,
> 随着时钟的敲响,历史长河昼夜奔流,
> 在炎黄帝国,他们使用这种图形和色彩。
>
> 这些龙(你们可曾看见,它们的尾巴已变成串串紫罗兰花)
> 是否在埋伏等待走出方舟的诺亚和他的同伴?
> 它们拥有强有力的鳍和牙,喷着鼻息咆哮、撕咬、扭动
> 在炎黄帝国,它们的肖像由天神绘就。
>
> 这是一只描绘着花园及小屋的壶
> 园中桃花盛开之处,恋人乘着黑夜私奔

---

[1] Henry Wadsworth Longfellow, *Keéramos, and Other Poems*, London: George Routledge and Sons, 1878, p.27.
[2] Ibid., pp.28-29.
The willow pattern, that we knew In childhood, with its bridge of blue
Leading to unknown thoroughfares; The solitary man who stares
　　At the white river flowing through Its arches, the fantastic trees
　　And wild perspective of the view; And intermingled among these
　　The tiles that in our nurseries,
　　Filled us with wonder and delight, Or haunted us in dreams at night.

相爱,殉情,最终变成两只快乐的小鸟永远飞翔
它们在树间鸣唱
在炎黄帝国,这个传说无疑是真实的。

来吧,对我的痴迷咆哮
善良的评论家,你的舌头锋利如刀
但在炎黄帝国,圣人绝不在意一个泼妇。[1]

安德鲁·朗珍爱古老青花瓷,视其为历经岁月磨砺依旧迷人的诗性艺术品,通过把玩瓷器展开对东方炎黄古国的浪漫化想象,以龙神话与诺亚方舟的传说,影射东方古老文明与西方现代文明、异教与基督教间的对峙张力。诗人善于从其神话学家的视角出发,利用人类学理论从神话、宗教及各种仪式中探析从野蛮到文明的进化历程,因而他认为只有理解柳园图的表层视觉性及深层叙述性呈现,方能解读这一爱情神话所代表的黄帝古国的独特文化密码,而理性主义者及社会进化论者视神龙传说、恋人化鸟为人类认知(或文明)低等幼稚阶段的观点只能代表他们失之偏颇的文化成见。

柳园图神话赋予诗人们巨大的诠释及重构空间,因此逐渐形成一个多元且不断壮大的文本群。托马斯·胡德(Thomas Hood, 1799—1845)写于1839年的诗歌《破碎的瓷碟》,[2]用"我们"与"他们"构建了两种迥异的文化,"他们"的世界是长辫与黄罗盖伞,是小桥流水的园林,是被摔成碎片的中国人;而具备美好人性的"我们"经由柳园图路过"他们"的世界,满怀关切与疑虑。字里行间处处彰显了维多利亚时代初期快速上升的社会对异质文明入侵、对自我与他者关系的矛盾与焦虑心态。20世纪以降,英国工业独霸全球的地位被德、美赶超,国内贫富差距急速扩大,社会矛盾日益尖锐,诗人们更倾向于真实反映危机四伏的现实生活及脚踏实地的时代精神。1912年元旦,《威斯敏斯特报》(*Westminster Gazette*)刊登了英格兰作家及高尔夫球手赫拉斯·哈钦森(Horace

---

[1] Andrew Lang, *Ballades in Blue China*, London: C. Kegan Paul & CO., 1880, p.49.

[2] Thomas Hood, The Broken Dish, *Lyra Elegantiarum: A Collection of Some of the Best Social and Occasional Verse by Deceased English Authors*, Revised and Enlarged Edition, Ed. Frederick Locker-Lampson, London: Ward, 1891, pp.309–310.

What's life but full of care and doubt,
With all its fine humanityes,
With parasols we walk about,
Long pigtails and such vanityes...
Walking about their groves of trees,
Blue bridges and blue rivers,
How little thought them two Chinese,
They'd both be smash't to shivers.

Hutchinson, 1859—1932)题为《柳园图盘》的叙事诗，[1]此诗因贝蒂在厨房打碎一只柳园图盘而引发，诗人在柳园图故事中寄寓了有情人终成眷属的愿景，飞翔于蓝天的鸽子是获得自由的恋人的象征。诗人最后告诫人们："请小心使用此盘，尽管它只有一磅八便士。当你从厨房取出一只柳园图盘时，记住你手中捧着的是珍贵异常的泊来品。"此诗押韵严整，读来铿锵有力，充满了令人振奋的温暖情调，且将柳园图从前代诗人回忆性或寓言性的抒写转化成对当下现世生活的关照，将神话与日常通过柳园图盘衔接，反映了这一物品和其传说在英国人生活中的普遍性。直至今天，英国人还在以《柳园图盘》为题撰写诗歌，詹姆斯·麦克哈顿（James McIlhatton）[2]将着眼点同时置于"weeping"一字

---

[1] The Willow Pattern Plate
　　Betty in her kitchen broke a willow pattern plate.
　　I spoke to her severely, but I spoke a moment late
　　To save those little people from a very dreadful fate
　　Whose fortune's told in blue upon the willow pattern plate.

　　Two blue little people come running, together
　　Across a blue bridge, in the sunshiny weather,
　　They run from a garden, where stands a blue tree
　　Above the house of a wealthy Chinee.

　　The one is maiden, the other her lover-
　　A blue weeping willow hang half the bridge over.
　　Behind, in pursuit, comes papa with a whip,
　　But they're over the bridge, and aboard the blue ship

　　That her lover has moored by the strand of the sea-
　　With a shove off the shore, from his wrath they are free.
　　Now deep in the water their oars they are plying,
　　While high in the heaven the blue doves are flying.

　　To his blue island home her lover with waft her,
　　And there they will happily live ever after.

　　This is the story of the willow pattern plate,
　　So please be very careful-though it's only one and eight-
　　And remember that you have in hand a very precious freight
　　When you carry from the kitchen a willow pattern plate.
　　　　by Horace Hutchinson, Westminster Gazette, Jan 1, 1912.

[2] https://www.poemhunter.com/poem/the-williow-pattern-plate/#content.
　　The Willow Pattern Plate
　　Oh weeping willow with drooping head
　　And branches hanging low
　　The lush green leaves all wet with dew
　　Like tears they seem to flow.
　　The weeping willow seems to cry
　　For a love that's lost and gone

（转下页）

的两个义项"垂枝"和"哭泣"上,既影带出垂柳依依的婀娜倩影,又重点关照因人类的嫉妒及冷酷而酿就的爱情悲剧,与上文赫拉斯·哈钦森同名诗歌营造的欢快氛围截然相反。

童谣尽管也是诗歌的一类,但由于其受众为儿童,通常比较简短,且朗朗上口、易于传唱。早在19世纪末,美国人便将J.B.L.的小说设计为儿童读物,由克莱拉·温斯洛·威克斯(Clara Winslow Weeks)单独出版,题为《一个瓷盘的故事》(*The Story of a China Plate*)。此后,产生了很多童谣,鉴于受众的年龄层次,童谣一般屏蔽了成人世界的爱情悲剧,大多停留在对图纹的想象性描述层面,以清新欢快为主基调。如"斯塔福德郡老歌"(*Old Staffordshire Song*):

> 一双鸽子高高飞翔,
> 中国小船静静驶过:
> 垂柳依依,
> 桥上走过三个男人,如果不是四个:
> 中国庙宇高高矗立,
> 大地万物兴旺茂盛,树上结满累累苹果,
> 一道美丽的栅栏圈住了我的歌谣。[1]

这一童谣直述纹饰所绘诸种意象,努力营造一种宁静悠远的异域情调。1979年已90岁高龄的爱丽斯·卡尔克特·爱德华兹(Alice Calcott Edwards)记忆中的童年歌谣则将中国

(接上页)
  A dove sings in the orange grove
  A sad and mournful song
  It tells of two young lovers
  Whose lives came to an end
  Through jealously and cruelty
  And indifferences of mankind
  Is it any wonder the willow seems to weep
  It's a Chinese legend, a picture so old on the Willow Pattern Plate.

[1] 转引自 *The Story of the Willow Pattern Plate*, 1963, p.5。
  Two Pigeons flying high,
  Chinese vessels sailing by:
  Weeping willows hanging o'er,
  Bridge with three men, if not four:
  Chinese temples, there they stand,
  Seen to take up all the land:
  Apple trees with apples onm
  A pretty fence to end my Song.

意象完全消融于英国乡间的宁静：

> 两只燕子高高飞翔，
> 一艘小船静静驶过，
> 小小教堂如此美丽，
> 一周两次在此礼拜。
> 木桥一侧杨柳依依，
> 三个男人将去多佛，
> 中国宅第茂盛果树，
> 男女主人居住于此，
> 乔治国王和其王后。[1]

这儿，童谣作者对柳园图作了本土化解构，设想桥上那三个小人即将前往多佛港，湖边中式豪宅里居住着国王乔治四世及其王后。乔治四世酷爱中国风，且是充满中国风情的皇家布莱顿宫的主人。童谣中带有明显的文化乡愁，想要逃逸当下去往想象中纯朴、宁静的过往。

柳园图传说的跨文本传播具有历时性、多主题的倾向，自其诞生之日起，便有欧美各国作家采用各种文体的改写重构，繁英灼灼，至今不辍。限于篇幅，笔者只能撷取最具代表性的例子以作阐述。柳园图的跨介质传播同样奇花异放、丰富多彩，从美术到电影甚至园艺，无处不见其蓝色倩影。

以美术这一传统介质为例，英国著名水彩画家威廉·亨利·亨特（William Henry Hunt，1790—1864）创作于1842年的《庭训：村舍内》（Hearing Lessons: a Cottage Interior）（见图1-15）一画中，厨房（或起居室）内女主人正在教训下女，画面左上侧陈列柜里摆放着三排形状、大小各异的柳园图盘，可见其在19世纪的英国已身兼室内装饰品及日常生活用品两重角色。此外维多利亚时代的墙纸、窗帘等室内装饰品上，也常见这一图案。19

---

[1] 转引自 *The Willow Notebook*, No.9, Sept.1979, p.2.
Two swallows flying high,
A little boat a-passing by,
A little church that looks so fair;
Twice a week we worship there.
Wooden bridge, with willow over;
Three little men a-going to Dover.
Chinese mansion, this tree's handsome:
Here dwell King George and his wife,
Lord and Lady of the mansion.

世纪初（约1814年），柳园图设计已漂洋过海从欧洲传至北美、澳洲，[1]新西兰的哈维拉（Hawera）镇还建造了一个实景版柳园，由英国园艺师哈里·贝弗里奇（Harry Beveridge）于20世纪60年代设计而成。[2]

1927年2月26日，《伦敦新闻画报》（*The Illustrated London News*）报道了中国电影《柳园图盘的传说》（*The Legend of Willow-Pattern Plate*，中文名为《柳碟缘》）在伦敦新画廊影院的首映仪式。玛丽王后（Mary of Teck, Her Majesty the Queen）亲自参加了由高蒙电影公司（Gaumont Film Company）举办的这一首映礼。此片由英美烟草公司影片部（British-American Tobacco Motion Picture Dept.）拍摄，制片人为波格森上尉（Captain N. A. Pogson），美国人詹森（W. H. Jansen）兼任导演及摄影，编剧可能为王西神、王纯根等上海文人，男女主演分别为朱飞及李曼丽，拍摄地点选在杭州及上海。[3]此片杀青后曾于1926年4月12日起在上海卡尔登影院连映三天，[4]后出口欧洲，在英国及爱尔兰放映263场，直至1930年3月，仍在伦敦皮卡迪利影院上映。[5]影片故事情节与J.B.L《习见的柳园图盘的故事》无多差异，唯男女主角姓名改为"金枝"与"张和"。该片为首部在境外上映的中国电影，是中国电影史上一块重要的里程碑，可惜国人知之者甚少。

柳园图的跨文本、跨介质传播充分彰显了原始文学意象的巨大魅力和可塑性，它历经沧桑存活至今，吸引着一代又一代文学家、艺术家的眼光，无论改造成小说、戏剧、诗歌或电影故事，皆有其各自的受众；她又如身段柔软的柳枝，可被形塑为悲剧、喜剧、贺岁剧、讽刺剧，皆各得其所。这一起初由工商业资本推动的图纹设计因其附带的丰富文化内涵，逐渐跃升至形而上的审美领域，最终升华为一个通行于西方世界、妇孺皆知的文化符号。

图1-15　威廉·亨利·亨特水彩画《庭训：村舍内》。

---

[1] James Beattie, China on a Plate: a Willow Pattern Garden Realized, *Studies in the History of Gardens & Designed Landscapes*, 2015, 36: 1, p.21.

[2] Ibid., pp.24-26.

[3] W. H. Jansen, Eight Years Pioneering in China, *American Cinematographer*, 1931(2).转引自沈弘《青花瓷盘的传说——试论填补中国电影史空白的一部早期古装默片》，《文化艺术研究》2012年第4期，第42页。另见殷福军《破解电影〈青花瓷盘的传说〉身世之谜》，《中国艺术报》2014年3月26日，第T05版。

[4] 《英美烟公司月报》1926年6月。

[5] Eight Years Pioneering in China, *American Cinematographer*, 1931(2), p.11.

三、柳园图流行于西欧的文化动因

柳园图的流行是启蒙时期欧洲"中国风"的余绪。自17世纪中叶始,欧洲大地涌动起一股势不可挡的中国风潮,以法国、荷兰为滥觞之地,逐渐在全欧室内装饰、工艺美术及园林建筑领域风起云涌,并于18世纪初形成一种融汇中西、特色鲜明的艺术风格"中国风",影响了欧洲、北美、澳洲整整两个世纪。而集工艺美术、装饰艺术及家居用品三者于一身的瓷器更是"中国风"最广为人知的标志物,瓷器中又以特色鲜明、具有强大可塑性的青花瓷为最,自17世纪上半叶由东印度公司大量进口欧洲后,便以其轻薄、雅致、秀洁和鲜明的中国情调而倍受西人青睐。爱之深,求之切,仿制之风随即兴起。先有荷兰人仿制而成如假包换的代尔夫特蓝陶,后有德国迈森成功研制出瓷器。英国陶瓷业后来者居上,斯波德、韦奇伍德、道尔顿(Doulton)等陶瓷厂家先后崛起,以富于创新、品质精良而闻名于世,柳园图蓝白瓷器只是18世纪末众多新品之一种,这种纹饰否定了理性、精确、对称的新古典主义设计理念,承袭中国青花瓷画比例失调、人物走样的朴拙造型,将中国情调的图纹借用、重置于英国本土设计中。装饰元素背后人为导引的浪漫联想恰好说明"中国风"实际是西方对中国文化的想象、阐释与重构。盛行了一个多世纪的"中国风"随着时尚风潮的变迁及东印度公司的相继解散,于18世纪下半叶走向式微,但其余绪在英国持续甚久,如皇家布莱顿宫于19世纪20年代完工,柳园图蓝白瓷器在19世纪旺销等,概因英国是欧洲对华贸易时间最长、获益最大且在中国拥有租界及殖民地的国家。

柳园图的流行也是后启蒙时代中英两国之间权力、支配关系的折射。英国的霸权政治及意识形态习惯以想象方式建构中国,这种想象无不建立在该国的政治、经济利益基础之上。同样,柳园图神话的想象也有部分源自英国东印度公司在广州的贸易经验。如J.B.L《习见的柳园图盘的故事》中那河畔的花园及宝塔式建筑能使人不由自主地联想到珠江南岸行商的豪华私人宅邸;而老税官的形象折射出晚清广东粤海关官员的贪腐习气,东印度公司特选委员会在其报告中描述嘉庆四年(1799)的监督佶山曰:"现任的海关监督,他的贪婪、残暴和存心害人的习性,甚至最坏的前任也超不过他。"[1]因此小说中的老税官形象确有史实依据。如光绪三十一年粤海关关吏周东生因巨贪被两广总督岑春煊查抄家产便是典型案例,事件还牵涉到权倾当朝的庆亲王奕劻。[2]恋人化鸟的神话不仅代表着自由、民主、平等的启蒙思想对封建父权的抗争,还代表着对清政府腐朽、专制官僚体系的抗争。更有学者认为,柳园图中"恋人的变形预示着西方、或许是其东方女儿的胜利,1849年版本故事中那个拥有人权自由的小岛可能意味着1842鸦片战争以后

---

[1] [美]马士著,区宗华译:《东印度公司对华贸易编年史》第二卷,广东人民出版社,2016年,第394页。
[2] 《时事画报》"查抄纪图"及《周东生事汇纪》《周东生一梦》《周东生去矣》三文。

割让给英国的香港"。[1]虽然这种阐释有穿凿附会之嫌,因为柳园图的设计远早于鸦片战争,但英帝国在世界各地的殖民活动、盎格鲁-撒克逊为优等民族的观念存在已久,"东方是非理性的、堕落的、幼稚的、'不正常的',而欧洲则是理性的、贞洁的、成熟的、'正常的'",[2]这种根深蒂固的观念无不给柳园图及其神话的创作和接受者带来潜移默化的影响,而对"低等"文化的戏仿及调侃以增强民族优越感构成了柳园图传播的一个重要动因。

柳园图的流行还是英国汉学家翻译、研究中国经典的成果。英国早期汉学家诸如威廉·琼斯、理雅各、德庇时、翟理斯皆以英译儒家经典或小说戏剧起步,这些研究及翻译对该国的哲学、文学产生过极大影响。事实上,我们读柳园图的故事,总有似曾相识之感。汉乐府民歌《孔雀东南飞》记载有我国最早的情人精魂化鸟故事,刘兰芝、焦仲卿合葬之处"枝枝相覆盖,叶叶相交通。中有双飞鸟,自名为鸳鸯,仰头相向鸣,夜夜达五更",[3]这一意象与柳园图何其相似。汉代以降,魏曹丕、东晋干宝的《列异传》《搜神记》中皆有精魂化鸟故事,恩爱的韩冯(《搜神记》中为韩凭)夫妻被宋康王强行拆散,两人以死抗争双双殉情,残忍的宋康王将两夫妇分葬,然而"宿昔之间,便有大梓木生于二冢之端,旬日而大盈抱,屈体相就,根交于下,枝错于上。又有鸳鸯,雌雄各一,恒栖树上,晨夕不去,交颈悲鸣,音声感人。宋人哀之,遂号其木曰'相思树'。相思之名,起于此也。南人谓此禽即韩凭夫妇之精魂"。[4]除化鸟外,民间还有"化蝶"故事流传至今,这便是中国古代四大民间传说之一"梁山伯与祝英台",梁祝爱情悲剧与柳园图神话如出一辙,皆因家庭阻力而有情人难成眷属,唯一不同在于梁祝二人之魂化为一双蝴蝶永远相守。因此,我们有理由相信柳园图纹的设计者及马克·莱蒙,J.B.L.是汲取了中国爱情神话之精华后根据自己的想象再造出了一个"Chinese Fairy Tale"。事实上,很多英国人认定这就是一个真正的、古老的中国神话,"它由中国的祖母、母亲代代相传,它对于中国人就如同巨人杀手杰克及鲁滨逊对于我们一样家喻户晓"。[5]而这一神话又以其异质文化基因而引人瞩目,带给英国受众的愉悦及新奇并不比希腊神话少,而且激发了作家不断改写和重构的兴趣。

最后,柳园图的流行是一个成功的商业营销策略,其诞生的历史便是一个商业案例从策划、实施、推广到成功的经营史。在工业革命的影响下,英国社会物质财富迅速增长,中产阶层悄悄崛起,成为拥有财富及较强消费能力的新兴阶层,自18世纪末叶始,英国进入消费社会。随之而来的是民众价值观的转化,物质及消费主义开始主导社会及经济的运

---

[1] O'Hara, The Willow Pattern That We Knew: The Victorian Literature of Blue Willow, *Victorian Studies*, Vol. 36, No. 4, 1993, pp. 425-426.
[2] [美]爱德华·W·萨义德著,王宇根译:《东方学》,北京:生活·读书·新知三联书店,2007年,第49页。
[3] 余冠英注:《汉魏六朝诗选》,人民文学出版社,1958年,第53页。
[4] 李格非、吴志达主编:《文言小说·先秦南北朝卷》,中州古籍出版社,1987年,第285—286页。
[5] *The Story of the Common Willow-pattern Plate*, p.124.

行规则,消费带有更多的象征意义,也即通过消费重塑自我身份及文化认同。奢侈品消费成为社会新风尚,并在意识形态方面得到了亚当·斯密(Adam Smith,1723—1790)等人的维护,因为从政治经济学角度看,奢侈品消费能有效刺激贸易发展和经济繁荣。此外,对物质财富及奢侈品的追求模糊了阶级分野,贵族及平民间等级森严的消费规范被打破。而所有"中国风"的物品,包括茶叶、丝绸、壁纸、漆器尤其是瓷器,在17、18世纪的英国均属贵族垄断的奢侈品。19世纪以降,对中国物品的消费重心开始下移至中产阶层,人们乐于效仿贵族阶层的消费及生活方式,而瓷器与茶叶正是炫耀性消费的最大宗,甚至改变了英国人休闲(下午茶)与餐饮(分餐制)习惯。18世纪英国陶瓷业群雄并起,竞争激烈,经营者为使自己的产品占领最大的市场,煞费苦心地不断设计新纹饰,推出新产品。英国陶瓷业迟到的技术现代化是"柳碟缘"等图形在19世纪继续存在的原因,英国厂家以仿制中式图例作为自己的产品无法与真正的中国瓷器竞争的补偿。另外,中国及其他亚洲设计,与欧洲对它们的模仿都是成功的,因为它们作为一种物理形式,与不断普及的诸如喝茶或咖啡等输入性社会行为相融合,成为一种由进口商品形塑的全新社会及文化价值。

柳园图只是18世纪末众多陶艺家设计的纹饰之一,但其独特之处在于以浓郁的东方情调及生动的叙事性吸引目标顾客群:家庭妇女。正如奎尼·司各特·霍珀(Queenie Scott Hopper)小诗所云:"我有一只美丽的青花瓷盘,用于喝茶并聆听它的故事;每当吃完盘中面包,眼前便呈现出一个精彩的童话。"[1]妇女、儿童对童话有着天生的喜好及敏感,柳园图的设计者正是针对这一天性,不断添加细节以强化纹饰的故事性,如小桥及桥上三人便是引发好奇心的点睛之笔,他们是谁?他们在干吗?或许正是孩子们的发问,推动了故事的编写。而故事的诞生,在满足孩子们口腹之欲的同时也让他们得到了极大的精神滋养,与鲁滨逊(Robinson Crusoe)及巨人杀手杰克(Jack the Giant Killer)一样装点了孩子们的童年梦幻世界,这是家庭主妇成为柳园图盘最大消费群的一个原因。此外,柳园图还能让主妇们"通过故事所带来的浪漫想象暂时逃离庸常的家庭氛围,跃出现实生活的藩篱参与到男人所垄断的国际贸易与探险中,邂逅神秘的亚洲国家尤其是中国,而又无需离开她们安适的家园"。[2]洞悉顾客隐秘的消费心理,制造一个浪漫主题、一个叙述客体、一个实用物品,引导并激发其消费欲望,这便是柳园图瓷器大受青睐的又一原因。

四、西方社会对柳园图的批判性接受

柳园图一方面是令人愉悦的英国本土产品图标,另一方面又熔铸上鲜明的异域文化

---

[1] Queenie Scott Hopper: The pretty blue plate that I use at tea, A story it has that it tells to me. As soon as I finish my slice of bread, A wonderful fairy tale's there instead. *New Zealand Herald*, February 29, 1939, p.4.

[2] Haddad John R., Imagined Journeys to Distant Cathay: Constructing China with Ceramics, 1780—1920, *Winterthur Portfolio*, Vol. 41, No. 1 (2007), pp.53-54.

烙印,文学与艺术家从柳园图上汲取的灵感日渐汇入西方社会文化之河,进而又分流出丰富多元、各具特色的接受蹊径。自18世纪末诞生至今,两个多世纪的沧桑岁月并未褪去柳园图的忧郁蓝,反而在多元的接受方式中融入了别样的色彩及蕴涵,柳园图盘逐渐成为一个可供公众阅读、解构的公共场域,一件普通的瓷器因此演化为认识论方面的客体从而获得崭新的社会、文化及艺术生命。

1. 在柳园图故事的框架内展开地道的英国现实主义创作

1879年,维多利亚时代最后一位年高德劭的作家乔治·梅瑞狄斯(George Meredith, 1828—1909)借用柳园图传说创作的长篇小说《利己主义者》(The Egoist: The Comedy in Narrative)出版,(见图1-16)小说以客观冷静的笔调对上层社会的绅士淑女、人情百态进行了剖析和嘲讽。小说主人公威洛比·派特恩(Willoughby Patterne)是位富有而自私的男爵,在首次婚约

图1-16 1978年由Oversea Publishing House出版的评注本《利己主义者》封面。

被未婚妻单方面解除后,他立即投入下一轮"猎妻"行动,同时相中了出身名门的克莱拉·米德尔顿(Clara Middleton)及佃户之女蕾蒂西娅·黛尔(Laetitia Dale),在自私本性及旺盛占有欲的驱使下,他既与年轻美貌、富有健康的克莱拉订婚,又想将温顺聪慧而又狂热崇拜自己的蕾蒂西娅揽入怀中,企图永远独占两人的情感供自己利用摆布。不仅对女性如此,他对于身边所有人皆以是否具有利用价值为衡量标准,弃穷酸亲戚如敝屣。克莱拉看穿其自私本质,坚决要求解除婚约,并爱上了威洛比正直可靠然而贫穷落魄的表兄兼秘书弗农·惠特福德(Vernon Whitford)。颜面尽失的男爵一边竭力阻止两人私奔,一边立即向蕾蒂西娅求婚以抑制世人的嘲笑,并厚颜无耻地要挟克莱拉信守婚约以维护其名誉。作家不动声色地以如椽之笔剖析英国贵族阶层的众生相,揭示维多利亚时代光鲜面具之下隐藏着的种种道德阴暗与社会弊端。梅瑞狄斯赋予男主人公"Patterne"之姓,一方面彰显创作灵感源自柳园图,[1]另一方面是为揭示此"Patterne"是一个模式化的英国绅士、一个利己主义者的典型,"由于过分热爱自己,他杀死了自己"。[2]小说化用了柳园图传说的架构,威洛比身兼神话中富有的满清

---

[1] Patterne 与 pattern 只有一个字母之差,后者有"图案""榜样""模式"等义项。
[2] [英]乔治·梅瑞狄斯著,文思、雨映译:《利己主义者》序,湖南人民出版社,1988年,第7页。

税官及孔西未婚夫大金的双重身份；而生活在威洛比庄园中的克莱拉是被关在父亲豪宅中的孔西的化身，她爱上了常在花园樱花树下小憩的弗农，经历重重波折，有情人终成眷属。小说除了沿用柳园图神话的框架外，还将瓷器作为贯穿情节的红线，出现在小说的多个章节中，正如威洛比用法语所说的Toujours la porcelaine（总是瓷器）！[1]女主人公克莱拉被不断地与瓷器关联，因为瓷器的精致、美丽、白皙、脆弱、古典在西方常被视为女性化的婉约特征。如受人敬仰的蒙斯图特夫人（Mountstuart Jenkinson）称其为"瓷器上的小疵点"，[2]强调其美丽，同时也揭示她在感情问题上的瑕疵，预示着她对婚约的背叛。瓷器又被隐喻为男女爱情及婚姻，克雷上校许诺送克莱拉瓷器为结婚礼物，但那只珍贵的花瓶在马车翻覆时被打碎，再次预示着婚约的破灭。而第三十四章布歇夫人说要送克莱拉柳园图瓷器，更直接暗示威洛比将第二次被悔婚。[3]柳园图瓷器在小说中是个含有多重寓意的符号，一方面象征着美好的婚约及维多利亚时代一切女性化的精致而易碎的事物；另一方面又是带着文明面具实际妄自尊大、傲慢好色的英国贵族的典型模式，其原始野蛮的本质通过物化女性及极端自私的处世方式得以暴露。

事实上，派特恩庄园只是维多利亚社会的一个缩影，作者所要揭示的现实远比这个庄园广大。作为仿制品的英式柳园图瓷盘反射了一个坚信其无比优越性的民族的骄矜，同时又显现出无尽的焦虑和矛盾，因为这种优越感正在日渐失去创造力，步入对艺术遗产及异质文化的廉价仿造"歧途"。更重要的是，小说借蓝柳传说揭露社会进化理论的贫乏性与虚伪性，这一理论声称相对于野蛮及原始文化，民主且秩序井然的西方具有道德及智力上的优势，而这所谓的优势在小说中却呈现出武断、傲慢、自私的真实面相。同时，小说又以蓝柳传说暗示西方与东方、文明与"野蛮"之间的一种文化类比，通过男女两性关系批判以文明人面貌出现的利己主义者的"返祖现象"，集体的英国"我们"脱下假面就是野蛮的、类人猿式的东方"他者"。[4]

2. 以柳园图为工具恶意攻讦中华文明

东方艺术，无论是阿拉伯艺术个性鲜明的几何图案还是中国艺术奢华艳丽的花鸟植物图案，尽管她们都能不断唤起西人对遥远的亚洲文化的丰富想象，但在东方主义者的观念中却等同于低俗、浅薄与幼稚，连英国人自创的柳园图也不例外。1834年，英国诗人、作家、批评家李·亨特（Leigh Hunt，1784—1859）在其随笔《早餐茶饮》中承认中国茶及茶具的引进对英人生活习惯的改变："好奇的是，突然之间，这个东方最遥远的民族，有可能她本身都不知道，对于我们所有的习俗都是异质的民族，却要输送给我们一

---

[1] 《利己主义者》，第463页。
[2] 同上书，第116页。
[3] 同上。
[4] 同上书，第7页。

种习俗,它将改造我们早餐茶点的样子,替代了麦芽酒、葡萄酒或者肉食,英格兰所有风雅的地区都喝着中国茶,在他们的居所添置画有可笑风景的茶具。……值得一提的是,饮茶习惯的引进,带动了书本在我们之间的流传及静坐习惯的养成。"[1]李在接受这种事实的同时,通过审视茶具上的柳园图揣想中国,并且忍不住以其居高临下的文化优越感指摘道:

> 中国人的茶具呈现了他们自己,无法抑制地使我们加深了带有幻想色彩的印象,也即他们是一种蹒跚而行、眼界窄小、小脚伶仃、胡须稀疏、思想狭隘、古怪自负、耽于幻想、拖着长辫、前额光秃、带着圆锥或宝塔形帽,住在每个角落及楼层都悬挂铃铛的稚气的住宅或庙宇中、在蓝色景物中徘徊、手拿神秘悬铃皮鞭走上九寸小桥的动物,他们头上或脚下,由一只船、一棵树、一所村墅构成了一种图纹,与船同样大小的鸟儿永远飞行在白色圆形的背景中。[2]

这段文字直接将他所认为的瓷器绘画艺术上的"缺陷"与其从各种渠道习得的对中国人的扭曲想象对等起来,从"眼界窄小""思想狭隘"到"古怪自负",柳园图对于李来说除了具有装饰意义外,还有更多的认识论上的意义,尽管这些武断的认识大多基于其脱离实际的揣想及对中国外销艺术品的浮浅视觉习得。

相较于李相对含蓄的文字,发行于1841年的周刊《潘趣》(Punch,又称《伦敦喧声》,The London Charivari)以其幽默及讽刺性文字及漫画而著称。刊载于1858年4月10日的一幅有关柳园图的漫画及配诗《广东小曲》(见图1-17)则呈现出赤裸裸的种族歧视及文化霸权倾向。该诗蔑称华人为"John Chinaman",不仅以小猪眼、长猪尾(长辫)丑化其外貌,讥刺他们喜啖鼠、狗、蜗牛、鼻涕虫的饮食习惯,更以低劣、怯懦、残忍、顽固、狡猾等贬义词来描述中华民族品性,可谓竭尽污蔑贬损之能事。诗歌下方的配图以柳园图为背景,前景为一头戴官帽的中国武官形象,右手举刀,左手撑伞,腆着滚圆大肚,身后一侍者手持他的长辫梢。画家不仅提示了柳园图的中国渊源,而且以此武官形象嘲笑两次鸦片战争中清军的无能及惨败,"放弃抵抗吧懦弱的中国佬:约翰牛(泛指英国人)有机会——让他,如果他能——让中国人稍微开眼"(No fightee, my coward John Chinaman: John Bull has a chance-let him, if he can, Somewhat open the eyes of John Chinaman)的结束语暗示当时尚处于胶着中的第二次鸦片战争以及对中国必败的预判。自马戛尔尼使团访华及第一次鸦片战争失败后,中国形象在欧洲尤其是英国一落千丈,落后必将挨打,《潘趣》漫画中这一趾高气扬的满清官员形象展现出了何等触目

---

[1] Leigh Hunt, The Subject of Breakfast Tea-Drinking, *London journal*, July 9, 1834, London: Sparrow & Co., p.113.

[2] Ibid..

图1-17 Punch 34漫画，1858年4月10日，第151页。

图1-18 1942年11月14日《纽约客》封面。

惊心的讽刺与嘲弄！因此，这幅变异的柳园图漫画提供了颇具价值的视觉资料，让后人据此了解英国大众在两次鸦片战争前后对中国的普遍认知及看法，也即对古典中国的无限崇尚在当时已变成对近代中国的无比蔑视。

3. 借用柳园图对时事作诙谐调侃

进入20世纪后，柳园图逐渐从一种艺术叙事转身为政治或社会叙事的幽默象征物，被画家用来反映严肃宏大的历史事件或种族冲突。美国著名综合性杂志《纽约客》(*New Yorker*)于1942年11月14日以画家查尔斯·亚当斯(Charles Addams)所画柳园图作为封面(见图1-18)，此画的时事背景有二：一是日军东西两路重兵于7月初在江西横峰会师，打通浙赣铁路，占领衢州、上饶等地，中日战争进入相持期；二是美国海军6月初于中途岛大胜日军，此为日本海军350年来首次毁灭性的败仗，结束了该国在二战中的凌厉攻势。画家以柳园图展现战争场景：那对飞鸟变成了在空中厮杀的日美战机，小船化身为戒备森严的军舰，篱笆、树丛、楼宇中蹲伏着一门门大炮，柳树上一名士兵正在射击，桥上三人举着太阳旗、步枪及刺刀。这种戏仿有效化解了反法西斯战争的残酷与艰巨性，也为包括中美在内的同盟国从当年开始反守为攻并最终战胜法西斯轴心国带来了一抹希望的亮色。

而澳大利亚当代艺术家丹尼·梅勒(Danie Mellor)近年来一直致力于呈现殖民史、异质文化互动及澳洲土著文化等绘画主题。1998年，丹尼访问位于英格兰斯托克市的斯波德陶瓷厂后曾说:"我对柳园图纹尤其着迷,这是一种蓝与白的语言,一种最早的全球化的视觉语言,被用来展现异域、稀有及诸如北非、印度及中国这些未被勘探的地域。"[1]此后,丹尼便在《文化卫士》(Cultural Warriors, 2008)、《天堂美梦》(Dreaming beyond paradise, 2008)等画作中多次采用柳园图呈现澳洲土著与殖民文化的抗争,以蓝色暗喻欧洲对异域空间的探索、凝视及更广泛的思考。[2]《文化卫士》即采用其一贯的蓝白基调展现一个变异的柳园,画面中央两只好斗的袋鼠大打出手,形象展现了因移民打破了家园的宁静,土著人类及动物为祖传领地及文化纯粹奋起而战。此画暗寓着开化与蒙昧、文明与野蛮、归整与荒蛮、西方与东方间的张力,袋鼠及土著人是自然或真实的象征,其生活的乡村已被改造得面目全非;而小桥正是两种文明之间的连接纽带。

因此,作为19世纪英国视觉艺术重构中最具代表性的作品,柳园图至今仍是通行于世界的视觉语言和文化符号,是为人熟知、独具魅力且仍在不断变化中的文学或艺术主题,被用来隐喻性别、种族、战争、殖民等各种话题从而获取了生生不息的艺术生命。我们不妨回到宋代,看词人潘汾(字元质,生卒年不详)的《花心动》:"啼鸟惊心,怨年华,羞看杏梢桃萼。映柳小桥,芳草闲庭,处处旧游如昨。断肠人在东风里,遮不尽、几重帘幕。旧巢稳,呢喃燕子,笑人漂泊。"[3]如以这首婉丽小词图释诞生于600多年后的柳园图亦无违和感,两者所展现的浪漫意境及相思情感如此贴合,可见柳园图及中国咏柳诗词在表达离别、相思、爱情方面是一脉相承的。当然,两者之间不可能有直接联系,但柳园图是中国文人咏柳画柳传统穿越时空与欧洲文化交融的结晶这一事实则毋庸置疑,这应该就是当年歌德所津津乐道的"世界文学"(Weltliteratur)概念的形象体现。因此,无论创作者的初衷是什么,柳园图客观上为一种外来的"他者"文化建立了一个可以容纳多元阐释的场域,体现出深沉博大的人文主义精神。查尔斯·兰姆(Charles Lamb, 1775—1834)曾对着柳园图感慨:"瓷器(china)越来越易得,而中国(China)依旧遥远;茶杯上的人物是如此熟悉,而他们产生的语境却消失殆尽。"[4]他的担忧在全球化的当下似可化解,中英之间的物理距离已缩减至十余个小时的航程;随着中国综合国力的增强,欧美国家的"东方主义"思维亦成萎谢的明日黄花,中西文化交流日趋频繁密集。尽管时光已使柳园图纹及其传说的普及性褪色,但依旧吸引着中西各国文化研究者的目光,并不断生成崭新的诠释,成为一个永远循环旅行在东西方的经典文化符号,这大概便是大卫·波特所说的"中国风的典型特征是其无限的适应能力及它对任何固有标准或现成模式的否定"。[5]

---

[1] About Danie Mellor, http://artmuseum.uq.edu.au/filething/get/11734/Danie-Mellor-Learning-Resource-2014.pdf, p.8.
[2] Ibid., p.5.
[3] (宋)潘汾:《花心动》,《全宋词》第二册,第1039页。
[4] Charles Lamb, The Last Essays of Elia, New York: G. Routledge & Sons, 1902, p.191.
[5] The Chinese Taste in Eighteenth-century England, pp.27–28.

第三节　阿姆斯特丹邦特瓷与18世纪中国瓷文化的亚欧循环之旅

在中瓷西渐的历程中，荷兰代尔夫特蓝陶（Delftware）是青花瓷在欧洲本土化的典范，1919年因被冠以皇家之名而身价倍增，如今已成荷兰国宝之一。其实，除代尔夫特蓝陶外，17—18世纪整个欧洲的陶瓷史便是仿制、移译中国瓷的历史，法王路易十四修建的特里亚农瓷宫（Trianon de Porcelaine）、波兰国王及萨克森公国选帝侯奥古斯多二世创烧的迈森瓷器（Meissen Porcelain）、风靡19世纪大不列颠的蓝白柳园图（the Willow Pattern）瓷器，中国瓷的欧洲仿制品历历可数，不一而足，"千百年来，瓷器是世界上最受尊崇及被最广泛仿制的产品。自公元7世纪创烧始，青花瓷便扮演了欧亚文化交流的重要角色，跨越千山万水，成为艺术象征和主题，以及装饰图案同化与传播的一大物质媒介"。[1]作为最早大量进口青花瓷的欧洲国家之一，荷兰自17世纪以降便执中瓷西输之牛耳，并在瓷器仿制及二次装饰方面一马当先，流行于17世纪末至18世纪中叶的阿姆斯特丹邦特瓷（下文简称邦特瓷）便是中瓷西化的又一典型，更是陶瓷文化亚欧循环及杂交融汇的最

图1-19　阿姆斯特丹邦特瓷盘及原本的青花瓷盘http://amsterdamsbont.nl/Amsterdams-Bont-schaal/，17世纪下半叶，收藏于荷兰露天博物馆（Nederlands Openluchtmuseum）。

---

[1] *The Pilgrim Art: The Culture of Porcelain in World History*, pp.5–6.

真实生动的样本。然而由于资料欠缺、语言障碍等原因,这种瓷器至今尚未得到学界的足够关注。

一、阿姆斯特丹邦特瓷及其产生的时代背景

在荷兰语中,"bont"(也作bonte)一字作形容词用时有"多色""什锦""内容混杂"之义,[1]多用于描述色彩斑斓、风格混杂之物,18世纪荷兰人用"邦特"指称从亚洲进口的印花棉布,[2]又用"邦特瓷"特指一种釉下青花结合釉上彩绘(少数为白瓷加彩)的瓷器。具体而言,"阿姆斯特丹邦特瓷是在荷兰复绘的瓷器",[3]也即由荷兰瓷画家在景德镇青花瓷或白瓷上以珐琅彩施绘后回炉低温烧造而成,以其艳丽色彩和中西合璧的艺术风格吸引本土及欧洲他国消费者,在陶瓷市场一度与中国青花瓷及代尔夫特陶器分庭抗礼,至今仍有不少藏品分散于欧洲各地,以荷兰国立博物馆所藏最为丰富。西方学者一般将中国外销瓷分为"纯中式器型及纹样""中国制造欧式器型""中国制造欧洲纹样""中国白瓷欧人装饰""中国青花瓷欧人再装饰"五类,[4]邦特瓷属于最后两类。这种加彩复绘瓷之所以冠以"阿姆斯特丹"之名,笔者认为有多重原因。首先,阿姆斯特丹是当时欧洲乃至世界的贸易中心,是掌控欧洲与亚、美、非三洲贸易的东、西印度公司总部所在地,也是当时欧美瓷器交易中心,大部分邦特瓷由阿姆斯特丹商人出售给本土及欧美各地消费者,拉普(Daniël Raap, 1703—1754)即为其中最成功的一个,其肖像还被烧制在两种瓷盘上留存至今。[5]风景画家坎普(Jan ten Compe, 1713—1761)的组画《阿姆斯特丹新市场》(The Nieuwe Markt in Amsterdam)对当地瓷器店也多有呈现。其次,邦特瓷多由富可敌国的东印度公司委托制造,并聘请普龙克(Cornelis Pronk, 1691—1759)、皮拉(Pleun Pira, 1734—1799)等阿姆斯特丹画家设计纹样,借助这一新产品,公司获取了远高于中国统货青花或粉彩瓷的利润。再者,邦特瓷的彩绘、回炉再烧工序多在荷兰本土进行,以代尔夫特(Delft)、哈勒姆(Haarlem)及马库姆(Makkum)三地窑厂为主,为获取更高知名度,同时也为将邦特瓷与代尔夫特彩陶(Delft Faience)作区分,故以阿姆斯特丹为名。

众所周知,17世纪是荷兰的黄金时代(Gouden eeuw),尼德兰联省共和国建立后,低地国家摆脱了西班牙的统治,国民经济迅速复苏,综合国力显著增强。随着1602年东印

---

[1] 郭明、施辉业等编:《荷汉词典》,首都师范大学出版社,2003年,第134页。

[2] Anne E. C. McCants, Exotic Goods, Popular Consumption, and the Standard of Living: Thinking about Globalization in the Early Modern World, *Journal of World History*, Vol. 18, No. 4, 2007, p.457.

[3] C.J.A.Jörg, *Porcelain and Dutch China Trade*, The Hague: Uitgeverij Martinus Nijhoff, 1982, p.161.

[4] Margaret Jourdain and R. Soame Jenyns, *Chinese Export Art in the Eighteenth Century*, London: Country Life Ltd., 1950, pp.40-41.英国人将经欧洲二次装饰的东方瓷器统称为"clobbered ware", Ibid., p.52。

[5] A.L.den Blaauwen, De porseleinschilder Pleun Pira (1734-1799), *Bulletin van het Rijksmuseum*, Vol.39, No.4, 1991, pp.445-452.

度公司（VOC）的创建，荷兰超越葡、西两国，快速崛起为欧亚海上贸易霸主，一时垄断了新航线上的香料、茶叶、丝绸、瓷器等贸易。17世纪20—80年代，明清鼎革，兵燹四起，陶瓷生产及外销遭受重创。景德镇瓷器的生产运作、器型纹样均产生了重大变化，进入西人所称的六十年过渡期（The Transitional Period, 1620—1683）。[1] 这一时期出现了较多新器型及装饰风格，瓷器胎质细腻，青花温润亮丽，装饰简洁清新，纹样设计求新求变，明末采用饾版、拱花印刷新工艺的雕版画也出现在瓷器上。17世纪初大量西输欧洲的克拉克瓷器（Kraak porselein）逐渐退出历史舞台，不同于这种瓷器繁复缛丽、憎恨留白的纹样，过渡时期的瓷器更倾向于简洁朴素的花卉、园林造型，留白较多，清雅柔丽，这一风尚一直持续至18世纪中叶。我们看到出水于1985年的荷兰东印度公司"戈德默森号"商船上的16万件瓷器大部分属于这类风格，[2] 其中很多瓷器纹样大片留白，如一种英人称之为"天空"（the empty sky pattern）的纹样（图1-20），除瓷盘下侧紧凑的园林图及右侧口沿的装饰花纹外，其余部分全部留白，似一片天空，[3] 此类纹样的大片空白可能就是为荷兰瓷画家的二次装饰预留的。

图1-20 "天空"瓷盘，转引自佳士得拍卖手册 *The Nanking Cargo: Chinese Export Porcelain and Gold*。

随着清初海禁的取消，海上马车夫的强大运能使中国青花瓷大量涌入荷兰，本土的代尔夫特蓝陶也进入鼎盛期，蓝白陶瓷器一统天下，人们的审美疲劳逐渐滋生，对五彩瓷的渴望与日俱增。东印度公司一份定制瓷（Chine de Commande）市场报告抱怨道："需要作为指令加以强调的是，近来中国进口瓷器的纹样通常过于单调贫乏……即便画有风景的彩瓷也很简略，市场更渴望满花镀金的瓷器。"[4] 1731年底，阿姆斯特丹总部致信公司驻巴达维亚最高管理层，明确表达了本土市场的需求："各式瓷器，主要是青花瓷、青花镀金瓷、白瓷、红彩镀金瓷，所有具有美丽设计的瓷器，批量进口5至6万荷兰盾。"[5]

---

[1] Stephen Little, *Chinese Ceramics of the Transitional Period: 1620–1683*, New York: China House Gallery, 1983.
[2] 该船货物由英籍探险家及海洋救助专家哈彻（Michael Hatcher, 1940— ）团队在南中国海打捞出水。C.J.A. Jörg, *The Geldermalsen History and Porcelain*, Groningen: Kemper Publishers, 1986, p.57.
[3] *The Nanking Cargo: Chinese Export Porcelain and Gold*, p.185.
[4] *Porcelain and Dutch China Trade*, p.155.
[5] V.O.C. archive No. 352, Letter to the Hoge Regering, 17 Dec, 1731.

不得不承认,荷兰人对彩色陶瓷有先入为主的依恋,在青花瓷西输之前,欧洲是意大利马略利卡(Majolica Pottery)彩陶的天下。1560年,意大利乌尔比诺人皮科尔·帕索在安特卫普建立了首个陶厂生产马略利卡陶器,荷兰人从此掌握了彩陶的制作工艺,[1] 而且养成了对彩绘纹样的文化亲缘感。此外,在明清易代造成的外贸断层期,荷属东印度公司转向日本采购瓷器。有田(Arita)地区的伊万里彩瓷(Imari Porselein)制作精良、色泽鲜丽,[2] 颇受欧洲市场青睐,但因价格高昂,供货周期漫长,无法满足公司快速赢利的目的。事实上,自1683年始,东印度公司便不再批量进购伊万里瓷器,[3] 而是重回中国市场并要求景德镇制造"中国伊万里"瓷器(Chinees Imari)。公司1730年的档案已有在景德镇定制伊万里风格纹章瓷的记载,标注名称为"中国日本式"(Chinees Japans),这种瓷器的进口价约为普通青花瓷的两倍。以1763年的进价以例,青花瓷茶具套装为7分(荷兰盾),粉彩瓷为11分;前者毛利280%,后者则为179%。[4] 为了以最低成本追求最高利润,垄断荷兰瓷器市场的东印度公司顺应顾客需求,设计出以低价购进景德镇统货青花瓷及白瓷——荷兰人彩绘后二次烧造——销往荷兰本土及欧美他国的营销方案,邦特瓷就此应运而生。受伊万里瓷器影响,时人尤喜巩红(或称铁红,ijzerrood)及金色,故邦特瓷便以此为主色调,搭配少许其他颜色及原器上的青花而制成别具一格的彩瓷,"荷兰装饰者青睐的暖调红棕色及柔和淡蓝色很易识别,大量经他们二次装饰的中国瓷器尽管常被以'Chinese'之名标注并出售,但其设计风格及所用颜色却与日本柿右卫门瓷器相关"。[5] 邦特瓷既与代尔夫特及欧洲他地生产的锡釉彩陶有明显区别(因为它是真正的中国瓷器),又以融中国青花、伊万里色彩及西方题材为一体的纹样满足人们求新求异的消费愿景,因而极受市场欢迎,价格远高于一般的青花瓷。

陶瓷消费需求的这一转向也离不开17—18世纪席卷欧洲的"中国风"的熏陶。"中国风主要源自对遥远中国的牵强附会的描述以及受进口物品图纹启发的复绘和重构,借用并杂糅了来自各种文明的图形"。[6] "中国风"发源于"洛可可"(Rococo)的故乡法国,两者皆以追求优雅、亮丽、精致、轻灵为宗旨,因而一拍即合,相互生发,洛可可风格和中国装饰艺术的契合是以闪亮的瓷器、飘逸的丝绸、镀金的漆器为物质载体的,"在这样一个优雅精致、无忧无虑而又温文尔雅的社会,中国风自然极具诱惑力。鉴赏者被中国瓷器的亮丽

---

[1] N. Hudson Moore, *Delftware-Dutch and English*, London: Hodder & Stoughton, 1909, p. 3.
[2] 伊万里瓷器亦称有田烧,17世纪以降,日本佐贺县有田町成为瓷器生产中心,大量瓷器通过当地的伊万里港输出至欧洲,因而也被称为伊万里瓷器。
[3] *Porcelain and Dutch China Trade*, p.157.
[4] Ibid., pp.120-121.
[5] *Chinese Export Art in the Eighteenth Century*, p.51.
[6] Nicole Garnier-pelle etc., *The Monkeys of Christophe Huet: Singeries in French Decorative Art*, Los Angeles: Getty Pbulications, 2011, p.148.

色彩吸引,器物上身着华丽绣袍的中国人和猴子让他们着迷,东方异域的奢靡妖娆令他们目眩——在18世纪人们的想象中,中国皇帝后宫之淫逸绝不亚于土耳其。更重要的是,对于这样一个终于欢快地挣脱了凝重冷峻的古典主义的时代,东方设计的古怪奇特和变幻莫测尤其受到尊崇"。[1] 18世纪初,一间橱柜摆放青花瓷器、床头悬挂印花帐幔、墙面贴上广东壁纸的中式房间是欧洲上流社会的时尚标志。"中国风"的基本构成要素是清代宫廷装饰风格,因而绚丽多彩的颜色及繁复精巧的图案是其突出特色。此外,"中国风"往往并非纯粹的中式或仿中式,而是同时杂糅着亚欧各种艺术风格的典型混血儿。正是"中国风"造就了阿姆斯特丹邦特瓷,而其绚丽多彩及风格混杂的特质在这种瓷器上得到了最为淋漓尽致的体现。

总之,利润、市场、审美风尚、炫耀性消费等各种合力推动了邦特瓷的出世和热销,正如研究东方瓷器欧洲再装饰的学者所云:"当我们参照了文化语境、社会经济等各方面因素后,这种现象就较易理解——中国瓷器货源充足,伊万里瓷器稀少而昂贵,欧洲审美风习正在改变,商人受到利润驱动,消费者愿意尝试新颖中意的陶瓷器。"[2]

二、阿姆斯特丹邦特瓷的艺术特质

顾名思义,阿姆斯特丹邦特瓷最重要的艺术特征便是"bont",主要体现在颜色的多彩和纹样的杂交上,显现出鲜明的文化混血特质,这也是贸易全球化序幕开启后艺术发展的必然趋势。

色彩之杂。在颜色上,邦特瓷釉下蓝彩与釉上珐琅彩的结合使其拥有一目了然的杂色基因。但这种杂色也仅相对于单色或蓝白双色而言,并非斑斓五色的无序混杂。邦特瓷多以矾红为主色调,搭配少许其他颜色及基底青花的蓝色,或者干脆以矾红掩盖蓝色。矾红是种低温红釉或红彩,烧制于宋代,以青矾为基础原料、氧化铁为着色剂,因而亦称"铁红"。矾红不透明,遮盖力强,色泽亮丽,接近暖调的柿子红。如图1-19便是17世纪下半叶荷兰出产的邦特瓷盘(直径27.5厘米,高4.5厘米)及未经复绘的中国青花瓷盘,荷兰瓷画家在青花瓷盘上增加了大面积的矾红色,包括开光中的花朵、人物、阳伞及填补空白的满花装饰底纹,甚至瓷盘边缘的勾线也用此色。其他色彩,如花叶的暗绿、裙子的明黄、发髻的黑色均为小面积的点缀。矾红与器物的白地和釉下钴蓝形成对比,反衬烘托的效果十分明显。除矾红外,以金色料为开光勾线或绘制纹样也较常见,显现出伊万里瓷器的影响(如图1-21)。明清鼎革期间,中国瓷器外销量锐减,荷兰东印度公司只能向日本求购瓷器以满足欧洲与日俱增的需求量。一时之间,用笔工细、施彩富丽的"柿又卫门风格"瓷及金光耀目、雍容华贵的"金襕手样式"瓷深受欧人青睐,两者皆

---

[1] *Chinoiserie: The Vision of Cathay*, pp.87-88.

[2] Rodney Allen Schwartz, The European Overdecoration of Oriental Porcelain in the Eighteenth Century, A Dissertation Submitted to the Faculty of the Graduate School of the University of Minnesota, p.62.

图1-21 花篮纹样邦特瓷茶壶，私人藏品。作者拍摄。

以矾红为主色调，后者更是邦特瓷的取法样板，因为"金襕手样式"瓷结合釉下青花与釉上彩绘，描金处理后二次回炉烧造而成，红、蓝、金三色的大量施用使瓷器绚烂夺目，极为契合欧洲洛可可艺术风格的审美趣味。[1]因此，笔者认为邦特瓷用色风格主要源自日本伊万里瓷器，荷兰东方瓷器研究专家乔克（C.J.A.Jörg）博士也有相似观点："在代尔夫特，柿右卫门纹样不仅绘于大窑或隔熘窑烧制的彩陶上，还绘于进口的素身东方瓷器上。"[2]而伊万里瓷器色釉的源头无疑来自中国，例如其主色料矾红及金彩早在中国宋代便已创烧。南宋周密有"金花定碗用大蒜汁调金描画，然后再入窑烧之，永不复脱"的记载；[3]矾红的最早文字记载晚于金彩，出现在《大明会典》卷二百一"器用"中："嘉靖二年，令江西烧造瓷器，内鲜红改作深矾红。"[4]另有明人王宗沐在《陶书》中简述了这种色料的配方："矾红，用青矾炼红，每一两用铅粉五两，用广胶合成。"[5]而日本直至17世纪初方始创烧瓷器，起初基本模仿明末瓷器风格，"初代柿右卫门曾得到伊万里富商东岛德左卫门的资助，在长崎向一名中国人学习釉上红彩技法。后初代柿右卫门终于在宽永末年或正保初年，成功烧制出彩绘瓷器"。[6]也即有田窑直至17世纪下半叶方才大量使用红金釉彩，并逐渐形成其朱绘色彩艳丽、纹饰精致富丽、线条酣畅流利的风格。伊万里瓷器在打开西方市场后又于康熙二十年左右回传至中国，被景德镇窑厂仿制成西人所谓的"中国伊万里"瓷器。

纹样之杂。阿姆斯特丹邦特瓷另一个独特的艺术风格便是中西合璧的纹样。中式纹样青花瓷上本来就有，当青花遇见荷兰艺术，会迸发出怎样的灵感火花？最常见也最便捷的方法就是在原有青花图案上加绘彩色新纹样。如按题材分，邦特瓷的复绘纹样不出"中国风"与西洋式两种。前者是荷人根据中瓷纹样及自己的想象描绘而出，如图1-19作为底本的青花瓷盘上有五个描绘山水园林景致的圆形青花开光片，荷兰瓷画家

---

[1] 安丛：《基于互鉴互用下的中日伊万里瓷器风格对比》，郑宁主编：《国际陶艺2015ISCAEE年会作品与论文集》，河北美术出版社，2015年，第241页。

[2] Hong Kong Museum of Art, *Interaction in Ceramics Oriental Porcelain & Delftware*, Hong Kong: The Urban Council, 1984, p.120.

[3] （南宋）周密：《癸辛杂识》续集上"治物各有法"，上海古籍出版社，2012年，第73页。

[4] （明）李东阳等撰，申时行等重修：《大明会典》卷二〇一，江苏广陵古籍刻印社，1989年，第2717页。

[5] （明）王宗沐纂：《江西省大志》卷七"陶书"，嘉靖三十九年刻本，中国国家图书馆藏。

[6] 《基于互鉴互用下中日伊万里瓷器风格对比》，《国际陶艺2015ISCAEE年会作品与论文集》，第241页。

在空白处又添加了四个绘有中国仕女及花朵的不规则开光,因此这一纹样的主题便有花卉、人物、山水、园林四种,其繁缛及憎恶留白的风格是对克拉克瓷器的承袭。仕女的形象尽管朴拙,但其服饰、阳伞、高髻却为18世纪邦特瓷经典作品"撑伞美人"(The Parasol Ladies)的横空出世作好了题材及形象的准备。后者则是纯粹的西方题材,如图1-22"摘樱男子"瓷碗外侧纹样为一西方男青年登上梯子,一手提篮,一手采摘樱桃,摘樱在荷兰文化语境中有收获友谊之义。此外,反映当

图1-22 "摘樱男子"碗,约1750年,直径15 cm,http://www.antiquesreader.com/tag/amsterdam-bont/。

时社会生活的捕鲸、猎熊、热恋男女、西式建筑、远洋商船等也是邦特瓷的常见题材。如按画法分,一种是因材施绘,即合理利用原有青花图案,生发出与原图和谐并存的新纹样,如图1-19的花卉、人物、山水、园林瓷盘;另一种则是简单叠加,即在原有青花上叠绘新画,如图1-21青花山水园林底纹上叠加了一幅花篮图。花篮主题在18世纪上半叶的欧洲十分流行,[1]红花绿叶,金色缎带及提手,浓艳的色彩遮盖了部分青花图案,但左上侧的小岛与右上侧的椰树仍清晰可见。同样,图1-22中荷人在中国传统缠枝花卉纹上添加了以红、黄、绿、黑为主色调的摘樱图及西式建筑纹样。这种画上画无论在色彩还是题材上其实均不协调,反而以颜色、纹样的叠加而给人以凌乱、杂凑之感,正对应"bont"的另一个义项"内容混杂"。这种装饰风格并不符合中国人的审美习惯,因此,"釉下青花结合釉上粉彩的外销瓷很少见,尽管粗劣的中国青花瓷在欧洲被二次装饰的现象比比皆是"。[2]同时期的中国粉彩瓷、日本伊万里瓷及代尔夫特彩陶(Delft Faience)均由本土工匠设计绘制,故不存在艺术风格上的冲突,而邦特瓷多为青花加彩瓷,由处于迥异文化背景中的中、荷两国工匠分别绘制、烧造,因此很多作品在色彩及纹样上各行其道,难以做到协调统一、天衣无缝。但邦特瓷纹样不乏精品之作,"撑伞美人"更因其完美的构图、独特的创意、和谐的色彩成为通行于东西方的"中国风"经典之作。

---

[1] 荷兰瓷砖博物馆(Nederlands Tegelmuseum)有大量花篮主题的藏品. The European Overdecoration of Oriental Porcelain in the Eighteenth Century, pp.100-104.

[2] *Chinese Export Art in the Eighteenth Century*, p.47.

三、普龙克"撑伞美人"的欧亚循环之旅

"(中日)外销瓷与代尔夫特陶器纹饰的一个重要来源是荷兰东印度公司,其中普龙克创作的著名水彩画纹样'撑伞美人'尤其受到人们的青睐"。[1]《撑伞美人》是18世纪阿姆斯特丹画家及陶瓷设计师科内利斯·普龙克(Cornelis Pronk, 1691—1759)的作品。普龙克出生于商人家庭,自幼便显现出绘画特长,后专攻小型城镇景观画,擅长以空旷街景及明暗光线烘托恢宏大气的建筑,细节描画具有摄影般的精确性,给人以强烈的真实感。1715年,普龙克加入圣·路加陶工协会,并以"中国风"陶瓷画独树一帜。1734年,他受东印度公司委托绘制了"凉亭""盥手女子""撑伞美人"等纹样。[2]普龙克的陶瓷画善于以其独特的方式遴选、糅合中西装饰元素,各种纹样构图精巧,色彩淡雅,极具雍正年间珐琅彩瓷高贵典雅之神韵。而1734年正是雍正十二年,是瓷胎画珐琅在中国最流行的年代,中国珐琅瓷无论在色彩还是纹样上均给日、荷瓷画家提供了不竭的灵感源泉。普龙克诸款纹样中唯"撑伞美人"脱颖而出,无论在图案还是色彩上均达到中西合璧的和谐美。东印度公司委托荷兰本土陶瓷厂花费64 000弗罗林(florin)将此纹式烧制于一套共371件的瓷器上,[3]包括餐具、茶具、烛台、壁炉摆件等在内,这套瓷器上市后大受追捧,遂被欧亚瓷厂广泛摹制,"撑伞美人"因而成为"中国风"装饰图案中最名闻遐迩的代表作之一,其原始水彩画稿现仍保存在荷兰国立博物馆(Rijksmuseum)中。(图1-23)毫无疑问,"撑伞美人"水彩画的主题物是伞。伞作为"中国风"装饰艺术最常用的象征物之一,[4]最早出现在约翰·尼霍夫的东印度公司访华使团纪实中,该书扉页插图描绘鞑靼大汗端坐龙椅,左手轻抚地球仪,头上一顶斜撑的罗伞,脚下匍匐着几个俘虏,生动展现了清帝定鼎中原时的踌躇满志和英姿焕发。[5]自此,斜撑的罗伞进入西人的视野,由于他们并不清楚此为皇帝外出巡游或驻跸时的专用仪仗之一,象征着王权,并有荫庇百姓之意,故被挪用至反映东方异域生活的各种场景中。普龙克的伞与尼霍夫的伞尽管相距近70年,但其外观和斜撑的方式是何等相似!可见普龙克"撑伞美人"的灵感实为一代代荷兰艺术家集体智慧和东方想象的结晶,而所有这一切均离不开其文化源头——中国。再看这幅画的两

---

[1] State-owned Art Collections Department, *Interaction in Ceramics Oriental Porcelain & Delftware*, Preface, Hongkong: Urban Council, 1984, p.10. 十七绅士即公司董事会成员。

[2] 乔克认为普龙克设计了4种纹样,参见 *Porcelain and Dutch China Trade*, p.99。但也有学者认为普龙克共设计了9种纹样,参见 David Howard, John Ayers, *China for the West: Chinese Porcelain & other Decorative Arts for Export Illustrated form the Mottahedeh Collection*, London and New York: Sotheby Parke Bernet Publications, 1978, pp.294-296。

[3] *Porcelain and Dutch China Trade*, p.171. 当时在阿姆斯特丹建造一幢别墅只需1 600弗罗林。弗罗林与荷兰盾均是18世纪在低地国家通用的货币。

[4] 欧洲"中国风"装饰艺术的常用象征物有龙、猴、罗伞、宝塔、凉亭、长辫男人等。

[5] Johan Nieuhof, *L'Ambassade de la Compagnie Orientale des Provinces Unies vers L'Empereur de la Chine, ou Grand Cam de Tartarie, Faite Par les Srs, Pierre de Goyer, & Jacob de Keyser*, A Leyde. Pour Jacob de Meurs, marchard libraire & graveur de la ville d'Amsterdam, 1665.

图1-23 普龙克《撑伞美人》原图，现藏于荷兰国立博物馆（Rijksmuseum），19.1×16.2厘米，1734年，编号RP-T-1967-18。https://www.vandiepencollectie.nl/nl/geen-categorie-nl/andere-verhalen/speuren-naar-pronkservies-fraeylemaborg/。

图1-24 约翰·尼霍夫《1656年荷兰东印度公司使团觐见当今中国大汗纪实》卷首插图。

个主人公，尽管穿戴、发型呈中式化，但两个女子仍带有浓重的洋味，仕女的高鼻大手、侍女的壮硕身材都呈现出鲜明的半东方（semi-oriental）特色，[1]而她们跟前的鹭鸶也是在荷兰湿地最为常见的一种水鸟。

普龙克这一纹饰被制成三种款式：青花、珐琅彩及"伊万里"彩绘，[2]最后一种即属邦特瓷系列。当"撑伞美人"邂逅青花瓷后，又焕发出怎样的一种风姿？原画中的绿色菖蒲及蓝色纹饰均被烧制成釉下青花，普龙克素雅的色彩被瓷画鲜艳的巩红主色取代，以彰显"邦特"特征。四只神态各异的鹭鸶排列于"绿尽菖蒲春水深"的河畔，[3]其中一只伸脖张嘴似在接食。与之相应，画面的主角，一位纤秀的中国仕女正挈裳扬腕给鹭鸶投食，身后侍女侧身斜撑彩伞为主人遮阳，两人的外貌、体型都有微妙改变，更接近中国女子的

---

[1] *Interaction in Ceramics Oriental Porcelain & Delftware*, preface, p.10.
[2] Ibid., p.86.
[3] （宋）陈克：《鹧鸪天·禁幕余寒酒半醒》，《全宋词》第二册，第1127页。

纤巧玲珑。(彩图10)画面灵动活泼,人与鸟的呼应、人与自然界的和谐在此得到了完美体现。主题画面外缘一圈花卉纹,青花玫瑰中增加了红、褐两色的小型花朵。瓷盘口沿底纹是以巩红为主色调的几何图形,其中嵌入八片开光,分别绘有主题画中的鹭鸶及女子,开光及瓷盘边线作了描金处理,以呼应花伞的金色垂珠。整幅瓷画红、蓝、金、褐四种色调搭配有序,内外呼应,给人以协调悦目之感。相较于上文图1-19中的人物造型及花卉纹饰,普龙克的"撑伞美人"形象显然更纤秀传神,服饰、彩伞、花卉等各种细节也更细腻精致。

而"撑伞美人"回归其文化母国并在景德镇浴火重生的历程也颇具传奇色彩。"这种纹饰图一式六份被送往巴达维亚,其中一份于1736年送抵中国。由于造价高昂,东印度公司只定制了总订单中的一部分,然而很多荷兰私商及公司职员为私人用途定制这款纹样瓷器。虽然这种纹饰在荷兰广受欢迎,但因在华烧制成本较高以致公司无利可图,所以不久即停止定制"。[1]尽管如此,因为"1736—1740年间,公司所有定制的普龙克瓷器都是在景德镇绘制并烧造",[2]故此纹样已在当地窑厂中不胫而走,中国画工在摹拟复制"撑伞美人"的过程中,不断融入本土趣味,烧造出青花、粉彩(famille rose)、[3]广彩或中国伊万里瓷等各种变体纹样,然后再销往欧洲。图1-25、彩图11便是经过中国画工改造后的"撑伞美人",青花版美人雅致端丽,不输普龙克原作风韵;粉彩版美人却被改头换面为一个慈母,她撑起彩伞为膝前戏鹭的幼子遮阳。画面以含砷的玻璃白打底,素净白地上描绘着一个柳园,画面正中母子二人注视着三只神态各异的鹭鸶,一只红蝙蝠翩翩飞来,给画面带来灵动之感,蝙蝠的红色恰与母亲的下裙、幼儿的小鞋、园子的围栏形成呼应。景德镇画工去除了普龙克原作的边饰和开光,以白地彩绘突出彩釉丰富的色阶变化,红、褐、绿、蓝、黑五种颜色搭配有序,淡雅柔丽,深得雍乾时期白胎粉彩瓷精致典雅的高贵气质。更重要的是,"蝠"与"福"、"红"与"洪"谐音,在中国文化中有"洪福齐天"之寓意,成为民间工艺品运用最广泛的主题之一。红蝠在此画中代表着天下慈母期盼儿女纳福迎祥、福在眼前的舐犊之情,为瓷画打上了中国吉祥文化的鲜明烙印,也使画作主题转变为母子亲情及祈盼祥瑞,可以说达到了青出于蓝而胜于蓝的艺术境界,因此在出口欧洲后又为代尔夫特陶厂仿制。[4]

在邦特瓷的多元文化基因中,日本伊万里瓷器装饰风格是不可忽略的一部分。1736年"撑伞美人"开启东方之旅时也抵达了日本长崎,有一套图样被送往出岛(Deshima)作

---

[1] *Interaction in Ceramics Oriental Porcelain & Delftware*, p.86.
[2] *Porcelain and Dutch China Trade*, p.126.
[3] 粉彩也叫"软彩",是一种低温釉上彩,创烧于清康熙晚期,借鉴了珐琅彩多色配制及中国画的用粉、晕染技法,在素器上以"玻璃白"打底,彩料作画,再经炉火烘烤而成,色彩丰富,色调淡雅柔和。但其质地较软,又无瓷釉保护,容易脱色。
[4] *Interaction in Ceramics Oriental Porcelain & Delftware*, p.88.

图1-25 景德镇制青花"撑伞美人"瓷盘，约1734-1737，现藏于纽约大都会艺术博物馆（Metropolitan Museum of Art）https://www.metmuseum.org/art/collection/search/205078。

为有田窑厂的仿制样本，[1]"但因造价昂贵，文献中并无东印度公司在日本定制普龙克纹样瓷的记录。但实际上，这一纹样仍以变异的方式出现在尺寸不一的日本青花及彩瓷上，除中国仕女变身为日本艺伎的纹样外，似无其他变形图样。无疑这是公司驻出岛职员用他们收到的图样私人定制的器物"。[2] 图1-26日式"撑伞美人"的发型更换为著名的立兵库发髻，她们穿上和服，撑起和伞，摆出优美身姿顾盼着观画者，含情脉脉，娇俏动人，暗示其艺伎的身份。和伞、人物服饰及口沿底纹均采纳了普龙克原图的米白色，热烈的巩红和华丽的描金仅作为点缀零星出现，使日式"撑伞美人"呈现出温婉俏丽的别样风采。

值得一提的是，18世纪上半叶，以"中国风"设计闻名的欧洲瓷画家不只普龙克一位，德国瓷画家普雷斯勒（Hausmaler Ignaz Preissler, 1676—1753?）、洛芬克（A.F.von Löwenfinck, 1714—1754）等人皆以富于创新性的独特设计成为迈森瓷厂的御用画家，而当时正值"中国风"在欧洲的鼎盛期，阶罗伞外，凉亭、怪石、宝塔、猴子、鹦鹉、满大人等各种西人心目中的中国象征物充斥着这一时期的陶瓷画。他们的设计也不断流向中国，

---

[1] 出岛是日本江户时代幕府执行锁国政策期间所造的一座扇形人工岛，1641—1859年期间，荷兰人在此岛设立贸易站。

[2] *Interaction in Ceramics Oriental Porcelain & Delftware*, p.130.

图 1-26　日本有田仿普龙克纹样瓷盘，约 1740 年，佳士得拍品图片。https://www.christies.com/lotfinder/Lot/an-arita-porcelain-la-dame-au-parasol-4855267-details.aspx。

"1740—1800 年间，普雷斯勒所画的迈森瓷，荷兰人装饰的中国瓷和仿制的日本柿右卫门纹样，代尔夫特彩陶，法国及意大利彩陶，维也纳瓷，卡波迪蒙蒂瓷（Capodimonte），还有塞夫勒（Sèvres）、图尔耐（Tournai）、切尔西（Chelsea）、弓（Bow）、伍斯特（Worcester）、斯波德（Spode）、新大厅（New Hall）等瓷厂的装饰纹样在中国被广为仿制"，[1] 亚欧陶瓷文化的对流与杂交在 18 世纪臻于顶峰。

余　论

阿姆斯特丹邦特瓷只是经济全球化初期亚欧陶瓷文化互鉴互渗、循环对流的一个个案，却生动彰显了异质文化交流杂糅的必然性及永恒性，正如萨义德所云："所有的文化均彼此包含，没有一种文化是单一、纯净的，所有的文化都是杂交、异质的。"[2] 这种杂交、互渗在亚欧瓷文化的交流中更是无时无刻、无孔不入。

"考汉以前，并无'瓷'字，至汉时，始言及'瓷'字……故国人谓瓷器，发明于汉代"。[3] 在西人眼中，历史悠久的中国瓷器"用途远多于玻璃器皿，它为人类造物之奇

---

[1] *China for the West*, p.521.
[2] Edward Said, *Culture and Imperialism*, preface, London: Chatto & Windus, 1993, p.xxix.
[3] 吴仁敬、辛安潮：《中国陶瓷史》，台湾商务印书馆，1936 年，第 15 页。

迹：虽属人造，原料纯属天然，且可随意塑形。它在中国的发明并非突然的发现，而是一个长期及逐渐演变的过程"。[1]公元6世纪左右，零星的青瓷已沿海陆丝绸之路流传至亚洲各地，朝鲜百济武宁王陵（建于公元6世纪初）出土的洪洲窑青瓷即为明证。[2]9世纪以降，朝鲜半岛便在中国工匠帮助下烧制出高丽青瓷。隋唐时期，长安、洛阳窑厂烧制的香客瓶和鸟首瓷壶随粟特人的驼队源源不断地被运往波斯及地中海地区。有输出必有吸纳，中瓷1 000余年的发展史也是不断采用亚洲各地釉料、器型及装饰风格的历程，比如元代中叶波斯钴蓝颜料（亦称回回青或苏麻离青）的引进促使青花瓷生产技艺趋于成熟，最终突破了宋代单色釉瓷一统天下的局面，开启了釉下彩绘瓷的新纪元；明代宣德以降，泉州、景德镇等多地窑厂接纳伊斯兰装饰元素及波斯、叙利亚等地的新奇器型，一扫传统程式化设计的沉闷，呈现出活泼、新颖、多样的新变；康熙中叶，百废俱兴的景德镇窑厂借鉴日本有田瓷工艺烧制出"中国伊万里"彩瓷，以迎合欧洲庞大的消费需求。而当时日本制瓷仅短短100年历史，有田窑厂自江户时代才从中国引进技术及色料，[3]借鉴景德镇和福建窑的艺术风格，[4]雇用来自朝鲜半岛的窑工成功烧制出伊万里瓷器，不仅以其富丽的色彩、精良的品质深受西人青睐，而且流播中国，被景德镇、广东、福建窑厂仿制。以上种种皆为游走四方、博采众长的中国瓷文化在亚洲内部的交流和循环。

而陶瓷文化的亚欧循环更是波澜壮阔、此起彼伏。中国瓷器经由陆海通道进入欧洲，"17—18世纪，整个欧洲对中国的迷恋无以复加。几乎每个欧洲王室均被卷入疯狂的'中国风'，刺激了当地工匠及产业投入研制瓷器的比拼中。君主之间为发现制瓷秘诀展开了公开的竞争，其激烈及紧迫程度不亚于几个世纪之后世界强权间的核能竞赛。当制瓷方法最终被破解后，君主们便不择手段刺探制瓷秘方、罗致能工巧匠，以创建既能赢得国家威望又能赚取巨大利润的陶瓷厂"。[5]荷兰代尔夫特、德国迈森、法国鲁昂、英国利物浦、意大利威尼斯等地纷纷建厂，原先分布于欧洲各国的旧窑也迫不及待地投入到仿制华瓷的热潮中。与此同时，西方的釉彩、器型、纹样也连绵不断地流向远东。清康熙年间，宫廷造办处采用欧洲画珐琅工艺，成功烧制出在图案、器型、色彩等各个方面均符合清帝审美趣味的珐琅器，其中就包括高贵典雅的瓷胎画珐琅；此外，纹样及器型的西化更是普遍，东印度公司"仅在1751年，就将十三种纹样及诸如草莓碗、鲱鱼盘等二十种样品送到

---

[1] *China for the West*, p.15.
[2] 徐琳琳：《江西古陶瓷文化线路》，江西人民出版社，2017年，第83页。
[3] 陆明华：《从景德镇到伊万里——瓷器风格的转变》，中国古陶瓷学会编：《外销瓷器与颜色釉瓷器研究》，紫禁城出版社，2012年，第133—135页。
[4] 同上书，第143页。
[5] Dony Karandjoulov-Alexiev, John Gilbert trans, *Painting on Porcelain in the Oriental Style*, London: Cassell Publishers Limited, 1994, p.135.

中国"。[1]中欧贸易互动愈多,引进—仿制—杂交—回返的循环愈益频繁,但每一个循环均非简单的回归原点,而是汇入了新鲜养分的再造血过程。如邦特瓷版"撑伞美人"到底是中国、荷兰还是日本制造?说清这一问题显然颇费口舌,"她"以中国青花瓷(或白瓷)为基底,采用伊万里红彩描金风格,由荷兰人设计出装饰纹样后回归东方,中、日瓷厂依样改造,融入各自的文化元素后再返销欧洲,景德镇粉彩版"撑伞美人"又以其深刻的文化蕴涵、温暖的母子亲情成为代尔夫特仿制的纹样范本,可见在这种周而复始的循环中,互文、杂交、移植无处不在,其结果便是杂色纷呈的"邦特"化,"事实上我们很难说清某种特定艺术到底是欧洲制品亚洲化还是亚洲制品欧洲化",[2]异质文化产生交集后,必然会重构、拼合出新颖、独特的艺术风格,这便是交互文化的必然结果。[3]

在经济、文化全球化的当下,文化孤岛时代已一去不返,面对这种生生不息的文化循环及杂交现象,人们通常会作出接受、抵制、隔绝、适应四种反应,[4]选择哪一种,见仁见智;在全球化(globalization)与本土化(localization)之间如何找到一个平衡点,如何避免过度文化同质化或文化隔绝化现象,始终考验着知识阶层的智慧和眼界。阿姆斯特丹邦特瓷实际上为这两个问题提供了一种解答方案,一种异质文明间理智且有效的沟通和相处方式,那便是接受与抵制、适应与改造并存的"文化协商"。

---

[1] *Porcelain and Dutch China Trade*, p.102.
[2] *Cultural Hybridity*, p.95.
[3] Anthony Pym, *Method in Translation History*, Manchester: St.Jerome, 1998, pp.177-192.
[4] *Cultural Hybridity*, p.78.

第二章
东印度公司与中西美术交流

外销画是清中叶以后在广州、上海、北京等地兴起的以西人为目标客户的画种,题材多元,人物、器物、植物、景物,不胜枚举;载体丰富,纸、绢、布、通草、玻璃、搪瓷、菩提叶等不一而足,创作者基本为社会层次低下的职业画师。这类画作以写实为大要,部分画师为迎合西人的欣赏趣味开始采用光影透视、明暗凹凸等西画技法,与洗练含蓄、迥出天机并标举风雅兴寄的文人画格格不入。西画东渐的话题近年来颇受国内学界关注,与明清以降耶稣会士的文化传教策略及中西商贸互通的历史背景一起被纳入研究视野,渐成气候,不乏佳构。然而,清代美术的西传研究一向乏人问津,有学者关注到附着在瓷器、装饰品上的肖像画及晚清南粤的外销画,但因文献匮乏及语言障碍,研究往往流于粗浅描述,甚至张冠李戴,错讹百出。"美术者,绘画、雕刻、塑像诸艺也,中国人自昔以百工为小技,绘画、雕刻、塑像皆在小技之列"。[1]美术在中国自古便有,尽管"美术"一词晚至清末民初方始传入中国。[2]民国之前,业美术者皆被视为百工,不得与文人并肩,而其作品亦一直沉沦于末流匠作,"吾尝恨吾国文人,每不留心形而下学,如建筑、裁缝及一切百业,以为形诸吾笔墨,则与吾道有损;而梓匠轮舆百工之人,每每读书不多,不能执笔为文以记载之,于是巧者创业,多不能传,岂不大可哀乎"。[3]一大批曾活跃于18—19世纪广州十三行的艺匠、画工籍籍无名于艺术史,尽管他们曾是中西美术交流的拓荒者。

美国哲学家纳尔森·古德曼(Henry Nelson Goodman,1906—1998)曾创造性地将"艺术是什么"的传统追问转变为"何时为艺术"的阐释性提问,将艺术及艺术家置于一种时空结合的语境中加以界定及讨论。[4]本章将清代广州画工、艺匠群体置于由东印度公司创造的文化语境中加以探讨,考察中国绘画、雕塑作品的首次大规模西传及欧美受

---

[1] 张星烺:《欧化东渐史》,商务印书馆,1934年,第126页。
[2] 陈振濂:《"美术"语源考——"美术"译语引进史研究》,《美术研究》2003年第4期,第60—71页。
[3] 郑许:《漆器考》,中华书局,1936年,第45—46页。
[4] Henry Nelson Goodman, *Ways of Worldmaking,* Indianapolis: Hacett Publishing Company, 1978, p.3.

众的批评与接受,以期为当今的中西美术交流提供一个历史镜鉴。另外,以外销画《公审"海王星"号商船水手》及艺匠吉官为个案加以深描。拟在介绍油画《公审"海王星"号商船水手》创作缘由及收藏情况的基础上,依托清代官方文献及英国东印度公司档案,辅之以画中人斯当通的相关记录,力求最大限度地还原此画本事,分析广州府虚构案情的隐秘动因及审结此案的法律依据,研究此案对英译《大清律例》的推动作用,并由此透视中英法律文化的碰撞与交流,以及19世纪笼罩在法治层面上的"东方主义"阴霾。另外,从微型人像雕塑师吉官的传奇经历入手,援用一手西文文献,厘清其于乾隆年间的访英经历和交游人群,以此考察南粤微型泥塑人像在欧洲的传播状况及其背后的经济、文化动因,进而以斑窥豹,通过这个典型案例,剖析中西美术理念碰撞与融合而产生的互补效应以及中国民间艺匠早期跨文化之旅的意义。

第一节　东印度公司与广东外销画的崛起

本节所谓"外销画"多指18世纪末至19世纪中国画师以西方绘画技巧及审美趣味创作并销往欧美各国的画作,也包括部分未采用西画技巧的各类题材的定制画。18世纪以前,中西绘画艺术的交流基本处于零星与无序状态,且多呈"西画东渐"的单向传播模式。早在16世纪末,意、法等国的耶稣会士已将西洋绘画带到了中国,如明朝万历年间意大利传教士利玛窦、罗明坚带来的天主教圣像画,被程大约(字幼博,别号君房)记载于《程氏墨苑》中。此后,传教士毕方济(Francesco Sambiaso,1582—1649)于明崇祯二年撰写了介绍西洋绘画技法的论文《画答》。清代以降,意大利郎世宁(Giuseppe Castiglione,1688—1766)、法国王致诚、波希米亚艾启蒙(Inatius Sichelbarth,1708—1780)、意大利安德义(Joannes Damascenus Salusti,？—1781)、法国贺清泰(Louis De Poirot,1735—1813)等供奉内廷的传教士画家为西洋绘画与中国传统绘画的相互融合和发展作出了极大贡献,尤其是历任康、雍、乾三朝宫廷画家的郎世宁不仅与亲王、大臣乃至乾隆皇帝互动密切,热心于向中国画家斑达里沙、八十、孙威凤、王玠、葛曙和永泰等人传授欧洲绘画技巧,而且大胆探索"西画中用"的新路径,熔中西画法于一炉,以"汉魂洋才"创造了一种前所未有的郎氏新画法,可谓中西绘画艺术合璧的典范,代表作有《乾隆西域武功图》《百骏图》《瑞谷图》等。此外,他还与年希尧一起撰写了第一部介绍欧洲透视绘画技巧的著作《视学》。康雍间宫廷画家焦秉贞的《御制耕织全图》、佚名的《雍正行乐图册》等早期作品已初现"透视法"的运用。

然而,欧人重写实,强调远近透视、明暗光线的运用,这些他们引以为豪的融科学于美术的方法与中国绘画"贱形而贵神,以意到笔不到为妙"的创作理念格格不入。[1]中国

---

[1] （清）屈大均:《广东新语》卷一三"艺语",中华书局,1985年,第366页。

士人雅重神逸,不尚形似与真实,纯于笔墨上求神趣,因而很多文人画家即便惊诧于西画"明镜涵影,踽踽欲动"的写实风格,[1]却仍视西人引以为豪的透视法及光影运用为"笔法全无,虽工亦匠,故不入画品"的工匠术,[2]大多无视西方绘画艺术的写实性,自在自足地继续悠游于讲究诗意及理趣的中国传统绘画理论体系中。中西艺术家依据各自的文化背景与审美立场,强调双方绘画艺术的差异性而不思理解沟通,因而成见日深,隔阂愈大。

一、18世纪以降广东外销画的崛起

中西绘画相互轻贱的局面因为外销画的崛起得以改观。随着东印度公司对华贸易的兴盛,西方商人、传教士、艺术家、冒险家各色人等云集广州。充满异域情调的城市风貌,中西合璧、华洋混杂的十三行给他们留下了极深的印象,许多人想用直观的图像记录并传播其在粤所见,因而多请当地画师为自己创作肖像画或广州风景、风俗画留念。乾隆以降,广州城西郊填江造陆而成的"十三行"商馆区,陆续出现专营外销艺术品的店铺和作坊。据英国印度学研究者蒂洛森(G.H.R Tillotson)推测,十三行的首个画室应开放于18世纪最后10年,经过半个多世纪的发展,至19世纪中叶,这一行业已成气候,开始大量向欧美销售画作以满足西方人对中国的好奇心,外销画进入鼎盛期。[3]1833年抵达广州的美国传教士汉学家卫三畏(Samuel Wells Williams,1812—1884)曾估算,"在广州,雇用了两三千人从事这种绘画"。[4]1835年年底的《中国丛报》(The Chinese Repository)报道,在广州商馆区周围,有30家画室和商店出售外销画。[5]1844年后生活在十三行的美国商人蒂凡尼·奥斯蒙德(J.R.Tiffany Osmond,1823—1895)也说:"新、旧中国街上的画家是一个数量庞大的阶层,他们的技艺比我想象的要好得多,我指这些画家已学会了英式绘画。"[6]销量的上升,使经营者纷纷采取流水线生产方式,也即将起稿、勾线、描画、上色等工序分派给专人负责,甚至画中的各部分也由不同画工分头完成,很多当时参观过广州画坊的西人对这一场景都有记录。1837年参观林官画室的法国人维拉(M. La Vollée)写道:"这些画其实并无多少艺术性可言,纯粹是一种机械的制作。人们分工合作,一位画工专画树,另一位专画人物,一位画手脚,另一位画房屋。这样他们出色完成各自分派的部分,尤其是细节描绘。但这些画工没有能力独自完成一幅完整的画"。[7]这种流水作业方式大大提高了外销画的产量,不但养活大批画工,"而且成为重要

---

[1] (清)姜绍书:《无声诗史》卷七"西域画",清康熙五十九年李光暎观妙斋刻本,叶二十三。
[2] (清)邹一桂:《小山画谱》卷下"西洋画",《丛书集成》初编,商务印书馆,1991年,第43页。
[3] G.H.R Tillotson, *Fan Kwae Pictures: Paintings and Drawings by George Chinnery and Other Artists in the Collection of the Hong kong and Shanghai Banking Corporation*, London: Spink & Son Ltd., 1987.
[4] [美]卫三畏著,陈俱译:《中国总论》,上海古籍出版社,2005年,第659页。
[5] *The Chinese Repository*, Vol. IV, 1935, p.291.
[6] Osmond Tiffany, *The Canton Chinese, or the American's Sojourn in The Celestial Empire*, Boston and Cambridge: James Munroe and Company, 1849, pp.83-84
[7] 转引自 Albert T. E. Gardner, Cantonese Chinnerys: Portraits of Howqua and Other China Trade Paintings, *The Art Quarterly,* 16(4), 1953, pp.317-318。

的利税来源,当时广东的海关征税表上,'油漆画'(油画)和'薄纸画'(通草制纸,泛指各种纸本绘画)分别编列为五十二号、六十八号。外销画的创作者一般文化素养不高,他们是为了'揾两餐'而作此营生"。[1]

作为一种特殊的艺术商品,外销画以其种类繁多、题材丰富、价格低廉满足西方各阶层消费者的多元需求。外销画按材质分,有绢帛、帆布、宣纸、玻璃、象牙、通草片(Rice-paper)等;按所用颜料分,有水彩、水粉、油彩、水墨等;按题材分,有人物肖像、市井生活、船舶炮台、洋行港湾、市街庙宇、植物花鸟等;按画作质量,又可分为精品及行货。为了便于携带及运输,外销画尺幅一般不大(壁纸画除外)。浓郁的东方异域风情成为外销画的卖点,是西人了解中国社会文化、自然风貌的重要媒介。道光十九年(1839)四月,美国东印度公司职员亨特离开广州前往澳门时,粤海关出具的准许状中列出其随身物品中就有"10斤图画""3幅小油画""5幅有玻璃镜框的图画"。[2] 为迎合这一旺盛需求,珠江三角洲的画师们积极吸收、模仿西洋绘画艺术风格,并融汇中国绘画特有的取景、设色、布局习惯,创作出中西合璧的具有极强写实性及东方异域风情的画作。这些画作流传到欧美后,引发了西人对中国文化的地标广东(Canton)的极大关注,于是逐渐形成了一条画、运、销一体的产业链,成为18—19世纪东印度公司对华贸易的一个新增长点。

这一产业链中的从业者大致由少数画家及多数画工组成。"在中国,尤其在广州,有几位留着长辫的画家——林呱、廷呱、恩呱(Yinqua)和其他一些'呱'(Qua),他们的画在中国人中很受欢迎,同时也是欧洲业余爱好者寻求的新奇之物"。[3] 这些在十三行开设画坊且能进入西方人视野的"呱"们基本属于画家层次,他们有较高的艺术水准,不仅擅长西洋画法,也是中国传统绘画的行家。他们敏锐地捕捉到了东印度公司带来的巨大商机,但仅凭个人力量已无法满足市场需求,因此他们雇佣数量不等的画工,采用流水线作业方式在最短的时间内"制造"出最多的作品。图2-1描绘了广州著名画家廷官(Tingqua,活跃于1830—1870年间)的画室,阳台窗下三个画工正专心绘制,画室墙壁上陈列着各种风格及尺寸的画作。对这一数量庞大的创作群体,清代方志及史料的记载却极为稀少,屈大均《广东新语》"诸家画品"中提及的白沙、李子长、梁市南、陈全人、袁道生、黎叔宝、黄仲亨等辈粤东书、画、印名家皆为文人士大夫,[4] 外销画家则被视为匠作及俗工,其确切姓氏、籍贯、生卒年等信息大多无法获知,为学界对这一群体的研究带来诸多困扰。因此,我们只能根据清代文献中极少的记载,结合西人游记及回忆录中的相关信息,来对这一群体作一粗线条的描述。

---

[1] 水中天:《广东外"外销画"的历史经验》,《中国(大芬)美术产业发展论坛论文集》,2005年,第4—5页。
[2] [美]亨特著,冯树铁、沈正邦译:《广州番鬼录 旧中国杂记》,广东人民出版社,2009年,第90—91页。
[3] 转引自Cantonese Chinnerys: Portraits of Howqua and Other China Trade Paintings, *The Art Quarterly*, 16(4), 1953, p.316。
[4] 《广东新语》,第365页。

图2-1 廷官画室，水粉画，私人收藏品。

目前，清代文献对广州外销画家仅有的记载见于《宣统南海县志》："关作霖，字苍松，江浦司竹径乡人。少家贫，思托业谋生，又不欲执艺居人下，因附海舶，遍历欧美各国，喜其油画传神，从而学习，学成而归，设肆羊城。为人写真，栩栩欲活，见者无不诧叹。时在嘉庆中叶，此技初入中国，西人亦惊以为奇，得未曾有云。"[1]尽管只有区区百来字，但对关作霖的姓名、籍贯、习画动机、游学经历及设肆羊城的年代均作了说明。嘉庆凡25年（1796—1820），"嘉庆中叶"应为1808年左右。另据国外所藏署名关作霖的两幅画《托马斯·傅瑞船长肖像》（1774年）和《佚名氏英国人肖像》（1786年，美国波士顿私人收藏）的创作时间推断，关氏大约于乾隆末叶游学欧美，画风属于新古典主义派（Neoclassical styles），约于嘉庆初期设肆羊城，该时期正是东印度公司对华贸易的上升期。"作霖公为西欧油画传入我国最先者。初，英伦名油画家澶闇梨漫游至粤，晤公于佗城，见其画惊喜，挽为骖乘，偕游欧美都会，画名大著"。[2]可见关作霖不仅是华人留洋学画者的先驱，也是第一代外销画家中的佼佼者，可能与西方文献中名为Spoilum（中文姓名无考，音译史贝霖）的中国画家为同一人。[3]尽管海内外学者目前对关作霖是否就是Spoilum或Lamqua、他

---

[1] （清）桂坫等纂：《宣统南海县志》卷二一，《中国方志丛书》181，成文出版社，1966—1989年，页八。

[2] Kwan Wai Nung, Biography of the late Mr. Kwan Kin Hing, Brother of the Artist, *Chinese Watercolor Painting*, Hong Kong: Asia Litho. Printing Press, 1940, p.15.

[3] 海外史料中记载的从事外销画最早的中国画家名叫Spoilum，乾隆末至嘉庆初应是其艺术创作的全盛期。英国马丁·格里高利美术馆保存有他创作于1800年左右的画作《清朝武官检阅军队》，美国塞伦市皮博迪·埃塞克斯博物馆保存有他约作于1815年的油画《亚当斯总统号（President Adams）商船在南中国海沉没》《丝绸商人阿兴》及多位东印度公司成员的肖像画。另据Carl L. Crossman考证，Spoilum活跃在广东的时间约为1785—1810年，画作的主题多为十三行。Carl L. Crossman, *The China Trade*, Princeton: The Pyne Press, 1972, pp.5–22.

图2-2 林官创作于1827年的油画作品《英国船长Thomas Pearce像》,(58.5×43.75 cm)Blue World Web Museum。

图2-3 《林官自画像》,美国皮博迪·埃塞克斯博物馆藏。

与关乔昌的关系众说纷纭,[1]但关作霖作为中国有文献记载的最早负笈习画于欧美且设肆于羊城的艺术家似无可置疑。

而西人游记及回忆录中提及最多的外销画家为Lamqua(或Lamquoi),音译为"林呱""啉呱"或"林官",此人是活跃于道光、咸丰年间的第三代外销画家的代表。[2]英人唐宁《番鬼在中国 1836—37》详细记述了他在十三行新中国街参观林官画室的经过:"那些最近几年去过广东的人不可能忘记画家林官(Lamquoi)的画铺,他的店铺是所有那些乐意在赏心悦目的景点作一小时逗留的人的必去之处。林官我在上文已有提及,他是澳门钱纳利先生的高足,正是在其导师处,他接受了充分的训练,使其能以为欧洲审美时尚所接受的方式创作。他的其他一些同胞也有此机会,但并未如他那样得益于此。因而林官毫无疑义地在广州画界独占鳌头,并创作了大量作品。他的主业是为在广州作短暂逗留的过客写真或画小幅风物油画;当贸易季结束,其外国友人离开港口后,他可从同胞处找到充够的活干。"[3]七年后的1844年,蒂凡尼·奥斯蒙德抵达十三行后,也去参观林官画室,并于其游记中记载道:"林官是广州画坛的大师,一位驰名中

---

[1] 关乔昌(1801?—1854),广东南海人,清代画家,尤擅肖像画。

[2] 据史料看,自名林官(Lamqua)的画家不止一人,1800年初美国东印度公司职员Robert Waln Jr.已在其旅行记中提及一个名为"林官"的外销画家,名列当时最佳五位画家中的第二;而活跃于19世纪中叶的林官出生于1802年,据说曾师从钱纳利,其艺术成就比前一个林官更高。李世庄:《中国外销画:1750s—1880s》,中山大学出版社,2014年,第80—81页。

[3] Charles Toogood Downing, *The Fan-qui in China, in 1836-7*, London, 1838, pp.90-91.

国的优秀画家。他以欧洲人的风格创作肖像画,设色精妙,令人称羡。他的写真技巧也极为出色,如果你很丑那就自认倒霉吧,因为林官从来不会把丑人画美。"[1]香港学者李世庄在研究"关氏族谱"的基础上考证出林官名关乔昌,其胞弟廷官名关联昌。[2]林官可能曾师从英国著名浪漫主义派画家钱纳利,[3]并于咸丰四年(1854)52岁时留下自画像(现存于香港美术馆)。[4]西方保存有多幅署名Lamqua的油画作品,如《行商浩官像》《美国传教士兼医生彼得·伯驾博士》《钦差大臣林则徐》《詹姆斯特吉·吉吉博伊先生》《塞缪尔·罗素》《英国行和荷兰行》等等。[5]而他的画室也成为西人画家的创作题材,如林奥古斯特·博尔热有《画室中的林呱》《位于十三行同文街的林呱画室》两幅作品,画中可清晰辨识出店铺的英文招牌:Lamqua Handsome Fine Painter(林官靓像画师)。[6]与其同一时期的画家还有Tingqua、Sunqua、Youqua、Fouqua等,不一而足。廷官画室位于同文街十六号,其画室出品的系列组画"制茶""制丝""制瓷"被西人称为手绘照片,极为生动地描绘了畅销欧美的三大支柱产品的制作过程,现为维多利亚&阿尔博特博物馆收藏。卡尔·克罗斯曼(Carl L. Crossman)在18、19世纪西文文献中考证出包括上述诸位在内的画家凡35人,但数以千计的画工因籍籍无名而湮没于历史的长河中。1856年10月,中英第二次鸦片战争爆发,12月14—15日,十三行再遭火灾重创,从此化为废墟惨遭遗弃。广州在海上丝路上的优越地位亦不复存在,中欧贸易港口转往上海及香港等地。而照相技术此时亦已传入中国,其准确、快捷获取真实生活场景的能力远超画作。广州外销画由此衰落消亡,移居香港、上海等后起口岸城市的关贤、煜官(Youqua)、新官(Sunqua)、周官等辈的作品则为广东外销画的余绪。

二、东印度公司与外销美术作品的多元特质

作为一种完全由东印度公司主导催生的艺术商品,外销美术作品是植根于中国土壤而又嫁接了西方基因的全新画种,因而呈现出独特而多元的艺术品质。

题材的拓展。相较于中国传统的宗教塑像及文人画,外销艺术品的题材有了极大

---

[1] *The Canton Chinese, or the American's Sojourn in the Celestial Empire*, p.85.
[2] 李世庄:《中国外销画:1750s—1880s》,第89—90页。
[3] 乔治·钱纳利(Chinnery George,1774—1852),英国著名画家,曾追随雷诺兹学画,18岁进入皇家美术学院习画。钱氏自1825年起长期居住于澳门,其风景画多侧面取景,强调明暗光线及远近景的对比,善于营造空间感,强调天空云层的描绘。在钱氏的熏陶下,新一代中国西洋画家迅速成长起来,成为广州外销画的一个重要派别,如1835年12月8日《广东邮报》(*The Register*)之《中国画家》中载:"今天我们的注意力被一位中国画家的作品吸引,他的作品远在一般庸俗画工之上,这就是林呱——杰出画家乔治钱纳利门下高足。"
[4] 林官自画像上的信息说明他出生于1802年。
[5] 孔佩特著,于毅颖译:《广州十三行——中国外销画中的外商(1700—1900)》,商务印书馆,2014年,第7、114、116、148页。
[6] 同上书,第78页。

图2-4 油画:《泛舟广州珠江》,佚名中国画家,约1840年,现藏于伦敦国家航海博物馆。作者拍摄。

的拓展,此为时代前进的必然。广州作为海上丝路的重要港口,处于第一波全球化浪潮的风口浪尖,东西文化的交汇碰撞必然为艺术创作增添丰富的题材。广州外销画本身便是一口通商外贸政策孕育的新事物,仅与东印度公司相关的题材就有十三洋行、海舶炮台、虎门销烟、行商船长肖像、审判海王星号船员等等不一而足,呈现出中国传统文人画不曾有也不屑有的崭新内容,忠实反映了大清帝国这一外贸重镇的社会变迁。如图2-4即是一幅描绘珠江江面百舸竞流的油画,前景中的西方汽轮船、中景里的海珠炮台及远景中的十三行商馆历历可见。近年描绘十三行商馆的画作在海外拍卖市场身价倍增,藏家看重的正是这些作品的历史文献价值,画中商馆前的一面面国旗昭示着各国对华贸易的变迁。此外,外销画还呈现出鲜明的知识性特征,西人定制或购买这些画作更多是为了解某一方面的中国知识。现存于美国皮博迪·艾塞克斯博物馆的蒲官(Puqua)的水粉画《三百六十行》,生动地展现了19世纪上半叶广州的市井百态及各行各业。曼彻斯特大学约翰·赖兰兹图书馆(John Rylands Library)珍藏的《中国乐器》(见彩图12)、《中国历史》、《中国刑罚》、《制茶图册》、《制丝图册》、《制瓷图册》、《满清贵族》、《少数民族人物》等画册皆是传播中国知识的视觉媒介,彰显了清代外销画的知识性维度。即便是21世纪的今天,这些画作仍是学界研究外贸史、艺术史及社会史的珍贵文献。

画种与画法的创新。中西文化的密集交流又推动了绘画种类及方法的创新。传统的中国画以水墨写意与工笔重彩为主,而十三行外销画家百无禁忌,开始模仿泰西笔意及詹姆斯·华生(James Wathen)、钱纳利、奥古斯特·波塞尔(Auguste Borget)等来华欧洲画家的创作风格,自觉运用西洋透视及光影原理,并以其堪比摄影的写实性及摹写效果而著称,为中国绘画艺术的发展开拓了一片新天地。以佚名中国画家创作于1770年前后的绢本水粉画《广州十三行建筑群》为例,[1]此画采用正面取景方式,但每一商馆的位置都准确无误,从右到左分别是荷兰行、英国行、老英国行、瑞典行、法兰西行和丹麦行。商馆建筑的描绘精细至每一扇百叶窗、每一个阳台甚至老英国行门道内的灭火器和新英国行大厅中的吊灯,馆前广场上树立着各国国旗,艺术史家甚至可以根据旗帜的变化(如1801年后英国国旗上新增了代表爱尔兰圣帕特里克的白底红色交叉十字)推测图画创作的时间。而这种准确性更体现在摹制画作中,无论是宗教题材还是政治人物的肖像,抑或西方画家的名作,"欧洲设色图画带到广州后被十分忠实地临摹出来,每个原本就有或者意外造成的缺陷和瑕疵,他们都准确无误地加以呈现"。[2]自广东画师发起油画创作后,清末民初的文人阶层渐始重视这一画种,直接推动了大批中国美术家前往泰西习画的风潮,继而带动了我国美术观念、创作理念、美术理论的全方位嬗变,中国美术从此进入了一个新纪元。

风格的混融。题材的拓展及技法的创新必然带来艺术风格的混融。以油画为例,即便相同的题材、相同的场景,西方画家与广东画师的作品仍有行家一眼便能辨识的细微差别,也即后者有挥之不去的广东味。"他主要使用了西洋画中的透视法。其构图方式绝不同于中国传统绘画,但它从正面描绘对象的手法以及从整体上对细节的清晰处理又不像典型的西洋画……或许,正因为中国外销画的奇特,才吸引着洋商和船长前来购买。这些外销画不仅记录了西方商人在中国海岸冒险而动荡的生活,也象征着遥远而神秘的东方文化",[3]英国艺术史学者孔佩特(Patrick Conner)对一幅商馆画的分析精准地揭示了外销画艺术风格的混融性。确实,尽管外销画具有精湛的写实技艺,但仍脱不了画家的中国底色,比如正面取景的习惯,静物及风景画仍带有中国工笔画细节刻画精确、层次感鲜明的特点,因此大部分作品既有别于中国画也不同于西洋画。"中国画家完成的绘画,尤其是油画具有自己特殊的方法与趣味:他们接受西方的透视、结构与光影的知识等等,却有意无意地保留了中国人特有的处理效果与视觉习惯,最终构成了自己特殊的趣味"。[4]

以上关于题材拓展、画种创新及艺术风格混融方面的讨论仅是以中国民间绘画及传统文人画为坐标的考量,十三行艺匠的创新意识总体上仍是有限和功利的。外销画中的一大部分是顾客定制的摹制品,"一般是年轻的船长或世故的美国商人,他们对艺术品质并无太高追求,在他们看来,钱纳利的肖像画、风景画与中国人的复制品并无二

---

[1] 《广州十三行:中国外销画中的外商(1700—1900)》,第142页。
[2] John Barrow, *Travels in China, Containing Descriptions, Observations, and Comparisons, Made and Collected in the Course of a Short Residence at the Imperial Palace of Yuen-Min-Yuen and on a Subsequent Journey through the Country from Pekin to Canton*, London, Printed by A. Strahan, Printers-street, 1804, p.327.
[3] 《广州十三行:中国外销画中的外商(1700—1900)》,第3—4页。
[4] 吕澎:《文明的维度——晚清洋风画的历史及其与中国近代美术史的关系》,《文艺研究》2014年第8期,第118页。

致,而复制品因价格低廉更有市场"。[1] 从这个角度看,外销艺术品的题材创新仍是有限的。此外,外销画的艺术水准参差不齐,如蒲官、林官、廷官等辈技艺精湛的画家毕竟为少数,广州画坊中充斥着无多艺术追求及品位的画工。为适应庞大的市场需求,十三行画坊采用流水作业,以最少的投入,在最短的时间内批量"生产"画作,以获取最大化利润。艺术创作同时也是艺术商品的生产,尽管这些作品的质量并不低劣,"他们的手法绝对娴熟,对原作的模拟绝对精确,似乎他们天生是为这间画室而生。或许他们中的很多人完成作品的精细度超越了这一领域中我们自己的艺术家,但他们在其他方面的缺陷也显而易见"。[2] 因为真正的艺术品是不能生产的,必须由画家将自己对外界的观察、感知、体验融汇至其独特的创作风格中,方能生成挥洒自如、充满灵性光辉的作品。比较钱纳利的原作及林官的仿作,尽管两者在光影的使用、设色的技巧上难分伯仲,但行家仍能体味出钱氏原作的浪漫氛围及洒脱气息,这是林官仿作所无法模仿和企及的。因此,除关作霖等人独立创作的精品画作外,大部分外销画仍摆脱不了"虽极精工,先乏天趣,妙者亦板"的匠气,[3] 因为创作者无心亦无暇提升自己的艺术风格,只以模仿西人画作为不二法门,缺乏主体意识及独立艺术品格,虽然精美却充满匠气,只能停留在商品的层次而无法企及艺术品的高度。"他们只是奴性的模仿者,一丁点都感觉不到他们面前的艺术样本的魅力或美丽。一个画工能在同一天内受雇临摹美丽的欧洲洋画,转身又去荒谬地描绘另一幅中国画"。[4] 因此,随着照相机的发明,西方受众对东方异域的好奇心通过更逼真、快捷的方式得到满足后,外销画遂成明日黄花,迅速衰败而被市场所淘汰。

三、十三行外销美术作品的西方接受

对于遵循商品市场运作规律的外销美术品来说,因买方市场占主导地位,故接受主体的地位显然高于创作主体,考察外销美术品的西方接受是剖析其艺术及文化价值的重要维度。

作为接受主体的西方消费者。十三行外销美术商品的接受主体较为多元,就社会层级而言,有社会精英,如吉官微雕人像的接受者中有包括乔治三世及夏洛特王后在内的众多社会名流,更多的则是由商人、船长、水手、军人、传教士、冒险家等构成的大众群体;就交流方式而言,有接受者与创作者在条件许可的情况下的面对面交流,更多的是接受者在观赏美术作品基础上对其思想内容及艺术表现的把握和理解。不管来自哪一阶层,采用哪种方式,接受者均是美术作品意义及价值的创造者和实现者,他们的鉴赏、展示和评价

---

[1] *Cantonese Chinnerys: Portraits of Howqua and Other China Trade Paintings*, pp.309-310.
[2] *The Fan-qui in China, in 1836-7*, p.102.
[3] (明)屠隆:《考槃余事》卷二"临画",中华书局,1985年,第33页。
[4] *Travels in China*, p.327.

成为实现艺术活动完整性的重要环节,不但揭示了作品的意义,并最终实现了它们的艺术价值。诚然,外销美术作品的欧洲接受者一般会将自我的经验、情感和社会角色带入艺术商品的消费,如林官以其精湛的画技而被西人誉为"中国的托马斯·劳伦斯"(Thomas Lawrence of China),[1]时人评价林官"为人聪慧,在为钱纳利准备颜料和清洗调色盘时仔细观察钱氏作画。后来他成长为一个伟大画家和钱纳利的竞争对手,在澳门及广州皆有画坊"。[2]可见,林官作品的写实精神及其在吸收西方绘画技巧及审美趣味基础上形成的创作风格,非常契合欧洲艺术界的审美习惯,故赢得了各层次受众的青睐。外销画在写实性上的精细严谨同样是西方受众的一个重要诉求:"西方商人或者船长在委托画家制作或购买外销画作品时,至少都会要求画家尽可能严谨地描绘旗帜、船只和建筑物。西方人对外销画的喜爱,很大一部分原因就在于外销画家对于细节描绘的严谨。"[3]而中国的文人画和民间画尽管或意趣超然或朴拙可爱,但明显与西方接受者的审美经验违和:"我们发现这个遥远国度的艺术作品有一个最大的缺陷,这也是最与我们的礼节概念相违背的,也即艺术家完全忽略了光与影的作用。与此相应,我们发现,从这个要素的需要出发,每一个被表现的客体看起来如此单薄,没有通常必需的圆润感和立体感。"[4]由此可见,接受者在接触艺术品时,总是先从自身立场与视野出发,下意识地以已有的艺术经验及欣赏习惯来评判眼前的作品,而作品所承载的异质文化的内涵及创作主体的背景则是其次的。

作为接受对象的美术商品。作为西方受众的接受对象,外销美术作品是商品化的艺术,与其他商品一样由生产者、产品、消费者诸要素构成,必须通过市场流通和交换来实现自身价值,此为全球化背景下经济发展及文化进步的必然趋势。作为一种特殊的商品,质量和价格是消费者最关注的两个方面。精明的美国东印度公司商人蒂凡尼在确定外销画品质远高于其想象之后即关注它们的价格:"这些画作的题材应有尽有,风景、船舶、禽兽、蔬果、花卉、鱼类等,成品被装在盒子里或与书籍捆扎在一起。一般较为优秀的画作价格为一打一至两美元,相较于其品质、用工及丰富色彩来讲其实不贵。你亦可以花八美元定制一套身穿豪华盛装的皇帝、皇后、大臣及宫女的微缩版肖像。"[5]其实,绘画艺术的商品化中国古已有之,明代唐寅、仇英,清代扬州八怪之一郑板桥均曾明码标价出售自己的作品,但外销美术作品的商品化别具东印度公司化的时代特色。首先是定制化,也即作品的题材、形制、画种大多由西方消费者确定,需求量最大的是复制

---

[1] 托马斯·劳伦斯爵士(Sir Thomas Lawrence,1769—1830),英国摄政时期最著名的肖像画家,皇家艺术学院院长。长于肖像画,其画作以气质优雅著称。

[2] P. Manuel Teixeira, *George Chinnery: No Bicentenário do Seu Nascimento 1774-1974*, Edição do Governo,1974, p.72.

[3] 《广州十三行:中国外销画中的外商(1700—1900)》,第10页。

[4] *The Fan-qui in China, in 1836-7*, p.103.

[5] *The Canton Chinese, or the American's Sojourn in the Celestial Empire*, p.84.

西洋画、广州十三行题材画及公司成员肖像画。创作主体无需为画什么而伤脑筋,只需充分考虑消费者的各种诉求,了解他们的审美趣味及猎奇心理;其次是趋利化,正因为商品化逻辑的强势介入,创作主体必须确保其艺术商品价值的实现,而销量及利润是衡量作品成功与否的重要标尺,经济效益的最大化是艺术商品生产的最终目的,画家的独立性和作品的艺术风格则屈从于对利润的追求;最后是市场化,随着市场机制的介入,传统的艺术创作模式转变为按市场运作模式进行的群体性活动,如果需求量较大,具有商业头脑的画家会雇佣画工开展流水线作业,大量个体参与到为大众市场而设计的"商品"生产中。西方工业革命所催生的旺盛消费欲将美术作品置于成熟的商品市场中,十三行的画师便按商业运作机制进行作品的制作和销售,通过广告宣传、寻找顾客、协作生产、联系销售等相关流程,生成较为完善的艺术产业化链条以获取最大的商业利益。

超越消费的接受效果。西方受众在各不相同的消费动机驱使下完成了各自的接受实践,那么十三行外销美术作品到底能达到怎样的接受效果?考察西人笔记及游记,最突出的效果是文化交流、新知习得及身份确认。

中国外销美术品的接受究其本质是一种消费,这种消费的特殊性在于它是在中西贸易体系中一个由商贸、异质文明及人们的交往活动杂糅而成的文化现象,外销美术品在消费过程中充当了有效的沟通者,不仅建构了人与物之间的交往关系,也促成了人与人之间的交往关系,从而达成了创作主体与接受主体、东西方文化间的有效沟通。最直接有效的沟通来自接受主体与创作主体面对面的交流,唐宁亲访中国街林官画室,便对画坊有了深切的感性认识,包括各种绘画材料如墨水、画笔、米纸、黏合剂的制作和使用,画作的制作流程、画师的分工合作及坊主林官对英国著名肖像画家托马斯·劳伦斯的崇拜及刻意模仿等,这种多向度的交流加深了接受者对画师创作过程及思想历程的理解。

无论是接受者与接受对象或者创作主体的交流,总会带来各种中国知识的习得。通过对十三行外销美术品的观赏玩味,接受主体得悉了遥远中国广东地区的社会生活、自然风貌及民俗风情。蒲官绘制的纸本水粉百工劳作图,让西人对制瓷、剃头、卖藕、钉履、制茶、制丝等千奇百怪的广州市井行当有了直观形象感知。尤其是描绘摘桑、养蚕、结茧、抽丝、纺线、织布的图画,让西人对丝绸的整个制作流程有了最直观全面的了解。即便旅华西人因时间、空间的局限,或许也只能获取片断、零碎的中国知识,但外销画涵盖"婚礼、葬礼、刑罚、军演、神话人物各种题材,这些都是(也许除了最后一类)真实存在的自然及习俗,使研究这些画作的人有了绝佳的机会去观察发生在中国的实事,远胜过他待在那儿十年,因为至少一半的事情他无缘亲历"。[1]

此外,在消费外销美术商品的过程中,接受者亦完成了一次身份确认。首先是欧洲

---

[1] *The Canton Chinese, or the American's Sojourn in the Celestial Empire*, p.85.

文化中心主义者的身份。18世纪中叶以降，欧洲思想界开始出现对中国文化的质疑。首先是孟德斯鸠、大卫·休谟（David Hume，1711—1776）、卢梭（Jean-Jacques Rousseau，1712—1778）、康德（Immanuel Kant，1724—1804）、黑格尔（Georg Wilhelm Friedrich Hegel，1770—1831）等哲学家、思想家对中国政治、文化各方面的缺陷展开批评，认为中国是落后的专制主义国家，皇帝为国家安定而集政、军、教权于一身，视国家为其私产、臣民为其家奴，对人民采取恐怖统治。专制体制是暴君的培养皿，皇帝无可避免的失误往往引发国家的灾难。亚当·斯密则从经济角度论述中国停滞不前之原因在于其政治制度的落后，具体来讲即是轻视贸易及制造业，法律制度落后。总之，耶稣会士所歌咏的中华文明从神坛跌落，因其充满暮气、专制压抑、停滞衰落而遭到越来越多的攻击和否定，欧洲的中国观开始出现逆转，欧洲文化中心主义确立。

这种思潮也波及美术领域，西方受众总是站在自己的审美立场居高临下地评判中国外销画的艺术技巧："肖像画家们对其前辈的作画方式亦步亦趋，生产出粗糙的画作，完全没有光影和背景的运用，画法呆板僵硬……现实生活发生的一切，上至最高尚的宗教集会，下至最低劣无耻的淫秽场景都被描绘在画中。"[1] 卫三畏更是从音乐、舞蹈、绘画、雕塑各艺术领域批评中国人缺乏对美的感知能力："中国人思想上这一不足之处（我们不能随意称之为缺点），东亚各民族或多或少都存在着，他们对自然界和艺术的美与壮丽都不能表现出崇高的鉴赏力，或者说没有产生出足以证明他们所理解的真实原则的大量作品。绘画更落后于雕塑，可以说两者都没有超出自然界的粗略摹仿的地步。"[2] 接着他逐一分析中国画家缺乏关于透视、融合光影的正确概念，人物画的人体比例、位置、表情、姿势欠妥当。当然对于精通西方绘画技巧的名家，他们也不吝赞赏："林官的中国官员及行商的肖像画几乎不能仅用卓越两字表述，他不仅画出了服饰与容貌，更把人物的个性特征完美地呈现在他们的面部。"[3] 但卫三畏认为，这些优秀画家在整个中国画家群体中只占极小部分，对绘画的民族风格不曾产生影响。[4] 这些评价明白无误地表达了接受者作为西方文化代言者的优越身份。

除了相对于异质文明的身份确认外，同质文化中的自我身份认同和提升是另一个较为重要的接受效果。也即接受者在消费外销美术商品的同时，也消费了它们所代表和象征的文化格调、社会身份、审美特征和生活方式等丰富内涵和符号意义。林官画室之所以成为西方人热衷光顾之处，就是因为"大部分跑来向林官购买自己肖像的陌生人都认为，一旦将这些画像带回他们的祖国，它们将具有额外的价值，因为此画出自一个中国

---

[1] *The Canton Chinese, or the American's Sojourn in the Celestial Empire*, p.85.
[2] 《中国总论》，第654页。
[3] *The Canton Chinese, or the American's Sojourn in the Celestial Empire*, p.85.
[4] 《中国总论》，第655页。

男人之手"。[1]艺术品消费基本属于非生存必需类的审美体验,在文化维度上体现的不仅是观赏价值,更是多元性的社会价值。消费实践活动消解了精英与世俗、艺术与生活间的差别,体现了人们意欲通过艺术消费进入较高社会层次的隐秘心理。不仅外销画,诸如瓷器、壁纸、漆器等中国实用艺术品也都在西方人眼中扮演了一个文化调停人的角色,因为它们恰好处于古典与摩登、高雅与通俗审美趣味的两极之中。中国是一个具有几千年古老文明的国家,因此中国物品不仅代表着一种新时尚,同时也是令人信服的悠远文化的象征。此外,18、19世纪恰好是西方古老贵族及新兴商人阶层地位的变迁期,中国艺术品既古典又摩登,这种辩证的身份让上流社会及平民阶层皆能找到拥有它们的合理性,从而通过它们自带的符号价值获取自我身份确认,并使日常生活审美化得以实现。

综上,东印度公司是人类生产力发展的产物和全球化进程的重要里程碑,它在推动全球市场空前扩张的同时也以一种独特的方式实现着东西文化的沟通与交流。广州十三行的外销美术品在物质层面只是东印度公司巨额贸易中一个极小的品类,在精神层面则是中西方艺术思想相互交流、吸收、融合的一次有益尝试。诚然,人类文化是各民族智慧的结晶,是与其他文化交流融合的结果,本无优劣高下之分,应为整个人类所共有共享。20世纪初鲁迅先生曾提出"此所为明哲之士,必洞达世界之大势,权衡校量,去其偏颇,得其神明,施之国中,翕合无间。外之既不后于世界之思潮,内之仍弗失固有之血脉,取今复古,别立新宗,人生意义,致之深邃,则国人之自觉至,个性张,沙聚之邦,由是转为人国"的主张,[2]为中国思想文化界人士如何自信而明智地与世界各国平等对话指明了方向。当今的美术领域亦当如此,既无须东印度时代外销画全盘西化之自卑,又无唯传统艺术独尊之自傲,虚静涵养,激发灵性,锐意创新,养成文化大国的艺术品格,方能实现费孝通先生期望的"各美其美,美人之美,美美与共,天下大同"的美好愿景。

第二节 清代油画《公审"海王星"号商船水手案》本事考

在清代外销美术作品中,两幅有关公审英国东印度公司"海王星号"商船水手的油画非常特别,它们各自有多个摹本,现为世界各地文化机构或私人收藏,作为画作题材的这次公审在中国法律史上开创了诸多前所未有的先例,例如清政府首次将公堂临时设立于外国洋行、首次允许西方人参加庭审等。得力于画作的传播,这次庭审广为西人所知,成为中国首个具有国际影响力的涉外案件,尽管这一影响带有较多的负面成分。画中人之

---

[1] *The Fan-qui in China, in 1836-7*, p.114.
[2] 鲁迅:《坟·文化偏至论》,《鲁迅全集》第一卷,人民文学出版社,1981年,第56页。

一乔治·斯当通（Sir George Thomas Staunton，1781—1859）在亲身体验了这次庭审后,决然英译《大清律例》,欲使东印度公司职员及西方传教士了解中国法律知识,关注法典中涉及外国人权益的相关条例,知晓某些行为可能引发的严重后果,中西法律文化的交流由此开启了新纪元。

一、油画《公审"海王星"号商船水手》述略

《公审"海王星"号商船水手》由中国佚名画家创作于嘉庆十二年（1807）,也即案发当年,有"抵达洋行"及"庭审现场"两幅,每幅均有多个摹本,每个摹本描绘内容相同,但尺寸、载体各异,局部细节有些微差别。据笔者考察统计目前世界各地的收藏情况得知,"抵达洋行"一画有四种版本,真摹难辨,详见下表：

序号	画　名	画种载体	画家	尺寸（高、宽）创作时间	收藏地及其他
1	《1807年10月1日广东审讯四个英国水手：庭外场景》（Trial of Four British Seamen at Canton, 1 October 1807: Scene outside the Court）	油彩布本	佚名中国画家	71.1×101.6厘米 约1807年	英国伦敦国家海事博物馆（National Maritime Museum, Greenwich）
2	《广东洋行风景》（View of the Foreign Factories in Canton）	油彩绢本	佚名中国画家	72.8×101.7厘米 1807—1810年	美国特拉华州温特图尔博物馆（Winterthur Museum）
3	《官员抵达审判场所洋行》（Officials Arriving outside the Hongs for the Trial）	油彩布本	佚名中国画家	28×39厘米 1807年	英人何安达（Anthony Hardy）思源堂（Sze Yuan Tang）
4	《广州洋行一角》（Foreign Factories in Guanzhou）	油彩布本	佚名中国画家	87×117厘米 1807年	香港艺术博物馆（Hong Kong Museum of Art）由何东（Sir Robert Ho Tung）爵士捐赠

此画以俯瞰的视角描绘洋行及其广场上的人群。（见彩图13）远景为天空及白云,中景是横贯整个画面的洋行建筑,从左到右分别为：帝国行、瑞典行、老英国行、丰泰行、新英国行,以被光线聚焦的老英国行为中心。一道齐人高的木栅栏将洋行与公共广场隔开,各行阳台上均有西人在探头往下张望。老英国行门楣上张红结彩,一红衣白裤的英国卫兵持枪肃立于门侧。帝国行及瑞典行楼下,一列官员仪仗队正在行进中,四个清道衙役已抵达老英国行门口,两个鸣锣扛旗者站在红衣卫兵后侧,另有两个头戴棕红色高毡帽的执鞭手立于栅栏边等待主子的到来。队列前部有两个公差肩扛翠华旗,两个戴黑色高帽的差役手持悬有衔名吊牌的长板,其后为四个藤棍手,两个家丁合抬一黑箱,另有两人分执

图 2-5 《广东洋行风景》,美国温特图尔博物馆藏。

杏黄伞及青底贴圆金官扇。[1]众人簇拥着一顶四抬藏蓝色官轿,轿后紧跟一骑马长随,一顶朴素的小轿也接踵而至。丰泰行门口有四位英国水手正列队等待审讯,他们身后的猪巷(即新豆栏街)里拥出一群前来听审的当地人。前景为或站或坐或行走的中外人士,西方人多戴黑色或红色高顶礼帽,华人则戴红顶黑边软帽或瓜皮帽,他们有的倚马而立,有的行色匆匆,有的三五成群地闲谈,其间分散着多位维护现场秩序的衙役。画面右下侧停着六顶轿子和一匹马,周围挤满等待旁听的人们。从各博物馆标识的画名看,有的收藏者尚不知悉此画背后的历史故事,以为它不过是幅普通的十三行街景画;有的即便知晓,也将审讯的时间误标为1807年10月1日,可见了解此画之人极为有限。

"庭审现场"一画也有四个版本,一般认为斯当通所藏为最初版本,详见下表:

序号	画 名	画种载体	画家	尺寸创作时间	收藏地及其他
1	《设于广东英国行大厅的中国公堂》(Chinese Court of Justice in the hall of the British Factory at Canton)	油画布本	佚名中国画家	72×102厘米 约1810年	伦敦皇家亚洲学会 (Royal Asiatic Society of Great Britain and Ireland) 此画为该学会创始人之一的斯当通爵士于1834年6月7日捐赠

---

[1] 《清史稿·舆服志四》载,各道与知府的仪从为为:"青旗四,杏黄伞、青扇各一,桐棍、皮槊各二,回避、肃静牌各二。"《清史稿》卷一百五,中华书局,1976年,第3096页。

(续表)

序号	画名	画种载体	画家	尺寸创作时间	收藏地及其他
2	《1807年10月1日广东审讯四个英国水手：庭内场景》(Trial of Four British Seamen at Canton, 1 October 1807: Scene inside the Court)	油画纸本	佚名中国画家	71.1×101.6厘米 19世纪	英国伦敦国家海事博物馆
3	《在老英国行内举行的审讯》(The Trial inside the Old English Hong)	油画布本	佚名中国画家	28×39厘米 1807年	英人何安达思源堂[1]
4	《审讯"海王星"号商船水手》(Trial of the sailors of the ship "Neptune")	油画布本	关作霖（Spoilum）或林官（Lamqua）	81.28×110.49厘米（包括画框）约1807年	美国皮博迪·埃塞克斯博物馆（Peabody Essex Museum）

以上四幅画中，只有皮博迪·埃塞克斯博物馆注明了画家，[2]但收藏者似无确凿证据判定此为谁人之作，因而所标的"关作霖或林官"疑是猜测。另，渣打爵士（Sir Catchick Paul Chater, 1846—1926）收藏的画作中也有一幅名为《中国庭审，1807》(Chinese Court of Justice, 1807)"的设色石版画（Lithograph），但只是斯当通所藏版本的临摹，[3]而且可能印刷了多张，因为香港艺术博物馆也收藏有相同的石版画（36.2×51.2厘米），因而本文不将石版画统计在内。此画描绘中国官员公审"海王星号"水手的场面，画家似位于公堂对面的楼上俯瞰取景，光线从大堂右上侧天窗射入。（见彩图14）举行公审的厅堂很大，约能容纳上百人。画面背景为巨幅红褐条纹布帷幕，帷幕前安置一架屏风，两侧簇拥着旁听的民众。屏风前摆放着三张审判桌，桌上放置签筒、笔筒、笔架等物。主桌上坐着三位官员，两侧边桌各坐一位，另有一位官员坐于主桌左侧椅上，右侧边桌后有一矮桌，书记员正在奋笔疾书。审判桌下面左右两侧椅子上端坐着9位中英人士，左侧为5个穿着正式的英人，其中一个身穿英海军军官制服；右侧是4个身穿补服、帽佩顶戴、颈挂朝珠的华人。一位接受询问的水手立于主审判桌前，正与中国翻译交谈。画面前景中另有四位水手在等待审问，最后一个光着双脚。两位红衣英国士兵持枪分立左右两侧弹压，他们身后是持棍或

---

[1] 思源堂的藏品信息参考孔佩特专著《中国贸易画：思源堂收藏的历史画》。Patrick Conner, *Paintings of the China Trade: The Sze Yuan Tang Collection of historic paintings*, Hong Kong: Hong Kong Maritime Museum limited, 2013, pp.142-143.

[2] 皮博迪·埃塞克斯博物馆在该画说明中标注曰：关作霖（中国人，活跃于1785—1810年）创作，林官（中国人，活跃于1825—1860年）创作。"Guan Zuolin (Spoilum), attribution (Chinese, active dates 1785-1810); Lamqua, attribution (Chinese, active dates 1825-1860)".

[3] Sir Catchick Paul Chater, James Orange, *The Chater Collection, Pictures Relating to China, Hong Kong, Macao, 1655-1860; with Historical and Descriptive Letterpress*, London: T. Butterworth, limited, 1924, p.263.此画为设色石版画，由索雷尔及克拉夫（Sorel & Craf）绘制，高斯（Gauci M.）刻。

执锣的衙役及众多中外听众。现场除主簿、典史、吏目等佐贰各官外,另有多个公差在维持秩序。

两幅画的原创者皆为中国画家,而且应在庭审现场,画作完成时间应在1807年某次庭审后不久。至于临摹而出的其他版本,创作时间则不易推测。两幅画的多个版本看似题材相同,但载体各异,尺寸不一,细节的差别则更大。如把伦敦海事博物馆及温特图尔博物馆的两幅"抵达洋行"对比,虽然都是油画,前者为布本,后者为绢本。细节也有诸多不同,如彩图13前景左下侧有两个背对背紧挨而立的男人,皆未戴帽;图2-5这一位置则只有一人,且戴黑瓜皮帽。两幅画中执扇的花纹及轿子的装饰也有差别,人物服饰、神态、位置的细微变化更多,原因在于这些画作可能出自不同画家之手,也可能是同一画家在制作摹本时忽略了某些局部细节的统一性。

二、画作《公审"海王星"号水手》本事考

那么,这次审判到底涉及哪桩刑事案件?其结果又是如何呢?广搜史料,笔者发现英人对此案多有记载且记载极为详尽,英文档案以东印度公司及斯当通记载为最,更稀见的是英国皇家亚洲学会(Royal Asiatic Society)所藏斯当通档案中的五通东印度公司上行公函,不仅与本案相关,且以中文写就。而广东地方志、嘉庆朝上谕档、清宫粤港澳商贸档案、粤海关档案及其他历史文献对此案却鲜有记载,[1]目前仅能找到三件与该案相关的札谕,现收藏于葡萄牙东波塔档案馆,列表如下:

序号	札谕标题	札谕下达时间	札谕内容
第一件	香山知县彭昭麟为将伤毙民人廖亚登之英船水手压核扇解省受审事行理事官札	嘉庆十二年五月初五日(1807年6月10日)	香山县正堂彭,札夷目委黎多知悉: 　　本年五月初二日,奉臬宪札开:本年四月二十六日,奉总督两广部堂吴宪札:照得南海县承审英吉利国夷船水手压核扇致伤番禺县民廖亚登身死一案。立即勒令该大班将压核扇交出,押解赴司,听候讯供,再发回看守。等因。 　　奉此,查压核扇一犯经夷商喇佛(J. W. Roberts)等于四月初二日带同过县,前赴澳门,据艇户刘德昌等禀报在案,合札饬交。札到该夷目,立即着令英吉利国大班刻日将压核扇交出,以凭解省讯供后,再发回看守,慎勿稍迟,致干严谴。速速。特札。 　　嘉庆十二年五月初五札[2]

---

[1] 广东省档案馆所存粤海关档案时限为1860—1949年。
[2] 刘芳辑,章文钦校:《葡萄牙东波塔档案馆藏清代澳门中文档案汇编》下册,澳门基金会出版,1999年,第720页。

(续表)

序号	札谕标题	札谕下达时间	札谕内容
第二件	香山知县彭昭麟为饬令英国大班暂缓将压核扇一犯交出事行理事官札	嘉庆十二年五月十五日（1807年6月20日）	香山县正堂彭,札夷目委黎多知悉: 本年五月初二日,奉臬宪札开:本年四月二十六日,奉总督两广部堂吴宪札:照得南海县承审英吉利国夷船水手压核扇致伤番禺县民廖亚登身死一案。立即勒令该大班将压核扇交出,押解赴司,听候讯供,再发回看守。等因。 奉此,查压核扇一犯,经夷商喇佛等于四月初二日带同过县,前赴澳门。据船户刘德昌等禀报在案。业经备札饬令该夷目,着令英吉利国大班将压核扇交出,解省讯供,后再发回看守去后。随据该夷目委黎多称说:英吉利国素来强悍,不服西洋管束,难以往传。业将缘由具禀督宪暨臬宪在案。 兹压核扇一犯应暂停交出,俟院宪批行,另行办理,合札饬遵。札到该夷目,即便遵照,谕令该大班暂缓将压核扇交出,仍着小心看守。毋违。特札。 嘉庆十二年五月十五日札[1]
第三件	香山知县彭昭麟为饬令英国大班将压核扇一犯交行商卢观恒解省审办事下理事官谕	嘉庆十二年五月廿六日（1807年7月1日）	香山县正堂彭,谕夷目委黎多知悉: 案奉臬宪转奉督宪札开:照得南海县承审英吉利国夷船水手压核扇致伤番禺县民人廖亚登身死一案。仰即查明,将该犯压核扇押解赴省审办。等因。 当经查明夷犯压核扇现在澳门公司馆居住,谕饬该夷目将压核扇小心看守,俟禀奉上宪批行,另行办理在案。 兹奉臬宪批行,已饬行南海县,谕饬行商卢观恒亲自前往澳门,着令该大班将夷犯压核扇即日交出,解省审办。仰即知照,并谕令该大班,速即交出解审,毋任迟违。等因。 奉此,合谕饬遵。谕到该夷目,即便遵照,俟该行商卢观恒到澳,立刻饬令大班将夷犯压核扇交出,携同解省审办。均毋迟违。特谕。 嘉庆十二年五月廿六日谕[2]

由上表可以得知此案因英商船水手压核扇伤毙民人廖亚登而起,香山知县彭昭麟为疑犯压核扇的看管、押解到省候审等事宜下书澳门夷目委黎多。据《广东通志》"职官表"载:"彭昭麟,四川人,拔贡,九年任。"[3] "委黎多"为葡语"vereador"的音译,意为议事会委员,此处指葡国驻澳门理事官,一年一任,属议事会成员。其职责较多,如管理

---

[1] 《葡萄牙东波塔档案馆藏清代澳门中文档案汇编》下册,第721页。
[2] 同上。
[3] (清同治三年重刊本)《广东通志》卷四五,(台北)华文书局股份有限公司,1968年,第755页。

公共财政、沟通中方官员，兼理司法、官税、库房等。[1]嘉庆十二年澳门委黎多为José Joaquim de Barros。[2]上述文件中涉及的另外两位中国官员总督两广部堂吴宪及臬宪分别指两广总督吴熊光及广东按察使吴俊。[3]由此可见，该案已惊动了地方最高行政长官。第三件札谕中提及的行商卢观恒字熙茂，故外商称其为茂官（Mowqua I, 1746—1812），此人祖籍广东新会，是广利行富商，英属东印度公司"海王星"（Neptune）号商船保商。

该案疑犯压核扇（Edward Sheen）为"海王星"号船水手，其所涉案件发生于嘉庆十二年一月十八日（1807年2月24日）凌晨，众多英国水手在十三行码头与当地人滋事斗殴，当时担任英商馆秘书兼翻译的斯当通记述事发缘由如下：

> 众所周知，当公司商船的水手被允上岸进城时，暴乱及反常事件经常发生。出于好奇的天性，水手们通常架不住商家劝诱纵酒狂欢，直到囊空如洗、身无长物。1807年2月24日凌晨，一场骚动在邻近欧洲商馆区的街道发生。这场暴乱刚露出苗头时，"海王星"号船长及属官全力介入，平息事端，让自己的属下恢复正常秩序，不久水手们便安全进入商馆。他们本会很快恢复平静，如果不是中国人在此后大量聚集且行为粗暴，不断往英国行或恰好路过的欧洲人身上扔砖头石块的话。尽管码头上的保商及官员不断试图阻止和驱散他们，然而一切均是徒劳。[4]

由于缺乏相应的中方记载对证，我们必须谨慎对待这一可能带有片面性的记录。暴乱发生后的次日（斯当通报告是"暴乱发生三天后"），有一名叫廖亚登（Leau A-ting）的平民伤重身亡。伤害民命案爆发后，广东府要求"海王星"号船长布坎南（Capt. Buchanan）及该船保商茂官交出凶手，而英属东印度公司特选委员会（The Select Committee）则坚称此为群殴，混斗人数众多，无法确认凶手。双方争执不下，粤海关因此勒令公司商船悉数封舱停止交易，所有船员、水手禁止前来广州。委员会对此禁令，尤其对清政府阻止公司开展正常贸易之举极为不满，于次月接连两次上书总督、抚院及粤海关，指责官府在事发当时的不作为及事发之后的禁商令，口气强硬：

---

[1] 参见《葡萄牙东波塔档案馆藏清代澳门中文档案汇编》上册，第1页。

[2] 同上书，第20页。

[3] 吴熊光，江苏昭文人，休宁籍，举人，嘉庆十年任两广总督，见《广东通志》卷四三，第719页；吴俊，江苏吴县人，进士，嘉庆十年任按察使，见《广东通志》卷四四，第734页。

[4] George Thomas Staunton, *Miscellaneous Notices Relating to China, and Our Commercial Intercourse with that Country, including a Few Translations from the Chinese Language*, London: J. Murray, 1822, p.262.

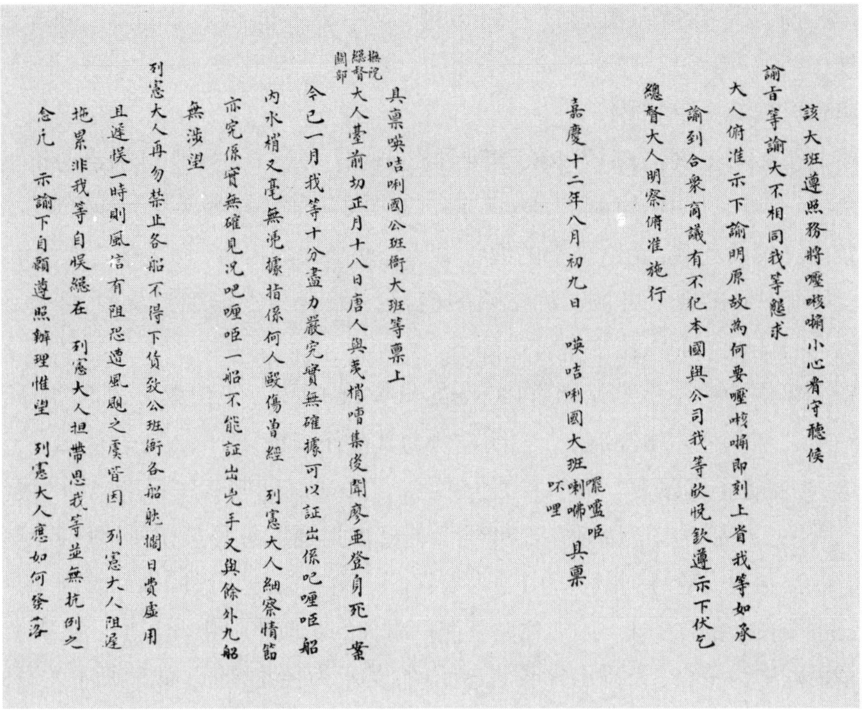

图2-6 英国东印度公司嘉庆十二年两通与本案相关的中文函件,现存英皇家亚洲学会。作者拍摄。

具禀英吉利公班衙大班等禀上总督、抚院、关部大人台前:

切正月十八日唐人与夷梢嘈集后闻廖亚登身死一案,今已一月。我等十分尽力严究,实无确据可以证出系吧喱臣船内水梢,又毫无凭据指系何人殴伤。曾经列宪大人细察情节,亦究系实无确见。况吧喱臣一船不能证出凶手,又与余外九船无涉,望列宪大人再勿禁止各船不得下货,致公班衙各船耽搁,日费虚用,且迟误一时,则风信有阻,恐遭风飓之虞。皆因列宪大人阻迟拖累,非我等自误,总在列宪大人担带,思我等并无抗例之念,凡示谕下自愿遵照办理。惟望列宪大人应如何发落究办,乞早日速为定夺,倘或迟久,水梢人等恐遭冤害,私自走逃,我等亦难以担保。为此沥情上诉,伏乞大人台前作准施行。

英吉利一千八百零七年三月二十五日
嘉庆十二年二月十七日
英吉利大班罢蓝臣、喇佛、吥哩具禀[1]

经过多次谈判及茂官的斡旋打点,中英双方最终决定举行庭审,以期从52名水手中

---

[1] 英皇家亚洲学会所藏斯当通档案。

找出真凶,前提是必须在英国馆开庭审理,且中方不能将被告提走,除非已确证其有罪。[1]

1. 审讯时间及主审官员

庭审共举行了三次,分别为1807年4月8、9两日及13日,彩图14描绘的正是4月8日(嘉庆十二年三月二日)的审判。马士《东印度公司对华贸易编年史》对此事件及三次审讯均有较为详细的记载,无论马士的编年史还是斯当通的报告,均记载首次庭审有7位官员参加,但画中只出现了可被明确指认的6位。[2]结合马士编年史及《广东通志》"职官表",笔者考证出画中的六位主审官员如下:

主审判席居中一位是广州知府(Kwangchow Fu)福明,正白旗人,监生出身,嘉庆三年、十年、十二年均任广州知府。[3]福明左侧为其前任朱栋,[4]两人皆着从四品云雁补服,颈挂朝珠,帽佩青金石顶戴。福明右侧为军民府(Kunming Fu),军民府也即"澳门海防军民同知",职秩五品,为知府副手。1748年,乾隆御批两广总督策楞所请曰:"嗣后澳门地方,以同知、县丞为专管,广州府香山县为兼辖。"[5]由此海防军民同知和香山知县、县丞成为澳葡议事委员会的顶头上司,中葡共管澳门事务的行政格局由此形成。嘉庆十二年,澳门海防军民同知为王衷,[6]香山知县为彭昭麟,县丞为吴兆晋。[7]故油画中的军民府应是王衷,从其水晶顶戴及绣白鹇补服亦可推知其品级低于同桌的两位知府。王衷右侧边桌是兼理广州城西片区包括十三行的南海县知县(Namhoi Hien)张名耀,[8]张名耀和王衷中间的官员是粤海关监督(Hoppo)的代理人。[9]张名耀对面的边桌上,坐着兼理广州城东片区包括黄埔港番船的番禺县知县(Punyu Hien)宋其炜,[10]其身后矮桌上,另有书记员一名。传统公堂上的"海水湖日图"屏风和"明镜高悬"金字匾被一架略显简陋的绣屏替代。

马士的编年史并未述及上述官员的姓名,从其"坐在当中桌子的三人,他们的帽子上都镶有透明蓝顶子,表示三品⋯⋯旁边三位全是水晶顶子,表示为五品,其补子(文官)为

---

[1] [美]马士著,区宗华译:《东印度公司对华贸易编年史(1635—1834年)》第三卷,第45页。
[2] *Miscellaneous Notices Relating to China, and Our Commercial Intercourse with that Country*, p.276.
[3] "福明,正白旗人,监生,三年、十年、十二年俱任",《广东通志》卷四五,第740页。
[4] "朱栋,长兴人,拔贡,五十九年任",《广东通志》卷四五,第739页。
[5] 策楞:《题请核销广州府海防同知移驻前山寨香山县丞移驻澳门修建衙署支给地价等各项银两事》,乾隆十三年二月十三日,题本,中国第一历史档案馆,档号:02-01-04-14243-007。
[6] (清)田明曜修,陈澧纂:《光绪香山县志》卷一〇"职官表"载"王衷,山西人,十一年任",同治十二年本衙藏版影印本,台湾学生书局,1985年,第220页。王衷自嘉庆十一年至十六年任澳门同知,兼任广州澳门海防军民府。
[7] 同上书,第223页。
[8] "张名耀,安定人,吏员,十二年任",戴肇辰等修,史澄等编:《广州府志》卷二四,(台北)成文出版社,1966年,第414页。
[9] 嘉庆十年十一月,阿克当阿接替延丰任粤海关监督,但于嘉庆十二年三月卸任,因此"海王星"号商船案公审时粤海关监督之位空缺,海关印务由两广总督吴熊光暂管,故派遣代理人参审此案。十二年九月新任监督常显到任。参见中国第一历史档案馆编《明清宫藏中西商贸档案》(五),中国档案出版社,2010年,第2647页。
[10] "宋其炜,顺天通州人,举人,十一年任",《广东通志》卷四五,第746页。

白雉鸡"的记载看，[1]他并不熟悉中国的官位职秩，清代知府为从四品，同知为正五品，知县为正七品。三者的补子分别为云雁、白鹇及鸂鶒，顶戴分别为青金石、水晶及素金，但马士自作主张把六位官员的职秩均提升了。

2. 陪审人员

首次庭审中英双方共有九位陪审人员参加。画面右侧四位中最靠近审判席的为潘启官（Puankhequa Ⅱ），其他三位依次为茂官、沛官（Puiqua，也称浩官）及昆水官（Conseequa）。画中的潘启官为同文行富商潘有度（又名潘致祥），著名行商潘振承次子，[2]自嘉庆元年始任十三行商总。茂官卢观恒为四人中最年长的行商，因"海王星"号事件牵连被罚巨款，损失惨重。沛官即怡和行行首、世称浩官（Howqua）的富商伍秉鉴（1769—1843），[3]嘉庆六年（1801）接替病逝的次兄秉钧接管怡和行业务时，曾沿用过其兄之商名"沛官"。[4]昆水官即丽泉行富商、福建同安人潘长耀。[5]"我国素轻商，充洋商者每不欲后人知其事，故往往不用本人真名承商而以伪名或别字报充者"。[6]画中四位皆穿补服，头戴饰有红色帽纬的暖帽，顶戴无法看清，但他们胸前的补子或为二品锦鸡补，或为三品孔雀补。清代商人能以巨款捐输官位，但在政治上并无地位。"乾、嘉、道三朝，广东行商多有怵于破产被官府查抄家产发边远充军之祸"，[7]很多行商在发财后再花巨资申请退商，如画中人潘启官即于嘉庆十二年请求退商，为此捐银十万两。[8]而茂官本亦打算于当年退商，但受"海王星"号案连累几乎倾尽家产，只得继续担任行商直至去世。

英方陪审员共五位。据马士编年史载，画面上最靠近审判席者为罗伯特·罗尔斯（Captain Robert Rolles），时任皇家海军战舰"狮子号"（马戛尔尼1792—1793年出使中国时曾用此舰）舰长。[9]舰长右侧为特选委员会主席喇佛（John William Roberts）及另外两位特选委员会代表帕特尔（Thomas Charles Pattle）及布拉姆斯顿（William Bramston），此三人同时亦为商船押运员，从画中三人肥硕的肚子看，他们在中国的生活相当惬意安乐。布拉姆斯顿右侧的瘦削青年即为乔治·斯当通，时年26岁，担任商馆翻译及特选委员会秘书。

---

[1]《东印度公司对华贸易编年史（1635—1834年）》第三卷，第56页。
[2] 梁嘉彬《广东十三行考》："始知Puankhequa Ⅱ即潘启次子有度，'致祥'之名，特承商时用于报官注册者耳。"广东人民出版社，1999年，第264页。
[3] 伍秉鉴，福建安海人，后入粤籍隶南海，其乳名为亚浩，故称浩官。
[4] 孙璐主编：《广东望族》"伍氏家谱"，羊城晚报出版社，2015年，第76页。另可参见梁嘉彬《广东十三行考》，第284页。
[5]《达衷集》收录多则嘉庆朝公文涉及这四位行商，如"粤海关因英兵船驶入黄埔事下行商潘致祥等谕""潘启官、卢茂官致大班末氏哈书""粤海关因走私羽纱案下潘长耀谕"等，参见许地山编《达衷集》卷下，民国二十年四月，商务印书馆。
[6]《广东十三行考》，第294页。
[7] 同上。
[8] 中国第一历史档案馆编：《嘉庆道光朝上谕档》第十二册，广西师范大学出版社，2000年，第649页。
[9] 罗尔斯曾以皇家海军名义为清政府扣押核扇上书两广总督，见英皇家亚洲学会所藏斯当通档案。

3. 审判结果

4月8日的审判不了了之,因为水手们众口一词否认殴打过任何中国人,声称他们当时除了几根藤条外并未持有棍棒,斗殴时他们都处于醉酒状态。4月9日,审判继续,但只有三位官员出席,知府及知县皆缺席,庭审由军民府王衷主持。当日从"海王星"号52名水手中圈定出11名桀骜不驯者,其中压核扇受到异常缜密的盘问,尽管这种盘问依旧一无所获。[1] 4月13日举行了由知府主持的第三次审讯,再次提审那11名水手,其中压核扇及西泽(Julius Caesar)被传讯两次。最终,"广州府通知主席说,11名水手中,压核扇被认为是最凶暴的,2月24日亦曾殴打过中国人,在审讯过程中,他承认在殴斗期间是在商馆外面,他手持烟斗,在混斗中亦曾受伤;官员们根据上项理由,认为他是暴徒中最应受责的,因此将他监禁在主任大班的房间里,等候他们的上级的决定"。[2] 凶犯被"选定"并拘禁后,"海王星"号与其他英国商船于4月15日恢复正常贸易,其余51名水手也于当日返回船上。4月28日英人接到广东按察使札谕:"外国人压核扇打伤本地人一名,应予依法处理,并斟酌与此种情况有关规章,判决罚款抵罪。"[3] 此案同时上呈朝廷等待皇帝钦定。根据贸易季结束外商必须离开广州移居澳门的规定,压核扇也被转移到澳门的英国商馆监禁,[4] 由商馆大班及葡籍委黎多共同看管。期间还出现一个押解押核扇进省复审的插曲,因此才有了表三中香山知县的三通札谕,而斯当通档案中的其他三通公函亦与此相关,可与香山知县札谕对看,举其一曰:

> 具禀英吉利国奉公班衙命来广统摄贸易大班事务喇佛等禀上总督大人台前:
>
> 我等自得接众洋商寄来书信传谕奉大人要夷梢压核扇即刻上省十分不安,再见洋商卢茂官、倪榜官、郑侣官来澳面说系奉大人尊谕即要带压核扇上省,但我等心中凡事每每遵仰大人盛意,无不恭敬,惟今一事我等十分骇异,未解是何原故?与三月奉广州府、面奉禀宪转奉督抚二院宪谕内云谕到该大班等即刻传谕该夷压核扇安静守法、静候谕旨回国,该大班等仍妥为看守,又奉海关大人谕内云谕到该大班遵照务将压核扇小心看守听候谕旨等谕大不相同,我等恳求大人俯准示下谕明原故,为何要压核扇即刻上省?我等如承谕到合众商议,有不犯本国与公司,我等欣悦钦遵示下,伏乞总督大人明察俯请施行。
>
> 嘉庆十二年八月初九日
> 英吉利大班罢蓝臣、喇佛、坏哩具禀[5]

---

[1] 《东印度公司对华贸易编年史(1635—1834年)》卷三,第49页。
[2] 同上书,第50页。
[3] 同上。
[4] *Miscellaneous Notices Relating to China, and Our Commercial Intercourse with that Country*, p.262. 英国东印度公司设在澳门的商馆位于南环(又称南湾,葡文作Praia Grande)。
[5] 英皇家亚洲学会所藏斯当通档案。

此案层层上报，直至次年方才接到上谕，判定压核扇过失杀人，罚款12.42两（约4英镑）赎罪并将其驱离中国，12.42两的依据来自《大清律例·刑律》律二九二例1109，亦即："收赎过失杀人绞罪，与被杀之家营葬，折银十二两四钱二分。"[1]而"海王星"号的保商茂官以疏于管束英国船员罪被罚款5万英镑。

致死廖亚登的凶犯到底是谁呢？这或许是个永远无法破解之谜。可以肯定的是，此案的最终解决是中英双方权衡各自利弊后相互妥协的结果：英方担忧此案或将影响公司该年的对华贸易，被迫同意中方审讯"海王星"号全体水手，并由布坎南船长指明其中11个最爱闹事者，以便中方最终选定一个可供结案的"凶犯"；中方在发现确实无法指证真凶的情况下只求尽快结案，于是同意将公审移至英商馆举行并保证不会对嫌犯处以极刑。为求顺利结案，官方煞费苦心地编造了一个过失杀人案：嘉庆十二年一月十八日，暂居于丰泰行商馆二楼的压核扇失手掉落窗户撑竿，恰好砸到楼下路过的番禺人廖亚登左太阳穴，廖氏于十九日傍晚伤重而亡。[2]如此，一个双方都满意的裁决达成了。苦主廖亚登一方本是没有话语权的草民，且家属很可能被茂官花钱封口并已撤诉。因俗而治，以夷治夷，只要夷人表示臣服，且不危害统治大局，地方官往往会大事化小，小事化了，这便是很难找到此案中方记载的原因。

然而此案的处置方式却成为西方社会攻击清代法律体制的又一个靶子："对于那些历史学家来说，此案结局如此可笑以致它成为另一个对大清法律体系的有力控告。尤其使他们倍感震惊的是其结案手段，因缺乏真实证据，当地官员炮制出一个荒诞的故事，完全抹去了案件与暴乱的关系，将此案转化为一个孤立的过失杀人事故。最终一个水手被选为象征性的罪犯，根据大清法律以罚款逃脱了罪责。此案中真正的受害者是海王星号的保商：因为他是全体船员的法律担保人，因而被迫花费5万英镑了结这一肮脏的游戏。"[3]英人将此案的草草收场归因为三点：中国官场存在着息事宁人之风；英国军方即参加陪审的罗尔斯舰长代表英政府发挥了影响；更重要的可能是各级官员皆受茂官之贿，"假如官员将此案件加以最严密的审讯，他们将使自己处于被查出和受处罚的危险"。[4]不难看出，以上判断的前见是英帝国比清王朝具有更"文明公正"的法律体系。但广州府假捏案情以求迅速结案的方式显然违背了现代意义上的司法公正及程序公正。笔者认为广州地方官此举首先是在当时的历史大环境下权衡利弊的结果，19世纪初中英两国的情势均发生了巨大变化，英法战争的胜利及工业革命的成功使英国国力大增，英人向印度洋及太平洋扩张的野心昭然若揭，在此前的1786年及1788年，已将槟榔屿及澳大利亚收入囊中，至

---

[1] 张荣铮等校点：《大清律例》，天津古籍出版社，1993年，第459页。
[2] 大英图书馆东方及印度部藏档案"广州府致公司特选委员会札"（1807—1808），编号为R/10/39, ff. 40–41. 转引自S.P. Ong, Jurisdictional Politics in Canton and the First English Translation of the Qing Penal Code(1810): Winner of the 2nd Sir George Staunton Award, *Journal of the Royal Asiatic Society*, 2010, Vol. 20(2), p.164.
[3] Ibid., pp.157–158.
[4] 《东印度公司对华贸易编年史（1635—1834年）》第三卷，第52页。

1800年，印度次大陆亦基本成为其殖民地。在"海王星"号案发生的当年，英海军以护送商船为名将军舰开进中国领海，油画中出现的罗尔斯舰长便为明证。此案了结后不久，又发生了英军强行登陆澳门案，两广总督吴熊光、广东巡抚孙玉庭因处置此事不力被黜免发配新疆。[1]而当时的清政府方才耗费巨资镇压白莲教起义，日益固步自封的心态阻碍着社会的发展，从而在科技、航海、军事各方面均远远落后于西方列强，内忧外患使老大帝国无可挽回地走上衰微之路，地方官因此无法再采用康雍乾时代对夷人的强硬政策，"总督和巡抚可能觉察到这样一宗普通治安案件，会发展成为严重的外交问题，同时海关监督则害怕他所管辖下的大规模贸易将受到严重的阻力。于是这些大人物就呼唤几个司法走卒并命令将聚殴杀人——此罪的刑罚是处绞刑——减为意外杀害，可以用一笔小的罚金赎罪"。[2]具体到案件上，此为群殴致死案，官府始终缺乏确凿证据指证毙命廖亚登的凶手，无奈编造出压核扇过失杀人案情并以罚款免除其"罪责"，在某种程度上是吸取了1784年"休斯夫人"号（Lady Hughes）商船案引发西人激变甚至兵围广州的教训，[3]对西人作出了适度让步，所谓"上申国法，俯顺夷情"；除此，保商茂官花巨资赔偿苦主家族，后者可能已撤诉，因而官府认为不必过度追究，因小失大，应以政局稳定及两国的商业利益为重。如此，在19世纪的广州出现了"一种灵活而有效的法律多元主义，一个权力共享、由东印度公司提供切实谈判支撑的事实上的法律架构"。[4]

综上，作为清代众多涉外司法案件之一，"海王星"号案创造了中国法制史上多个先例，如首次将衙门公堂移设于一外国商馆，首次邀请西人参加陪审等等，这些被当年主理"休斯夫人"号案的广东巡抚孙士毅断然拒绝之事却出现在了嘉庆朝，可见不断扩张壮大的英帝国与日渐衰微的清政府间在外交、商贸、司法主权各方面的角力开始出现了微妙的倾斜，乾隆十三年（1748）"嗣后如遇民夷重案务按（大清）律定拟"的圣旨因各种原因在地方上往往沦为一纸空文，[5]只求结案、不求真实，集体舞弊、欺上瞒下的断案模式使此案成为中国法治史上欠光彩的一页。

三、"海王星"号案与《大清律例》的英译及中英法律文化的交流

作为当事人之一，"海王星"号案对斯当通的影响无疑是巨大的，他不仅详细记录

---

[1] 参见《清代外交史料·嘉庆朝》二、三两册收录"两广总督吴熊光等奏查禁英国夷兵擅入澳门请旨暂停该国贸易折"（十三年九月初四日）、"军机大臣庆桂等奏会同审拟吴熊光办理英兵入澳一事种种错谬缘由并拟请将其发往伊犁效力赎罪片"（十四年五月初二日）、"吴熊光发往伊犁效力赎罪谕旨"（十四年五月初二日）等多则公文。北平故宫博物院，民国二十一年。

[2]《东印度公司对华贸易编年史（1635—1834年）》第三卷，第51页。

[3] 此案发生于乾隆四十九年（1784），英"休斯夫人"号商船炮手的些哗发射礼炮，误中一艘中国驳船，船上三名中国人身受重伤，其中吴亚科、王运发先后伤重身亡，广东巡抚孙士毅、粤海关监督穆腾额拟将过失杀人之炮手的些哗发还英国自行惩治，此请遭乾隆帝严厉申饬。次年1月，的些哗被执行绞刑。

[4] *Jurisdictional Politics in Canton and the First English Translation of the Qing Penal Code (1810)*, p.165.

[5]《明清时期澳门问题档案文献汇编》第一册，人民出版社，1999年，第241页。

了该案始末，并结合此前发生的"休斯夫人""朴维顿"号商船案，对比中英法律对过失杀人罪的不同处罚方式，观察清政府涉外治安管理处罚条例的微妙变化。更重要的是，他在此案的推动下开始英译中国法典《大清律例》，从而开启了中英法律文化交流的新篇章。

英船"休斯夫人"号的炮手被绞杀后，东印度公司片面强调中国刑法在任何命案中皆要求"以命抵命"的处置方式，抱怨中国律法无视犯罪意图，采用严刑拷打、冒名顶替甚或连坐流放等方式惩罚罪犯，"我们的大班不能公开进入该国的法庭和受到法律的平等对待，他们处于最专制的沮丧状态，是与委托给他们的重要事业不相称的，并与文明社会的习惯相违背的"。[1]这一误导在此后两个世纪被西方人当作事实被普遍接受，马戛尔尼使团成员约翰·巴罗（John Barrow，1764—1848）曾指责中国人"尽管不会忽视谋杀罪（残忍的弃婴行为除外），他们无法区分故意杀人罪及过失杀人罪"。[2]汉学家马礼逊也认为"中国人把杀人视为债务，一种只能以同等方式偿还的债务。以血还血、以命抵命是普遍法则，在中国法律中少有例外"。[3]斯当通这两位密友的言论多少代表了他最初对中国法治的偏见。

英人的这些看法是典型的一叶障目。事实上，我国自周代始便有"三宥"之法，"再宥过失"即云过失虽有害但宜赦之。[4]秦汉始明文规定对过失杀人减轻处罚，《周礼·司刺》注引汉律有"过失杀不坐死"条。[5]晋律中有"过误伤人三岁刑"的规定，[6]《唐律疏议·斗讼律》"过失杀伤人"条曰："诸过失杀伤人者，各依其状，以赎论。"[7]《元典章·刑部四》断例云："过失杀，犯人收赎，征赎罪钞给主。"[8]明清律例更对过失杀伤作了明确界定：

> 若过失杀伤人者，较戏杀愈轻，各准斗杀、伤罪，依律收赎，给付其被杀伤之家。过失谓耳、目所不及，思虑所不到，如弹射禽兽，因事投掷砖瓦，不期而杀人者，或因升高险足，有蹉跌累及同伴；或驾船使风，乘马惊走，驰车下坡，势不能止；或共举重物，力不能制，损及同举物者。凡初无害人之意，而偶致杀伤人者，皆准斗殴杀伤人罪，依律收赎，给付被杀、被伤之家，以为营葬及医药之资。[9]

---

[1] 《东印度公司对华贸易编年史（1635—1834年）》第二卷"给马戛尔尼勋爵的训令"，第263页。
[2] Travels in China, p.367.
[3] Robert Morrison, The Law of Homicide in Operation, The Chinese Repository Ⅲ, No. 1, 1834, pp.38-39.
[4] （清）沈家本：《历代刑法考》，中华书局，1985年，第522页。
[5] 同上。
[6] （宋）郑樵撰：《通志》卷一三四，中华书局，1987年，第2121页。
[7] 上海商务印书馆编译所编纂：《大清新法令（1901—1911）》第1卷，商务印书馆，2010年，第618页。
[8] 同上。
[9] 《大清律例》，第458页。

而"休斯夫人"号案因有乾隆出于对西方商人及传教士恩威并举、以儆效尤的政治目的的直接干预,且此案另有致毙二命、火器凶险、疑犯畏罪潜逃等加重情节,故凶手被判绞刑。事实上,英国刑法为过失杀人制定刑事免责制度远迟于中国,而且也对虽非故意但仍有刑事上的疏忽、鲁莽或任性的行为规定了不同的刑事责任。[1]因此,西人以"休斯夫人"号案为例证给中国法律制度扣上"野蛮""专制""不公"帽子的行为显然是片面及武断的。

"海王星"号案发生后,作为亲历此案的东印度公司特选委员会秘书,斯当通在《有关1807年东印度公司在粤贸易暂停的记录》(Note Relative to the Suspension of the Trade of the East India Company, at Canton, in 1807)一文中完整记载了此案始末,[2]而且雇佣中国画师绘制记录庭审场面,这便有了今天仍挂在伦敦皇家亚洲学会图书馆中那幅《设于广东英国行大厅的中国公堂》的油画。他将此案与"休斯夫人"号案作比,阐述中英双方通过谈判及调适努力消弭两者间存在的文化差异,指出清政府在涉外案件的处置上逐渐表现出一定的灵活性:"两个案件中,都有一个根据我们的法制观并未犯有谋杀罪的外国人因当地人的死亡而被捕。前一案件中("休斯夫人"号案),疑犯交给中国人后被判处死刑;而后一案件中,被告不仅并未交给中国人,而且最终在他们明确的默许下被遣返英国。"[3]《大清律例》的翻译使斯当通对中国法治文化有了进一步深入的了解,他自觉修正了自己之前的部分偏见,开始承认中国律例的优长之处,但仍认为清政府对律例的执行力不高,人治大于法治,甚至"法律的制定及执行者也经常带头违反法律",这便是"海王星"号案留给西人的负面影响。[4]

正是此案的双面效应直接推动了《大清律例》的英译。斯当通于1800年进入东印度公司广州商馆担任书记员,并于1816年升任商馆主管及特选委员会主席。[5]在此期间,他的中文水平突飞猛进,对中国的了解也进一步深入。由于中英贸易往来的与日俱增,各类民事纠纷及刑事案件层出不穷。[6]"海王星"号案发生后,斯当通认为"此案相当蹊跷,且有太多不实叙述",[7]为弄清此案的法理,更为保护东印度公司及英人的利益,斯当通开始关注清代法典:"译者之所以选择翻译此部法典,主要因为一些偶发事件。他亲眼目睹

---

[1] Leon Radzinowicz, *A History of English Criminal Law and its Administration from 1750*, Vol. 1, *The Movement for Reform, 1750–1833*, London: Stevens, 1948, p.629.

[2] *Miscellaneous Notices Relating to China*, pp.261–282.

[3] Ibid., p.134.

[4] George Thomas Staunton, *Ta Tsing Leu Lee, being the Fundamental Laws, and a Selection from the Supplementary Statutes, of the Penal Code of China*, Translator's Preface, London: Printed for T. Cadell and W. Davies, in the Strand, 1810, p. xxxviii.

[5] George Thomas Staunton, *Memoirs of the Chief Incidents of the Public Life of Sir George Thomas Staunton*, London: L Booth, 1856, p.61.

[6] 《达衷集》,第184—185页。

[7] *Miscellaneous Notices Relating to China*, p.261.

了许多没有必要的挑衅、毫无根据的拘捕以及令人尴尬的讨论。凡此种种皆归咎于一个原因：自从我们与中国展开重要商业及外交往来至今，我们对中国法律的精髓就存在着错误或不完善的认识。"[1]《大清律例》的翻译为斯当通打开了一扇了解中国法律文化的大门，他开始在西方甚嚣尘上的"中国法制体系野蛮论"语境中发出一种不同的声音。

首先，斯当通认为在华经商的外国人遭遇的法律问题很多出于对中国法治体系的误解，他引用孟德斯鸠及威廉·琼斯关于法律应适用于具体国家及其国民的观点，[2]抨击西方社会对中国法律体系的片面表述和跨语际政治运作，认为《大清律例》被要求合理公正执法的中国人所广泛接受，尽管它绝非完美，却是人类社会中最稳固、最符合本国人民性格禀赋的体系：[3]"只要一部法典不是某位哲学家凭空想象的产物，或某个立法者未经实践检验的理论，而是作为现行法奠定了一国政府的根基并经过实践检验，我们就不应该根据一套空想的完美标准去评估它的优缺点。唯有实用性及合理性均受过检验的法典方有资格与这部法典比较。此外，评估法典时绝不能忽视一国的国情及特性，因为国家立法是否成功在很大程度上取决于它是否符合国情。"[4]斯当通在翻译的过程中处处以比较的视野观照中英两国的法治文化，指出中国的文化及国情决定了天理、人情、国法三者兼顾的判决模式，所谓"徒善不足以为政，徒法不能以自行"，[5]这是中西法律文化的根本差异所在。[6]

其次，斯当通认为阅读《大清律例》是了解清政府及其统治体系的最佳途径，"根据最基本的构建原则，中国政府被划分为若干职能不同却并非完全独立的分支或部门，主要有吏、户、礼、兵、刑、工六部，每一部门均受特定法律制度的约束；但在帝国的法律中，就

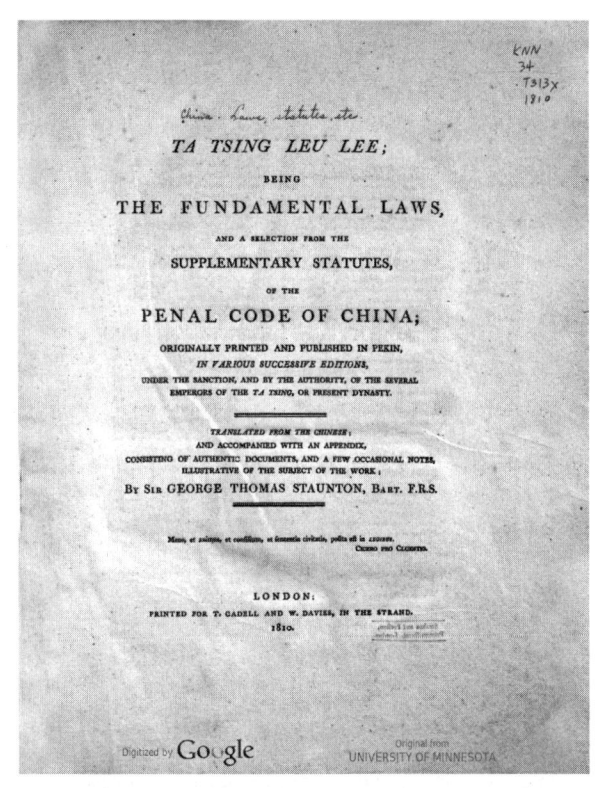

图2-7 斯当通英译《大清律例》书影。

---

[1] *Ta Tsing Leu Lee*, Translator's Preface, p. xxxiv.
[2] 参见孟德斯鸠《论法的精神》及威廉·琼斯《摩奴法典》(前言)。
[3] *Ta Tsing Leu Lee*, Translator's Preface, p. xxviii.
[4] Ibid., p. xxv.
[5] 杨伯峻译注：《孟子·离娄上》，中华书局，2010年，第148页。
[6] *Ta Tsing Leu Lee*, p.182.

条款的严格性和精当性来说,刑律为最,相形之下是独属刑部的一个最为特殊的领域……《大清律例》虽由刑部制定,却间接涉及清政府其他各部,传达出有关军民事务、国家税收、公共设施、仪式制度、行为规范等信息。虽然它并不如这些主题的专论一般清楚详尽,但欧洲读者仍可通过它了解到一些基本内容"。[1]一部法典简明扼要却无所不包,实为西方人了解中国政府及其运作机制的便捷途径。

此外,斯当通认为,对于包括司法体系在内的中国文化,耶稣会士过分热衷于粉饰,而马戛尔尼使团报告又走向另一个极端,毋庸置疑,他们的陈述均有相当的可信度,但几乎都带有各自的想象及情感。[2]斯当通决心选择较为客观的中间路线,潜心研究蕴含中国人心智与品性的真实样本——法典,而不武断宣称中欧任何一方具有道德或身体上的优越性。[3]他将中国律例与欧洲各国法典作了比较,尽管并不避讳其缺陷,如对叛国、谋反、不孝等罪行过分严厉的处罚,"律"与"例"常出现抵触和矛盾,对具体案件的量刑模糊、随意,[4]等等,但他依然认为"中国刑法,即便不是最合理公正的,至少也是有史以来所有刑法中最包罗万象及一以贯之的,而且尤其适合于中国人的特质"。[5]他发现中国法律体系尽管诸法合体、民刑不分,但运行有序,命案及重大疑难案件层层上报,三司会审,最后由皇帝定夺,至少在制度上体现出法律的公正性及严肃性。[6]

值得一提的是,在《大清律例》英译本中,"海王星"号案还是斯当通论述外国人在华法律权益的中心案件,不仅在译注中多处提及,[7]还在附录十一中作了专门论述,[8]并全文翻译了粤海关监督写于嘉庆十三年二月七日的致公司委员会札,[9]特意用斜线标出其中"(此案属)所有斗、杀伤罪中律例宣称可减轻量刑之情形,故不受刑法处置,罪犯可由其国人遣送回国接受处罚"一段话,[10]认为"这段话尤其重要,因为它宣布了对外国人的某种豁免,从而能使他们在中国生活得更幸福和安全,这段话以前从未被明确声明或理解过"。[11]斯当通以"海王星"号案为例,证实中国法律有对过失杀人罪减轻处罚的明文规定,并非西方世界盛传的"以命抵命",而且中国法律往往把法定五刑和赎刑并提,罚而不科,科而不罚,赎刑是其他刑罚的替代刑,也即在某种特殊的情况下,如情有可原、"罪疑从赦"或当事人具有某种特权时,可以用赎刑代替原来的刑罚。

---

[1] *Ta Tsing Leu Lee*, pp.xvi-xvii.
[2] *Memoirs of the Chief Incidents of the Public Life of Sir George Thomas Staunton, Bart*, p.47.
[3] *Ta Tsing Leu Lee*, Translator's Preface, pp. ix-x.
[4] Ibid., p. xxvii.
[5] Ibid., p. xi.
[6] Ibid., p. 60.
[7] Ibid., pp.36-37, 313-315, 515-524.
[8] Ibid., pp.516-517.
[9] Ibid., pp.521-524. 该札谕写于嘉庆十三年二月七日。
[10] Ibid., p.523.
[11] Ibid., pp. ix-x.

斯当通的《大清律例》英译本于1810年在伦敦出版，标志着英国从欧洲他国文字转译中国典籍历史的终结，成为中英文化交流史上的首次直接对话。此书出版后在西方世界产生了极大影响："我并不期望此书能引发公众关注或常被人置于案头，但在学界它却收获了相当程度的青睐及关注，远超我的预期。此书付梓后被不断引用及参考，使我在三十五岁那年自认已经在我们的东方学领域拥有牢固和受人尊敬的地位。"[1] 正如斯当通期望的那样，此书使西方人开始了解古老中国的法律文化，正如《爱丁堡评论》(Edinburgh Review)所云："尽管英中通商历史已逾百年，此法典尚属首次被译为我们的文字……可以肯定的是，目前尚无任何一部文献能如这部法典一样，使人们得以正确了解中国的国家状况及特点。呈现于我们面前的并非中国的崇拜或贬斥者所写的断章取义的材料，而是完全的、无修饰的真实状态，其所传达的信息远比源自其他渠道的信息重要。"[2] 斯当通英译本此后被转译为法、德、荷语等各种版本，并带动了西方学界对中国法律的研究。更重要的是，在司法实践中，此书也发挥了重要作用，成为东印度公司处理涉华刑事案件以及香港总督、英国本土法官管辖华人社区的必备工具书。[3]

然而，西方列强并不仅仅满足于对清政府法律体系的了解，他们更大的野心是获得在华治外法权。早在1715—1729年间，英属东印度公司便多次要求在广州的治外法权，但均未如愿。[4] 马戛尔尼及阿美士德(Amherst)两个访华使团在敦请清政府废除公行制、多开外贸港口进行自由贸易以及废除进出口货物关税的同时，治外法权也是其诉求重点之一，但先后遭到乾隆帝、嘉庆帝的严词拒绝。[5] 斯当通本人也曾以广东针对西人的法令严酷、压抑、有辱人格为由，[6] 于1833年向国会提交设立海上法庭以审理在华英人案件的议案，议会据此颁布法令，单方面规定此法庭有权审理在华英人的所有案件：

> 又得设立具有刑事及海军裁判权之法庭一所，以审理英国人民在中国领土口岸海岸及在中国海岸三十里内之公海所犯之案件。又得于上开各监督中，指派一人为该法庭之审判官，其余则为执行审判之官。其薪俸经阁议决定后，由英皇批给之。[7]

---

[1] *Memoirs of the Chief Incidents of the Public Life of Sir George Thomas Staunton*, p.45.
[2] Ibid., p.47.
[3] Ibid., p.46.
[4] John Francis Davis, *The Chinese: A General Description of the Empire of China and its Inhabitants*, London: Charles Knight & Co., 1836, Vol. 1, p.45.
[5] "因尔之使臣所有请求，皆深违本朝律例。而且所求之结局，亦俱属无用，是故朕不予允准"。《东印度公司对华贸易编年史》卷二"中国皇帝给英伦国王的答复"，第276—280页。
[6] *Miscellaneous Notices relating to China*, p.306.
[7] 梁敬錞：《在华领事裁判权论》，商务印书馆，1930年，第10页。

可见大清法律落后于西方的观念仍牢牢占据着英人的思想意识并左右着他们的对华外交政策，"屈从"于清政府的法律制裁即"落入野蛮人之手"，被视为是对公平、正义及民族尊严的侮辱，正如英驻华商务总监义律（Charles Elliott，1801—1875）所云："即使一个人被证明犯有谋杀罪，他也不该由中国人执罚。"[1]中国法律体系野蛮、擅断、混乱的传统叙事仍在持续，两国法律文化层面的矛盾在一个个案件中不断积累，1839年的林维喜案达到临界点并间接引爆了第一次鸦片战争。[2]此次战争的结果众所周知，中国屈辱地签署了"南京条约"，被迫接受了当年斯当通参加过的两个访华使团的所有诉求，[3]英国首先于1843年获得在华治外法权，美、法两国紧随其后。

1793年12岁的斯当通踏上华夏大地时，中国尚是英人眼中可以交往且势均力敌的强大帝国，"虽然西方国家已凭借国策及武器的优势成功拓展了他们的势力范围，并影响着几乎每一个现存的人类社会，但这个帝国依旧无视它们，且不受任何西方国家支配";[4]而在他的人生晚期，中国已是英人嘲弄、侮辱、打击的对象，列强环伺，香港被割让，清帝国正在风雨飘摇中走向崩溃。尽管斯当通是个中国通，但他仍然摆脱不了18世纪中叶以降日益滋生的"东方主义"话语的影响，并以下议院议员的身份为鸦片战争投下了赞成票。这些西方社会的文化精英头脑中有着根深蒂固的"东方＝专制＋野蛮＋腐败"的观念，包括中国、印度等国在内的亚洲国家于是变成了西方"文明化"的目标，基督教东进、殖民化扩张、自由贸易及治外法权的获取皆成为他们"文明化使命"的一部分而得以合理化、道德化，意识形态的相左、法律体制的冲突成为西方世界殖民侵略及资源掠夺的借口，更可怕的是，这种"东方主义"阴霾至今尚未散尽。在东西方异质文化冲突依旧的当下，不断崛起的中国如何反对文化霸权，维护文明的多样性，借鉴古今中外司法经验以不断提升中国的法治文明，此为油画《公审"海王星"号商船水手》带给当代社会的思考，也是撰写本文的宗旨所在。

---

[1] Frederick Wells Williams, *The Life and Letters of Samuel Wells Williams: Missionary, Diplomatist, Sinologue*, New York: G.P. Putnam's Sons, 1889, pp.116–117.

[2] 1839年（道光十九年）7月7日，英船水手在九龙尖沙咀打死当地人林维喜。清钦差大臣林则徐为捍卫主权，令英国驻华代表义律交出凶犯，义律拒不交凶。8月15日林则徐下令禁止一切贸易，派兵进驻澳门，驱逐英人出境，撤其买办、佣工，停止供应英人食物。1839年9月5日，义律派传教士郭士腊与林则徐进行谈判，要求解除禁令，恢复正常贸易关系，为林所拒。下午三时，英国军舰首先向中国船舰开火，虽仅是场小冲突，但为日后更大规模的鸦片战争埋下伏笔。

[3] 1793年，12岁的斯当通作为见习侍童（page boy）随其父参加了马戛尔尼访华使团；1816年，斯当通升任东印度公司广东商馆主管，受邀担任英国驻华全权公使阿美士德勋爵访华使团副团长。

[4] *Ta Tsing Leu Lee*, Translator's Preface, p. iii.

第三节　南粤泥塑艺术的西传：广州艺匠吉官(Chitqua)研究

2007年4月，伦敦皇家外科医学院亨特博物馆(Hunterian Museum, Royal College of Surgeons)简报登出西蒙·卓别林(Simon Chaplin)有关馆藏珍品的一则消息，[1]揭开了该馆收藏的油画"中国官员"(A Chinese Mandarin)的真实身份。此画其实是由约翰·汉密尔顿·莫蒂默(John Hamilton Mortimer, 1740—1779)创作并于1771年展出的油画《吉官，中国塑像者》(Chitqua, the Chinese Modeller)(见彩图15)，此画原型为18世纪后半叶名扬伦敦的广东民间塑像艺匠吉官。[2]由此，一向被张冠李戴的油画原型终于验明正身。然而，吉官何许人也？为何自18世纪至今，他依然是英国艺术界关注的一个热门话题？

一、吉官传奇经历述略及南粤泥塑艺术在欧洲的传播

吉官(1728?—1796)，一个名不见经传、至今无法获知其真名实姓的广州泥塑匠人，却是18世纪之前唯一抵达英国乃至欧洲的中国美术工作者。英人对其有多种称谓，如Chitqua、Shykinqua[3]或Tan Chet-qua。[4]18世纪英语"g"常写成"q"，"qua"实为英人对闽南语(粤东潮州、汕头等地为闽南语区)"官"的记音，而"官"则是旧时闽、粤地区对平民男性的尊称。另外，"行商本称'官商'(The Mandarin's Merchants)，其行本称'官行'(Kwang Hong)，中国自宋元明以来，凡豪富之家多有以金捐'官'捐'秀'，故十三行行商亦以捐输得官，得称某Qua(Quan)或某Shaw(例如Cumshaw、Kewshaw)之类"，[5]故乾隆年间，东印度公司的外国商人称广州十三行商总(即行商首领)潘启(字逊贤，号文岩，又名潘振承，1714—1788)为Puan Khe-qua，此为闽南语发音的"潘启官"。另，大英博物馆印刷与绘画藏品中有英国画家托马斯·贝福德(Thomas Burford, 1710—1770)的肖像版

---

[1] Simon Chaplin, Treasures from the Museum, *The Bulletin of the Royal College of Surgeons of England,* Vol. 89, Issue 4, 2007, p.148.

[2] Simon Chaplin, Putting a Name to a Face: the Portrait of a "Chinese Mandarin", *The Hunterian Museum Volunteers Newsletter,* Issue 3, 2007. 此画由外科医生、皇家学会会员约翰·亨特(John Hunter, 1728—1793)先生收藏，1793年亨特去世时，此画已在莱斯特广场的亨特展览馆展出。

[3] "Lately, at Canton, in China, Chitqua, or (as some write the name) Shykinqua, the ingenious artist, who was formerly in this country, and of whom some account was given in our vol. XLI. P.237. The news of his death, and of its having been occasioned by his taking poison, was brought to Madras by ships that arrived there from Canton in December 1796." *Gentleman's Magazine and Historical Chronicle*, Vol. LXVII, London, Printed at St. John's Gate, 1797, p.1072. 以下简称*Gentleman's Magazine*.

[4] Sir William Chambers, An Explanatory Discourse by Tan Chet-qua, of Quang-chew-fu, Gent, "Introduction", London: Printed by W. Griffin, 1773, p.109.

[5] 梁嘉彬：《广东十三行考》，第13页。

画《Loum Kiqua》，Loum Kiqua是1756年抵英的中国商人（此人能演奏一些民间乐器），此画左下侧标有画中人的中文名字"林奇官"，由此我们可以确认"qua"即"官"。本文为叙述方便，音译"Chitqua"为"吉官"。不管此人姓陈（"陈"在闽南语中读作dan或tan）或谭，叫吉官还是奇官，我们可以肯定的是，他是活跃于乾隆年间广州十三行的众多艺匠之一。

关于吉官的生平，因清代、民国闽粤方志或文人笔记绝无著录，只能根据英人的记载推算其出生及去世年代。苏格兰建筑师、园艺家威廉·钱伯斯勋爵（Sir William Chambers，1723—1796）曾在其《广州府绅士Tan Chet-qua的解释性陈述》（An Explanatory Discourse by Tan Chet-qua, of Quang-chew-fu, Gent）一文中记载曰："全世界人都认识吉官，并知晓他出生于1728年农历四月的广州府，以泥塑人像为业。"[1]并且，吉官1769年抵达英国时，多人目测其四十出头，[2]因而钱伯斯所云之1728年应该不会有太大出入。对于其去世时间，1797年的《绅士杂志》有专门记载："有关他因误服毒药去世的消息，由公司船员于1796年12月由广东捎至马德拉斯。"[3]由此可知吉官于1796年离世。

吉官在广州经营一家自产自销泥塑人像的作坊。康熙二十四年（1685）粤海关设立，广州成为清朝对外贸易的重要港口。乾隆二十二年一口通商制实施后，广州更是大清帝国唯一对外开放之贸易口岸，海舶云集，商务繁盛，西商、水手、官员、旅行家、淘金者及东印度公司职员纷至沓来，"番舶衔尾而至，其大笼江，望之如蜃楼飚屃"，[4]濠畔街"香珠犀角如山，花鸟如海，番夷辐辏，日费数千万金，饮食之盛，歌舞之多，过于秦淮数倍"。[5]西城外的十三行商馆区更是夷馆林立，操着不同口音的西人熙熙攘攘，他们服务于各国东印度公司。这些公司的职员在广州一般都得稍作停留，返程时不免要选购一些富于异域特色的私货，去同文街或靖远街请中国艺匠为自己绘画或塑像最受西人青睐。他们中的许多人成为吉官的客户，常请他制作微型塑像留念或馈赠亲友。1751年抵达广州的瑞典牧师彼特·奥斯贝克（Pethr Osbeck）回忆十三行的"陶瓷街"（porcellane street）有一个开在半地下室中的塑像作坊：[6]"当地一个著名塑像师（Face-maker）正在忙活，他专门制作微

---

[1] An Explanatory Discourse by Tan Chet-qua, of Quang-chew-fu, Gent, "Introduction", p.115. 西人称清代广东省城广州为"广东"。

[2] Gough's account of a middle-sized man, about or above forty, thin and lank ... his upper lip covered with thin hair an inch long, and very strong and black; on his head no hair except the long lock braided into a tail almost a yard long. 转引自John Nichols, *Illustrations of the Literary History of the Eighteenth Century*, Vol. v, London, printed by and for J. B. Nichols and son, 1828, p.318。

[3] *Gentleman's Magazine*, Vol. LXVII, p.1072.

[4] （清）屈大均：《广东新语》卷一五"货语·黩货"，第432页。

[5] 《广东新语》卷一七"宫语·濠畔朱楼"，第475页。

[6] 奥斯贝克所说的"陶瓷街"可能是同文街（New China street）或靖远街（Old China street），因china亦有"瓷器"之意。

型男人像。欧洲人常穿便服光顾此店,此人能相当传神地塑造出他们的形象。"[1]彼特此处所说之艺匠极有可能就是吉官。1769年,吉官"得到清政府(严厉控制国人移民他国)允许前往巴达维亚(Batavia),但出于对英国的好奇与崇敬,他转道前来英伦三岛"。[2]8月11日,吉官搭乘英国东印度公司"霍生顿号"(East Indiaman the Horsendon)商船成功抵达英伦,[3]并寄居在帽商马尔先生(Mr. Marr)位于诺福克街(Norfolk Street)与斯特兰德大街(The Strand)交界处的寓所,直至1772年返回广东。

吉官"是一个中等身材的中年男人,手、脸呈古铜色,依其国家的风尚身着雅致的丝质长袍,说一种夹杂着糟糕英语的混合语"。[4]陶瓷制造商托马斯·宾利在1769年11月4日的一封信中对其有更为细致的描述:"我已访问过他三次,与他有过很深入的交谈,因为他能讲一些英语。他是一个和善、敏感的男人,脾气温和,举致文雅。服装材质以丝绸为主,我见他穿过红与黑色的丝袍……他肤色黝黑,睫毛几乎永远在眨动。两臂细长如纤弱之女子,手指修长、柔软灵活。他剃光前额的头发,一条长辫垂在背后。"[5]抵达伦敦后,吉官仍操旧业维生,用从家乡带去的黏泥制作人像,[6]因价格公道、制作精良,生意如在广州时一样红火,顾客遍及伦敦各阶层。因而古董商理查德·高夫于1770年8月3日致福斯特(B. Forster)的信中说:"他(吉官)在广东开有一家泥塑店,来伦敦后广为我们英人所知。"[7]正是凭借独特的泥塑技艺,吉官跻身于英国上流社会,得到英王乔治三世及夏洛特王后的接见,与名流钱伯斯勋爵、佐法尼、乔舒亚·威基伍德等人交往密切。1770—1771年间,吉官开始进入伦敦艺术圈,如受邀参加位于蓓尔美尔(Pall Mall)街的皇家艺术院(Royal Academy)官方晚宴,参观位于萨默塞特府(Somerset House)的皇家美术学校(Royal Academy Schools)等,从而结识了更多艺术界同道,并在伦敦掀起一股中国风,其作品《一位绅士的塑像》(A model of a gentleman)参加了1770年皇家艺术院第二次年展。除此以外,他还应大英博物馆之邀鉴定馆藏中文古籍,博物馆一张卡片上至今尚标有"Chetqua"字样。

1771年3月,吉官搭乘东印度公司格伦维尔(Grenville East Indiaman)号商船回国,但此行以失败告终。先是因奇怪的外貌及装束倍受迷信船员的歧视,后又在格雷夫森德

---

[1] Peter Osbeck, *A Voyage to China and the East Indies*, Vol. 1, London: Printed for Benjamin White, 1771, p.221.

[2] *Gentleman's Magazine*, Vol. XLI, p.237.吉官前往英伦的真实动机有待进一步考察,理查·高夫的信中提及有人称其为躲债而前往英国。巴达维亚即今天的雅加达,当时为荷兰东印度公司总部。

[3] "East Indiaman"是17—19世纪英国东印度公司管控的所有远洋商船的通称。Horsendon号商船船长为沃尔顿先生(Mr. Walton)。

[4] *Gentleman's Magazine*, Vol. XLI, p.237.

[5] Jewitt, Llewellynn Frederick William, *The Wedgwoods: Being a Life of Josiah Wedgwood*, London: Virtue Brothers and Co., 1865, p.210.

[6] 此为产自广东的一种特殊泥土,质地细腻,黏性良好,无沙砾,呈土黄色。用于雕塑之前需先炼泥,即把所挖泥土用木棍反复捶捣、搅匀,然后把炼好的泥土切成块状堆砌在阴凉处,以湿布或薄膜盖住保持湿度,以备用之。

[7] 转引自 *Illustrations of the Literary History of the Eighteenth Century*, p.318。

（Gravesend）附近失足跌落大海，大难不死的吉官最终在迪尔（Deal）被一领航员护送上岸并返回伦敦。抵达伦敦后再遭不测，因吉官记不起或说不清其住处，一群暴民聚集在马车旁辱骂攻击领航员，因为他被人们误以为绑架了异国人。好在当时正巧有一个认识吉官的绅士经过，他设法驱散了那群暴民，把吉官送往斯特兰德街的原住处。又客居伦敦一年后，吉官终于在1772年返回了广东。[1]

吉官访英是中国民间艺匠的首次跨文化之旅，也是南粤泥塑艺术西传的关键一环。在访英之前，他的作品以被动传播居多，也即设店等待抵粤西人的发现、定制、购买。乾隆年间广州经营此业者颇多，且能与来自西方的顾客顺畅交流，《威廉·希基回忆录》（Memoirs of William Hickey: 1749—1775）的作者英国律师威廉·希基（William Hickey，1749—1830）提及他与友人波特（Pott）去一家泥塑店制作胸像的有趣经历：[2]"我们发现诺丁汉号船的外科医生卡耐基先生也在此店坐着，作坊主人正为他塑像。卡耐基不停粗鲁地抱怨坊主把自己塑造得太丑，絮叨过几次后，坊主终于不耐烦地放下手中工具意味深长地盯着卡耐基说：'你没有一张俊脸，如何让我造出一个俊像？'……后来我和鲍勃（Bob）也请他为我们塑像，我俩都如愿以偿地获得了质量上乘的塑像，鲍勃身着海军见习军官制服，我则穿饰有浅黄装饰带及银色蕾丝的深红色马德拉斯军服。"[3]威廉·希基于1769年8月11日至12月5日期间在广州，因而可以断定为其塑像的艺匠并非吉官。吉官当时已跨出国门，打破了这种设坊候客、被动西传的模式，主动将此艺术带至英伦（尽管出于谋生目的），现场展示其雕塑技艺，受众多，影响大，声誉高，作品还在皇家艺术院参展，因而可将其视为中国民间艺术在西方的首次成功亮相。

事实上，广东微雕人像在欧洲的传播早在康熙年间就开始了，基本都属前一种被动西传模式。荷兰艺术史学者阿道尔夫·斯塔林（Adolph Staring，1890—1980）在其《中国塑像》（Chineesche Portret Figuren）一文中对由各国东印度公司职员带回、至今仍保存在伦敦国家肖像博物馆、荷兰泽兰省社会博物馆（Museum of Zeeland Society）及丹麦克伦堡海军博物馆（Kronborg Naval Museum）等文化机构的微型雕像作过详细调查与介绍。作者称目前欧洲收藏的最早的此类雕像，为制作于康熙年间的约瑟芬·科利特（Joseph Collett）立像，[4]（见图2-8）此像有"厦门琴官制作于1716年"的款识，与稍后出现的微雕不同，此像材质为木头、石膏及彩色颜料，因而作者推测此像应制作于约瑟芬·科利特正式担任印度马德拉斯（Madras）总督之前，因当地缺乏黏土只得以木头代替。印

---

[1] *Gentleman's Magazine*, Vol. XLI, pp.237-238.

[2] 威廉·希基希望在英国东印度公司军队担任候补军官，当他发现薪水太低时便决定回英，他随公司商船抵达广东然后返英，威廉·希基在其回忆录中记录了其中国之行。

[3] Alfred Spencer Ed., *Memoirs of William Hickey: 1749—1775*, Vol. 1, London: Hurst & Blackett Ltd., 1775, p.227.

[4] Joseph Collett（1673—1725）为英国东印度公司官员，1712—1717年担任苏门答腊班库伦行政长官，1717—1720年担任马德拉斯总督。

度港口城市马德拉斯是英国东印度公司的一个重要基地及中转站，戴维·派珀（David Piper）《英国脸》（The English Face）一书记载有另一尊传统称为"马德拉斯总督爱德华·哈礼逊"（Governor Edward Harrison of Madras）的塑像，此像约制作于1715年，[1]制作人及制作地不详，但风格与乾隆时期大批出现的塑像一致。

乾隆以降，流传至欧洲各国的此类人像明显增多，阿道尔夫·斯塔林提及克伦堡海军博物馆收藏的5尊丹麦人塑像，皆制作于1731年的广东，而此年正是丹麦东印度公司入华第一年。[2]另有保存于荷兰泽兰省社会博物馆的"船长马顿斯"（Schipper Meertens，制作年代不详）立像、保存于荷兰国立博物馆的"抱孩子的妇人"（Vrouw met kind op de arm，约1775年）

图 2-8 琴官作品：Joseph Collett 肖像，现藏于英国伦敦国家肖像馆。作者拍摄。

立像、保存于荷兰海洋博物馆的东印度公司船长雅各布·范·达默（Jacob van Damme，约1750年）立像及雅各布·阿瑞兹·阿肯勃特坐像（Jacob Ariesz Arkenbout，约1792年）、比利时布鲁塞尔私人收藏的"威廉·菲力浦坐像"（Willem Philips de Brouwer，1727年制作于广东）等，不一而足。这种融东西方审美内涵于一体的民间泥塑艺术再现了中国人眼中的欧洲人，而其材质、工艺及制作者的东方性对欧洲人来说无疑又是一种极具吸引力的异国情调。因而一直以来，西方学界不乏对这些作品的关注者与研究者。"1955年，罗伯霍森（Lubberhuizen）夫人在《老荷兰》（Oud-Holland）杂志刊登了1731年制作于广东的一套五个丹麦人塑像及一个未标识制作日期的荷兰船长塑像图片。1958年，查尔斯顿（R.J.Charleston）在《古董》杂志又刊载了两幅分别制作于1731年、1738年的丹麦人塑像图片。很明显，18世纪造访广东的欧洲人有制作此类微型塑像的爱好，这些作品给人以惟妙惟肖之感"。[3]有趣的是，阿道尔夫·斯塔林也注意到了这些塑像制作者的名字

---

[1] David Piper, *The English Face*, London: Thames and Hudson, 1957, Fig.145.

[2] A. Staring, Chineesche Portret Figuren, *Oud Holland-Quarterly for Dutch Art History*, Vol. 73(1), Brill: Leiden NL, 1958, pp.224-226.

[3] Ibid., p.228.

中都有一个"Qua"字:"这些作品至少出自三个不同艺匠之手,也许他们来自同一个称为'Qua'的家庭,经营同一个作坊,他们一定也是替欧洲古董爱好者制作众多满清官吏塑像的工匠。或许别的国家——这些国家在广东以各自的东印度公司为代表——还存有更多这些有趣的旅行纪念品。这些塑像的原料大多是细黏土,偶尔也有木头的,可能在东亚的某些港口没有那种黏土,故以木代土。"[1]阿道尔夫·斯塔林因不清楚闽粤常以"官"字称男性,故误以为所有这些"qua"皆来自同一家族,但这并不妨碍其对清代南粤微型人像在欧洲传播的考察。

荷兰学者艾琳·雅各布斯(Irene B. Jacobs)在阿道尔夫·斯塔林等人研究的基础上,又对散布在世界各地的中国微型雕像作了系统调查和统计,并将搜寻到的38尊此类雕像按人物姓名及身份、制作年代、所属公司、收藏地点等信息列表分析,这些古董分布于英、美、荷、比、丹麦、瑞典等国博物馆及私人藏家之手,塑像人物大多具名[只有7尊无名,包括塑像"抱孩子的妇人"(见图2-9)],他们的身份大多为东印度公司的船长、商人、军官、药剂师等(只有4尊与东印度公司无关)。作者指出,这是因为珠江口岸太浅,公司船只一般停泊在数公里外的黄浦港,而级别较低的水手、木匠等是无缘上岸进入广州城的,因而进城塑像者多为公司上层人物及商人。雕像的制作技艺均为写实,制作原料大多是黏土,制作人多为广东艺匠。[2]作者还根据塑像的假发、服饰、手杖、佩剑等细节,推测其制作的大致时间及人物身份,并着重考证一尊名为约翰尼斯(Johannes)的塑像的制作时间及人物身份。[3]

由上述西方学者的研究可知,18世纪流传至欧洲的南粤微雕不在少数,这种传播是无序、自发、零星的,大部分由西欧各国东印度公司职员完成,像吉官这种亲自旅欧并实地制作、展览、传播塑像者仅此一人。

因年代久远且材质易碎等缘故,目前尚存的吉官微雕人像已非常罕见,在英国只有两尊,一为保存

图2-9 《抱孩子的妇人》,现存于荷兰国立博物馆。作者拍摄。

---

[1] A. Staring, Chineesche Portret Figuren, *Oud Holland-Quarterly for Dutch Art History*, Vol. 73(1), p.228.

[2] 据笔者目前掌握的资料看,微型人像雕塑匠只有三个有名字,即厦门琴官、广州吉官及另一个活跃于18世纪末19世纪初的广州艺匠泰(Tyune),其余皆无名姓。

[3] 诸如英国维多利亚和阿尔博特博物馆、英国国家肖像博物馆、美国皮博迪·埃塞克斯博物馆、荷兰米德尔堡博物馆、丹麦国家博物馆、瑞典克龙堡贸易与航海博物馆等等。

于伦敦博物馆（Museum of London）的"托马斯·托得"（Thomas Todd，约1770年）立像，一为保存在摄政公园皇家内科学会博物馆的"安东尼·艾斯丘医生"（Anthony Askew，1722—1774）像。[1]保存于荷兰国立博物馆的"抱孩子的妇人"标注制作者为吉官，制作地点为广东。阿道尔夫·斯塔林发现此像材质为木头而非黏土，且从几乎裸体的男孩衣着判断，此像可能是吉官返回广东途经巴达维亚时制作，由于当地气候炎热，塑像人物穿着清凉，又因缺少黏土，故以木代之。[2]阿道尔夫此说缺乏足够资料佐证，且暂备一说。该博物馆另有一尊男子坐像"荷兰商人范罢览"（Nederlandse Koopman, wellicht Andreas Everardus van Braam Houckgeest）（见彩图16），也标注为吉官作品。[3]还有一尊保存于维多利亚及阿尔博特博物馆远东部（The Far Eastern Department of the Victoria and Albert Museum）的"无名男人像"（The Model of an Unknown Man），是一个男子斜倚于木榻的造型，材质为未烧制黏土及竹质支架，约制作于1740年，先前一直被认为是吉官的作品，但这一说法遭到质疑，[4]因此我们暂不将其列入吉官名下。

二、吉官英伦交游考

吉官及其微型雕像在英国及欧洲大陆的际遇并非因为此人此物有多卓异超群，而是他（及它）在西方世界的出现恰逢其时。17世纪初至18世纪末，整个欧洲都鼓荡着一股"中国风"（Chinoiserie），此风滥觞于早期西方旅行者及耶稣会士创造的"浪漫中国"（Romantic China），因陌生而神秘，因不同而好奇，因距离感而产生吸引力，这种遥望及期待涵盖了从形而上的中国哲学、文学、戏剧、音乐、绘画至形而下的陶瓷、丝绸、茶叶、壁纸、漆器、家具等物品。而17、18世纪的英国，有关中国的知识大多从法、意、荷等国的耶稣会士、旅行者的著述和书信中转手而来，稀

图2-10　中国人塑像，现藏于英国皇家布莱顿宫。

---

[1] Simon Chaplin, Treasures from the Museum, *The Bulletin of the Royal College of Surgeons of England*, Vol. 89, Issue 4, 2007, p.148.

[2] A. Staring, Chineesche Portret Figuren, *Oud Holland-Quarterly for Dutch Art History*, Vol. 73(1), p.221.

[3] 括号中的荷兰文意为："荷兰商人，可能是安德里亚斯·埃弗拉德·范·布拉姆·霍克基斯。"也即美籍荷兰商人范罢览。

[4] Metaxia Ventikou, A Chinese Figure in Unfired Clay: Technical Investigation and Conservation Treatment, *V&A Conservation Journal*, No. 38, 2001, pp.10-12.

少而又珍贵,无名艺匠吉官在伦敦的出现,恰好为英人对中国文化的好奇心找到了一个鲜活的倾注点和投射物,他本人及其在母国不登大雅之堂的泥塑作品在英人的集体无意识中被重构想象为中国艺术的代言人及象征物。正缘于此,吉官能轻易跻身于伦敦上流社会,在短短两年多时间内交往了诸多达官贵人,择其要者概述如下:

1. 乔治三世及夏洛特王后(George Ⅲ,1738—1820; Queen Charlotte,1744—1818)

乔治三世于1760年10月25日登基成为大不列颠国王及爱尔兰国王,在位时间长达60年。乔治三世接见吉官一事可见于英国瓷器制造商托马斯·宾利写于1769年11月4日的一封家信:"每天我们会去寻找一些天赋异禀之人或者工艺奇巧之物,旨在尽快提升我们的艺术品味或产品的完美性。我没有时间历数曾见过的所有人、事、物。但有一件使我们享受无尽乐趣的奇事值得一提,即那个不久前刚从广东来到伦敦的中国泥塑家……他已拜见过国王与王后,国王伉俪相当满意与他的会晤。吉官还为皇家步兵团画了素描,我没有时间对他作更为详尽的描述,总之他是我见过的最奇特的人。"[1]当时宾利及其合伙人乔舒亚·威基伍德正在伦敦,他们与吉官有过较多交往(见下文),宾利之说应该可靠。

另外,理查·高夫致福斯特的信中,亦提及吉官曾亲口告诉他自己获得英王及王后的接见:"当我问他是否拜见过国王时,他回答是,并说自己还见到了王太后(应为王后)。他说中国的皇帝不称名字,因此他们国家的贵族不像我国,他们没有头衔上的区别。"[2]

无法确认乔治三世之子乔治·奥古斯塔斯·弗雷德里克(George Augustus Frederick,1762—1830),也即日后的威尔士亲王及乔治四世(George IV)是否见过吉官,但能确定的是他对中国艺术的极度迷恋。乔治四世曾委任知名建筑师约翰·纳西(John Nash,1752—1835)在海滨旅游胜地布莱顿兴建规模宏大的皇家宫殿(The Royal Pavilion),宫内装饰采纳了许多中国元素,尤其在长廊(The Long Gallery)、音乐室(The Music Room Gallery)、黄色起居室(The Yellow Drawing Room)内四处可见中国式灯笼、瓷器、吊灯、壁画、龙饰、家具、墙纸以及中国士大夫或平民塑像,以致1837年维多利亚女王首次到访此宫时惊叹"这个宫殿陌生又奇特,从内到外都是中式的"。[3]长廊中的十二座制作于清嘉庆年间的塑像亦以生黏土制成后上色,与吉官的泥塑方式如出一辙,只是尺寸骤增,如真人大小。(见图2-10)

2. 威廉·钱伯斯勋爵(Sir William Chambers,1723—1796)

威廉·钱伯斯1723年出生于瑞典斯德哥尔摩。1740—1749年任职于瑞典东印度公司,期间曾两次前往中国(1743—1744,1748—1749),醉心于中国建筑及园林艺术。1749

---

[1] *The Wedgwoods: Being a Life of Josiah Wedgwood*, pp.209–210.
[2] 转引自 John Nichols, *Illustrations of the Literary History of the Eighteenth Century,* Vol. v, p.318。
[3] David Beevers, *The Royal Pavilion Brighton: The Palace of King George IV*, The Royal Pavilion & Museums, 2014, p.51.

年后旅居巴黎、罗马学习建筑学。1755年在英国创立建筑师事务所,后成为王室建筑顾问,为威尔士王妃奥古斯塔在伦敦丘园设计建造了中式宝塔,成为18世纪欧洲著名建筑师及园艺家。1767年,钱伯斯建议乔治三世创建皇家艺术院,他成为该机构的创始人及第一任财务主管。钱伯斯有《中国建筑、家具、服饰、器械及器皿的设计》(Designs of Chinese Buildings, Furniture, Dresses, Machines and Utensils, 1757)、《东方园林论》(A Dissertation on Oriental Gardening, 1773)等著作传世,成为欧洲首位倾力介绍、研究中国建筑及园林的学者,为中英实用艺术的交流作出过重要贡献。

钱伯斯在粤期间曾雇佣过一个中国艺术家Siou Sing-saang(或作Mr. Siou)担任其助手,撰写《中国建筑、家具、服饰、器械及器皿的设计》一书。他还曾提及另一位广东艺术家林官(Lepqua),称其为出色的中国画家,曾与他就中国花园及绘画问题作过几次交谈,并在《中国花园设计艺术》(Of the Art of Laying Out Gardens Among the Chinese)一文中坦陈自己只见过几个中国花园,相关知识大部分来自林官。[1]

没有资料表明钱伯斯18世纪40年代访问广东时曾见过吉官,他俩的相逢应在后者到访英国期间,吉官数次应邀参加皇家艺术院活动,应不会错失与学院创始人、且对中国建筑和园林艺术极有兴趣的钱伯斯的会晤。而钱伯斯在《东方园林论》第二版增加了"广州绅士Tan Chet-qua的解释性陈述"(An Explanatory Discourse by Tan Chet-qua of Quang-chew-fu, Gent. 1773)一部分,其中对吉官的介绍尤其详细:

> 全世界的人似乎都认识吉官,都知道他于1728年农历四月出生于广州府,他以泥塑人像为业,有三个老婆,溺爱其中两个,但不喜欢第三个,因为她是个大脚泼妇。他外表体面,常穿绫罗绸缎的袍子、布裤,脚蹬丝履,留着九缕胡须、四根长指甲,戴一些士大夫所不屑的饰品。……在中国人中,他还算魁伟,长相普通,是个能说会道、较为体面的秀才。作为一个异教徒,他算是一个有教养的绅士,富于文才,挥洒成篇,能以满文或汉语吟咏诗篇,用多种语言唱情歌。他还能追随澳门的最新时尚跳方丹戈舞,能熟练吹奏风笛并就此发表高见。当他住在斯特兰德街马尔先生家时,每当朋友们高兴时便常为大家吹笛。他尤嗜吸烟,常递给访客上等好烟。每逢这种场合,他总是异常兴奋和健谈。他喜欢绘画、音乐、建筑及园艺的话题,尤喜园艺,经常滔滔不绝直至自己口干舌燥、听者昏昏欲睡。他的语调对听众犹如鸦片,话题不错但很散漫,且并不有趣。[2]

对于钱氏声称的吉官的解释性陈述(explanatory discourse),有较多欧洲学者并不信以

---

[1] Thomas Percy, *Miscellaneous Pieces Relating to the Chinese*, Vol. Ⅱ, London, Printed for R. and J. Dodsley in Pall-mall, 1762, p.129.

[2] An Explanatory Discourse by Tan Chet-qua, of Quang-chew-fu, Gent, "Introduction", p.115.

为真,他们认为钱氏亦如奥利弗·哥尔斯密(Oliver Goldsmith,1728？—1774)[1]在《世界公民》中假托中国人Lien Chi之言论抨击英国时弊一样,只是借正巧在伦敦的吉官之口传递中国的造园理念,这些理念实为钱氏本人通过对广州、巴黎、罗马等地花园的考察而生成的一种兼容东西方元素的设计灵感。[2]但对于钱氏与吉官的交往,似乎无人提出异议。且钱氏之述详尽周致,并涉及吉官之家庭隐私及生活习性,应非子虚乌有之说。

3. 约翰·佐法尼(Johann Zoffany,1733—1810)

约翰·佐法尼为德国籍新古典主义画家,早年曾在德国和意大利学习绘画,1760年来到英格兰后为钟表商斯蒂芬·伦勃特(Stephen Rimbault)创作钟表装饰图案。1764年后,佐法尼凭借其独具魅力的画风赢得了乔治三世及夏洛特王后的青睐,成为皇家艺术院创建者之一。佐法尼专攻人物肖像画,尤其擅长场面宏大、人物众多的风俗画,曾为皇室及其他上流社会成员创作过不少群像作品,如《圣马丁小巷艺术院的人体写生课》(A Life Class at St. Martin's Lane Academy,1761—1762)、《科洛内尔·莫当特的斗鸡赛》(Colonel Mordaunt's Cock Match,约1788)等。

1770年4月,皇家艺术院举办第二次展览会,展览开幕的前一天也即23日,院方在蓓尔美尔街会展大厅内先行举办了一次盛大宴会,宾客包括美术、文学、演艺及政治界名流及众多热心赞助高雅艺术的上流社会人士,因有大量杰出画作参展,因此当晚的集会是一次口腹外加耳目的盛宴,吉官受邀成为贵宾之一。威廉·惠特利《英格兰艺术家及其友人》(Artists and Their Friends in England,1700—1799)一书记录了此次宴会:

> 此次宴会因盛大优雅而广受赞誉,宾客包括德文郡公爵(Duke of Devonshire)、卡莱尔伯爵(the Earl of Carlisle)、格罗夫纳勋爵(Lord Grosvenor)、贝斯伯勒勋爵(Lord Bessborough)、纳尼汉姆勋爵(Lord Nuneham)、贺瑞斯·沃波尔先生(Mr. Horace Walpole)、大卫·盖立克先生(David Garrick)[3]和吉官先生(Mr. Chitqua)。[4]

除上述已提及的显要外,参加此次宴会的贵宾还有政治家及哲学家埃德蒙·伯克(Edmund Burke,1729—1797),剧作家乔治·科尔曼(George Colman,1732—1792),演

---

[1] 奥立佛·哥尔斯密(Oliver Goldsmith,1730—1774),18世纪英国著名诗人、剧作家。

[2] Richard E. Quaintance, JR., The Introduction of An Explanatory Discourse by Tan Chet-qua, of Quang-chew-fu, Gent, Log Angeles: William Andrews Clark Memorial Library, 1978, p.X.另可参见David Clark, *Chitqua's English Adventure*, footnote2, Hong Kong Journal of Applied Linguistics, Vol. 10, No. 1, 2005, p.48。

[3] 大卫·盖立克(1717—1779),著名英国演员,曾在亚瑟·墨菲的《中国孤儿》一剧中扮演一个中国官员。

[4] William T. Whitley, *Artists and their Friends in England, 1700–1799*, Vol. 1, London and Boston, The Medici Society, 1928, p.269.

图2-11 佐法尼油画《皇家艺术院院士群像》,英国皇家藏品。

图2-12 图2-11局部,吉官位于左侧第三的位置。

员及剧院经理塞缪尔·福特(Samuel Foote,1720—1777),诗人威廉·怀特海(William Whitehead,1715—1785),庄园主及艺术赞助人查尔斯·詹能斯(Charles Jennens,1700—1773),政治家、剧作家及古文物研究者贺瑞斯·沃波尔(Horace Walpole,1717—1797),等等。这些人都有与吉官接触并交往的可能。

关于约翰·佐法尼与吉官交游时间的确切记载是1771年春,吉官应邀参观位于萨默塞特府的皇家美术学校时结识佐法尼,他们之间有何交流不得而知,但佐法尼把吉官纳入其大型油画《皇家艺术院院士群像》(The Academicians of the Royal Academy,1771—1772)(见图2-11)。此画包括了当时艺术院的大部分院士,他们在老萨默塞特府观摹一堂开放的人体写生课。画中每个人都真实存在,而后排左起第五人便是吉官,只有头部出现,暗示其非皇家院士的次要地位,也有可能他的头像是被佐法尼最后添上的。吉官戴着醒目的中式帽子,专注地凝视着前方,英国微型画画家耶勒密·梅耶(Jeremiah Meyer,1735—1789)站在其左侧,以绘制历史画和美国独立战争场景知名的英格兰裔美国画家本杰明·韦斯特(Benjamin West,1738—1820)位于其右侧。[1](见图2-12)此画是吉官与佐法尼相识并交流绘画艺术的明证。

4. 詹姆士·包斯威尔(James Boswell,1740—1795)

詹姆士·包斯威尔是爱尔兰传记作家,曾在爱丁堡及格拉斯哥大学学习,并接受过亚当·斯密的教导。他与英国大文豪约翰逊·塞缪尔(Samuel Johnson,1709—1784)的友谊一向为人称道,有《约翰逊传》《黑白地群岛之旅》等作品传世。

詹姆士·包斯威尔与吉官相识于伦敦,弗兰克·布雷迪及弗雷德里克·波特尔(Frank Brady,Frederick A. Pottle)编辑的《找寻妻子的包斯威尔,1766—1769》一书中收

---

[1] "Chitqua is seen in the background, peeping over the shoulders of Benjamin West and Jeremiah Meyer." *Artists and their Friends in England, 1770–1779*, p.271.

录了包斯威尔写于1769年9月21日的日记:

> 与书商约翰·唐纳森共进早餐后,他带我去访问帽商马尔。马尔家现住着一中国人,他带我走进客厅并把我介绍给那个中国人。此人并不时尚,却是个心灵手巧、干净利落的人像雕塑家。他的英语并不好。他恰好就是那种我们常在印度屏风上看见的形象。我让他读了几行纸扇上的汉字,他的声音正如约翰逊先生向我形容的另一中国人的声音:一种小铃铛响起时的叮当之声。[1]

包斯威尔纯粹出于好奇才去马尔家拜访吉官,他俩仅有一面之缘还是有深度交往不得而知。这段日记还透露了另一个重要信息,也即吉官与约翰逊·塞缪尔也有交往。

5. 詹姆斯·考克斯(James Cox,约1723—1800)

詹姆斯·考克斯为18世纪英国著名珠宝商、钟表商及企业家,机械及自动钟表的发明者,他发明制造的孔雀钟尤为世人所知,大量销售至远东,尤其是印度及中国,乾隆皇帝也是其客户之一,故宫博物馆有不少皇家旧藏之考克斯钟表。考克斯开设于伦敦园林春花园(Spring Garden)的考克思博物馆(Mr. Cox's Museum)以顶级钟表及珠宝收藏为特色,成为18世纪下半叶最受伦敦上流社会欢迎的特色博物馆。

考克斯因与中国有密切的商贸往来,故对中国的一切都较关心。吉官在伦敦期间,他们有过交往。1771年1月,《绅士杂志》记载吉官"有一次让他大开眼界的考察,他参观了考克斯先生为即将在园林春花园举办的私人展览而特地设计的精美奢侈品。此外,他还经由默林先生(John Joseph Merlin,考克斯的领班)的引荐观赏了安吉丽卡夫人(Signora Angellica)的杰出画作。从此他与萨默塞特宫皇家艺术院取得了联系,在那儿,他不仅受到最多礼遇,而且其肖像也被佐法尼先生画入艺术院精英群像,他被伦敦名流视为要人"。[2] 由此观之,考克斯与吉官似以钟表结缘,他可能还是向伦敦上流社会推荐吉官的伯乐。

6. 约翰·汉密尔顿·莫蒂默(John Hamilton Mortimer,1740—1779)

约翰·汉密尔顿·莫蒂默为英国新古典主义人物及风景画家,以浪漫主义画风著称,尤其擅长于人物群像及战争场面的描绘,1774年成为英国艺术家协会(Society of Artists)会长。吉官在伦敦期间,莫蒂默恰好住在距其住处不远的贝福德街(Bedford Street)。自1770年始,莫蒂默不止一次地为吉官画素描,所以两人之间有较多的接触。1771年,莫蒂默在艺术家协会展出人像素描《吉官,中国雕塑者》,此作品长期以来一直被认为业已亡佚,直至2007年才在皇家外科医学院亨特博物馆被发现并验明正身。(参见上文)

---

[1] Edited by Frank Brady, *Boswell in Search of a Wife, 1766–1769*, William Heinemann Ltd., London, 1957, p.317.

[2] *Gentleman's Magazine*, Vol. XLI, p.93.

7. 小查尔斯·格里尼(Charles Grignion the Younger, 1754—1804)

小查尔斯·格里尼出生于伦敦,为雕刻师老格里尼(Charles Grignion the Elder, 1721—1810)之子,颇有艺术天分,自小得到父亲言传身教,还曾前往法国师从著名雕刻师赫伯特·佛朗索瓦·格雷洛特(Hubert-François Gravelot, 1699—1773),后成为英国著名肖像画家、雕刻家。有学者考证,当吉官访问老萨默塞特府时,格里尼正是皇家美术学校的学生,他很可能为吉官及其他佐法尼群像中的人物画了素描。[1] 其所画的吉官侧面肖像曾被牛津阿希莫林博物馆(Ashmolean Museum)收藏。[2](见图2-13)

图2-13 《吉官肖像》,由查尔斯·格里尼创作,曾为牛津阿希莫林博物馆收藏。

8. 菲利普·约克(Philip Yorke, 1720—1790)

菲利普·约克为第二代哈德威克伯爵(Second Earl of Hardwicke),英国政治家。毕业于剑桥大学,1741年成为皇家学会会员。曾编辑翻译过大量来自不同国家的出版物及信件,现均收藏于大英博物馆。菲利普·约克与吉官交往的契机很可能源自他所购买的一个中国画册。威廉·萨金特(William Sargent)《亚洲在欧洲:西方的中国画收藏》(Asia in Europe: Chinese Paintings for the West)一文提及伦敦维多利亚及阿尔博特博物馆(Victoria and Albert Museum)收藏有一本中国画册,吉官与此画册有关。此画册是菲利普·约克从东印度公司货船押运员、1743年成为议会主席的马丁(Mr. R. Martin)处购得,约克曾请当时正在伦敦的吉官对画册内容作过讲解,证据是画册上的一个手书说明,大致意思是:吉官(Che Qua),一个1769年到达伦敦的泥塑家,用我们所说的官话阅读并解析了画册上的文字。吉官的解析恰与传教士所云吻合。[3] 这一说明暗示约克先前曾找过一些传教士帮助解读此画册。此外,约克曾将一些中国书籍及画册翻译为英文,吉官很可能也给予其力所能及的帮助。

9. 乔舒亚·威基伍德(Josiah Wedgwood, 1730—1795)与托马斯·宾利(Thomas Bentley, 1731—1780)

英国陶瓷业之父、工业革命的伟大领袖之一乔舒亚·威基伍德亦为吉官的友人及主

---

[1] 大卫·克拉克认为格里尼有一幅吉官肖像素描曾为Ashmolean Museum收藏,该馆目录注明吉官肖像及其他一些画作在菲茨洛伊·纽德盖特(Fitzroy Newdegate sale)拍卖会中被售出。Ashmolean Museum Oxford, *Catalogue of the Collection of Drawings*, Vol. IV, Oxford, Clarendon Press, 1938, pp.362-363. 转引自 David Clark, *Chinese Art and its Encounter with the world*, Hongkong University Press, 2011, pp.34-36。

[2] David Blayney Brown, *A Chinaman Found in Western Art*, The Ashmolean 6, 1985, pp.10-11。

[3] 转引自 *Chinese Art and its Encounter with the world*, p.26, 218。

顾。[1]"1770年春天或夏天,我们第一次听说威基伍德先生请吉官制作肖像。这是一位心灵手巧的中国塑像家,去年秋季刚到我国,其艺术品在当时成为伦敦一种时尚,拥有很大一部分非固定客户。正因为醉心于中国及其艺术品,威基伍德先生很有可能由宾利陪同,第一次找到这位艺术家意欲了解一些中国知识,同时观赏其塑像作品,因而自然而然地坐下与其促膝谈心。我们并未暗示此传言是否确凿,尽管事实可能就是如此。威基伍德的胸像成为其家族财产的一部分而被长久珍藏"。此段又注云:"此艺术家名吉官,有关此泥塑家的一段有趣的叙述请见《绅士》杂志第41卷第257—258页。"[2]

以上引文提及的宾利即英国瓷器制造商托马斯·宾利,他是威基伍德的合伙人与忠实朋友,撰写过《有关古董的书籍及其他画作、印本》(Books of Antiquities and Other Prints and Printed Books)一书。宾利在1769年11月4日的一封信中对吉官作过极为详细的描述(见上文),并表明他与吉官交往颇多,且有过多次深入交谈。

10. 理查·高夫(Richard Gough, 1735—1809)

理查·高夫为英国著名文物研究专家。1735年出生于伦敦,17岁进入剑桥大学学习,1765年离开剑桥开始在联合王国进行古文物考察以编撰《卡姆登的大不列颠》(Camden's Britannia)一书,该书最终于1789年出版。1771—1797年间,他曾担任英国考古学会会长,并于1775年当选皇家学会会员。理查·高夫撰写、出版过多本地理与考古著作(部分与人合撰),有多篇论文在《考古学》(Archœologia)及《维图斯塔古迹文物学会》(Vetusta Monumenta of the Society of Antiquaries)等杂志上发表,《绅士杂志》也有多篇他撰写的文章及短评。理查·高夫有关吉官的信写于1770年8月3日,内容如下:

亲爱的福斯特(Forster):

我很高兴能与一个真正的中国人交谈。你可能听说过吉官先生,一位艺术家,他以黏土塑造的人像或胸像已在蓓尔美尔街展出。他去年搭乘詹姆士船长的商船从广东来此,有人说他出于好奇,有人说他为了躲债。他借住在诺福克街角一个帽商家里,已和我们相处很久。尽管英语很差,但他相当健谈。他中等身材,四十岁左右,削瘦修长,肤色与我见过的东方人都不同,比黑人或摩尔人更呈黄色。上唇覆盖着薄薄一层一英寸左右的黑而茂盛的胡须,头上除一条长一码左右的辫子外没其他头发。突唇,长鼻,眼睛并不很灵活,指甲与我们这儿坐着劳作的技工的一样长。他穿着中国服饰,戴一顶尖顶硬帽,帽边亦由丝绸缝合,内衣似一种印度绿绸,有衬里,罩衫是一种斗篷,裤子与内衣同质,着黄色便鞋。他抱怨这儿气候阴冷且没有火炉,他喜欢

---

[1] 威基伍德的骨瓷浮雕玉石被誉为继中国人于1 000年前发明陶瓷之后的最重要及最杰出的陶瓷制造技术,是全世界最珍贵的装饰品之一,其配方至今仍是威基伍德独步全球的秘密。

[2] Eliza Meteyard, *The Life of Josiah Wedgwood from His Private Correspondence and Family Papers*, Vol. 2, London: Hurst and Blackett Publishers, 1866, pp.231-232.

宁静乡村甚于喧嚣的伦敦,他从未在街上受过他人的侮辱。他最喜欢其家乡的气候,将会乘下一班船回国。他的半身塑像只索价10基尼,即使一个完整人像,也只增加5个基尼。他告诉我在英国他无法获取塑像所需的黏土,因此我推断他随船带来了一些广东黏土。我无法与他进行定期交谈,但当我问他是否拜见过国王,他回答是,而且还见到了王太后(应为王后)……我一直认为叛离祖国是一个大错,但我被告知他可能为此花了10镑巨款。此人广为我邦到过广东之人所知,在那儿,他有一店制作并出售塑像,此言颇为可信。

你忠诚的理查·高夫[1]

理查·高夫此信对吉官的描述与其他人的基本吻合,但信息量更大,比如吉官在广东有一作坊且广为抵粤英人所知,又如吉官自带黏土来英及其塑像的价格等等,因而较为翔实可靠。

11. 安东尼·艾斯丘(Anthony Askew, 1722—1774)

安东尼·艾斯丘是一位著名的内科医生,出生于肯德尔(Kendal)的一个医生家庭,23岁时就学于剑桥伊曼纽尔学院(Emmanuel College)并获得外科学士学位,后继续在荷兰莱顿大学深造,1750年开始在剑桥行医并获得医学博士学位。1753年起任职于伦敦皇家内科医学院。艾斯丘另一个更为人所知的身份是古典学者及藏书家,以雄积7000余部珍稀手稿及善本而著称。艾斯丘辞世后,其藏书为大英图书馆、

图2-14 吉官所制Authony Askew塑像,现藏于摄政公园皇家内科学会博物馆。作者拍摄。

乔治三世等机构或个人购买。艾斯丘自1749年始便成为皇家学会成员,这一身份使其有机会结识吉官。另外,他也有可能收藏有中国古籍,希望获得真正的中国人的认证。吉官为其制作的全身塑像便是两人交往的确证。(见图2-14)

12. 三位住在牛津的女士

威廉·惠特利在其《英格兰艺术家及其友人,1770—1779》一书提及吉官不仅会说还会写英语:"有一封他写的信保存至今,以清晰的手书、古怪的表达方式致信三位当时住在

---

[1] 转引自John Nichols, *Illustrations of the Literary History of the Eighteenth Century*, p.318.

牛津的夫人,因为她们托朋友设法为吉官在东印度公司商船订到了前往中国的舱位。"[1]据保存在大英博物馆印刷与绘画室(Prints and Drawings Room)的惠特利论文注释称,吉官的信"用学童稚拙的笔法誊写于单页信纸上",大致内容翻译如下:

> 中国绅士吉官感谢两位已婚、一位未婚女士——他永远不会忘记她们及她们所赠的美好礼物。吉官游历牛津时,基督教堂为其打开大门欢迎他的到来,让他甚至不再归心似箭。在牛津,吉官还获得很多生意上的信息。他能很好地理解人像雕塑艺术,带来的雕像很受当地绅士欢迎。再次感谢美好的礼物,再见![2]

此信未注明时间,估计应在1771年吉官乘坐格伦维尔号船回国之前,这次回乡之旅最终以失败而告终。此信充斥着流行于清代广州独特的"洋泾浜英语"(Pidgin English),这是一种当地人与西人为商贸交易而创造的独特语言,用词生涩古怪,英、葡、粤、闽南语混杂,亦无准确语法,只能达到交流沟通的目的。

而三位给予吉官帮助的夫人目前只有一位我们能确定其姓氏,玛格利特·杰弗里斯小姐(Miss Margaret Jeffreys)曾于1770年7月5日从牛津写信给哈德威克勋爵(Lord Hardwick),提及有位名盖尔兰德(Gailland)的人愿意把吉官推荐给前往广东的商船船长以便带他回国。[3]

当然,吉官在英伦的交游远非上述范围,有些人因身份低微而无从得悉其信息,如吉官的房东帽商马尔;有些人尽管是社会名流,亦不乏与吉官接触的契机,但因无确切记载只能作罢,如佐法尼大型油画中其他的皇家艺术院院士及1770年4月23日参加艺术院宴会的诸位名流。但上述种种已足以证明一个中国无名艺匠在英伦的奇遇,他恰逢英国深受欧洲大陆方兴未艾的"中国风"熏染之时,这样的机遇在19世纪下半叶"浪漫中国"褪潮之后便一去不复返了。与吉官同时且有相似际遇的中国人还有黄亚东(Wang-Y-Tong),黄氏受雇于英国博物学家约翰·布雷迪·布莱克(John Bradby Blake,1745—1773),1770年随布莱克自粤抵英,协助其开展对中国自然史的研究。黄氏曾于1775年访问皇家学会,与乔舒亚·威基伍德讨论制陶工艺,在牛津大学圣约翰学院重订《中国词

---

[1] *Artists and their Friends in England, 1770–1779*, p.270.
[2] 同上。原信如下: "The two Wife-Women and the Single-woman Chin Chin (to ask, to thank, to salute) Chitqua the China gentleman — and what time they quiere flirt those nice things truly never can forget for him. Some time he make voyage to Oxford, Christchurch will then open his gates and make Chitqua so welcome he no more tinkee go Canton again. There he find much bisn as he so well savee Art of Modelling Heads, thing much wanted among Mandarinmen of that place. Once more tankee fine present, Adios." 此信可能亦是中国人最早的英文写作样本。David Clarke, Chitqua's English Adventure: An Eighteenth Century Source for the Study of China Coast Pidgin and Early Chinese Use of English, *Hong Kong Journal of Applied Linguistics*, Vol 10, No. 1, p.47.
[3] Ibid., p.50.

典》(The Chinese Lexicon),[1]协助威廉·琼斯英译《诗经》《论语》,[2]他的肖像画至今仍悬挂于肯特郡诺尔庄园(Knole House)。尽管18世纪旅英华人如凤毛麟角,但他们对中英文化交流作出的贡献不可低估。

三、吉官及其作品在中英肖像艺术交流史上的作用及影响

对于英国上流社会来说,来自东方古国的吉官确实是个奇异的他者,"这次聚会中唯一的远客是中国艺术家Tan-che-qua(左侧第五位),[3]他当时正巧在伦敦。除了引人好奇外,他被纳入此画提醒人们,皇家艺术院诗歌艺术教授奥立佛·哥尔斯密以《世界公民》为标题发表的一系列信件,或许是由某位访英华人撰写"。[4]尽管当今学界对《世界公民》里的中国哲学家Lien Chi是否为哥尔斯密虚构还存在争论,[5]但毫无疑问,早在吉官访英时,人们已意识到了他对英国艺术界及东方学研究可能带来的影响。两个多世纪后的今天,当我们回顾这个小人物的访英经历时,或许可以比较冷静和客观地审视吉官在中英肖像艺术交流史上的作用及影响。

宏观上来讲,吉官首次打破了中英艺术界无声与失衡的交流格局,亲身介入肖像艺术的双向对话,并创造了将艺术与贸易相结合的文化营销式传播模式。

在吉官访英之前,中英绘画、雕塑艺术的交流一直停留在无声与失衡状态。所谓无声是指两国艺术家之间缺乏互动与交流,仅以物理形态的艺术品(包括图画、雕塑作品)的流动为主,且双方均坚守各自的审美立场,以傲慢与偏见审视对方的美术作品。所谓失衡,一是指英国对中国诸如建筑、陶瓷、装饰、园艺等实用艺术的关注度远高于绘画及雕塑艺术,二是指英人对中国实用艺术的援用程度远远大于中国对英国的,如建造于18世纪中叶伦敦郊区丘园里的中国宝塔,收藏于英国各大博物馆的瓷器、青铜器,建造于18世纪末、19世纪初充满令人叹为观止的中国元素(Chinoiserie Scheme)的皇家布莱顿宫等等,而19世纪之前英人的绘画或雕塑作品却鲜有传入中国,更不用说对中国艺术产生影响。

事实上,英国以外的其他欧洲国家如意大利、法国等早在16世纪即由耶稣会士将西洋绘画带到了中国,如明朝万历年间意大利传教士利玛窦、罗明坚带到中国的天主教圣像绘画。清代以降,供奉内廷的各国传教士画家,尤其是历任康、雍、乾三朝宫廷画家的郎世宁为西洋绘画与中国传统绘画相互融合和发展作出了极大贡献。但是,如同汉学研究一样,中英绘画艺术的交流也远远落后于欧洲其他国家。英国的汉学研究起步很晚,

---

[1] Weston Stephen, *Ly Tang*, London, 1809, p.1.
[2] William Jones, *On the Second Classical Book of the Chinese* 2, Asiatick Researches, 1790, p.203.
[3] 此处指吉官在佐法尼群像画中的位置。
[4] Desmond Shawe-Taylor, *The Conversation Piece: Scenes of Fashionable Life*, Royal Collection Publications, 2009, p.126.
[5] James Watt, Goldsmith's Cosmopolitanism, *Eighteenth-Century Life*, 2006, Vol. 30(1), pp.56–75.

东方学者托马斯·海德（Thomas Hyde，1636—1703）因与游历欧洲的华人耶稣会士沈福宗（Michael Shen Fu-Tsung，？—1691）有过交往，因此曾对汉语及中国的樽棋（Çoanki）、围棋有过研究，应是英国汉学界的先驱。英国首位汉学家应推18世纪的东方学者、语言学家威廉·琼斯爵士，他曾译注过《诗经》《论语》《大学》的一些篇章，并尝试从人种学角度探讨华夏民族的来源。琼斯之后英国汉学便又陷入沉寂期，一直至1807年首位新教传教士马礼逊抵华方始逐渐打开局面，不仅编撰出版了首部《华英字典》，还在汉语语法研究及圣经中译等方面作出了卓绝贡献。但这三位早期汉学家皆未涉猎肖像艺术领域，中英两国之间仅停留于由商贸交易而带动的无序、零星的民间雕塑、绘画作品的交流，如1637年英商彼得·芒迪曾在中国作过速写素描。[1]马礼逊之后，由于英国传教事业在中国的大力推进，加上马戛尔尼使团的出访及英国东印度公司对华贸易的激增，涌现出一批如斯当通、伟烈亚力（Alexander Wylie，1815—1887）、理雅格（James Legge，1815—1897）、艾约瑟（Joseph Edkins，1823—1905）、翟理斯（Herbert Allen Giles，1845—1935）、苏慧廉（William Edward Soothill，1861—1935）等传教士及外交官汉学家，对中国绘画艺术的研究方始起步，出现了翟理斯《中国绘画艺术史导论》（An Introduction to the History of Chinese Pictorial Art，1905）、劳伦斯·宾扬（Laurence Binyon，1869—1943）的《远东艺术论：亚洲尤其是中日绘画史介绍》（Painting in the Far East: an introduction to the history of pictorial art in Asia, especially China and Japan，1908）等研究专著。而在吉官西行的18世纪中期，中英双方对对方的绘画、雕塑艺术所知甚少，英人一鳞半爪的中国知识也皆来自欧洲他国的二手资料。

正因为缺乏沟通与交流，在西画东渐的历史进程中，中英艺术界的隔阂与误解比比皆是。马戛尔尼使团成员约翰·巴罗（John Barrow，1764—1848）曾如此评价中国画家：

> 他们只能算是可怜的涂鸦者，不能描出很多的物体的正确轮廓，不能运用适当的明、暗对照显现物体的原状，以及用柔和色调模拟自然颜色。但他们精确、漂亮地临摹一些花草、鸟儿和昆虫的绚丽色彩，欧洲人还达不到那样高的水平。用缩小、暗淡色彩、配景法表示画上物体的距离，他们还没有这种概念。[2]

英人重写实，强调透视、光线的运用，无法理解中国古人"贱形而贵神，以意到笔不到为妙"的创作理念。[3]中国画家则重视以内在精神感受来体现外在绘画形式，以神韵为绘画第一要著，因而很多文人画家视西画注重写实、透视及明暗的绘画技巧为"笔法全

---

[1] Patrick Conner, *The China Trade 1600–1860*, Brighton: Royal Pavilion, Art Gallery and Museums, 1986.
[2] 波西尔著，戴岳译，蔡元培校：《中国美术》，收录于陈辅国主编《诸家中国美术史著选汇》，吉林美术出版社，1992年，第367页。
[3] 《广东新语》卷一三"艺语"，第366页。

无,虽工亦匠,故不入画品"的工匠术,[1]由此关闭对话大门,自在自足地继续悠游于中国传统绘画重线条、重意境的理论与实践中。中英艺术家依据各自的文化背景与审美立场,强调双方绘画艺术的差异性而不思理解沟通,因而成见日深,隔阂愈大。英国汉学家翟理斯的《中国绘画艺术史导论》对明代绘画评价甚低,对清画甚至未予收录。直至20世纪初,英国汉学家卜士礼(亦译作波西尔,Stephen Wootton Bushell,1844—1908)撰写的《中国美术》仍痛批中国"有明末叶,美术寝衰;降至满清,已成一般衰颓之势,无例外之可言,且今亦迄无复兴之象"(最后一句疑为"且迄今亦无复兴之象"之误)。[2]

作为一个民间艺人,吉官当然缺乏纠偏的理论水平与行动自觉,但他开启了中英艺术家直接对话的大门,使西方人能或多或少地了解到中国艺术家的思维方式、创作理念及审美趣味,了解中国艺术形态的丰富性及审美思想的独特性,这正是达成相互理解的第一步。因此,吉官于18世纪中叶的访英便具有划时代的意义,开创了诸多首次,如首位访英并得到英王夫妇接见的民间艺术家、首位在英国皇家艺术院展出作品的雕塑家、[3]首位被画入皇家艺术院院士群像的中国人,等等。吉官抵英之时仍是英国对华的仰慕与新奇期,天时、地利、人和帮助他打破了中英艺术界无声与失衡的交流形态,得以从容、平等地与当时的英国艺术精英切磋中西绘画、雕塑艺术的特点与优长,亲身感受英伦浓郁的艺术氛围,观摩西方传世名作及当世杰作。尽管吉官并未留下任何访英日记或其他文字性记录,但从其交游之人群、活动之场所便可推断出他与英国艺术界交流的深广度。

正如无意间开启与英国艺术界的交流一样,吉官文化营销传播模式也颇具自然性。泥塑本是吉官赖以生存的手艺,在中西贸易热潮的裹挟下,其作品及其本人完成了从工艺品至艺术品、匠作至艺术家的华丽转身,同时突破了中西方之间"传教+艺术"的传播传统,开辟了"贸易+艺术"的传播新路径,虽然仅凭一己之力且只停留在不成规模的作坊阶段。吉官的经营之道对其同时及后代的广州艺匠无疑是个极好的范例,其后的嘉道年间,珠三角地区逐渐出现了以史贝霖(Spoilum)、关作霖、林官(Lamqua)等为代表的一批中国西画家。[4]关作霖约于乾隆末叶游学欧美,研习新古典主义派画法,又于嘉庆初期设肆羊城,该时期正是东印度公司对华贸易的上升期。他不仅是华人留洋学画者的先驱,也是第一代外销画家群体中的佼佼者。林官则直接师承自1825年起长期居住于澳门的英国学院派画家乔治·钱纳利(George Chinnery,1774—1852),[5]采用西洋画与中国画混融

---

[1] (清)邹一桂:《小山画谱》卷下"西洋画",《丛书集成》初编本,第43页。
[2] 《中国美术》,第367页。
[3] 李世庄称其查看了1770年的皇家艺术院展览目录列有吉官及其作品名目: No. 245, "A portrait of a gentleman, a model" by "Mr. CHITQUA, Arundell-street"。但此目录又云部分作品将不展出,其中包括吉官作品,因此他认为吉官作品尽管名列目录,但最终很可能并未展出。《中国外销画: 1750s — 1880s》,第31页。
[4] Spoilum的中文姓名无考,音译作史贝霖。Lamqua,亦称"林呱""啾呱"或"蓝阁",他是关作霖还是关乔昌、关乾昌或者别的画家,因缺乏史料记录,学界仍众说纷纭。
[5] *Canton Register*, Vol. 8, Dec. 8th, 1835, No. 49.

的风格,以画布或玻璃为载体,创作出大量风景、风俗、人物、静物油画外销,这是自吉官之后中英艺术交流的再出发,同样搭乘中西贸易的顺风船将商品营销与艺术传播合二为一,共同发展。与吉官不同的是,嘉道年间广东外销画画家不是个体经营,而是群体合作。更重要的是,他们首创了东西方艺术史上独特的西画东渐—东画西传的循环模式,亦即中国画家吸收西方审美趣味、摹仿西方绘画风格而创作的作品又回返西方,为中国美术赢得了最初的国际声誉。可惜这种交流仍停留在民间匠作层面,作为艺术精英的中国文人画家始终缺席,并且清末广东外销画对中国文人画的影响也相当有限。

微观上来讲,民间艺匠吉官在吸收西方美术理念及写实精神的基础上推动了微型人像雕塑的创新与变革,成就了中英艺术相互影响的一个成功案例,而且在一定程度上改变了西人对中国雕塑艺术的偏见,让西方世界第一次见识了粤地独特的民间泥塑技艺。

对于中国明清绘画艺术,西人的"美术沙文主义"表现得淋漓尽致,傲慢与偏见使他们漠视且蔑视东方人的细腻品味。西方世界对中国绘画、雕塑艺术的偏见滥觞于17世纪德国耶稣会学者基歇尔(Athanasius Kirche,1602—1680)的《中国纪念碑》(*China Monumentis*,1698—1779)和英国作家、格洛斯特主教沃伯顿(William Warburton,1698—1779)的《被证实的摩西的神的使命》(*The Divine Legation of Moses Demonstrated*)等著作,而耶稣会传教士利玛窦则是最早明确表达对中国明代绘画、雕像艺术不以为然之西方人士:

> 他们对油画艺术以及在画上利用透视的原理一无所知,结果他们的作品更像是死的,而不像是活的。看起来他们在制造塑像方面也并不很成功,他们的塑像仅仅遵循由眼睛所确定的对称原则。这当然常常造成错觉,使他们比例较大的作品出现明显的缺点。[1]

利氏以"透视"的先入西方尺度来衡量中国绘画、雕塑艺术,后者自然便是呆板、原始的。利玛窦的观点奠定了随后三个多世纪西方世界看待中国艺术的大致走向。这种偏见在西方学界代代相传,一直延续至今:"在一个绘画如此差劲的国家,就不要指望有什么好的雕塑。桥栏杆上时时出现奇形怪状、违反自然的雕像,在他们的寺庙壁龛上满是巨大的泥塑神像,有时绘上绚丽色彩,有时贴上金叶,或上一层漆。他们的雕塑和绘画一样,都不能达到真实的程度。全国没一尊雕像、一个开凿的柱廊或一根立柱值得一提。"[2]也有学者提出异见,如法国汉学家、收藏家杜柏秋(Jean Pierre Dubosc,1903—1988)指出:"16或

---

[1] 何高济、王遵仲、李申译,何兆武校:《利玛窦中国札记》第一卷,中华书局,1983年,第22—23页。
[2] [英]乔治·马戛尔尼、约翰·巴罗著,何高济、何毓宁译:《马戛尔尼使团使华观感》,商务印书馆,2013年,第314页。

17世纪画家试图向我们展现的空间不像那样深远无限,他更多地关心韵律节奏,使构图的每个部分都统一在整体之中。一种更重分析的形式研究取代了消失在空无中模糊的背景处理。"[1]但他的辩护仍以法国现代艺术作参照系。因而,正如埃尔金斯(James Elkins)所言:

> 最终我认定艺术史本身就有偏见,它崇尚西方艺术:它的叙述、概念和价值都是西方的,有关艺术家的艺术史研究的那种写作观念也是西方的。完全撇开任何特定作者的偏见,这门学科本身不可能将中国艺术史(或印度艺术史、日本艺术史)与西方艺术史等量齐观。[2]

然而,吉官的泥塑作品却让英人刮目相看,首次得知中国雕像艺术也有值得称道的作品及艺术家。吉官的成功在于其融潮州大吴泥塑技巧与西方雕塑风格、审美情趣于一体的创作理念,他对中国传统雕像艺术的创新与变革可归纳为两点。

其一曰写实。吉官身兼商人与艺匠两职,其创作宗旨是为销售,只有逼真的作品才能吸引顾客。中国古代人物雕像与人物画一样,重神韵的传达,讲究人物精神状态及面部表情的刻画。"道子画、惠之塑,夺得僧繇神笔路"句中所云之唐代彩塑圣手杨惠之颇有写实意识,但其所存无多的作品多半为佛教人物,有关塑像艺术理论的《塑诀》亦早已亡佚。倒是一些民间微雕艺术,如无锡惠山泥人、天津戏文塑像、潮州大吴泥塑,秉承着写实精神,神情灵动,惟妙惟肖,但常流于脸谱化与程式化。吉官塑造的对象并非历史、宗教或神话人物,而是长相迥异于华人的西人,写真、写实是顾客的最基本要求。更重要的是,吉官访英也为他领略西方雕塑艺术创造了极好的契机,那些极具立体、真实、灵动感的古典主义人物塑像一定给他极大的视觉冲击及艺术启迪。因雕塑材质不同,西人多用石,吉官则用泥,故塑像手法亦大相径庭,前者重雕与刻,后者重塑。吉官塑像手法有雕、塑、捏、刻、贴、印等,成型后施以彩釉,艺术效果浑厚凝重。以其作品托马斯·托德(Thomas Todd,约1770年)[3]立像为例,(见图2-15)此像造型逼真,站姿自然,神态安详,线条简洁,比例匀称。人物面庞丰满凝重,双目炯炯有神,左手叉腰,右手插于前胸衣襟,身着蓝色便服外套,白色衬衣,黑裤黑鞋,显得内敛而自信。塑像的动作、形态、表情、眼神、须眉、衣纹等都表现得当,如采用搓珠填眼法突出眼球,以眼传神,个性鲜明;又如采用贴塑手法处理衣纹、褶皱及衣扣,使其自然流畅。为了达到惟妙惟肖的效果,吉官注重面部骨骼的雕塑,皮

---

[1] 杜柏秋著,张欣玮译:《认识中国绘画的新途径》,参见洪再新选编《海外中国画研究(1950—1987)文选》,上海人民美术出版社,1992年,第141页。
[2] [美]詹姆斯·埃尔金斯著,潘耀昌、顾泠译:《西方美术史学中的中国山水画》"中文版序",中国美术学院出版社,1999年,第3页。
[3] 托马斯·托德为伦敦佛里特街的茶叶商及药剂师。

肤的肌理、耳朵的轮廓以及凹凸的质感,均制作精细,贴塑而成的鬓发、须眉一丝不苟,整体风格文雅精细,栩栩如生。职业的需要还使吉官练就敏锐的观察力及极强的记忆力,能在有限的时间内抓住顾客的外貌特征并摹形绘神、忠实再现。

其二曰由塑神转变而为塑人。中国古代有不为生者立像的传统,且从事此业者多是匠作,因此雕塑艺术一直处于边缘化状态,从未上升至主流艺术的层面,更因缺乏相关理论的传承而沦为饭牛屠狗之业。从题材上看,中国古代人物雕塑大多与巫术、丧葬、宗教文化息息相关,以陵墓雕刻、墓俑雕塑及宗教雕塑为主,前两者皆为逝去的亡灵服务,最早出现在春秋战国时期的贵族墓葬,而以秦兵马俑为最突出的代表;后一种宗教雕塑则深受佛、道二教及民间宗教的影响,以想象的菩萨、仙道为主,人物脸谱化、题材程式化倾向严重。如佛教传入中国以后,魏晋南北朝开始出现佛祖、菩萨塑像,至唐进入全盛期,敦煌、云冈、龙门等处的佛祖、菩萨、天王、罗汉像至今尚存,宝相庄重,风韵高妙,但所本多印度造像理念,且有"三十二相""八十种好"等范式。粤地塑像艺术以滥觞于南宋理宗嘉熙元年间的潮洲大吴泥塑为代表,明代大吴翁仔以弥勒、观音、土地公等佛、道神像为主,清代以降,除宗教人物外,还出现了潮剧、民间传说和章回小说故事中的人物造型,但为生者塑像仍是禁忌。

图2-15 吉官作品:Thomas Todd立像,现藏于伦敦博物馆。作者拍摄。

西方雕塑的核心主题却永远是人,无论古希腊、古罗马雕塑,还是巴洛克、洛可可风格的雕塑,均崇尚赞美人体、讴歌人性的人文主义精神。吉官等一众服务于西洋顾客的广州艺匠受到东渐的西方艺术思想的熏染,打破了几千年传承下来的不为生者立像的传统,专以深目高鼻、碧眼紫髯的洋人为创作对象,尽管这种改变的初衷仅是谋生,但在客观上却是对中国传统塑像观念的一种变革及对创作题材的一种拓展。这种新变在文人雅士眼中或许仅是市井俗辈不入流的雕虫小技,但正是这种既非出自宫廷贵族或文人士夫,也非附属佛道宗教的民间艺术,打破了主流意识形态及宗教理念的桎梏,以自由开放的匠人心态开拓崭新的创作领域,作品关涉创作者与被创作者双方的心理、情感、习俗、思维方式、文化背景等各个方面,融汇着东西方迥然不同的文化基因,体现出朴实而真挚的精神内涵,具有蓬勃旺盛的生命力,给中国的雕塑艺术带来取之不竭的灵感源泉和精神给养,凸显了民族文化与异域文化的深度结合,这是以往不以活人为塑像对象,只以逝者、神仙、佛道、圣贤为创作题材的艺匠所不具备的素质及境界。

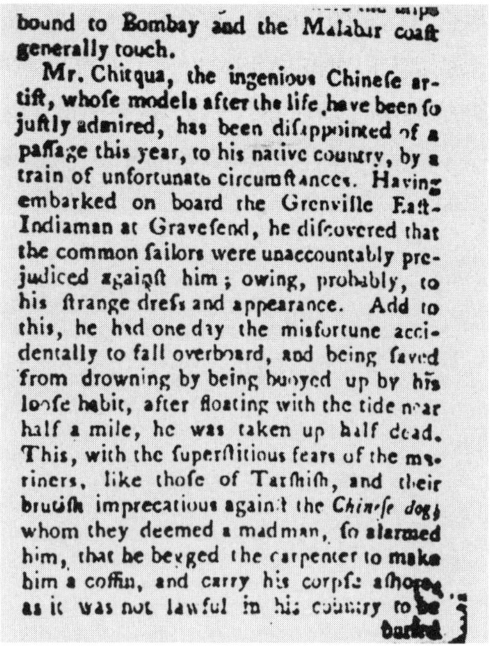

bound to Bombay and the Malabar coaſt generally touch.

Mr. Chitqua, the ingenious Chineſe artiſt, whoſe models after the life have been ſo juſtly admired, has been diſappointed of a paſſage this year, to his native country, by a train of unfortunate circumſtances. Having embarked on board the Grenville Eaſt-Indiaman at Graveſend, he diſcovered that the common ſailors were unaccountably prejudiced againſt him; owing, probably, to his ſtrange dreſs and appearance. Add to this, he had one day the misfortune accidentally to fall overboard, and being ſaved from drowning by being buoyed up by his looſe habit, after floating with the tide near half a mile, he was taken up half dead. This, with the ſuperſtitious fears of the mariners, like thoſe of Tarſhiſh, and their brutiſh imprecations againſt the *Chineſe dog*, whom they deemed a madman, ſo alarmed him, that he begged the carpenter to make him a coffin, and carry his corpſe aſhore, as it was not lawful in his country to be buried.

图2-16　《绅士杂志》有关吉官报道的书影。

正因为具备独创性及写实性，吉官的泥塑人像引起了英国艺术界的高度重视，《绅士杂志》如此评价吉官的作品：“作为一个具有独创性的中国艺术家，吉官先生以生活为原型的创作方式广受赞赏……他相当敏感，富于观察力，极具艺术天分，尤其体现在用一种中国黏土塑像方面。他制作的许多小型人像如此栩栩如生，与其所要表现的真人酷肖。他能默记人们的外貌特征，然后凭记忆塑像。……在伦敦，吉官用从中国带来的黏土为顾客制造人物塑像，这些塑像所穿服装也先以此土制成然后上色。他的人物塑像有些是坐着的，立像则多用石头支撑。吉官用一种极为写实的方式塑造模特的脸部，完工的塑像常用模特自己的头发制作成可拆卸的假发。他以凭记忆成像而著名，他的才华广受青睐：时人认为他是一个取材于现实、颇受尊崇的艺术家。”[1]（参见图2-16）由此可见，正是这种写实精神及在吸收西方人物速写技巧、审美趣味的基础上，融合多年创作经验而形成的全新雕塑方法，赢得了英国艺术界的尊重。

综上，尽管中国的史籍笔记未留片楮只言给吉官之属“末流匠作”，今天的研究者只能辗转于18、19世纪西人的旅行笔记、书信日记中搜寻众“呱”（Qua）的遗风逸尘，甚至永远无从得悉他们的真名实姓。但名字仅是符号，吉官等民间艺术家的存在毋庸置疑，其微型塑像、外销洋画的跨国传播标志着中国艺术突破自给自足的封闭文化体系，而被国际贸易、宗教传播、殖民战争等各种因素合力裹挟进视觉艺术的全球流通中。200多年前这位孤身赴英的民间艺匠并无充当中英肖像艺术交流使者的自觉，但在客观上，他却成功担当了这一角色，他的作品与世界各国名家名作一起被陈列在欧洲各大博物馆永远供后人观赏。此外，吉官作品或许还有另一个时代意义。18世纪六七十年代，英国工业革命方兴未艾，吉官以泥土、竹木为原料的人物塑像彰显了乡村经济的自然性、偶发性、地域性特征，给英人对大自然和乡村生活的怀念创造了一个具有异国情调的载体。机器取代人工，在将人类从繁重体力劳动中解放出来的同时，也剥夺了人们接触自然、身心合一的快乐，

[1]　*Gentleman's Magazine*, Vol. XLI, pp.237–239.

而吉官泥塑的民间性、古朴性、自然性、唯一性,或许可以慰藉转型时代纷乱窘困的心灵,承载起人们对渐行渐远的纯朴、自然乡村的遥望。最后,吉官的际遇也生动表明了平等的跨文化的对话在过去、现在、将来的重要性:"只有发现、发扬自己的特殊性,充分尊重与自己不同的相异性,达到真正的互识、互补和互证,才能达到跨文化对话所追求的人类文化多元共存的目的。"[1]

---

[1] 乐黛云:《多元文化中的中国思想》,中华书局,2015年,第120页。

第三章
东印度公司与欧洲园林、建筑艺术的"中国风"

18世纪初,英式景观园林崭露头角,打破了勒·诺特法式园林一统欧洲的局面,以反对称、不规则及借景于自然的设计为特长,同时大量使用亭、塔、桥、石、瀑等中式园林小品,因而被称为"英华园林"。英华园林萌蘖于17世纪由传教士及东印度公司带入欧洲的中华造园理念,弱化人力、强调天工的"Sharawadgi"及"ha-ha"理论助力其生成,肯特、钱伯斯等园艺家的积极实践终于使其成为欧洲园林史上的一篇华章。然而英华园林并非中式园林的翻版,而是东西方造园、建筑艺术的交融,从一个侧面生动彰显了"中国风"艺术的杂交性及混血特质。中式宝塔历来被西人视为中国建筑的典范:"他们(中国人)的艺术是真实而独具魅力的,所有伟大民族的建筑艺术亦然。埃及人创造了金字塔,巴比伦有恢宏的宫殿及空中花园,希腊人发明了高贵、典雅、壮丽的陶立克式建筑及神庙;罗马则有凯旋门、大广场、竞技场及宏伟别墅。中国建筑艺术的象征及独特之处则在于我们即将讨论的宝塔。"[1]在中塔西传的历史进程中,东印度公司承担了重要的桥梁作用,不仅确证了由耶稣会士肇始的瓷塔传说,而且造就了钱伯斯对瓷塔最成功的仿造。欧洲瓷塔镜像的生成、流播及式微,一方面展现了中国建筑文化对西方的影响,同时彰显出矗立于异质文化土壤上的塔文本间的互文性,从而说明人类文化的相互流通及影响是必然、恒久且充满冲突与误读的;另一方面,从熠熠生辉到破败倒塌,瓷塔镜像事实上也折射出17—19世纪300年间欧洲的中国想象及自我身份确认的嬗变。

第一节 东印度公司与英华园林在欧洲的传播

东印度公司与18世纪英华园林在欧洲的崛起、传播有着千丝万缕的关系,最直接的

---

[1] D.J. Kavanacgh, *The Pagoda: Type of Chinese Architecture*, San Francisco: James H. Barry Company, 1915, p.8.

关联莫过于荷属东印度公司访华纪实报告对中国建筑、园林图文并茂的描述,以及曾为瑞典东印度公司服务的威廉·钱伯斯在欧洲大力推广的英式景观园林(Landscape Garden),而东印度公司进口至欧洲的各种物品上的中式园林图像更潜移默化地影响了欧人的造园理念。对于中欧造园理念的差别,意大利籍耶稣会士马国贤(Matteo Ripa, 1682—1746)在亲自考察过康熙帝位于北京郊外的避暑离宫后作出了较为客观的评点:"与我在中国看到的其他乡间别墅一样,其品味与欧洲建筑有极大差异。我们寻求一种反自然的艺术,如铲平山丘,抽干湖水,砍伐树木,拔直小径,建造巨大的喷泉,将花草栽种成列;而中国人与我们相反,他们以艺术的形式致力于模仿自然。于是在这些园林中,有迷宫般的假山和纵横交错、曲直不一的蹊径。有些园林位于平原及山谷,还有一些矗立于由石头及贝壳堆砌而成的小山顶。湖泊中点缀着由小桥或船只连通的岛屿,岛上建有凉亭,皇上退位后可以与其嫔妃在此垂钓、解乏。树林中鹿兔成群,还有许多类似鹿的动物可以产出麝香。一些开放的空间种植了粮食和蔬菜,四处皆是果树与鲜花。"[1]马氏描述的这座世外桃源般的园林便是始建于1684年的畅春园。截然不同的中国造园理念自17世纪中叶始便通过不同渠道、各种载体源源不断地输入欧洲,为被凝重规整的直线和几何造型束缚的欧洲园林注入了一股清流。18世纪初,英国开始出现景观园林这一新生事物,以斯托园(Stowe)及斯托赫德风景园(Stourhead)为代表。至该世纪中后期,这种创新性的园林风靡整个欧洲,被法国人称为英华园林(Le Jardin Anglo-chinois)。

一、东印度公司与英华园林的源起

尽管法国人一向认为他们的勒·诺特式园林冠绝欧洲,但也不得不承认流行于18世纪中后期的自然景观园林首先出现在英格兰。当非正式、不规则的设计及宝塔、亭子、拱桥等中式园林小品如雨后春笋般在法国埃尔芒翁维尔(Ermenonville)、巴加泰勒(Jardin de Bagatelle)花园及小特里亚农宫(Petit Trianon)等著名园林出现时,傲娇的法国人也不得不臣服于这一势不可挡的潮流,但一向领时尚风气之先的他们并不认为英人具有如此卓越的创造性:"英国人在园艺方面的成就应归功于中国人,正是中国人深谙营构园林的艺术,善于利用欢快的飞瀑流泉,或者深渊、陡峰、幽洞等富于魅力的恐怖元素创造美妙景观。"[2]因此,他们略带嘲讽、不情不愿地"赐给"英式景观园林一个较为正式的名称:Le Jardin Anglo-chinois,同时一再强调中国而非英国才是这一时尚的发源地,而最早将中式园林介绍给欧洲的人正是法国的耶稣会士,如此,法国人在这一时尚风潮中方挽回了一些颜面。

诚然,来华耶稣会士为西传中国园林文化立下了汗马功劳,如马国贤对热河避暑山

---

[1] Matteo Ripa, Fortunato Prandi, *The Memoirs of Father Ripa, during Thirteen Years' Residence at the Court of Peking in the Service of the Emperor of China*, London: J. Murray, 1844, p.62.

[2] *Chinoiserie: The Vision of Cathay*, p.163.

庄图文并茂的描述，[1]王致诚详细介绍圆明园结构布局、山川形胜的书信（A Letter from a French Missionary in China），[2]杜赫德《中华帝国全志》（Description geographique, historique, chronologique et, plysique de L'Empire de La Chine et de la Tartarie Chinoise）广罗众多传教士之中华见闻，自然不乏对中式建筑及园林的介绍。然而，最早也最权威的对中式园林的介绍仍推约翰·尼霍夫的《1656年荷兰东印度公司使团觐见当今中国大汗纪实》，[3]尽管访华使团走水路进京，所见多为沿岸景物，但其对彭家凹的假山、邵伯湖上的龙船、张秋城大王庙及南京城报恩寺塔的描述成为日后构成英华园林的重要元素，尼霍夫所绘插图被广为转载和模仿，彭家凹假山成为英华园林喜用的怪石，邵伯湖龙船变身为坎伯兰公爵（Duke of Cumberland）的"满大人"游艇（The Mandarine Yacht），丘园大塔即是缩小版的报恩寺塔，而且尼霍夫此书直接影响到"Sharawadgi"理论的诞生。因此荷属东印度公司有关中国的早期出版物对英华园林的产生及传播起到了不可小觑的作用。

英人对中式园林的最初关注以一个怪字"Sharawadgi"的出现为标志。该字首先出现在政治家、文学家威廉·坦普尔爵士（Sir William Temple，1628—1699）的《论伊壁鸠鲁的花园或造园艺术》（Upon the Garden of Epicurus or Gardening in the Year，1685）一书中。值得注意的是，坦普尔早年便着迷于葡萄牙冒险家平托（Fernão Mendes Pinto，1510—1583）的《远游记》（Peregrinação），该书对16世纪初的明代中国有着广泛描述。1668年坦普尔前往海牙出任大使，期间曾仔细研究过尚未英译的尼霍夫的使团访华报告。[4]1690年，他发表《论伊壁鸠鲁的花园或造园艺术》一文，自称在屏风及瓷器中了解了中国人的审美习惯，首次以"Sharawadgi"表示中国造园艺术取法自然、不规整、非对称的美学理念，称颂其错综复杂而又不失秩序的独特美感。[5]"Sharawadgi"理论显然是基于传教士及尼霍夫等人相关著述的带有想象性的发挥，坦普尔没有预料到他这一较为随意的发挥直接影响到了日后英华园林的产生及其在欧洲的传播。

可能人们已厌倦了传统园林沉闷的规整与对称，"厌倦了被古罗马的庄严及规整一统天下的陈旧景象"，[6]坦普尔"Sharawadgi"说一出，应者纷起。诗人、剧作家爱迪生（Joseph Addison，1672—1719）、园艺家斯蒂文·斯威则（Stephen Switzer，1682—

---

[1] Matteo Ripa, *36 Etched Views of Jehol, the Summer Palace of the Emperors of China*, Jehol, 1713.

[2] Jean Denis Attiret, Joseph Spence, *A Particular Account of the Emperor of China's Gardens near Pekin*, London: printed for R. Dodsley, in Pallmall, 1752.

[3] 尼霍夫之前虽有马可·波罗游记及约翰·曼德维尔（John Mandevill）的游记分别描绘过中国园林建筑，但由于这些游记传奇色彩过于浓重，因而并未被欧人严肃对待。

[4] Patrick Conner, *Oriental Architecture in the West*, London: Thames and Hudson, 1979, p.29.

[5] William Temple, *Miscellanea, the Second Part: in Four Essays: I. Upon Ancient and Modern Learning; II. Upon the Gardens of Epicurus; III. Upon Heroick Vertue; IV. Upon Poetry*, London: Printed by J.R. for Ri. and Ra. Simpson, 1690, pp.131-132.

[6] *Chinoiserie: The Vision of Cathay*, p.22.

1745)、诗人蒲伯(Alexander Pope, 1688—1744)、历史学家贺瑞斯·沃波尔等人先后在《旁观者》(The Spectator)、《卫报》(The Guardian)等报刊发表文章介绍中国园林,宣扬与古典主义严峻、凝重风格全然不同的"Sharawadgi"理念。蒲伯从"Sharawadgi"一词引申出"精巧的荒凉"(Artful Wildness)理论,并将其实践于著名的特威克纳姆花园(Twickenham Garden);斯蒂文·斯威则在其帕斯顿庄园"将树木分散栽种于庄园建筑四周,将草地、玉米地、草扎的篱笆混搭,这是庄园最本质的美,看似相当具有田园风味"。[1]自此,师法自然、返璞归真的造园艺术在英国逐渐深入人心,涌现出查尔斯·布里奇曼(Charles Bridgeman, 1690—1738)、威廉·肯特(William Kent, 1685—1748)、"巧匠"布朗(Capability Brown, 1715—1783)、钱伯斯等著名园艺家。

威廉·肯特是18世纪初期自然景观园林的重要实践者,他设计了伦敦奇西克花园(Chiswick Garden)、白金汉郡斯托园(Stowe Garden)、牛津郡罗夏姆园(Rousham House)等著名的自然景观园林,除了拆除围墙,将花园融入大自然外,其最大的贡献在于将极具野趣及中国风韵的瀑布、寺庙、岩洞等元素融入西式园林,用这些轻巧新奇的中式园林小品革新欧洲传统园林古板庄重的设计,为后来的布朗、钱伯斯等人树立了样板,开阔了视野。(参见彩图17)采纳中式造园理念和建筑小品的景观园林在英国渐成气候,如乔治·安森上将(George Anson, 1697—1762)夏格伯勒庄园(Shugborough Park)里的中国屋、什罗浦郡达文波特花园(Davenport Park)里的四层宝塔及中式小桥等等,不一而足。1750年,哈夫彭尼兄弟的《中国寺庙、拱门、花园椅、栅栏等的新设计》一书出版,[2]标志着这一时尚的迅猛发展,连皇室成员也成为这一时尚的推动者。1753年,乔治二世次子坎伯兰公爵命人将一只旧船改造成"满大人"游艇,该艇长40英尺,正中建有一亭式船屋,装饰着灯笼及中式栏杆,船体绘有一条中国巨龙。1759年,他又在温莎公园(Windsor Park)的维吉尼亚湖中建造了中国岛,"岛上一间小屋极具中国风韵,外墙贴有嵌着红线的白瓷砖,装饰有铃铛及其他中国物品。你可经由一座中国小桥走进此屋。盛夏酷暑之际,小岛看上去也非常凉爽怡人"。[3]

18世纪中期,英国的这一园林时尚蔓延至欧洲大陆。波兰前国王斯坦尼斯劳斯(Stanislaus Leszcynski, 1677—1766)得风气之先,"在伦纳维尔城堡(Luneville)建造一座名为'三叶草'(Le Trèfle)的亭子作为其消遣之处,法国建筑师伊曼纽尔·赫雷(Emmanuel Héré de Corny, 1705—1763)的设计中另有壮观的岩石群,与风车、水车、熔炉、隐者所居的山洞及各种乡村活动相得益彰——成为这一世纪后几十年中盛行的英华园

---

[1] Stephen Switzer, *Ichnographia Rustica*, London: printed for D. Browne, B. Barker and C. King, Vol. III, 1718, p.82.

[2] William Halfpenny, John Halfpenny, *New Designs for Chinese Temples, Triumphal Arches, Garden Seats, Paling, etc*, London, 1750.

[3] *Oriental Architecture in the West*, p.71.

林的先声"。[1]赫雷的项目设计图出版后,波兰国王赠送了一册给普鲁士国王腓特烈大帝(King Frederick the Great of Prussia,1712—1786),后者不甘落后,也于1755年命德国建筑师约翰·戈特弗里德·伯灵(Johann Gottfried Büring)在著名的波茨坦无忧宫(Sanssouci Park)夏宫旁设计建造中国屋(Chinesisches Haus)。(见彩图18)1764年,这一融洛可可及中国风于一体的金碧辉煌的建筑终于完工。中国屋呈双层三叶草形,八根镀金岩柱撑起伞形屋顶,柱旁及墙边或坐或站着18个身着中式服饰的镀金人物雕像,他们或品茗,或吹号,或鼓琴,形态各异,惟妙惟肖。屋顶另有一真人大小的撑伞人物造型。室内极尽奢华,摆满大帝费尽心力、财力罗致的东方物品,如丝绸、瓷器、漆器等,天花板上绘有中国人宴游行乐图。无忧宫中国屋是腓特烈精心营构的奢华东方乐园,至今仍吸引着世界各国游客惊艳的目光。

二、东印度公司雇员钱伯斯与英华园林在欧洲的传播

18世纪中期,英华园林出现了两条发展路径:一是摒弃一切人为造作甚至围墙栅栏,尽可能让花园呈现出一目了然的自然形态,也即"ha-ha"式园林(见下文),这种设计让小园与旷野融合,"天供闲日月,人借好园林",[2]但缺乏观赏必需的兴奋及新奇点;二是既非纯天然亦非纯人造,而是两者的融合,借重于假山、瀑布、曲径、树林等元素营造"自然"韵致,这与中式园林不露痕迹地将自然景观融入人为造作的特质十分接近。瑞典东印度公司雇员威廉·钱伯斯便是后者的倡导者,两次前往广东并亲眼目睹岭南园林及建筑的经历为其日后推广英华园林积累了第一手资料,他从理论及实践两方面践行中国师法自然而又高于自然的造园准则,大大提升了英国景观园林的知名度及观赏性,堪称欧洲最具影响力的英华园林专家。

钱伯斯离开东印度公司后便致力于建筑园林学,将其在广州所见之建筑及各种器物图文并茂地记录下来,于1757年出版《中国建筑、家具、服饰、器械及器皿的设计》一书,并以《中国园林设计艺术》(Of the Art of Laying Out Gardens Among the Chinese)一文作为该书前言。在此文中,他赞扬"中国人长于造园艺术,他们品味不俗",[3]认为中国园艺师既是画家、植物学家,更是哲学家。[4]开工时,他们必先考察园林的地形、特征、水源及环境,然后再规划如何用最少的投入扬长避短、充分呈现自然之美。"自然便是他们造园的范式,他们的目的便是模仿大自然美丽的不规则。中国的园艺师犹如欧洲的画家,他们能撷取大自然最令人愉悦的部分,不仅尽力展现出其优长之处,还将其融入园林整体,

---

[1] *Oriental Architecture in the West*, p.22.
[2] (唐)白居易:《寻春题诸家园林》,《白居易集》卷三三,中华书局,1979年,第738页。
[3] William Chambers, *Designs of Chinese Buildings, Furniture, Dresses, Machines, and Utensils,* London, Published for the author, 1757, Preface.
[4] William Chambers, *A Dissertation on Oriental Gardening*, London, 1772, p.11.

形成一种优雅并令人震撼的感染力"。[1]钱伯斯认为中国园林艺术虽古无定则,但一以贯之地顺应自然,将天工与人力巧妙结合。西方园林则偏离自然,崇尚规范、精确的直线及几何造型。如若结合两者长处则可臻于完美。1772年,钱氏又出版《东方园林专论》(*A Dissertation on Oriental Gardening*)一书。此书对中国造园艺术作了更为深入的研究及思考,所涉及的中式园林大大超出钱氏的广东经验,很可能参照了传教士的相关著述,同时掺杂进较多的想象成分。但钱氏是最早对中国园艺进行系统研究的西人,其心得颇有见地及启发性:

(一)中国园林的灵魂是师法自然而又高于自然。钱伯斯在专论中竭力倡导"虽由人作,宛自天开"的造园美学观,将中式园林复杂与不规则的设计与欧洲园林规整、宏伟但又古板沉闷的风格相对照,认为园林应是各类植物诸如树林、灌木、花草的汇集之地,植物的布局须是反规整、不对称的,如此方能呈现出自然的无序;园林还须利用湖河、瀑布、喷泉等水景,展现自然能给予的灵动之美及所有不规则形态,再借助于亭榭、雕像、画作及珍禽异兽以强调天工与人力的融合。钱伯斯努力倡导一种反经典的园林审美观,他的造园理念与坦普尔颇为相似,但他认为仅仅做到"Sharawadgi"还不够,园艺家还须精于改造自然的缺陷以提升园林的观赏性。

(二)中式园林具有值得效仿的多样性特质。钱氏感叹中国园林"是如此富于创意,在同一园中,你很难找到两个相似的景观构造"。[2]中国园艺师不会互相模仿也不会重复自己的创意,但凡能愉悦身心、刺激想象、满足感官享受的一切都不会被遗漏。[3]钱氏归纳出适合于西人模仿的三种景观:愉悦型(pleasing)、惊悚型(horrid)及魔幻型(enchanted),认为通过巧妙搭配这三种景观,便可达到出人意表的对比性效果:

> 他们引导你从视域狭窄之处步入豁然开朗的景观;从惊悚场景移步至赏心悦目之处;从湖河至山谷、丘陵及森林;将形式的复杂与极简、色彩的阴暗压抑与明亮温暖相互对衬;通过高妙的布局设置光与影的配比,从而使这些景观在整体中卓而不群、夺人心魄。[4]

钱氏认为中式园林常以小桥、溪水、花草、亭榭悦人眼目,舒人身心,同时善于设计阴暗岩洞、幽深森林、荒凉原野以及陡峭绝壁等惊悚景观,带给人充满惊诧的体验,并且使园林形成一种奇妙的哲学平衡及富于创意的多样性,黑暗、迷惑及不确定的意象能催生极具激情的想象,"即如音乐的乐章,从简单过渡至丰富,从而形成一种无尽的复杂多样性的

---

[1] *Designs of Chinese Buildings, Furniture, Dresses, Machines, and Utensils*, pp.14-15.
[2] *A Dissertation on Oriental Gardening*, p.91.
[3] Ibid., p.36.
[4] Ibid., p.15.

彩图 17　英国斯托园（Stowe Garden）的中国屋

初建于 1738 年

彩图 18　德国波茨坦无忧宫的中国屋

彩图 19　建造于 1670—1671 年的特里亚农瓷塔的中心建筑

由 Bernd H. Dame 及 Andrew Zega 绘

彩图 20　德国皮尔尼茨夏宫顶部装饰

彩图 21　丘园宝塔

位于伦敦丘园，作者拍摄

彩图 22　广州赤岗塔塔基的托塔力士形象

作者拍摄

彩图 23　那不勒斯及西西里岛阿玛丽亚女王瓷屋

彩图 24　英国黑尔伍德大宅东卧室

彩图 25　纳什绘制的皇家布莱顿宫长廊图像

长廊完工于 1815 年

彩图 26　英国德文郡萨尔特伦宅邸（Saltram House）书房内的中国通景壁纸

图片来自国民托管组织萨尔特伦庄园网站 https://www.nationaltrust.org.uk/saltram

彩图 27　伦敦河岸街库茨银行马戛尔尼壁纸（局部）

作者拍摄

彩图 28　法国著名画家皮耶蒙作品

图片来自"共有艺术"网站　https://www.mutualart.com/Artwork/Chinoiseries/43426FFE3EFA

彩图 29　中国漆屏风

约制作于 1600—1700 年，现藏于英国牛津阿什莫林博物馆（Ashmolean Museum），作者拍摄

彩图 30　维也纳美泉宫漆屋

曾是玛丽娅·特蕾莎女王的私人会客室

彩图 31　华托所绘猴戏主题天顶画

由 Christelle Inizan 拍摄，https://journals.openedition.org/insitu/805

彩图 32　坎德勒"猴子乐队"瓷像

现藏德国德累斯顿陶瓷博物馆（The Royal Porcelain Collection, Dresden），作者拍摄

连续"。[1]至于钱氏描绘的第三种魔幻型景观,则更多地基于想象。他试图构建一种黑暗及光明、模糊及清晰、恐惧与愉悦的强烈反差,如走出幽暗森林,在峭壁断崖意外邂逅灿烂阳光。他还在专论中描绘了极具浪漫色彩的世外桃源,如溶洞中栖息着巨蛇、蜥蜴等怪物,密林里遍布猿猴、山猫,灌木丛中鲜花盛开、鸟鸣婉转,在长满茉莉、玫瑰及葡萄藤的亭榭中,远足之人在悦耳的笛声中邂逅身穿透明飘逸长袍的满族少女,她们端上美酒、芒果、凤梨等水果款待游人。[2]这些描述一如法国洛可可艺术画家布歇(François Boucher,1703—1770)甜俗艳丽的画作《中国花园一景》(Vue d'un Jardin Chinois),又如马可·波罗(Marco Polo,1254—1324)和曼德维尔(Sir John Mandevile,?—1371)对中国的童话式描述,因而引来各方诟病,被视为极具幻想性的画卷而非园艺学专论。[3]为此,钱伯斯在专论的第二版中不得不假借当时正旅居伦敦的广东艺匠吉官(Chetqua)的陈述以捍卫其浪漫想象的权威性。[4]然而,钱伯斯的造园理论颇得威尔士亲王弗雷德里克也即日后的乔治三世(George William Frederick,1738—1820)的青睐,不久他便得到了改造丘园、实践其造园理念的机会。

丘园是弗雷德里克之母奥古斯塔公主(Princess Augusta of Saxe-Gotha,1719—1772)在伦敦近郊的私人园林。接受委任后的钱伯斯不负众望,将丘园打造成欧洲最负盛名的英华园林。完工于1762年的丘园塔成为最具代表性的"中国风"建筑,此塔依照尼霍夫报告中的南京瓷塔(报恩寺塔)建造,高63英尺,八面十层,每层翘檐装饰有镀金翼龙,攒尖塔顶镶嵌五彩玻璃,塔刹镀金。宝塔居高临下矗立于园中,以其独特的造型、亮丽的色彩及当时无可匹敌的高度成为伦敦的地标性建筑。除此之外,钱氏还在

图3-1 丘园孔子屋,钱伯斯《丘园建筑及园林的设计图、正面图、分布图和透视图》(1763)书影。

---

[1] *A Dissertation on Oriental Gardening*, p.92.
[2] Ibid., pp.37-38.
[3] William Mason, *An Heroic Epistle to Sir William Chambers*, London: Printed for J. Almon, in Piccadilly, 1776.
[4] *A Dissertation on Oriental Gardening*, 2nd ed., London, 1773, p.115. 吉官的陈述可能也是钱氏杜撰的。

园中建有一湖心亭,亭外挂满中式鸟笼,笼内东方珍禽婉转啼鸣。湖边茂树成林,嶙峋怪石堆砌而成的假山上瀑水飞泻,一条曲径连接着园中各处的建筑。埃厄罗斯神殿旁的孔子屋(The House of Confucius)看似一座六角凉亭,建于饰有雕栏的亭基之上,主体部分是轻巧的木雕花窗,攒尖伞形亭顶,檐角悬挂铃铛,亭顶饰以飞龙。(参见图3-1)可能西人想象孔子应该在此类亭子中传道授业,故有此名。尽管此屋早已灰飞烟灭,但我们仍然可以想见当年它与宝塔一起构成了丘园中最具中国特色的亮丽风景。总之,丘园是钱氏造园理念及丰富想象的最完美呈现,也是18世纪中叶欧洲英华园林的杰出代表。

钱伯斯关于英华园林的著述及实践在欧洲产生了极大的影响,他妙造自然、天人合一的造园理念拥有大批拥趸者,英华园林由此在欧洲迎来了流行期。爱好中国风的德国安哈尔特·弗兰兹王子(Prince Franz of Anhalt-Dessau, 1740—1817)依照钱伯斯的园林设计理论,于1780年重新装修欧哈尼恩堡(Oranienbaum),将原先的巴洛克式湖心岛改造成英华园林,修建了宝塔、茶屋及几座拱桥,以强调这一部分有别于欧洲古堡的轻盈秀美风格,临水而建的茶屋及依山耸立的五层宝塔小巧别致,别具中国风韵。瑞典国王阿道尔夫·弗里德里克(Adolf Frederick, 1710—1771)及王后露维莎·尤利卡(Queen Lovisa Ulrika, 1720—1782)也于1763年命瑞典建筑师阿德尔克朗兹(Carl Fredrik Adelcrantz, 1716—1796)改造初建于1753年的斯德哥尔摩郊外卓宁霍姆宫(Drottningholm Palace)的中国阁。中国阁的主体建筑为双层中式楼阁,楼阁两侧各辅以一单层亭式建筑,屋顶铺设绿瓦,屋檐悬挂铃铛,门窗、栏杆及廊柱皆以镀金材料装饰。中国阁东侧的公园中另有一宝塔型亭子(The Volière)。国王夫妇还别出心裁地在卓宁霍姆宫西南缘的马拉伦(Mälaren)湖畔设计了一条建有小型商馆区的广东街(Kantongatan)。可见东印度公司及广东对瑞典王室的影响。晚清出访欧洲的使节张德彝当年见到中国阁后兴奋异常:"忽见中国房一所,恍如归帆故里,急趋视之。正房三间,东西配房各三间,屋内隔扇装修,悉如华式。"[1]在当时的瑞典人眼中,中国仍为神秘之地,代表着富饶和时尚,每一个上流社会成员都以拥有一间中国厅或者几件中国物品而自豪。

有趣的是,发明"英华园林"这一名称的法国人却并不急于让此时尚风气吹进他们的园林。直至18世纪70年代之后,法国方始出现中式建筑小品及景观园林的踪影。1774年,路易十六将特里亚农的一部分房产作为礼物送给他的新娘玛丽·安托瓦内特(Marie-Antoinette, 1755—1793),其中最主要的建筑是著名法国建筑家加布里埃尔(Ange-Jacques Gabriel, 1698—1782)为蓬巴杜夫人设计的特里亚农城堡。玛丽接手此礼后不久,便在城堡旁建造了一座英华园林,以园中的中式旋转木马为标志物,木马安装了孔雀形或龙

---

[1] (清)张德彝:《航海述奇》,钟叔河编:《走向世界丛书》第一辑,岳麓书社,2008年,第548页。

形座椅,中央立柱也以"中国风"主题装饰。英国作家、农学家阿瑟·杨（Authur Young, 1741—1820）1787年参观此园后不以为然地评论说："园林占地约100公顷,虽设计为英式花园,展现出的却是我们在书上常见的中式园林。设计风格更多依照威廉·钱伯斯而非布朗,人工甚于天工,花费高于品味。"[1]18世纪70年代法国英华园林的代表应

图3-2 法国雷兹荒漠庄园的中国屋。

属完工于1785年的雷兹荒漠花园（The Désert de Retz），此园为法国贵族、音乐家及建筑园艺师蒙维尔（François Racine de Monville, 1734—1797）的私产,他以丘园为范本,在园中种植4 000余棵树,改道了一条河流,开挖了几个池塘,在庄园内设计了中国屋（见图3-2）、潘神殿等各种风格的建筑。蒙维尔的中国屋（Maison Chinoise）是欧洲少有的兼具居住及观赏功能的"中国风"建筑,波浪式曲线的屋顶与特里亚农瓷宫颇为神似,展现出设计者的怀旧情结,而底层宽屋顶两侧的硕大瓷花瓶、仿竹制廊柱上复杂的几何图案、图书室中的红灯笼、屋旁及屋顶的三个中国人物雕像等在在展现出浓重的中国韵味。庄园建筑有些至今尚存,成为研究法国园林史最丰赡生动的实物资料。多才多艺的蒙维尔还影响了法国其他英华园林如阿蒙农维拉庄园（Chateau de Ermenonville）的设计。

如果说丘园、欧哈尼恩堡、卓宁霍姆宫、特里亚农城堡皆为皇家园林,只能代表贵族趣味的话,同为英国东印度公司雇员的科克雷尔兄弟（John Cockerell, Charles Cockerell）于18世纪末19世纪初营建的塞琴科特（Sezincote）庄园则代表了新兴中产阶层对东方园林艺术的痴迷。该庄园是约翰·科克雷尔（John Cockerell）上校的心血来潮之物,在公司任职期间,他不仅亲身感知了中印建筑园林文化,而且赚取了大笔财富,故有实力购买位于英格兰格洛斯特郡的塞琴科特庄园。受18世纪英国最后一位景观园林设计大师汉弗莱·瑞普顿（Humphrey Repton, 1752—1818）的启发,科克雷尔兄弟在庄园中糅合了中、印两种风格,将中式凉亭、水池、曲径与印度湿婆神神龛、白象雕像并置,尤其是那座莫卧儿式穹顶建筑让塞琴科特庄园声名鹊起。（参见图3-3）摄政王也即日后的乔治四世（George Augustus Frederick, 1762—1830）于1807年驾临该园参观后印象深刻,再加上瑞

---

[1] Arthur Young, *Travels in France during the Years 1787, 1788, 1789*, London: G. Bell, 1913, p.101.

图 3-3　英国塞琴科特庄园主体建筑。

普顿竭力向他推荐创新的印度风设计方案,皇家布莱顿宫最终成为糅合中、印风格的代表性建筑。

三、英华园林的主要特征及相关著述

英华园林与传统欧洲园林的最大差异在于前者意在彰显自然山水之秀美,后者则强调人工造作之精良。两者皆需借重于自然,但前者是不露痕迹的巧妙化用,而后者则是大刀阔斧的人为改造。18世纪之前流行欧洲的法国勒·诺特尔式园林强调人力的优越性,[1]认为只有依照僵硬的教条及基于美学原理创造的规整,方能使大自然达到最完美的状态。这种园林最典型的呈现形态是笔直的中轴线将园林分割成若干具有装饰性的小单元,主干道两侧饰以成对的大壶及塑像,花圃、树木也按统一间距布置。"笔直林荫道、几何型花园、人造运河外加修剪为雕像的树木及多如树木的雕像"。[2]相较于传统古典园林,英华园林则具有迥然不同的特征。

---

[1] 勒·诺特(Andre Le Notre,1613—1700)是路易十四的宫廷造园家,造园史上罕见的天才。
[2] *Chinoiserie: The Vision of Cathay*, p.144.

英华园林最本质的特征是与自然的和谐。18世纪初运用于法国家庭花园（Kitchen garden）的ha-ha理论传至英国，著名园艺家查尔斯·布里奇曼（Charles Bridgeman，1690—1738）和威廉·肯特受此启发，在造园时推倒围墙，拆除栅栏，让园林融入自然，正如沃波尔评价肯特所改造的斯托园时所云："他越过篱笆，看到整个自然皆为花园。他感受着山丘向深谷悄然过渡时的美妙对比，品味着柔和隆起或凹陷的地势，指点着装饰山野高处的散漫树林。透过树林美丽的间隙，映入眼帘的是旷远而广阔的景致。"[1]此外，英华园林重视水景的设置，不再开挖笔直的人工运河，而借景天然水源，或引水营构瀑布、小溪，瀑泻高崖，溪流草间，灵动之趣油然而生。园中植物则依山临水，呈现出高低错落、疏密相间的自然形态。"树老阴疏，溪桥隐逸，樵钓江村，栈路曲径，峥嵘层阁，漱石飞泉"，[2]一切皆别出心裁却又浑然天成。

其次是强调精心设计的无序。无序即反对称、反规整，摒弃传统园林的直线、几何造型，不将植物等排列或修剪成整齐划一的形状，而是因地制宜地分散种植；根据山水地势，设计各具其趣的亭台楼阁，饰以曲线、涡卷饰、椭圆形窗户，再以曲径、幽树、溪流或粉墙相连，以有计划的不对称彰显无拘无束的自然美。英华园林的无序并不等同于杂乱，而以人工弥补自然的缺陷，艺术地规划自然，妙造优雅之"无序"。

英华园林还重视中式园林小品的广泛使用。亭、塔、假山、怪石、岩洞、小桥等皆是英华园林青睐的建筑元素。亭子一般临水而建，用于钓鱼或纳凉，整体风格轻盈通透，飞檐翘角上悬挂铃铎，攒尖亭顶上装饰有龙或其他动物。宝塔则形制不一，或雄壮，或纤秀，有的纯属点缀物，有的则可登临远眺。自丘园塔一出，各园之塔多依样仿制，唯规模难逮，如尚特卢花园及欧哈尼恩堡的宝塔。怪石被当作独立的观赏对象，或磊落雄伟，或苍硬顽涩。雷兹荒漠花园将怪石置于入口处，以彰显其异域风格。其余如假山、岩洞、小桥等均是西人喜用的创造游园兴奋点的建筑小品。

经过近一个世纪的发展，英华园林形成了自成体系的造园理论。代表这种创新造园理念的专用词汇出现在其滥觞期，如坦普尔"Sharawadgi"及更为奇特的"ha-ha"。

"Sharawadgi"的词源说法不一，要而言之，一种认为该词源自汉语。如张沅长认为"shara"应是"洒落"，意为"不经意的或错落有致的优雅"；"wadgi"应是"瑰奇"，意为"印象深刻的和令人惊讶的"。[3]钱锺书则认为"shara"应是"散乱"或"疏落"，而"wadgi"则是"位置"，组合起来表示"恰因凌乱反而显得意趣雅致、气韵生动的留

---

[1] Horace Walpole, *Anecdotes of Painting in England: with Some Account of the Principal Artists; and Incidental Notes on other Arts*, Vol. 4, London: Printed for J. Dodsley, Pall-Mall, 1782, pp.289−290.
[2] （宋）张怀：《山水纯全集》后序，曾枣庄编：《宋代序跋全编》6，齐鲁书社，2015年，第3628页。
[3] Y.Z. Chang, A Note on Sharawadgi, *Modern Language Notes*, Vol. 45, 1930, pp.223−224.

白空间"。[1]西方学者佩夫斯纳和朗曾撰文阐述该词的五种可能性来源,认为坦普尔从中国器物、山水画上见识了中式园林,又从传教士、东印度公司使团报告得悉相关信息,可能还请教了精通中文者,最后杜撰出该词。[2]另一种认为该词源于日语。如盖滕比(E.V.Gatenby)认为该词是日语中的"soro-waji",意为"使……不规整",是动词"sorou"的(否定)变体。[3]爱尔兰学者穆雷(Ciaran Murray)也赞同此观点。[4]而科威特尔特(Wybe Kuitert)则认为该词源于江户时代的日语词"shara'aji",意为"洒落味",而日语"shara"来源于中文"洒落"。众说纷纭了几十年,该词的词源问题至今仍无一个令人信服的答案。[5]尽管如此,坦普尔倡导的反传统、反规则审美理念却被夏夫兹博里(Shaftsbury)、爱迪生、蒲伯等人奉为圭臬,决定了此后英式景观园林的主导美学取向。

"ha-ha"一词源自法语"Ah Ah",本是一个表示惊讶的感叹词,但法国园艺鉴赏家德阿根维尔(Antoine Joseph Dézallier D'Argenville,1680—1765)1709年出版《园艺的理论及实践》(*La Théorie et la Practique du Jardinage*)一书时,Ah Ah的词性及词义均发生了变迁:

> 目前,我们经常创造一种通透的景观,称为Ah Ah,这种景观推倒围墙,拆除格栅,铺设小径,小径下方的土地中蜿蜒着一条又深又宽的沟渠,两侧有渠岸支撑。看到这一景象,人们不由惊叫:Ah!Ah!此词由此而来。[6]

这一表达惊诧的感叹词Ah Ah被借用指称法国家庭花园用作边界的干渠,它也是战争期间常用的军事设施濠沟。而在德阿根维尔看来,Ah Ah是相较于法式传统园林而发出的惊叹,更是打破藩篱走向自然的创新造园思想。沟渠这种土建设施有两方面的作用:在观赏性方面,拆除围栅以后,人们可对周围的自然景观一览无遗;在实用性方面,挖掘壕沟,能禁止野生动物进入庄园居住区。17世纪凡尔赛大特里亚农宫已有类似设施,只不过当时并未有特定的词语来指称。德阿根维尔此书于1712年由英国建筑学家约翰·詹

---

[1] Ch'ien Chung-shu, China in the English Literature of the Seventeenth Century, Adrian Hsia ed., *The Vision of China in the English Literature of the Seventeenth and Eighteenth Centuries*, Hong Kong: The Chinese University Press, 1998, p.52.

[2] Nikolaus Pevsner and S. Lang, A Note on Sharawadgi, Nikolaus Pevsner ed., *Art, Architecture, and Design*, Vol. I , London: Thames and Hudson, 1968, pp.104-106.

[3] E.V. Gatenby, The Influence of Japanese on English, *The English Society of Japan*, Vol. 11, No. 4, 1931, p.518.

[4] Ciaran Murray, Sharawadgi Resolved, *The Garden History Society*, Vol. 26, No.2, 1998, pp, 208-213.

[5] 有关"Sharawadgi"一字的源起及含义,参见张旭春《"Sharawadgi"词源考证与浪漫主义东方起源探微》,《文艺研究》2017年第11期,第31—39页。

[6] Antoine Joseph Dézallier D'Argenville, *The Theory and Practice of Gardening*, London: printed by Geo. James, 1712, p.77.

姆斯英译后，便在英国大行其道，Ah Ah变成了ha-ha，在特定语境下被用来指称用作花园边界的干渠或推倒围墙后与外界融合的园林景观。英人对ha-ha理论的接受始于布里奇曼在斯托园设计的干渠，此渠外侧渠岸为斜坡形，内侧则用砖石垒砌成垂直形。1724年，珀西瓦尔勋爵（Lord Perceval）在一封信中称赞布里奇曼的设计云："让斯托园更为美丽的是，园林不用围墙而用一条ha-ha作边界，由此你能一眼看到美妙的森林景观。"[1]在布里奇曼及其后继者肯特的努力下，斯托园逐渐从一个巴洛克式花园转变为英国最为著名的自然景观园林。因此，布里奇曼是ha-ha理论在英国的最早实践者，同时也是英国景观园林的开创者，[2]他主张拆除影响视线的障碍物，打破墙栅的封闭让园林无限延伸，将花园的设计引向一种更为自由开放的形式。"ha-ha"词义的变迁恰好与英国景观园林的滥觞及发展期重合，与"Sharawadgi"垂青非直线的形状与非对称的设计不同，"ha-ha"更强调打破视线障碍，让园林融入更广阔的自然，使碎片化的景观成为令人惊喜的整体，因此"ha-ha"实为一种在视觉及心理学方面均具突破性的创新性理念。这一理念在英国广泛传播，被沃波尔、爱迪生、蒲伯等评论家推崇为景观园林的领先之举及关键性尝试，"这一简单的魔法一经实施，平地、刈草、卷草便一齐跟进。与园林毗邻的土地没有了下陷的围栅，便与园内草坪合而为一；园林因而被从呆板的规则中解放，与外面广阔的原野协调融合"。[3]而肯特、布朗及其他园艺家亦乐于接受并实践这一理念，ha-ha在霍顿（Houghton）、肯辛顿（Kensington）、伊斯贝利（Eastbury）、布伦海姆（Blenheim）等园林中相继出现，景观园林由此在英国进入盛行期。我们很难找到ha-ha理论受到中式园林启发的实证，只能说人类要求与自然相谐的愿望是一致的。

有关英华园林的理论著述及范式类书籍（pattern book）则出现在18世纪中后期，此为风尚所趋之必然。相关理论著作如查尔斯·奥维尔（Charles Over）的《哥特式、中式及现代趣味的东方风格建筑》（*Ornamental Architecture in the Gothic, Chinese and Modern Taste*，1758）、保罗·戴克尔（Paul Decker）的《中国的建筑、文明及装饰》（*Chinese Architecture, Civil and Ornamental*，1759）等，更多的则是描述各地英华园林状貌及建筑小品模式的专书及图册，如威廉·哈夫佩尼（William Halfpenny）的《中国风田园建筑》（*Rural Architecture in the Chinese Taste*，1750）、爱德华及达利（Edwards and Darly）的《用于提升现有中国风设计品位的新书》（*A New Book of Chinese Designs Calculated to Improve the Present Taste*，1754）、威廉·赖特（William Wright）的《风格奇异的建筑或有乡村风味的消遣》（*Grotesque Architecture or Rural Amusement*，1767）等，这类书籍并不意在对中西园林差异的宏观体察，却长于描摹、剖析园林建筑的各种细节构造及图案模式。

---

[1] Peter Willis, *Charles Bridgeman and the English Landscape Garden*, London: A. Zwemmer, 1977, pp.110–111.
[2] *Anecdotes of Painting in England*, pp.287–288.
[3] Ibid., p.288.

图3-4 鲁热《时尚的英华园林》书影。

英华园林虽在法国昙花一现，但著名建筑师、制图师鲁热（George Louis Le Rouge，1712—1790）的《时尚的英华园林》(Jardins Anglo-Chinois a la Mode)一书却实际奠定了英华园林在欧洲园林建筑史上的地位。该书凡7卷，陆续出版于1775—1789年间，共收录188幅铜版画插图，包括丘园（Kew）、白金汉公园（Buckingham）、特里亚农城堡（Trianon）、雷兹沙漠园、施威琴根宫（Schwetzingen）等欧洲著名园林的早期图像、设计方案及其他资料，兼具理论阐述及视觉呈现，书中插图有的是作者实地考察的素描，有的则源自欧文顿（Thomas Collins Overton）、[1] 威廉·赖特[2]和钱伯斯等人的著述。这套专著具有重要的史料价值，能使后来的设计师或研究者得以一睹那些早已消亡、残损或面目全非的园林的丰采，了解英华园林在18世纪的呈现形态及设计细节，因而艺术史学家伯纳德·科塞斯（Bernard Korzus）认为此书为"18世纪欧洲英华园林最具价值及最重要的铜版画著作。总的来说，这一专著收集了对英华园林及其他形式园林最全的图像，展示了一个相当长阶段的园林史，以18世纪乔治·劳登（George Loudon）的温斯特（Wanstead）改造项目为起始，终结于蒙索（Monceau）和埃尔芒翁维尔（Ermenonville）花园。这些插图还包含了大量极具普适性的花圃、树林的设计方案和细节，以及对楼阁、寺庙、亭子及其他古典、新哥特式及中式装饰物构成的迷宫，还有对桥、动物园、鸟舍、戏院、剧场、岩洞、隐居处、瀑布、喷泉、花园雕塑及其他这类景观的再现。此书不仅给读者提供了大量重要园林

---

[1] Thomas Collins Overton, *The Temple Builder's Most Useful Companion, Being Fifty Entire New Original Designs for Pleasure and Recreation; Consisting of Plans, Eelevations, and Sections, in the Greek, Roman, and Gothic Taste*, London: printed for I. Taylor, 1774.

[2] William Wrighte, *Grotesque Architecture, or Rural Amusement*, London: printed for Henry Webley, 1767.

的介绍,而且还有许多英、法、德等国次要园林的综述。"[1]由此,英华园林在理论及实践两方面均实现了质的飞跃。

四、英华园林与中式园林的关系

从18世纪初英式景观园林诞生之初起,西人便对其与中国是否存在渊源关系争论不休。英国诗人托马斯·格雷(Thomas Gray,1716—1771)在一封写于1763年的信中,竭力撇清景观园林与中国的关系:"从多年前耶稣会士的通信及钱伯斯的论述中,我们看到中国人可能拥有这种臻于完美的艺术。但可以肯定的是我们并未模仿他们,自然方是我们的模范。景观园林在英国兴起不到四十年,那时我们根本没有接收到中国的相关信息。"[2]格雷之友沃波尔也持同样观点,在《英格兰绘画轶事》一书中宣称英国的景观园林是师法自然而非中国。[3]罗伯特·卡斯特尔(Robert Castell)则在《绘图古代别墅》一书中描绘了蒲林尼(Pliny)别墅无序、悦目的自然美,认为罗马人方是自然景观园林的创始人。[4]然而,更多人认为英式景观园林的鼻祖无疑是中国,哥尔斯密在《世界公民》一书中盛赞中国的哲学思想及政治体制,并用一章篇幅描述中国园林艺术及英国人的因袭和模仿:

> 英国人的园林艺术远不及中国人的完美,不过近来开始模仿他们。园艺家开始摒弃规整,努力依循自然;树林可以自由伸展其繁茂树叶;溪流不再被迫从自然河床改道,可以肆意流淌于蜿蜒山谷;随处开放的花草替代了人工设计的花圃及平整如茵的草坪。[5]

英国建筑学家伊萨克·威尔(Isaac Ware,1704—1766)在其皇皇巨著《建筑全书》(*A Complete Body of Architecture*)中也表达了相似的看法。[6]法国人更不相信英人具有如此创造力,莱尼王子查尔斯·约瑟夫(Charles Joseph Laoral de Ligne,1735—1814)直言不讳地说:"我论及英式园林时,你们要知道此为遵循惯例的叫法,其实倒不如称其为中式园林。中国人擅长园艺,而知之者甚少,因此我只得如其他人一样依循旧例。然而确切地说,英国人在园艺方面的美名实应归功于中国人,他们很早便掌握了造园艺术,将飞

---

[1] Bernard Korzus, Georges Louis Le Rouge Un cartographie franco-allemand du XVIIIe siecle, in V. Royet Le Rouge, *Les Jardins anglo-chinois*, Paris, 2004, p.50.

[2] Thomas Gray, *Correspondence of Thomas Gray* II, Paget Toynbee, ed. Oxford: Clarendon Press, 1935, p.814.

[3] *Anecdotes of Painting in England*, p.283.

[4] Robert Castell, *The Villas of the Ancients Illustrated*, London, 1728, p.117.

[5] Oliver Goldsmith, *The Citizen of the World: or, Letters from a Chinese Philosopher, Residing in London, to His Friends in the East*, London: printed for R. Whiston, J. Woodfall, T. Baldwin, R. Johnston, and G. Caddel, 1776, p.133.

[6] Isaac Ware, *A Complete Body of Architecture*, London: printed for J. Rivington, L. Davis and C. Reymers, R. Baldwin, 1768, pp.645-646.

瀑、清泉、深沟、奇石、异木、幽洞、荒墟巧妙组合，移步换景，令人目不暇接。"[1]类似观点占压倒性多数，因此理查德·坎布里奇（Richard Cambridge）折衷地说："无论有关中式花园的报道是真还是假，能够确定的是：我们是欧洲首先发现中国人园艺品味的人。"[2]笔者认为，英华园林出现之前便有坦普尔"优雅的无序"理论作先导，明确指出中国人以"sharawadgi"称呼这种虽不规范但设计精巧的园林之美，引发英国上流社会的关注乃至实践，并产生了极大影响。18世纪初，耶稣会士源源不断地西传有关中国园林、建筑信息，东印度公司进口至欧洲的物品更是提供了丰赡可信的中式园林图像，这一切都为英华园林的出现作好了充分准备，因此两者间的亲缘关系无可辩驳。

然而，英华园林并非对中式园林的纯粹模仿，而正如其名，是英、中园林艺术的融合，况且两者的文化背景天悬地隔，因而它们之间仍然存在着较大差异。

中国园林的历史源远流长，是古代哲学思想、宗教信仰及审美情趣的结晶，按归属可分为皇家园林、寺庙园林和私家园林。帝王苑囿象天法地，大气恢弘，呈现出磅礴的皇家气度；寺庙园林是寺庙建筑、宗教景物、人工造作和天然山水的综合体，拥有深厚的宗教文化底蕴；私家园林则小巧精致，周回曲折，芥子纳须弥。17、18世纪，中华园林文化主要依靠传教士（如马国贤、王致诚）、东印度公司雇员（如尼霍夫、钱伯斯、罗伯特·福均）西传，这些人的活动范围有限，因而西人的取法对象主要是热河、圆明园、颐和园等皇家园林及岭南、江南的私家园林。

中欧皇家园林的共同特点是规模浩大、面积广阔、建设恢宏，多用中轴线及对景线凸显庄重高贵的皇家气象。被归入英华园林范畴的欧洲皇家花园仍以欧式古典建筑为主，优雅的无序只是园林的一部分，中式建筑小品也仅为点缀物，与清代皇家园林整体性的天人合一造园理念仍有很大差距。热河避暑山庄善于顺应自然地势，因山就水，以大小洲屿分隔湖面，用长堤、小桥、曲径纵横相连，湖岸曲透，花木掩映，楼阁相间，层次丰盈。颐和园同样巧于因借，3 000余间亭、轩、馆、廊、榭、楼、阁依循自然山水，因地制宜分布在万寿山、昆明湖中，形成以湖光山色著称、金碧辉煌闻名的大型皇家园林。因此，中国皇家园林更能体现"虽由人作，宛自天开"的自然美学观。

若论私家园林，西人往往仅凭一座亭子、一汪湖泊、一条曲径或拱桥便号称英华园林，犹如穿旗袍的西方美人，美则美矣，举手投足仍是洋人气质。而且，这些中式园林小品仅意在营造欢娱、惊艳、别致的游园体验，属旋生旋灭的"建筑中的玩具"，[3]并未被严肃对待，与融建筑、雕刻、绘画、书法等为一体的中式私家园林仍有很大差异。岭南及江南园林轻盈通透，通常将园林与宅院合二为一，于庭院中凿池置石，周边点缀四时花木，亭、榭、廊、桥等建筑小品中穿插布局，以花窗、景门营造通透敞亮的空间，又以假山、池水、小桥、

---

[1] *Chinoiserie: The Vision of Cathay*, p.163.
[2] Ibid., pp.205-206.
[3] *Designs of Chinese Buildings, Furniture, Dresses, Machines and Utensils*, preface.

曲径等元素来达到小中见大的效果。景致对比衬托，空间显隐相生，视野欲放先收，园林布局灵活多变，妙造自然而不露人工痕迹，这些是英华园林难以企及的。

此外，英华园林是欧洲、中国、印度、埃及、土耳其等多种风格的杂糅。18世纪，古典园林一统欧洲的局面开始受到洛可可艺术的挑战，"哥特式与中式联系紧密，是反文化的洛可可风格的两个同样重要的代表，是经典传统的想象性替代品。设计者可以将一种风格转换成另一种而不需要任何根本性的方法变化"。[1] 哥特式（Gothic）是原生于欧洲的一种艺术风格，以夸张、奇特、轻盈、复杂、不对称和多装饰为特点，与中国风艺术有颇多共同点，因而欧人常将两者等而视之。如1752年出版的《中国与哥特式建筑的装饰特性》（Chinese and Gothic Architecture Property Ornamented）一书将两种风格并列，认为它们都是奇异风格及故意反秩序的象征。因此英华园林的中国风与洛可可、哥特式艺术交互并生，难分彼此。既然天生混血，西人也就肆意在英华园林中放纵想象，将其彻底杂交化。亨利·霍尔（Henry Hoare, 1677—1725）的斯托赫德庄园及查尔斯·汉密尔顿（Charles Hamilton, 1704—1786）的潘西尔园林（Painshill）皆在古希腊罗马雕像和哥特式建筑中穿插了中东巴尔贝克神庙及诸如拱桥、岩洞、瀑布、水车等中式园林小品；著名的丘园不仅有中式宝塔、孔子屋，更有罗马式圣堂及钟楼、英式玫瑰园和棕榈室甚至摩尔式建筑。始建于17世纪下半叶的沃克斯霍尔园（Vauxhall Gardens）和拉尼拉游乐园（Ranelagh Gardens）一向是伦敦市民寻求新异乐趣之处，18世纪中叶以降，沃克斯霍尔园中出现了充满异国情调的"土耳其帐篷"及中式设计，而拉尼拉娱乐园比前者更为时尚，欧式建筑中点缀着山林小屋、小树林、岩洞、瀑布、亭子等引人入胜的别致景观。（参见图3-5）法国雷兹荒漠园也是欧式（潘神庙、露天剧场、哥特式小教堂、纪念柱废墟）、埃及式（金字塔式冰屋，方尖碑）、中式（中国小屋、欢乐小溪）的混搭。法国诗人及翻译家德利尔（Jacques Delille, 1738—1813）神父对英华园林滥用中式建筑、混搭各种风格的时尚忍无可忍，写诗呼吁曰：

> 放逐所有这些混乱的花园，
> 和那些由时尚催生的各种建筑，
> 方尖碑、圆形厅、凉亭、宝塔，
> 罗马、希腊、阿拉伯及中国风，
> 混乱杂处的建筑，无目的，亦无遴选，
> 如此丰富以至泛滥成灾，
> 一个花园容纳了整个世界。[2]

---

[1] *Oriental Architecture in the West*, pp.60-61.
[2] Jacques Delille, *Les jardins, ou L'art d'embellir les paysages: Poème*, Paris: Chez Valade, 1782, pp.71-72.

图3-5 英国拉尼拉游乐园的中式水榭。

更重要的是，尽管英华园林采用中式建筑小品，通过对植物、山水的不规则布置营造一种东方情调及与自然的和谐感，却无中国古典园林的神韵和内涵，究其原因，是儒、释、道哲学思想内核的缺失。儒家"智者乐水，仁者乐山"的山水观体现在园艺中便是对筑山和理水的重视，即使方寸之地，亦以一泓碧水倒影嶙峋的湖石假山，以示囊括山川于方寸之间；禅宗"一花一世界，一草一天国"的梵我合一、法界一相理念为园林艺术提供了独特的审美体验，以小见大，咫尺山林，在"壶园""芥子园"中感受广阔无垠的宇宙，体会物我合一的乐趣；道家"人法地，地法天，天法道，道法自然"的思想强调人类活动必须遵循由道控制的自然运行法则，这一理念处处体现在中国园林景观设计中，如将怪石、流水、游鱼、花木通过巧妙组合达到道法自然、天人合一的境界，树无行次、石无定位的自然布局，野趣横生，峰回路转，水流花开。而基督教催生实证科学及技术，将人从自然中分离而出，强调人对自然的支配及控制。[1]英华园林诞生于这一宗教土壤中，缺乏儒、释、道思想文化的滋养，将中国元素挪移到西方园林而无相谐的语境及稳固的根基，最终只能生成出Anglo-Chinese Garden这一混血儿。但存在即合理，这种混血艺术却成为中西文化交流的活化石和生动样本。

---

[1] Nicholas Berdyaev, *The Meaning of History*, Cleveland: World Publishing Company, 1962, p.106.

余论：英式园林的衰落

18世纪末，欧洲进入风云动荡的岁月。法国大革命狂飙突起，迅猛异常；崇尚理性、反对专制、追求平等的启蒙运动风起云涌，声势浩大；英国工业革命极大提高了生产力，资本主义得以迅速发展并向世界各地扩张，掠夺资源并抢占市场；商业垄断资本逐渐走向没落，法、荷等国的东印度公司纷纷解散；艺术领域时移世易，新古典主义艺术的崛起使洛可可的浮华宫殿摇摇欲坠。在此社会文化大背景下，"中国风"及英华园林不可避免地走向式微。

政治风潮对英华园林冲击巨大。1789年法国大革命爆发，洛可可及"中国风"艺术品自然成为贵族阶层及波旁王朝君主专制政体奢侈、浮华、虚矫的物化象征，被暴风骤雨般的革命浪潮席卷一空，钟情于奢侈享受和华丽"中国风"的玛丽·安托瓦内特王后也被送上了断头台。其实，早在大革命发生之前，思想界对"中国风"的抵触便一直存在，法国唯物主义哲学家狄德罗（Denis Diderot，1713—1784）在《百科全书》中批评中国艺术的装饰流于堆砌、杂乱，风格多样而又怪异，毫无比例对称可言。法国政客及作家拉博德（Alexandre de Laborde，1773—1842）对雷兹荒漠庄园的中国屋不屑一顾："这一建筑是那个时期恶俗品味、炫耀性消费的代表。中国建筑给人的感觉既不优雅亦不坚固，它唯一的优点在于轻盈及俗艳，在园林中尤其引人注目。"[1]蒙维尔不得以于1792年将此庄园转让给英国人以躲避革命狂飙，但他最终仍难逃被断头的厄运。因为大革命，英华园林在法国只有不到20年的流行期，而在未经革命浪潮的英国却长寿得多。

艺术风格的变迁撼动了英华园林存在的合理性。18世纪中后期，起源于罗马的新古典主义运动（Neoclassicism）在欧洲渐成气候，这一艺术风格意在反拨巴洛克及洛可可风格，致力于对庄重严谨的古典艺术规范的复兴。在艺术形式上强调理性而非感性表现，主张结构规整、装饰节制、色彩搭配朴素。提倡当代与古典美学法则的结合，以简洁造型和严谨比例追求端庄、肃穆、典雅之美。这一运动借力于民主、科学、理性的启蒙思潮，波及欧洲绘画、音乐、建筑、家具、室内装饰等各领域，而色彩绚丽、造型繁复、装饰奢华的"中国风"恰好与新古典主义思想理念相左，因而不可避免地受到冲击，中式建筑小品逐渐在园林中销声匿迹。但1830年以降，由于社会财富的迅速积累及中产阶层的不断壮大，洛可可及"中国风"又在英、法等国回光返照。确实，此起彼伏、轮回往复方是艺术风尚变迁的永恒真谛。

而在中西商贸流通层面，法、荷等国东印度公司的衰落与消亡在物质方面抑制了"中国风"的流行。法国东印度公司受制于皇权，从创建初始便受到王室及各级官僚的多方掣肘，资金匮乏问题严重，而且远航商船常遭竞争对手的骚扰。18世纪下半叶始，该公

---

[1] Alexandre de Laborde, *Description des nouveaux jardins de la France et de ses anciens chateaux*, 1808, p.149.

司更难以为继,大革命开始后便永久性地退出了历史舞台。而荷属东印度公司没能延续17世纪的黄金时代,因为英国东印度公司的实力与日俱增,欧洲社会经济及权力平衡发生快速转变,荷、英两国因远洋贸易及海外殖民纷争不断,尤其是1780—1784年的荷英第四次战争给公司财政带来灾难性的重创,再加上国内市场对亚洲货品的需求量大减,导致荷兰东印度公司的资金周转出现危机,1796年公司启动国有化,1799年年底公司宣布解散。18世纪末荷、法东印度公司的相继解散一方面使欧洲大陆对中国商品的进口量急剧下降,另一方面也从商贸层面形象展现了中国热在欧洲的退烧。英华园林当然也无法独善其身,本不以坚固见长的中式园林小品陆续损毁湮没,纷纷退出了历史舞台,但是崇尚自然、与自然和谐相处的造园理念及其背后蕴含的美学思想却已深入人心。

与欧洲大陆不同,英华园林在19世纪的英国仍占有一席之地,根本原因在于英、中两国间纠葛不断的贸易及外交关系。工业革命的成功及多年的英法、英荷战争,使该国对原材料的需求量剧增,过剩的工业产品也急需向海外市场倾销,东印度公司由此成为英国对世界市场的单一最大占有者,不仅不断增强对殖民地印度的统治,而且将其影响力扩张到中国、菲律宾和爪哇岛等地,更以倾销鸦片及盗取中国茶种等强盗行径扭转了对华贸易逆差,固然极大损害了中国的社会经济、国家财政及国民健康,却又使中英两国文化处于持续交流状态,尽管这种交流常以枪炮相伴。五口通商制的实施使外交使臣、海军官兵、各路散商、东印度公司雇员在华活动范围更广,对中国社会、文化的了解更深。公司雇员罗伯特·福均(Robert Fortune, 1812—1880)偷盗中国茶种并成功引种至印度,因而被称为"茶叶大盗"。但他同时也是个文化交流者,如1843年他参观了一座宁波私家花园,称颂其善于运用借景、框景、遮挡、对比、渗透等构图法,将真山真水微缩为壶中天地,从而实现"尺幅见广宇,以精微显宏深"的美学理想。[1]因此,中国风在英国流行的时间远长于欧洲大陆,最典型的例子便是始建于1787年、完工于1823年的皇家布莱顿宫。这一宫殿引发了一波批评浪潮,漫画家克鲁克申克(George Cruikshank, 1792—1878)所绘《布莱顿宫的一个中国人》(Court at Brighton à la Chinese,创作于1816年)将痴迷"中国风"的乔治四世描绘成一个大腹便便的清朝皇帝形象,留着八字胡,头戴清朝官帽,正在接受三个清朝官员的朝拜。更可笑的是,一条形态狰狞、爪攫宝塔的中国龙盘踞在殿堂顶上,底下的人都被笼罩在巨龙及宝塔的阴影中。此画一方面尽情嘲讽了乔治四世对"中国风"的贪恋,另一方面也生动阐释了19世纪上半叶"中国风"在英国尚未消歇。

综上,英华园林实为17、18世纪流行于欧洲的"中国风"艺术在园林建筑领域的折射,从其发展脉络看,传教士与东印度公司雇员对别具一格的中式园林的描述催生了法国

---

[1] Robert Fortune, *Robert Fortunes Wanderungen in China waehrend der Jahre 1843-1845, nebst dessen Reisen in die Theegegenden China's und Indiens 1848-1851*, Leipzig: Dyk'sche Buchhandlung, 1854, p.48.

洛可可派画家华托、布歇等人的浪漫中华"伊甸园"想象,为英华园林的诞生作好了艺术范式的铺垫;坦普尔"Sharawadgi"及稍后的"ha-ha"理论又为其确立了存在的合理性及必然性,肯特、布朗、钱伯斯、蒙维尔等人的实践最终使英华园林在欧洲形成了燎原之势。英华园林这一艺术形式彰显了师法自然、天人合一的中国造园理念的强大影响力,从一个侧面折射出东西园艺美学的相互启发及借鉴,尽管这种对流中充满了混血杂交和扭曲误解,但此乃推动人类文明进步及文化多样性、全球化的必然。

第二节　东印度公司与欧洲的瓷塔镜像

在东塔西传的历史进程中,东印度公司承担了重要的桥梁作用,不仅确证了由耶稣会士肇始的瓷塔传说,而且造就了钱伯斯对瓷塔最成功的仿造。欧洲瓷塔镜像的生成、流播及式微,一方面展现了中国建筑文化对西方的影响,同时彰显出矗立于异质文化土壤上的塔文本间的互文性,从而说明人类文化的相互流通及影响是必然、恒久且充满冲突与误读的;另一方面,从熠熠生辉到破败倒塌,瓷塔镜像事实上也折射出17—19世纪300年里欧洲的中国想象及自我身份确认的嬗变。

一、东印度公司与中国瓷塔传说

欧洲有关中国瓷塔的最早记载出自葡萄牙籍耶稣会士曾德昭(Alvaro Semedo,1585—1658)的《大中国志》,此书完成于1638年,以葡文撰写,直至1643年方以意大利文刊行。[1]作者在介绍南京时提到一座塔:"此塔七层,建筑技艺精美绝伦,塔身嵌满各种佛像,似是用瓷砌造,这座宏伟建筑堪与古罗马最有名的建筑媲美。"[2]由于《大中国志》传播有限,这一有关瓷塔的简介并未引起人们的注意。后意大利籍耶稣会士卫匡国(Martino Martini,1614—1661)拉丁文版《中国新图志》(*Novus Atlas Sinensis*, 1655, Amsterdam)出版,此书不仅全面介绍了中国的地理版图(配有地图17幅),还概述了中国的自然环境、城乡状况、手工技艺、宗教文化、度量衡、稀见动植物、王朝纪年表等知识,也对中国的建筑园林作了详细描述,因内容的翔实丰富而成为当时欧洲了解中国地理及国家概况的重要文献。书中有关瓷塔(Turris)的描述出现在对山东临清(Lincing)的介绍中:

> 他们拥有众多宏伟建筑与寺庙。然而庙墙之外的宝塔,其伟丽远超庙中所有建筑。诺维佐尼亚人的塔八角九层,从塔顶到底部凡九百腕尺,塔身宽厚壮伟,外部涂

---

[1] 此书的法文及英文版分别出版于1645、1655年。
[2] Alvaro Semmedo, *Relatione delle grande monarchia della Cina*, Romæ, 1643, p.22.

有瓷土,上面饰以浮雕和各式图案。塔内铺有各种石料,平整净洁,光可鉴人,幽暗处更甚。塔内有曲折向上的螺旋形楼梯,并非建于塔心,而建在一侧夹墙之内。游人可通过每层的券门走到塔外美丽的大理石阳台,每层塔楼的阳台皆饰以金色栏杆,栏杆环绕整个塔身。阳台之上,尤其是塔顶檐角,皆悬挂有铎铃,风起铃鸣,悦耳动听。塔之顶层有镀金铜像一座,众多善男信女登塔即为祭拜此像。塔之四周建有供奉其他神像的庙宇,其建造艺术之高超即便古罗马人见了也会啧啧称奇。此为迷信的中国人所建的众多宝塔之一,他们坚信自己的福运寄托于塔。我简要描绘了一座塔,因为我曾登临此塔并进行过考察研究。如此壮美之塔在中国不计其数,从此塔你便能以斑窥豹了解其他宝塔,因为它们有相似的建筑结构与技术。[1]

卫氏上述描述点出了此塔的关键特征:九层、八角、瓷质装饰材料,而且十分明确地表明他曾登临此塔。卫氏所云极有可能是临清舍利宝塔,此塔建成于明万历年间,九级八面楼阁式,通体接近垂直,高61米,塔檐为陶质仿木出挑斗拱,斗拱下垂陶质莲花垂朴,八角悬铁制塔铃,刹顶似莲座,呈罕见将军盔形。此塔为砖木结构,每层塔檐饰以仿木陶砖,但卫匡国以陶为瓷,因而他的塔记中出现了"porcellanæ argilla"(拉丁文,意为瓷土)一词。阿塔纳修斯·基歇尔(Athanasius Kircher,1602—1680)在《中国图说》中传承了这一说法(但他误以为此塔在福建省),还想当然地认为中国人是从埃及金字塔吸取灵感创造了宝塔这一建筑。[2] 此外,基歇尔还根据卫氏的描述配图一幅,[3](见图3-6)尽管与实际状貌相差甚远,却是欧洲最早的有关中国瓷塔的想象性视觉呈现。

图3-6 基歇尔《中国图说》中的瓷塔插图。

---

[1] Martino Martini, Joan Blaeu, *Novus atlas Sinensis*, Amsterdam, 1655, pp.56–57.

[2] Athanasius Kircher, *China monumentis, qua sacris qua profanis, nec non variis naturae & artis spectaculis, aliarumque rerum memorabilium argumentis illustrate*, Latin edition, Amsterdam, Apud Joannem Janssonium à Waesberge & Elizeum Weyerstraet, 1667, pp.132–133.

[3] Ibid., p.134.

由此可见，正是卫匡国真正启动了欧人的瓷塔想象，而其《中国新图志》与东印度公司具有千丝万缕的关系。如在各国图书馆查阅此书，不难发现大部分目录将《中国新图志》归至约翰·贝罗（Joan Blaeu,1596—1673）名下。约翰·贝罗为荷兰东印度公司的专职地图测绘师、该书的合作者和出版商。他以彩色铜版画刊刻了《中国新图志》中的16幅中国地图及1幅日本地图，[1]成就了欧洲最早的配图中国地理著述。此外，《中国新图志》及此后基歇尔《中国图说》的拉丁文初版均在阿姆斯特丹出版，与荷兰商业发达、文化多元且对国民意识形态的控制较为薄弱有关。17世纪是荷兰东印度公司的鼎盛期，在亚洲拥有贸易垄断地位。"东印度公司董事局的十七位董事阁下对游记出版行业的兴盛感到不安，因为这些游记所描绘的对象正是他们的商船所前往的远方国家。他们有理由感到害怕：各种游记对亚洲财富的描绘将会吸引欧洲竞争者的注意，荷兰的垄断地位不久就会崩溃"。[2]因此，公司极有可能出资买断传教士的地图册以抢得先机。这一猜测并非凭空想象，而有史实依据。野心勃勃的荷属东印度公司董事会一直觊觎广州的自由贸易权，早在1653年就策划派遣访华使团与满清政府接洽，[3]该使团于1654年7月从巴达维亚出发前往北京。值得注意的是，董事会为使团配备了专职画家，而且明确指示两位公使彼得·侯叶尔（Pieter de Goyer）及雅各布·凯塞尔（Jacob Keyzer）关注卫匡国的著述：

> 配属给你们的管事是一专业素描家，你们可以让他把沿途可能见到的所有城市、乡村、宫殿、河流、城堡和其他奇异的建筑物以它们本来的形象描绘下来。你们应当带上耶稣会士马丁尼所写的中国旅行记和所作的中国地图，它们可能在你们的行程中或其他情况下发挥作用。[4]

由此可见，公司董事会早在卫氏著述公开出版之前就掌握了此书的全部信息并将其用作公司对华活动的指南。而董事会指派的素描家正是撰写荷兰东印度公司使团访华纪实报告的约翰·尼霍夫，得益于其图文并茂的报告，欧人由耶稣会士引发的模糊的瓷塔想象逐渐清晰起来：

> 在平原中正间，瓷塔浮屠，直插霄汉，此塔造价之高、工艺之精，罕与此俪，中国人以此向世界展示他们古代艺术大师的罕见杰作。塔高九层，到顶凡184级。每层饰

---

[1] 全书刊有中国总图一幅，直隶、山西、陕西、山东、河南、四川、湖广、江西、江南、浙江、福建、广东、广西、贵州、云南及日本地图各一幅。
[2] ［荷兰］包乐史撰，庄国土译：《〈荷使初访中国记〉研究》，厦门大学出版社，1989年，第9页。
[3] 同上书，第11页。
[4] 同上书，第10页。

以廊庑,供奉光彩夺目的佛像及其他画像。瓷塔外表上釉,并敷以绿、红、黄诸色。整个墙面实为几部分,但以人工粘合成天衣无缝的整体。每层廊角皆挂铜铎,风铎相闻数里。塔顶冠以菠萝状饰物,据称为纯金制成。至塔之绝顶,都城、大江、群山、沃野、乡村尽在凭眺中,壮美风景令人心旷神怡,尤其在俯瞰都城及迤逦而至江边的广袤平原时。[1]

尼霍夫称此塔为"Paolinxi Pagode",他不仅以文字绘形绘色地描摹瓷塔的地点、高度、结构、形状、内外装饰及顶部设计,还准确地手绘出此塔的雄姿,从而揭开了瓷塔的神秘面纱。尼霍夫使团报告的荷文版及拉丁文版于1665年由阿姆斯特丹书商兼雕版工雅各布·范·梅尔斯(Jacob van Meurs)刻印出版,很快即被翻译成法、英、德等语言在欧洲广泛传播。南京报恩寺塔图像又被诸如《中国图志》(Arnoldus Montanus, Atlas Chinese sis, 1671)、《最近旅行记全集》(John Greets A New General Collection of Voyages ami Tra, 1745—47)、《最近地理大系》(George Henry Millar, A New and Universal System of Geography, 1782)等文集收录,瓷塔从此声名远扬,成为17—19世纪欧人心目中当之无愧的中国建筑奇迹和都市象征。该版画也被制作成挂毯、壁纸等,进入寻常百姓家。[2]西方各国报刊,如英国伦敦的《文学、娱乐、教导之镜》(The Mirror of literature, amusement, and instruction, Jan 31, 1824: 65—66)杂志、美国的《会谈杂志》(Parley's Magazine, Mar 16, 1833: 380)等纷纷对报恩寺塔作了专题报道。(见图3-7)塞缪尔·莫斯曼(Samuel Mossman)1876年出版的小说《满清官员之女》中也出现了此塔的插图,并声称其为

图3-7 英国《文学、娱乐、教导之镜》对报恩寺塔的专题报道。

---

[1] Johannes Nieuhof, *An Embassy from the East-India Company of the United Provinces to the Grand Tartar Cham Emperor of China*, London, Printed by the Author at his House in White-Friert, 1673, pp.77-78.

[2] 如1868—1944年间装饰慕尼黑皇宫区中华阁的一组壁毯中有一块为南京报恩寺全景图,该组挂毯制作于1700年。

"世界七大奇迹"(Seven Wonders of the World)之一。[1]

但是尼霍夫对报恩寺塔的介绍存在两个明显错误,也即造塔的时间及缘由:

> 700年前,中国人在鞑靼人的淫威下忍辱耗资建造了这一雄丽建筑,作为彰显征服者卓越战功之丰碑。当时,鞑靼人亦如现今一般势如破竹地攻占华夏大地,将整个国家置于其绝对掌控之中。现在再次君临天下的敌人,或是折服于寺塔之宏伟壮美,或是认为此浮屠将首次征服中国的丰功伟绩表兹胜刹,垂耀无穷。总之再次征服中国的鞑靼人绝不允许这一雄伟建筑有丝毫损毁,因此报恩寺塔一如既往地高壮坚丽,矗立于此。[2]

尼霍夫缺乏中国历史常识,如将其访华的1655年前推700年,应为五代十国的后周时期,当时并无鞑靼人(西人对蒙古人、满族人之称谓)征服中原。且此塔为明永乐帝敕建,尼霍夫却将建造此塔的功劳归于两次征服汉人的鞑靼人,实在荒谬可笑。如若追溯报恩寺塔的历史渊源,明人葛寅亮《金陵梵刹志》对其有较为详细的陈述:

> 离聚宝门一里许,即古长干里。吴赤乌间,康僧会致舍利,吴大帝神其事,置建初寺及阿育王塔,实江南塔寺之始。后孙皓毁废。旋复。晋太康间,刘萨诃又掘得舍利于长干里,复建长干寺。晋简文帝咸安间,敕长干造三级塔。梁武帝大同间,诏修长干塔。南唐时,废。宋天禧间,改天禧寺。祥符中,建圣感塔。政和中,建法堂。元至元间,改元兴天禧慈恩旌忠寺。至顺初,重修塔。元末,毁于兵。国朝洪武间,工部侍郎黄立恭奏请修葺。永乐十年,敕工部重建,梵宇皆准大内式,中造九级琉璃塔,赐额大报恩寺。嘉靖末,经火荡然,惟塔及禅殿、香积厨仅存。万历间,塔顶斜空欲坠,禅僧洪恩募修彩饰,烂然夺目。塔下有放生池,构亭其上,曰濠上亭。塔左而前为大禅殿、公塾、方丈、香积相鳞次。[3]

从孙权赤乌(238—251)至永乐十年(1412),从阿育王塔到报恩寺塔,1 000余年历史的兴替相因,古长干里一直是江南的释教中心及寺塔发祥地,但与此塔相关的"鞑靼人"政权的年号只有至元(1264—1294)、至顺(1330—1333)两个,因此尼霍夫所谓700年前鞑靼人下令造塔勒功之说纯属子虚乌有。当然,这些错误可能并非尼霍夫一人造成,因为各种版本的编辑对尼霍夫的手稿均作了或多或少的篡改:"由于各类编

---

[1] Samuel Mossman, *The Mandarin's Daughter*, London, 1876, p.220.
[2] *An Embassy from the East-India Company of the United Provinces to the Grand Tartar Cham Emperor of China*, p.78.
[3] (明)葛寅亮:《金陵梵刹志》,天津人民出版社,2007年,第459页。

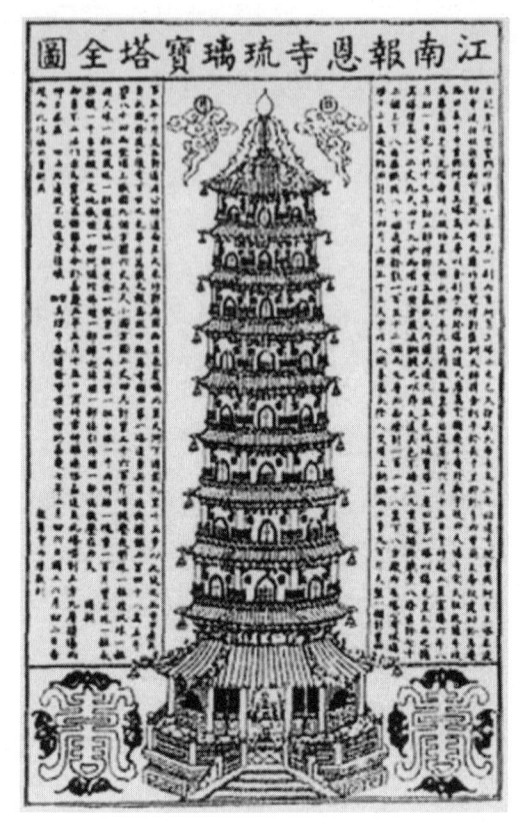

图3-8 嘉庆七年大报恩寺僧刻《江南报恩寺琉璃宝塔全图碑》。

图3-9 尼霍夫所绘金陵报恩寺塔,此图出自包乐史《〈荷使初访中国记〉研究》插图41。

辑和插图作者对尼霍夫的原著大肆修改和添加,以致他的笔记和插图很大程度上失去了真实性。"[1]荷兰汉学家包乐史先生在德国国家图书馆找到尼霍夫使团报告的原始手稿,其中的水彩画插图未曾经过画蛇添足的艺术处理。[2]同尼霍夫的文字记述一样,其原图中的报恩寺塔亦为九层(见图3-9),但经梅尔斯翻刻后,铜版画上的瓷塔便变成十层,显然是将第一层的塔廊误以为一层。此后西人的报道(见图3-7)包括钱伯斯依报恩寺塔仿造的丘园大塔均以讹传讹改为十层。直到1816年,阿美士德访华使团成员亨利·埃利斯方在其出使日志中纠正道:"它是八角形的,有9层。"[3]眼见为实,故英国建筑师兼画家阿罗姆(Thomas Allom,1804—1872)及赖特(G.N. Wright,约1794—1877)所撰《系列景象中的中国:古老帝国的景色、建筑和风俗》一书采信了这一

---

[1]《荷使初访中国记研究》,第23页。
[2] 同上书,第21—22页。
[3] [英]亨利·埃利斯著,刘天路、刘甜甜译:《阿美士德使团出使中国日志》,商务印书馆,2013年,第209页。

·第三章 东印度公司与欧洲园林、建筑艺术的"中国风"·

说法。[1]

1670年,荷人达珀(Olfert Dapper, 1636？—1689)的《荷兰东印度公司使节第二及第三次出访大清帝国纪实》出版,对报恩寺塔作了更为详尽的描述。他将尼霍夫700年前鞑靼人造塔说进行了更改,认为此塔为公元1200年鞑靼人首次征服汉族皇帝后强迫汉人建造以显扬其武功,"如此说法成立,那我们这一时代的鞑靼人应是第二次征服了汉族皇帝。他们摧毁了所有其他古代碑塔、建筑及汉族皇帝陵墓,却并未命令损毁这座瓷塔,反而任其威武地矗立着"。[2]其实自东吴始,历代帝王大多出于弘扬佛法、佑国护民的宗旨建塔,正如永乐皇帝《重修报恩寺敕》所云:"以此胜因,上荐父皇、母后在天之灵,下为天下生民祈福,使雨旸时若,百谷丰登,家给人足,妖孽不兴,灾沴不作,乃名曰大报恩寺。"[3]而最早入华之欧人如马可·波罗邂逅了元朝统治期,东印度公司开始对华贸易时又恰逢明清易代,鞑靼人的剽悍勇武想必深烙于他们的潜意识中,因而报恩寺塔便被想象成鞑靼人的胜利纪念碑。

图3-10 现存于南京博物院的报恩寺塔琉璃拱门构件。

此外,无论是卫匡国还是尼霍夫、达珀,都将报恩寺塔说成是瓷塔。然而,此塔实以琉璃为装饰材料:"大报恩寺塔,高二十四丈六尺一寸九分,地面覆莲盆,口广二十丈六寸,纯用琉璃为之,而顶以风磨铜,精丽甲于今古。"[4]此处,顾起元"纯用琉璃为之"的表述并不准确,该塔塔体应为砖石或砖木结构,只在内外壁饰以白色琉璃砖,间以五色琉璃花饰。永乐年间,聚宝山设官窑烧造琉璃砖瓦,为造此塔,"文皇诏天下尽甄工之能者,造五色琉

---

[1] Thomas Allom, G.N. Wright, *China, in a Series of Views, Displaying the Scenery, Architecture, and Social Habits of that Ancient Empire*, Vol. 2, p.32.

[2] Olfer Dapper, *Atlas Chinensis: Being a Second Part of a Relation of Remarkable Passages in Two Embassies from the East-India Company of the United Provinces to the Vice-Roy Singlamong and General Taising Lipovi and to Konchi, Emperor of China and East-Tartary*, edited and translated by Arnoldus Montanus, John Ogilby, London, 1671, p.287.

[3] 《金陵梵刹志》,第465页。

[4] (明)顾起元:《客座赘语》卷七,中华书局,1987年,第229页。二十四丈六尺一寸九分约为现在的78.2米。

璃,备五材百制,随质呈色,而陶埏为象,品第甲乙,钩心斗角,合而甃之,为大浮屠"。[1]故大报恩寺塔有"中国之大古董,永乐之大窑器"之称。琉璃与瓷并不相同,尽管两者皆需入窑烧制,但琉璃实为彩陶,胎体为陶土,以铜、钴、锰等金属矿物颜料着色后烧制,再施以用氧化铅、钡等为原料的釉彩二次烧制。成品晶莹温润、灿烂夺目,不易褪色脱釉;而瓷的主要成分为高岭土及瓷石,坯体施釉后以1 300度左右的高温一次烧制而成。更重要的是,琉璃还是释教"七宝"之一,佛家经典常以"形神如琉璃"比喻涵养之至高境地,在释教信仰中,琉璃被视为药师佛化身,因而是祛病避邪之灵物;琉璃烧制繁难,能使人感触提炼真理之艰巨,从而获取坚韧之力量;琉璃颜色艳丽、变幻瑰美,赋予人创意和才智,故修行之人若摆放或佩戴琉璃可得祛病、坚韧、创意三种福缘。然西人不解个中玄机,又因一向珍爱瓷器,故将报恩寺塔视为瓷塔。至19世纪初,方才有人发现瓷塔并非用瓷建造,亨利·埃利斯目睹此塔并描述道:"塔身是白色,檐口比较朴素。它的中国名字叫琉璃宝塔,或者报恩寺塔。……根据临清塔来判断,我猜测它只是表面覆盖着白色的瓦而已。它之所以被称为瓷塔,或者是由于中国人的虚荣,或者是由于欧洲人的夸张。"[2]另如伊莱扎·乔克(Eliza Chalk)在其专著《建筑一瞥》中也指出:"瓷塔尽管有其名,但并无以瓷建造之实,只是其外表装饰有这种材料,因而获得此名。"[3]尽管已有人出来纠偏,但"瓷塔"之名已深入人心,成为西人对报恩寺塔约定俗成的专称。

19世纪中叶,仍不断有西人到访并传扬这一伟大建筑。如1841年前往江宁签署"南京条约"的英国军舰"纳米西斯"号海军军官贝尔拉德、1854年随美国驻华公使抵达天京(南京)的公使助理法斯均详述了参观报恩寺塔的经过。法斯可能是1856年报恩寺塔被毁前最后一个瞻仰并记录此塔的西人,他在详述了塔的位置、形制、体量、装饰后说:"不久以前,一个螺旋形楼梯一直延伸至塔顶,给予游览者登临塔顶观赏世界上所能看到的最精彩、最美丽风景的机会,然而它现在已化为塔底下的一堆废墟。破坏并不仅止于此,庄严的雕刻佛像从头到脚均被损坏。前人通过金冠、灵杖以及其他的装饰品赋予这些神佛巨大的活力及威力,而今,这些佛像及其他装饰都被打得稀烂,曾经支配虔诚崇拜者的神力已荡然无存,它们变成了人们嘲笑的对象。面对这座巨大而壮丽的建筑物的破坏和毁灭,人们不免感到悲哀,虽然这塔依旧静立于原地,无声地谴责内战的罪恶。"[4]报恩寺塔轰然倒塌后,苏格兰摄影家、地理学家约翰·汤姆逊(John Thomson,1837—1921)曾于1872年

---

[1] 《金陵梵刹志》,第473页。
[2] 《阿美士德使团出使中国日志》,第209—210页。
[3] Eliza Chalk, *A Peep into Architecture*, London: George Bell, 1847, p. 169. 另如《多元:南京及其瓷塔》一文指出:"我要特别说明,因为这一宏伟建筑并非瓷制,而是由普通砖头砌成,只是塔身内外表层贴上了美丽的白釉瓷砖或瓷板。" Miscellaneous: Nanking and its Porcelain Tower, *Christian Register and Boston Observer*, Vol. 22, Iss. 17, Apr. 29, 1843, p.68.
[4] Charles F. Fahs, A Visit to the Porcelain Tower at Nanking, *New York Daily Times*, Oct 02, 1854, p.2.

访问其遗址。原地已建起了兵工厂：[1]"大报恩寺，与这座塔一起，毁于'太平军叛乱'，现在的兵工厂在修建的时候部分地使用了寺和塔的砖块。昔日流转于僧院佛堂、充盈于空气之中的沉闷的诵经声，现在被更喧闹的声音替代——引擎的轰鸣、汽锤的撞击，还有试验枪炮的爆炸声。"[2]

报恩寺塔当然也引发了西方建筑学界的注意，被收入世界建筑遗产之列。如奥地利建筑师、雕刻家兼建筑历史学家菲舍尔·冯·埃尔拉赫（Johann Bernhard Fischer von Erlach，1656—1723）将北京长城及南京瓷塔等建筑列入其著作《我国及历史建筑的设计》（*Entwurf einer historischen Architektur*，1721）中；苏格兰籍建筑史学家詹姆斯·福克森（James Fergusson，1808—1886）于1855年出版皇皇巨著《配图建筑手册》，在"中国建筑"这一部分，他指出中国唯一值得归入建筑学范畴的建筑便是九层宝塔："（塔）向上逐渐收缩的八角造型，大胆而分明的层级划分，穹窿式顶层，总体设计与装饰达到完美的一致，因此，这些塔有资格进入世界塔式建筑之列且名列前茅。"[3]而他详述并配图的例子便是报恩寺塔。

二、东印度公司与欧洲君主的造塔梦

传教士及东印度公司从中国捎回的瓷塔传说激发了欧洲君主的造塔梦，首个追梦者便是法王路易十四（Louis XIV，1638—1715）。太阳王统治时期，法属东印度公司成立，"安菲特里特号"（Amphitrite）商船于1698年首航中国广州。法人除在东方贸易中大量进口中国丝绸、茶叶、瓷器、漆器、墙纸外，似乎更注重思想及艺术层面的互通，法国因此成为欧洲汉学及"中国风"（Chinoiserie）艺术风格的发祥地。路易十四极其迷恋中国服饰及瓷器，在17世纪下半叶方兴未艾的"中国风"的鼓荡下，他已不再满足于仅在宫殿中摆放中国瓷器、漆器或在化装舞会上穿戴中式服饰扮演中国皇帝，他要将尼霍夫报告中的瓷塔搬到法国。1670年，路易十四在凡尔赛宫（Versailles）附近的特里亚农庄园为其情妇蒙特斯潘侯爵夫人（Madame de Montespan）建造瓷塔（Trianon de Porcelaine）作为幽会之所。（见彩图19）瓷塔由路易斯·勒沃（Louis Le Vau）和弗朗索瓦·多尔贝（François d'Orbay）设计、承建，工程耗时两年。虽然建筑师声称模仿南京瓷塔设计了这一建筑，但它只是单层亭子式建筑，"瓷塔包括三幢建筑，从东、西、南三个方向围拱中心的法式花园。无论是其底层平面图还是建筑正面图都很少中国元素。建筑顶部及其边缘的花瓶或雕像均是巴洛克式的。但是其最壮观的部分是顶部的蓝白双色釉陶面砖，此为中式"。[4]特里亚农瓷塔虽然徒有其名，却是欧洲最早的"中国风"建筑，其仿瓷陶砖、檐翼响铃等元素直接源自

---

[1] 也即金陵机器制造局。
[2] ［英］约翰·汤姆逊著，徐家宁译：《中国与中国人影像》，广西师范大学出版社，2012年，第353页。
[3] James Fergusson, *The Illustrated Handbook of Architecture*, London: John Murray, 1855, pp.135-136.
[4] Thomas H. C. Lee, *China and Europe, Image and Influences in Sixteenth to Eighteenth Centuries*, Hong Kong: The Chinese University of Hong Kong Press, 1991, p.232.

南京瓷塔。时人赞叹此宫云:"小巧的宫殿,非凡的格调,炎炎夏日的避暑胜地。"[1]可惜的是,此建筑为轻巧的木结构,顶部所用陶砖为鲁昂(Rouen)瓷厂所产的低温软陶,经受不住十七载寒冬考验而陆续开裂渗水,而侯爵夫人亦因春药事件声望日下,色衰爱弛,路易十四对瓷塔及情人早已意兴阑珊。1687年,瓷塔在存世17年后被拆除,被以粉色大理石砌就的大特里亚农宫(Grand Trianon)取代。

路易十四首开仿造瓷塔之先河,尽管并不十分成功,但引来了诸多效仿者。1716年,受巴伐利亚选帝侯马克西米利安二世·埃曼努埃尔(Maximilian II, 1662—1726)的委任,德国建筑设计师约瑟夫·矣弗纳(Josef Effner, 1687—1745)于宁芬堡(Nymphenburg)[2]后花园选址建造了著名的塔堡(Pagodenburg)。此堡平面八角,混融了阿拉伯、印度及中国风格,底层主色调为蓝白双色,天花板采用荷兰代尔夫特蓝陶,意欲模仿中国风格及青花瓷主题。大厅内放置各式宝塔、中国人物塑像及龙头烛台。二楼分隔出多个设计精妙的小间,中国厅(The Chinese Drawing Room)内采用中式壁纸,配以黑底描金漆器;而中国阁(The Chinese Cabinet)内则相反,装饰以红底描金漆器及各式瓷器。塔堡是18世纪风靡一时的"中国风"室内装饰的代表。

此后,德国萨克森选帝侯同时亦是波兰国王的奥古斯特二世(Augustus II the Strong, 1694—1733)于德累斯顿的易北河(River Elbe)畔建造皮尔尼茨夏宫(Pillnitz Castle),此宫包括三部分,水宫(Wasserpalais,建于1720—1721年)、山宫(Bergpalais,建于1723—1724年)与最后建成的新宫(Neues Palais)。山、水两宫充满着巴洛克及中国风元素,装饰有大量中式镶嵌画、瓷器及家具。而建筑的外部则采用迈森瓷砖,屋檐下的中式壁画、屋顶的塔式装饰尤其引人注目。(见彩图20)

如果说上述三种建筑仅是欧洲君王对南京瓷塔有名无实的戏仿,钱伯斯勋爵始建于1759年的丘园大塔(Great Pagoda)则彰显出他对南京瓷塔作时空大挪移的野心。丘园是英王乔治三世之母奥古斯塔(Princess Augusta of Saxe-Gotha, 1719—1772)的私人游乐园,也是18世纪英华园林(Anglo-Chinese Garden)的最杰出代表,其间那座高163英尺(约合50米)的宝塔建成于1762年,"此为丘园所有建筑中最炫人眼目者",[3]是当时伦敦乃至英国最高的建筑,也是欧洲最宏大、最形似报恩寺塔的宝塔。(见彩图21)

事实上,丘园大塔与东印度公司也有直接关系。钱伯斯为英格兰约克郡一商人之子,1722年出生于瑞典哥德堡,曾任职于瑞典东印度公司,并于1743、1748年两次随公司商船到达广东。钱氏将在广东所见所闻以文字及素描的方式记录下来,成为日后研究中国建筑园林艺术和设计建造伦敦丘园的一手资料。"中国人称'Towers'为'塔',也即欧洲人所谓的'Pagodas',这种建筑在中国比比皆是。杜赫德曾说,在中国,你可以在每个城

---

[1] André Félibien, *Description Sommaire du Chateau de Versailles*, Paris: G. Desprez, 1674, p.109.
[2] 德国南部巴伐利亚王国历代王侯的夏宫。
[3] Tim Knox, The Great Pagoda at Kew, *History Today*, Vol. 44, Iss. 7, London, 1994, p.26.

镇、甚至大一些的村庄看到宝塔。所有塔中最为宏丽的便是著名的南京瓷塔，以及东昌府（Tong-Tchang-Fou）塔，两者皆极雄壮精丽"。[1] 由钱伯斯这段对塔的介绍可知，他知晓报恩寺塔及东昌府塔，但东印度公司职员的出行受清政府的严格限制，特别是1757年乾隆颁布"一口通商"条例之后。钱伯斯抵粤的时间虽早于1757年，但其活动区域不会超出广州城，因此他应该是从二手资料或尼霍夫的报告中得悉瓷塔的信息。[2]

1749年，钱伯斯卸职东印度公司开始专攻建筑学，先后在法国及意大利师从建筑艺术大师雅克·弗朗索瓦·勃朗德尔（Jacques François Blondel, 1705—1774）及查尔斯·路易丝·克莱里索（Charles Louis Clérisseau, 1721—1820），被认为是当时欧洲建筑学领域极具艺术天分及品味的奇才。1755年，钱伯斯来到英国，得到了威尔士亲王弗雷德里克的赏识，由此获得改建丘园、施展才华的机会。在孔子屋、动物园、百鸟园等诸多吸人眼球的中式建筑中，最令人称道的便是那座大塔。此塔八面十层，红轩灰墙，每层檐顶覆以搪瓷板，八个檐角皆饰以镀金木质翼龙作为财富及权力的象征。（参见图3-11）塔顶镶嵌五彩玻璃，塔刹镀金，在阳光下流光溢彩，此为欧洲第一座形制宏大的真正意义上的宝塔。此塔建成后马上成为伦敦郊外的著名景点，"深得公众青睐，无数画作及印刷品以之为素材，它甚至成为印花布上的图案"。[3] 丘园塔至今尚存，且经重新整修，1784年因腐朽风化而被全部拆除的八十条木质翼龙现已重新盘踞于各层檐角（见图3-11），但是当年塔顶的五彩玻璃已荡然无存。

比较一下丘园大塔与钱伯斯在《中国建筑、家具、服饰、器械及器皿的设计》中的手绘宝塔草图（见图3-12），我们可以看出两者相差甚远。前者为十层八面，后者为七层八面；前者雄壮伟丽，后者轻盈修长。因此丘园塔的灵感很可能来自报恩寺塔。对此，西方学者如托马斯·李也指出："他画的塔只有七层，由底座向塔顶迅速收缩为一个攒尖锥形，每层皆有宽大拱门及简易栏杆，使塔身显得修长轻盈。但他所造的塔并非自己的设计，而源自那座让尼霍夫闻名欧洲的南京瓷塔。他借用了尼霍夫报告中瓷塔的设计比例：塔身十层八面，由下往上逐渐收窄，同时用炫人眼目的装饰材料模仿尼霍夫所描述的五彩瓷塔。"[4] 另，英国学者孔佩特也强调："比起钱氏在广东看到并记录于其《中国建筑的设计》一书中的宝塔，或者其他英国文献中所描绘的任何一座宝塔，丘园大塔与南京瓷塔更为近似。"[5] 接着他从宽阔的塔基、每面的圆拱、塔顶的相轮等各方面比较两者的相似处。由此可见使团报告中南京瓷塔铜版画所具有的巨大影响力。

---

[1] *Designs of Chinese Buildings, Furniture, Dresses, Machines, and Utensils*, 1757, p.5. 清代东昌府府治在山东聊城，钱伯斯所说之塔可能为聊城隆兴寺铁塔，此塔系生铁仿木建造，八角十三层，现存十二层。但钱氏所说东昌府塔为八层，似不符。

[2] 尼霍夫在其使团报告中描述了很多地方的塔，包括东昌府宝塔。

[3] *Chinoiserie: The Vision of Cathay*, p.155.

[4] *China and Europe, Image and Influences in Sixteenth to Eighteenth Centuries*, p.234.

[5] *Oriental Architecture in the West*, 1979, p.82.

图3-11　丘园塔的五彩陶质翼龙,作者拍摄于伦敦丘园。

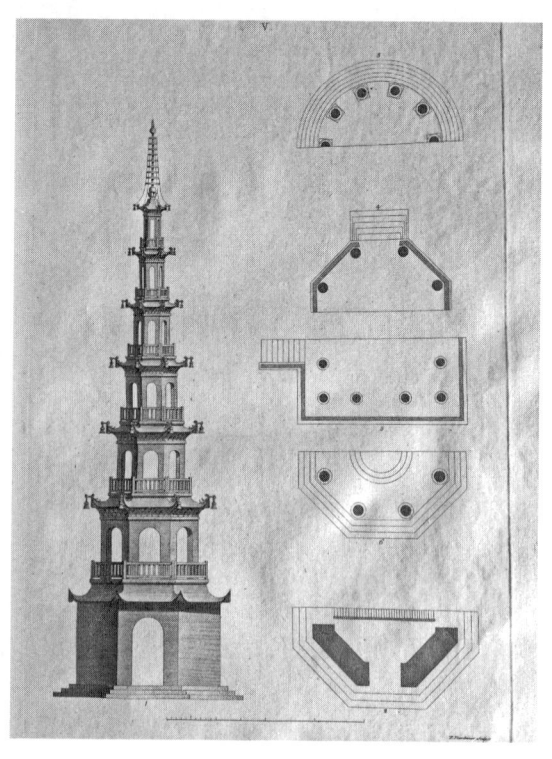

图3-12　钱伯斯《中国建筑、家具、服饰、器械及器皿的设计》书影。

尽管钱伯斯到过中国并亲自考察过广州的塔式建筑,但他设计督造的丘园大塔形象展现了中西文化交流中比比皆是的误读。众所周知,塔一般由地宫、基座、塔身、塔刹四部分组成,塔的平面以方形、八角形为多,也有四、六、十二角及圆形等形制。佛教入华后,受阴阳五行说中奇数为阳、偶数为阴、奇数能祛邪安正观念的影响,塔的层数一般皆为奇数,且与相轮数同。俗语云"救人一命,胜造七级浮屠","七级浮屠"即七层宝塔,且此塔必有七层相轮。亲睹瓷塔的尼霍夫所绘瓷塔草图为九层,但在被翻刻成铜版画时却变成了十层。而钱伯斯亦不解塔的宗教文化意蕴,更不懂奇偶数在中国文化中的特殊象征意义,因此他认为"塔的形状大同小异,多为八角形,一般有七八层乃至十层,从塔底至塔顶,高度及宽度逐层递减。每层皆有斗拱飞檐支撑,檐角悬挂铜铃。各层皆有回廊,外缘以平座围栏。这些建筑一般皆以塔刹攒尖收尾,刹身由华盖、刹杆和套于此杆上的数层铁环相轮组成,华盖上悬挂八条铁链以固定刹顶及统摄宝塔八面"[1]。他不知道宝塔除楼阁式还有其他多种造型,即便楼阁式也有方、圆、四角、六角、八角、十二角的区别。而且很明显,他对中国宝塔层数须为奇数的定规一无所知,尽管其目见之塔层数皆为奇数,而且他所画的宝塔草图也为七层(见图3-12),但他仍然依照报恩寺塔铜版画设计

---

[1] *Designs of Chinese Buildings, Furniture, Dresses, Machines, and Utensils*, p.6.

了十层丘园塔,依错样画了个错葫芦。此外,丘园塔还完全丧失了宗教意义及瘗埋功能,只是花园中一座最具东方情调的装饰性建筑,唯一的实用价值是供游人登高望远。但比起欧洲其他混杂各种艺术风格的塔式建筑,它仍是迄今为止最严肃、最形似的中国瓷塔仿造物。

钱伯斯颇具误读性的丘园塔在欧洲引发了极大的反响,各地掀起了建造宝塔的小高潮。

1770—1772年,普鲁士国王腓特烈大帝命德国建筑师卡尔·范·康塔德(Carl von Gontard, 1731—1791)于波茨坦克劳斯堡(Klausberg)南侧、无忧宫(Sanssouci Park)北缘仿照中国瓷塔建造龙屋(Dragon House)。龙屋之名来自装饰于八角形檐角上的16条龙,这一建筑四层八面,是腓特烈大帝在建造无忧宫中国屋六年后又一"中国风"园林设计,其创意灵感即源自钱伯斯的丘园塔及其著作《丘园建筑及园林的设计图、正面图和透视图》(*Plans, Elevations, Section and Perspective Views of the Gardens and Buildings at Kew*)。而在得时尚风气之先的法国,有传教士马国贤、王致诚对中国皇家园林美丽的反对称、反秩序、反比例设计介绍在先,[1]又有钱伯斯的成功仿造在后,"中国风"园林早已引发一众建筑师的关注。1775年,一座七层宝塔建成于法国厄尔省尚泰卢(Chanteloup),此塔高44米,包括基座的每一层都有一个穹顶,由狭窄陡峭的梯子连通至塔顶,站在塔顶可以饱览安博瓦兹森林及卢瓦尔河谷的美景。(见图3-13)此塔又称"友谊塔",起因是舒瓦瑟尔公爵(Duke of Choiseul)被路易十五放逐,其友人建造此塔象征忠诚不渝的友谊。友谊塔与其所在的伏羲园(Fû Hsi Garden)一起成为法国中式园林的代表。1780年,爱好"中国风"的德国安哈尔特弗兰兹王子(Prince Franz of Anhalt-Dessau, 1740—1817)以钱伯斯丘园塔为蓝本,在欧哈尼恩堡(Oranienbaum)的一座小山上修建了一座五层八面宝塔,此塔至今尚存,虽然不高,却依山势平添一种高耸危

图3-13 法国尚泰卢伏羲园中的宝塔。

---

[1] Jean Denis Attiret, *A Particular Account of the Emperor of China's Gardens near Pekin: in a Letter from F. Attiret, a French Missionary, Now Employ'd by that Emperor to Paint the Apartments in Those Gardens, to His Friend at Paris*, Translated from the French by Sir Harry Beaumont, London: printed for R. Dodsley, 1752, pp.1-45.

立之感。

除上述三塔外，其他受钱伯斯启发的塔式建筑还有布鲁塞尔郊外仙堡庄园（Villa Schonenberg）的中式宝塔、[1]什鲁斯伯里伯爵（The Earl of Shrewsbury）建于斯塔福德郡奥尔顿塔公园（Staffordshire, Alton Park）的三层鸭塔（Duck Pagoda）等，后者依照钱伯斯《中国建筑、家具、服饰、器械及器皿的设计》中广州宝塔草图建造。[2]

三、瓷塔意象的东西互文

1."pagoda"的字源

曾德昭、卫匡国有关中国瓷塔的叙述皆以"tower"（前者用意大利文 torre，后者用拉丁文 turris）一字指称塔，该字源自某一前印欧语系（pre-Indo-European）中的地中海语言，可以说是欧洲的原生词。[3]17世纪中叶以前，西人多以"turris"或"tower"指称高耸的塔式建筑。然而，在尼霍夫、达珀的荷文版东印度公司使团报告中，他们都以"pagode"指称报恩寺塔。[4]"pagode"为葡萄牙语，最早出现于16世纪初的1516年，[5]被葡萄牙历史学家、东方学者加斯帕·科雷亚（Gaspar Correia, 1492？—1563）及葡萄牙作家、葡属东印度政府官员杜阿尔特·巴尔博扎（Duarte Barbosa, 1480？—1521）等人用来特指印度马拉巴尔及果阿等地的异教徒寺庙（该字还有偶像及金币之意）。后该字变体为当今通用的"pagoda"。[6]但对"pagode"（或 pagoda, pagod, pagotha）的出处，却争论颇多，莫衷一是，概其要者有三：

其一，源自梵文。有学者认为"pagode"是梵文"bhagavati"或"pagavadi"（pakavata）的音译。印度德拉威语（Dravidian）中有"bhagavati"一字，指称可赐人好运的女性世尊；泰米尔语（Tamil）及马拉雅拉姆语（Malayalam）有"pagavadi"一字，为"bhagavati"的变体。[7]又有人认为"pagode"来自锡兰僧伽罗语（Sinhalese）"dāgaba"（梵文或巴利语"dhātugarbha"的变体），也即供奉圣物的神殿。[8]但据1500—1516年生活在印度坎努尔

---

[1] 该塔建成于1784年，但毁于18世纪末的法国占领期。现存的中式亭阁及日式塔是1900年从巴黎世博会移来的。

[2] 此塔建于1814—1827年间。

[3] 拉丁文"turris"及希腊语"τύρσις"经由古法语"tor"生成古英语"torr"，最后形成"tower"一字。

[4] Jean Nieuhoff, *L'Ambassade dela Compagnie Orientale des Provinces Unies vers L'Empereur dela Chine*, Pour Jacob de Meurs, Marchand Libraire & Graveur de la Ville d'Amsterdam, 1665, p.136. O. Dapper, *Gedenkwaerdig Bedryf Der Nederlandfche Ooft-Indische Maetfchappye, op de Kufte en in het Keizerrijk van Taising of Sina*, Amsterdam: Jakoe van Meurs Book-verkooper, 1672, p.311.

[5] Kate Teltscher, Henry Yule and A.C.Burnell, *Hobson Jobson: The Definitive Glossary of British India*, Oxford University Press, 2013, pp.394–395.

[6] Robert K. Barnhart, *The Barnhart Dictionary of Etymology*, The Bronx, New York: H.W. Wilson Co., 1988, p.747. 牛津英语字典也持同样说法。

[7] *The Barnhart Dictionary of Etymology*, p. 747.

[8] *Hobson-Jobson, The Anglo-Indian Dictionary by Henry Yule & Arthur Coke Burnell*, first printed 1896, reprinted by Wordsworth Editions, 1996, p. 291.

的杜阿尔特·巴尔博扎考察，当时的锡兰人极少使用该词，且葡萄牙人与该岛国的接触亦不多，因此似可排除这一词源。[1]

其二，源自波斯语。有学者认为此字源自波斯语"but-kadah"，"but"意为偶像或崇拜物，"kadah"则是庙宇、居所之意。[2]笔者认为波斯人信奉拜火教及伊斯兰教，他们有神庙、陵墓、城堡或清真寺等建筑，但绝无类似宝塔的建筑，故此说似亦不能成立。

其三，源自中国南方方言。英国汉学家翟理斯（Herbert Allen Giles, 1845—1935）、[3]德国汉学家夏德（Friedrich Hirth, 1845—1927）[4]及我国著名建筑学家梁思成皆认为此字源自闽南语或粤语词汇。翟理斯他们认为"pagoda"是"白骨塔"的音译，[5]而梁思成的观点是："八角塔，最早的是公元746年净藏大师的墓塔，这是中国第一座真正意义上的'pagoda'。也许最可信的解释是，它不过是'八角塔'三字的南方读音pa chiao t'a，意为有八角的塔。……本书谨慎地用'pagoda'一字取代't'a'，因为它已被所有欧洲语言接受，用以指称这种建筑。事实上，它作为中文中't'a'之代名词进入到几乎每一本欧洲辞典，正反映了中国打开国门与西方接触之时八角形建筑的流行。"[6]

对于"pagode"的出处，笔者认为最大可能来自印度梵文。一般一个新词的书面化要晚于其口语词的出现，因此"pagode"在葡萄牙人中口口相传的时间一定早于1516年。1498年航海家达·伽马成功开辟绕过非洲好望角前往印度洋的新航线后，葡萄牙人便开启了与印度次大陆各国的商业、文化交流，尤其是在印度教、佛教诞生地的印度，他们被神庙、神像及寺塔包围，"pagode"便于1498年至16世纪头十年中的某个时段从梵文词汇中化生而出，再于1516年出现在葡人的通信中。而葡萄牙人经由海道抵达中国的时间晚于印度，该国海员及探险家乔治·埃维勒斯（Jorge Álvares，？—1521）于1513年5月从马六甲抵达广东，他是地理大发现时代首个经由海道进入中国的欧洲人。[7]因此，葡人更有可能是从佛塔的发源地印度而非中国习得"pagade"一词。

笔者不同意上述第三说的原因有二。首先，中国人一般不称宝塔为"白骨塔"，除非它与白骨有直接关系，如宜昌新滩、天津西广开白骨塔等，均用以收埋无人认领之枯骨，建塔掩骨以示天恩。以"白骨"命名之塔并不多，且相当晚近，因此"pagoda"应该不是翟理斯所云"白骨塔"的音译。中国人也不称宝塔为"八角塔"，因为传统上以地名、寺名等为塔命名，极少以塔平面数为塔命名，除了建于清代的广东翁源县八角塔和澜沧芒洪布

---

[1] Anthony Xavier Soares, *Portuguese Vocables in Asiatic Languages*, New Delhi: Asian Educational Services, 1988, p.256.

[2] *Random House Unabridged Dictionary*, Second Edition, New York: Random House, 1997, p.1394.

[3] Giles Herbert Allen, *Glossary of Reference on Subjects Connected with the Far East*, London: Trubner, 1886, p.101.

[4] Hirth F., *Fremdworter aus dem Chinesischen*, Herrigs Archiv Jahrgang 36, Vol. 67, 1882, pp.197-212.

[5] *Glossary of Reference on Subjects Connected with the Far East*, p.101.

[6] Liang Ssu-ch'eng, Wilma Fairbank ed., *A Pictorial History of Chinese Architecture*, The MIT Press, 1984, p.140.

[7] Braga José Maria, *China landfall, 1513- Jorge Alvares' voyage to China*, Hong Kong: K. Weiss, 1856, p.24.

朗族八角塔等极少数例子外。另外，八角之塔非常普遍，如以其命名，极易产生混淆。其次，梁思成所说"八角塔"（pa chiao t'a）为闽南语发音，"chiao"与"pagode"的第二个音节"gəʊ"之发音有较大差距。而粤语"八角塔"的发音"baat gok taap"倒与"pəˈgəʊdə"比较接近，这可能是个巧合，更有可能是闽粤沿海地区的华人从葡语中习得，"八角塔"是洋泾浜英语（Pidgin English）的一部分，恰与梁思成的猜测相反。

葡语"pagode"不久就演变为西班牙语中指称东亚多层塔式建筑的单词"pagoda"，1585年门多萨《中华大帝国史》出版，[1]此为欧洲首部详细介绍中国历史文化知识的巨著，甫一出版便被翻译为英、法、德、意等各种语言，该词便随之于16世纪末在欧洲传播开来。17世纪以降，来华西人与日俱增，"pagode"或"pagoda"便明确指称中国传统的由地宫、塔基、塔身、塔顶及塔刹等部分组成的高耸型建筑——宝塔。综上，尽管众说纷纭，但"pagoda"一字源于亚洲语言这一点已成共识，这种语言的借用实为词源的东西互文。对此，葡萄牙学者也明确指出，尽管葡语中有"pagão"（异教徒）一字，"但它不可能生成出新字'pagode'，只有可能帮助葡萄牙语采纳了这一新字"。[2]随着"pagoda"一字的传播，塔这一特殊文本的中西互文也随即开启。

2. 异质文化对流与塔意象的互文建构

互文性（Intertextuality）本是一个文学概念，[3]指文本之间互相交错、彼此依赖的某些表现形式。在泛文本化的当下，互文性理论已被越来越多地使用到诸如音乐、美术、影视作品的批评体系之中。本文借用这一概念来描述文化交流过程中，建造于不同文化土壤上的塔互相之间影响滋养但又绝非单纯复制或全盘接受的关系，天竺塔与中国塔、中国塔与欧洲塔之间均存在着这种关系。

众所周知，塔这一建筑源自天竺，本是瘗埋佛祖舍利的特殊墓葬："佛既谢世，香木焚尸。灵骨分碎，大小如粒，击之不坏，焚亦不燋，或有光明神验，胡言谓之舍利。弟子收奉，置之宝瓶，竭香花，致敬慕，建宫宇，谓为'塔'。塔亦胡言，犹宗庙也，故世称塔庙。"[4]佛教甫一入华即开始其本土化、世俗化历程，佛塔亦然。塔在印度被称为"窣堵坡"（Stupa），是一种平地隆起的覆钵状建筑，由围栏、甬道、塔门、塔身、塔顶、伞盖等组成。（参见图3-14）尽管窣堵坡有代表东、南、西、北四个方位的塔门（印度称"陀烂那"，我国称"栏楯"），但塔身密封不可入，膜拜之人只能沿顺时针方向绕塔巡礼，因此安置佛像壁龛的塔体及展示佛教主题及雕刻艺术的栏楯便成为窣堵坡的精华部分。到贵霜帝国

---

[1] Mendoza, J.G., Robert Parke trans., *The History of the Great and Mighty Kingdom of China and the Situation Thereof*, London: Printed by I. Wolfe for Edward White, 1588, p.402. 门多萨（Juan Gonzalez de Mendoza, 1545—1618），西班牙人，奥古斯丁修会传教士。

[2] Henry Yule and A. C. Burnell, *Hobson-jobson: The Definitive Glossary of British India*, p.393.

[3] "互文性"的概念由克里斯特娃（Julia Kristeva）提出，参见 Julia Kristeva, *Séméiotikè, Recherches pour une sémanalyse*, Paris: Éditions du Seuil, 1969。

[4] 《魏书》第八册，中华书局，1974年，第3018页。

· 第三章　东印度公司与欧洲园林、建筑艺术的"中国风"·

图 3-14　印度桑奇窣堵坡 1 号塔。

(Kushan Empire，55—425 年)时期，阿育王(Asoka，公元前 273—前 232)时代低矮浑圆的坟式窣堵坡逐渐向纵长发展，或许还受到印度教锡哈拉建筑的影响，窣堵坡的塔体至贵霜王朝时期已越来越高大尖耸。窣堵坡随佛教自东汉入华后，便与先秦的高台楼阙融合衍变而为"浮图"(浮屠或佛图)，中国佛寺祖庭白马寺中的浮图为汉地第一塔，"凡宫寺制度，犹依天竺旧状而重构之。从一级至三、五、七、九，世人相承谓之浮图"。[1] 经历千百年的嬗递演变，"上累金盘，下为重楼"的汉地宝塔在外观上只承继了窣堵坡的相轮和塔刹，而塔的形制、层级、材料、用途等愈益多元丰富，仅形制就有楼阁式、密檐式、喇嘛式、金刚宝座式等；用材除砖、木、石外，尚有铁、铜、玉、琉璃等。除了这些外在、可视的物质元素外，塔原本的佛教文化意蕴中还不断渗入道教、儒教及其他民间宗教元素，塔的用途除崇佛瘗埋、展示佛教艺术之外，还有观景、藏宝、刻字铭记、军事瞭望、引航锁水等实用功能。长江入海口建塔是为镇风水、作航标；而城镇多建文昌或文笔塔，是为匡扶士风、堪舆导引。儒、释、道文化在塔这种建筑上相辅相成，相得益彰。法不孤起，仗境而生；道不虚行，遇缘则应。中国浮图传承、借用窣堵坡的宗教基因及建筑元素，但又形成了独具中土特色的建筑风格，因而两者之间具有一种难以割舍、或显或隐的互文关系。

这种塔意象间互为文本、互为诠释、互为表达的关系同样存在于中欧建筑文化的对流中。16 世纪以降，八角楼阁式成为中国塔式建筑最流行的造型。有卫匡国、尼霍夫等人对瓷塔的描述在先，八角塔已广为西人所知；欧洲各国东印度公司对华直接通商之后，大

---

[1]《魏书》第八册，第 3029 页。

· 165 ·

批船员、商人、冒险家进入广东，南粤四处可见的塔便是瓷塔传说最生动的现实呈现。甫进珠江口，每条船都会依次看到屹峙海中、状广形胜的莲花塔（建于1612年）、琶洲塔（建于1597—1600年间，西人称其为"中途塔"）和赤岗塔（建于1619—1627年间），那是大部分西人平生首次亲见之塔。三塔形制相似，皆高50余米，皆为八面九层砖石结构，如三支巨型桅杆，与黄浦港壮观的帆影相映成趣。莲花塔被称为"省会华表"，琶洲塔素有"琶州砥柱"之美誉，而赤岗塔也是"锁水口、聚灵气"之风水塔，因而成为外销画、外销瓷及其他工艺品青睐的素材，它们与南京瓷塔一起构成西人心目中塔的标准范本。由此，他们理所当然地以为只有八角、多层、翘檐、悬铃、最好还是由瓷砖垒砌的建筑方能称之为塔。丘园之塔便是这种观念的最好诠释，即便瓷砖无法获取，也要以陶砖或五彩玻璃替代，这种模仿、比附即是一种明显的互文建构。但西塔不光是瓷塔或其他中土宝塔的翻版与重建，两者间有着互文而又互异的派生关系。互异的表现是西塔尽管形制、外观与中塔相似，但其得以生成及存在的文化语境已大相径庭，两者所欲传达的文化信息亦南辕北辙。塔被抽离了原本的宗教灵魂，而成为时尚化、娱乐化及东方情调的标志。有意思的是，一些中国传统宝塔亦有欧洲文化元素渗入。以琶洲、赤岗两塔塔基的跪状西洋托塔力士为例，（见彩图22）他们既是明末清初中欧商贸活动的历史见证，又是中西互文的形象范本。自16世纪初葡人登陆广东到赤岗塔建成的一个多世纪里，葡萄牙、西班牙、荷兰、英国人自贫瘠的欧洲向东方疯狂扩张，让粤闽工匠记住了他们高鼻深目的形象。此二塔皆建于明朝，而明人最早接触到的西人便是葡萄牙、西班牙及荷兰人，正德、嘉靖年间均发生过葡人欲以武力入侵广东的事件，而且他们在藩国马六甲、吕宋及我国热兰遮（台湾）等地烧杀抢掠，为所欲为，给明人留下凶残、贪婪的极坏印象，故将其塑于塔下意欲以塔魇镇，这或许是时人心目中保卫疆土、驱逐番鬼的良策。但这一设计彰显了地域及时代特征，而且以视觉形象呈现出中西塔文本的互文。因此，无论是中塔还是西塔，每一座塔均非孤立、自足的存在，它与众多历史文化因素相互缠绕。每一座塔均是设计者观摩或阅读的产物，而设计者的习得是无数实物及文本空间的交汇。由于人类记忆力的作用，新塔在被设计、构建时很难抹去其他文化的痕迹，古代、当代、本土、异域的设计统统在当前的构思中融合汇聚，整个造塔史也会或多或少地植入至新塔从而使互文成为一种必然。

3. 被戏仿的瓷塔

互文性的实现通常采取引用、模仿、抄袭、转换、隐喻等手法，而戏仿正是对经典作品既依赖又独立的戏谑性模仿。同音乐与绘画一样，西方人也以居高临下的优越感来审视中国的建筑艺术："中国几乎没有什么东西配得上'建筑'（architecture）这一称谓的，这对于我们理解其他国家如古印度何以达到如此之高的文明程度却未曾留下任何恒久坚固的历史遗迹很重要……中国缺乏建筑艺术的最主要原因是他们缺乏品味而非力量。事实上，他们是对各种工艺或建造颇具天分的人种，但他们完全缺乏美感，也无分享这种人类更高层次表现方式的意愿,这种民族特性造成了中国建筑遗迹的缺位。"[1]詹姆斯·福克森认为形成这一民族特质的根本原因在于中国人缺乏宗教艺术及世袭贵族,显然这是极为片面和主观的臆断。但当福克森发现他的这套理论无法解释报恩寺塔这一辉煌建筑时,只能竭力强调瓷砖的装饰效果以自圆其说:"唯一能被归入真正的建筑之列的是中国塔,著名的南京瓷塔便是最好榜样。但此塔拥有这一名声主要因为其外墙所用的瓷。上釉的瓷砖覆盖了塔的砖墙及由下而上的九层重檐,这一外饰流光溢彩,是几乎所有建筑师意欲借重以达到他们预期效果的装饰类型。"[2]还有人表达得更为直白:"我们所崇尚的中国建筑的特质并非其形制,这种形制既不耐久也不宏伟,而是其瑰丽的色彩及精美的雕刻和装饰艺术。"[3]由此可见,西人对瓷塔的崇尚其实仍是对瓷(其实是琉璃)的卓越装饰效果的崇尚,属"瓷热病"的后遗症。不可否认的是,福克森对中国建筑的歧见代表了欧洲绝大多数人的观点。正是由于这种观念,欧洲的塔多数是戏仿之物,极少被严肃对待,更不用说与宗教文化挂钩。

西人造塔的初衷无外乎猎奇。"至于中国的建筑,我们能从瓷杯、瓷碟上获取许多机会去评判它们特殊古怪的造型,我们只希望他们理解建筑能比理解透视略强一些……有很多物品,我们也许在模仿抄袭他们,尽管我相信我们不会因此而损毁英国品味,我们只是通过引进他们轻浮然而适合他们气候及观念的形式来追求新异",[4]这一议论道破了欧洲盛行"中国风"的潜在审美心理。在"中国风"盛行的18世纪,中式建筑一定是标新立异、吸纳异域殊风的最佳道具。西人造塔有时纯粹出于一时之需,塔的寿命与他们追新逐异的心血来潮一样短暂。如路易十四为情妇所建的瓷塔,几乎等不到色衰爱弛的那一刻便已灰飞烟灭。又如1814年英国摄政王乔治四世为庆祝拿破仑战争的结束,命建筑师约翰·纳什(John Nash,1752—1835)在伦敦圣詹姆斯公园(St. James Park)设计七层木塔作为同盟国胜利的纪念。此塔竖立于横跨运河的中式桥梁中央,成为当时伦敦的一个时尚地标。然而就在同年8月1日,木塔因园内大型烟花表演而毁于祝融。这种旋生旋灭恰好也是"中国风"的特质之一。

此外,西人既不崇佛也不信风水,炫耀或娱乐也是他们造塔的目的所在。波茨坦无忧宫的龙屋及茶馆是专制君主腓特烈大帝用以炫耀其别致审美趣味及宏富瓷器收藏的;丘园大塔则是钱伯斯敬献给乔治三世及其母后奥古斯塔的独特大礼。欧洲之塔无一例外,均建造在夏宫、别墅、公园等场所,塔原本的宗教灵魂及其在源文化语境中的庄严敬崇已荡然无存。19世纪中叶始,造塔的全盛期已过,我们能追溯到的欧洲最后一座宝塔是建

---

[1] *The Illustrated Handbook of Architecture*, pp.133-134.
[2] Ibid., p.135.
[3] Mary Gertrude Mason, *Western Concepts of China and the Chinese, 1840-1876*, New York: The Seeman Printery, Inc., 1939, p.237.
[4] Eliza Chalk, *A Peep into Architecture*, p. 167.

于40年代末的伦敦克雷蒙花园（Cremorne Gardens）塔，此塔充其量只是一座塔形音乐演奏台。[1]因此，塔已从宗教文化的祭坛跌落，成为满足欧洲各国君主虚荣心的滑稽客串。尽管塔在中国一样也被世俗化，但人们或多或少寄托了世俗祈愿于宝塔，再加上儒、释、道文化潜因的作用，塔总能高高在上，让人顿生崇尚之情。

再者，西人即便崇尚瓷塔的装饰性，但他们关注到的只是各种装饰元素的皮相而非内涵。佛塔的许多装饰元素均有其特殊文化意义，"塔铃译佛语，檐鸟调天风"，[2]塔铃又称"铎铃"，是佛教法器之一，《大般若经》第一曾说："宝铎珠幡，绮饰纷纶，甚可爱乐。"[3]古人在佛塔檐角悬挂铎铃，铃声即佛语，清雅空灵，净化佛寺氛围，利于众人修行。从实用角度看，塔铃也叫作惊雀铃，用以惊走栖息在塔上的飞鸟，从而起到保护塔身的作用。塔铃的形状千变万化，以圆形居多，有的还雕有精美的莲花花纹。此外，塔各层屋顶檐角翘伸，形如飞鸟展翅，轻盈活泼，俗称飞檐翘角。飞檐为中国建筑风格的重要表现之一，通过檐部的这种特殊处理和创造，不但扩大了采光面，加快了雨水排泄，而且增添了建筑物飞升的动感。西方教堂的高塔均有相连的建筑支撑，而宝塔是独立无依傍的高层建筑，因此其层叠的飞檐不但维持塔身平衡，防止风雨侵蚀，更营造出壮观的气势，彰显出中国古建筑特有的灵动轻快的韵味。而西人不理解这些装饰元素的宗教文化意义及实用性，便把铎铃、飞檐翘角等视为幼稚及轻浮的表现。钱伯斯是18世纪唯一亲临中国的欧洲建筑家，当他出版《中国建筑、家具、服饰、器械及器皿的设计》一书时，他的许多朋友纷纷劝阻，认为此举会损害其建筑学家的声誉。[4]尽管钱氏赞赏中国建筑的原创性及精巧性，但他仍称其为"建筑中的玩具"。[5]而使其声名远扬的英华园林的设计初衷则是："在大型的公园或花园中，需要各种不同的景致，或者在巨大的宫殿里，容纳了无数的建筑单元。我不认为点缀一些次要的、具有中国趣味的建筑有何不妥。多样化总能令人愉悦，和谐融洽的新奇可以取代美丽。"[6]正因为建筑学领域"东方主义"作祟，宝塔、曲桥、铃铛等成为欧洲文学作品中用以讽刺"中国风"艺术的戏谑性意象，或者被童话化以唤起孩子们的异域想象。如英国作家、东印度公司官员托马斯·皮科克（Thomas Love Peacock, 1785—1866）在讽刺小说《鲁莽大堂》（*Headlong Hall*, 1816）中以宝塔、小桥、太湖石为话柄嘲讽乔治王朝时代英华园林的缺乏品味；安徒生则把瓷塔写进童话《天国花园》，让风神之子东风拨响塔上的所有铃铛，以引发孩子们对遥远中国的向往。随着东印度公司的纷纷解散，"中国风"艺术的日渐式微，欧洲的瓷

---

[1] *Country Life*, January 29, 1859, p.194.
[2] （明）周永年：《泖塔上作》，韩进廉主编：《禅诗一万首》下，河北科学技术出版社，1994年，第1214页。
[3] （唐）玄奘译：《大般若波罗蜜多经》卷一，域外汉籍珍本文库编委会：《高丽大藏经》第一册，人民出版社，2013年，第14页。
[4] *Designs of Chinese Buildings, Furniture, Dresses, Machines, and Utensils*, Preface, p. 4.
[5] Ibid., p.2.
[6] Ibid..

· 第三章　东印度公司与欧洲园林、建筑艺术的"中国风" ·

塔戏仿也悄然消歇,唯余寥寥几幢塔影,如巨大的感叹号感慨当年中西建筑文化的风云际会。

东印度公司当然无法如运送茶叶、瓷器、丝绸般把瓷塔搬至欧洲,却以口口相传、旅行笔记、素描画像等形式,为西方世界捎去流播整整两个世纪的瓷塔传说。西方受众根据自身的经验和想象,不断将瓷塔概念化、镜像化,因此,在某种意义上,瓷塔已超越其物理形态,成为西人心目中无法复制和超越的中国传奇。及至瓷塔被毁,所有的想象及向往幻化为一声叹息:

> 瓷塔已倒塌,唯余残砖碎瓷,废墟标志着她曾经耸立的位置;雕花的瓷砖散落一地,反射着往昔落日的余晖。逐层收窄的塔身,不再有悦耳铃声从檐角传来;粗心的旅客不再相信,这儿曾矗立着跻身于世界奇迹之列的瓷塔。彩釉瓷花被肆意横生的灌木杂草掩盖,湮没于荒野的杂花中;丛生的蒹葭在漫长的夏日里招摇。瓷塔已倒,唯余残垣断壁,它曾是中国的骄傲与象征。[1]

报恩寺塔毁于1856年太平天国战乱中,这一年又恰是第二次鸦片战争爆发之年,距离西方世界瓷塔镜像的发端已过去整整两个世纪。200年间,中西双边贸易如火如荼,艺术交会方兴未艾,文明冲突风起云涌,幢幢塔影随之陆续出现在欧洲大地。然而,18世纪下半叶以降,风靡一时的"中国风"随着新古典主义艺术风格的崛起而渐趋式微,中国在西方的现代化进程中也逐渐沦为停滞、衰败、野蛮、专制的落后之邦。瓷塔破败、倒塌于这一文化大背景下,进一步引发了自视文明、自由、进步的西方世界对炎黄帝国乌托邦想象的幻灭感。斗转星移,当年被坚船利炮强行裹挟进西方创造与主导的文明世界体系的老大帝

---

[1] Edward Gilchrist, *Tiles from the Porcelain Tower*, Cambridge Mass: Printed private at the Riverside Press, 1906, p.87.
　　The tower is fallen: only brick and shard
　　　　Of rubble-heap show where it used to rise;
　　The earth with many a painted tile is starrr'd
　　　　That flash'd of yore the hue of sunset skies.
　　No more the bells make music from the eaves
　　　　That gently upward from each story curl'd;
　　No more the careless traveler believes
　　　　This was among the wonders of the world.
　　The thickets push above it and the weeds
　　　　Hide with rank blossoms the encaustic flowers
　　Of porcelain; the woolly tufted reeds
　　　　Nod drowsily thro' the long sumer hours.
　　The tower is fallen: shatter's is the clay
　　　　That was the pride and symbol of Cathay.

国现已觉醒;倒塌了的报恩寺塔也于2015年重新屹立于当年的遗址之上。诚然,重建一座万众瞩目的物理之塔容易,而建构自信亲和、文明睿智、繁荣稳定、开放包容的中国形象之塔则需要几代人的不懈努力。

第四章
东印度公司与欧洲室内装饰的"中国热"

早在各国东印度公司成立之前100年,葡萄牙人沿着达·迦马开辟的欧印新航路,启动在印度洋、西太平洋及其沿岸地区的贸易和殖民活动。整个16世纪,葡萄牙均是中欧贸易的领头羊,大量东方瓷器、丝绸、香料及其他货物随着商船涌入里斯本,随后再流通至欧洲各地。以青花瓷作为室内装饰品的先河亦是葡人所开,1501—1578年间,唐·曼努埃尔一世、唐·若奥三世等葡王居住的桑托斯宫(Palacio de Santos)中那间悬挂着261只青花瓷盘的金字塔顶小屋便是瓷热病的最典型表征。(参见图4-1)17世纪以降,这一以瓷饰屋的时尚便在欧洲流传,玛丽二世的瓷厅成为上层社会的神话。18世纪初,随着"中国风"鼎盛期的到来,在宫殿、庄园中布置中国室能彰显天潢贵胄的独特时尚品味。除瓷器外,中式手绘壁纸及漆木家具也成为非富即贵者趋之若鹜之物。本章将选取启蒙时期具有代表性的案例,展现欧洲"中国风"室内装饰的变迁和特质,以及东印度公司在其中所起的作用。这些案例极具代表性,分别处于这一艺术风尚的初兴、鼎盛及衰落期,从滥觞期瓷主题的堆砌与繁复,到巅峰期各种中式器物、饰品的和谐搭配,再至衰落期的夸张和奢华,皆可在这些案例中得以清晰呈现。

图4-1 里斯本桑托斯宫中由青花瓷盘装饰的顶棚。

第一节　东印度公司与欧洲室内装饰的"中国热"(China-mania[1])

17世纪初,相继成立的英、荷东印度公司打破了葡萄牙人的垄断,从中、日等国直接进口瓷器、丝绸、漆器、壁纸等货物,这种贸易在18世纪达到顶峰,使曾经皇公贵族独享的东方奢侈品逐渐普及,进而引发了室内装饰的中国风尚。经过一个多世纪东西方的自由贸易,中国物品给欧洲艺术家带来无限创作灵感,极大影响了欧洲的室内装饰艺术,尽管东方主题的象征意义常被曲解或误用。同时,欧洲设计师及工匠掀起了瓷器、漆器、壁纸、中式家具等室内装饰品的仿制热潮,为端庄、典雅而略显沉闷的古典主义装饰风格带来了新鲜奇幻的东方气息;而中国艺匠也被这股时风裹挟,开始自觉依照欧人的审美情趣改造传统样式的各类产品,为国货注入洋气。东西方的相向而行使"中国风"装饰艺术从17—19世纪始终固守欧洲,尽管兴衰起伏不定,并与巴洛克、洛可可、哥特式及新古典主义等本土艺术风尚错综交融,甚至难分彼此。

一、女王的瓷厅

青花瓷为东印度公司进口货物之大宗,荷兰东印度公司"自1602年始进口中国瓷器,起初数量较为适中,至1610年起瓷器进口量便与日俱增。到17世纪20年代起,公司商船每年购买瓷器10万余件。值得一提的是,这些瓷器的目标客户多为荷兰富裕阶层,而当时荷兰总人口仅约25万"。[2] 后来居上的英国东印度公司在瓷器进口方面亦不甘落后,在1684—1791这100余年间进口了约2.15亿件中国瓷器。[3] 瓷器因而成为大众消费品,除用作餐茶具外,更作为饰品陈列于客厅及起居室的架上柜中,或悬挂于墙,成对大型的瓶罐则单独摆放。瓷器既可与东方漆器、壁纸、灯笼搭配,亦可与西式家具及内饰相映成趣,以其卓越的普适性成为上至皇家宫殿、下至平民厅堂的重要饰品。不仅此,16—18世纪的欧洲,很多宫殿、豪宅中会专设一间瓷室(Porcelain Room),如柏林夏洛滕堡(Charlottenburg Palace)、维也纳美泉宫(Schloss Schönbrunn)、阿珀尔多伦的赫特鲁王宫(Paleis Het Loo in Apeldoorn)等。

---

[1] china-mania,意为"瓷热病",指17、18世纪英国社会对中国瓷器的狂热情状,参见 Louise Chandler Moulton, *Randam Rambles*, Boston: Robert Brothers, 1881, p.217.因 china 一字多义,既指"瓷器"又指"中国",因而本文将 china-mania 用作多义词,既指"瓷热",又指"中国热"。

[2] Jan Daniel van Dam, *Dutch Delftware 1620-1850*, Amsterdam: Rijksmuseum, 2004, p. II.

[3] James Walvin, *The Fruits of Empire: Exotic Produce and British Taste, 1660-1800*, New York: New York University Press, 1997, p.27.

图4-2 铜版画 丹尼尔·马洛特为威廉三世设计的瓷厅，约1701年。

出身于奥兰治王室同时又是荷属东印度公司股东的威廉三世（William III，1650—1702）有一个罹患瓷热病（la maladie de porcelaine）的皇后玛丽二世（Mary II，1662—1694），以雄积瓷器而著称。玛丽皇后曾将其收藏的800余件中国瓷器及代尔夫特蓝陶带到英国，在始建于1689年的汉普顿宫专辟一间"将瓷器堆在柜顶、文具盒、壁炉台的每个空间，甚至天花板"的瓷厅，[1]欲与路易十四的特里亚农瓷宫一争高下。英国作家约翰·爱福林（John Evelyn，1620—1706）曾有幸亲睹这一瓷屋，并在日记中感叹道："我看到了皇后的奇珍橱柜及瓷器收藏，美妙绝伦，品种宏富，数量可观。"[2]正是玛丽二世引发了18世纪英国的瓷器热。除汉普顿宫瓷厅外，1684年，法国建筑及雕刻家丹尼尔·马洛特（Daniel Marot，1661—1752）受威廉三世之邀主持荷兰王室赫特鲁王宫（Het Loo Palace）的内部装饰，他是将路易十四风格（Louis XIV Style）传播至欧洲其他国家的重要艺术家，且长于中式建筑及"中国风"装饰主题的设计。图4-2铜版画便是马洛特设计的赫特鲁王宫的瓷厅，画中陈列的瓷器大多为玛丽皇后的藏品。画中正面及左侧的墙面从上至下打造了多个大小不同的壁龛，陈列着多种形制不一、造型各异的瓷器，与小幅油画

---

[1] Daniel Defoe, *A Tour through the Whole Island of Great Britain*, Edited by P. N. Furbank and W. R. Owens, New Haven: Yale University Press, 1991, p.65.
[2] John Evelyn, *The Diary of John Evelyn*, London: Oxford University Press, 1959, p.969.

搭配，连顶棚下方的护壁板上皆密密麻麻摆放着瓷瓶。右侧壁镜下的矮桌则由马洛特设计于1700年。[1]由此画一望可知，繁复、堆砌是这个时期中国风内饰的典型特征。

除了以各式瓷器装饰外，欧洲贵族还以出产于欧洲的瓷砖装饰墙面，此为18世纪中期欧洲制瓷技术成熟以后的事。最典型的是那不勒斯及西西里岛女王玛丽亚·阿玛丽亚（Naples Maria Amalia of Saxony, Maria Amalia Christina Franziska Xaveria Flora Walburga, 1724—1760）的瓷厅。此厅原属那不勒斯附近的波蒂奇宫（The Palace of Portici），[2]后迁入卡波迪蒙特王宫（The Royal Palace of Capodimonte）。此厅完全按照阿玛利亚女王的品味及指令设计，工期从1757延续至1759年。这个矩形客厅的墙面装饰有3 000块白瓷，代表了成立于1743年的皇家卡波迪蒙特瓷厂的最高技术及艺术水准。瓷砖表面饰有彩色缠枝花纹，花纹间镶嵌有中国人物或场景浮雕。墙面装饰除瓷砖外，另外镶有六大面法国镜子，天花板为洛可可式仿瓷贝壳形或曲线造型的灰泥顶。在白瓷和镜子的映照之下，整个客厅晶莹剔透、华彩耀目。启发女王艺术灵感的是荷、英东印度公司进口的中国瓷器及工艺品，[3]这些具有童话色彩及异域情调的物品，经由诸如华托、布歇等法国艺术家天马行空的想象而变形，成为妙不可言、华丽浪漫的"中国风"艺术，迅速传遍欧洲，是富裕阶层不俗品位的象征。阿玛丽亚瓷厅展现了18世纪上半叶"中国风"细腻柔媚、华丽纤巧的特征，卷草舒花，缠绕盘曲，嫩绿、玫红、浅紫、明黄搭配金色，多用不对称的弧线和S形线，无论形状、色彩还是主题兼极具灵活性及兼容性，融汇洛可可艺术的明快色彩和纤巧装饰，（彩图23）反映了欧洲宫廷贵族的生活趣味，使沉迷于东方乐园幻想的顾客经由瓷墙上的风景人物再造白日梦。瓷代表了其起源国的审美理念及灵感源泉，那不勒斯女王承继了赫特鲁王宫瓷厅的繁复与豪华，更汲取中国实用艺术的精华仿制瓷品打造梦幻瓷厅，将虚构及真实世界合二为一。

然而，具有雄厚财力建造瓷厅者毕竟了了，更多人将瓷瓶、瓷盘作为中心饰品，再配以中式主题的壁纸、挂毯、漆木家具等为自己营造一间中国室，这在17、18世纪最为时尚，连英国著名作家贺瑞斯·沃波尔这样的文人雅士也不能免俗，在其著名的草莓坡庄园（Strawberry Hill House）特辟一室收藏价值连城的名贵瓷器。东印度公司的强大搬运力更使瓷器得以走进普通荷兰人的起居室，为了让居室适合于瓷器展示，室内装饰，包括风格、空间布置及整体氛围必须品味不俗，且能将所有瓷器和家具融合为一个和谐整体。[4]以阿姆斯特丹范龙家族故居（Van Loon Museum）为例，其内饰完成于1672年，为了匹配陈列柜中的大量瓷器藏品，主人煞费苦心地买来中式家具，有间卧室甚至贴上蓝白两色花纹

---

[1] Adam Bowett, The Engravings of Daniel Marot, *Furniture History*, Vol. 43, 2007, pp.87-88.

[2] 现已迁入意大利卡波迪蒙特王宫（Royal Palace of Capodimonte）。

[3] Orietta Rossi Pinelli, *Il secolo della ragione e delle rivoluzioni. La cultura visiva nel Settecento europeo*, Torino: Utet, 2000, pp.151-152.

[4] Timothy Brook, *Vermeer's Hat: The Seventeenth Century and the Dawn of the Global World*, New York and London: Bloomsbury Press, 2008, p.77.

的墙纸,使人有活动于巨大青花瓷器中的错觉。18世纪初,青花瓷的仿制品代尔夫特蓝陶已成气候,更以较低的价格及较为便捷的购买渠道助推了这种装饰时尚。

瓷主题内饰因受早期欧洲皇族雄积瓷器的炫富风气影响,在17世纪末呈现出堆砌与繁复的显著特征,随着东印度公司瓷器进口量的剧增及欧洲制瓷业的发展,这一特征愈益突出。从汉普顿宫、波蒂奇宫到美泉宫,每一个瓷厅后面皆有一个财力雄厚的女王,瓷主题内饰的女性意志不言而喻。

二、乡间豪宅里的中国室

在18世纪"中国风"鼎盛期间,英国上流社会以在乡间别墅中营建中国室为时尚。"英国的乡间别墅曾是、现在也是人们政治生活的背景,主要用于农作及运动(此二者皆为英国乡绅的酷爱)、促进社交的乡村舞会及家庭聚会,除以上诸种功能外,还用以放置藏品"。[1] 黑尔伍德庄园(Harewood House)位于英格兰西约克郡邻近利兹的黑尔伍德,建于1759—1771年间,园主为第一代黑尔伍德男爵、种植园主爱德温·拉塞尔斯(Edwin Lascelles,1713—1795)。豪宅整体风格为帕拉第奥式(Palladian),设计者为新古典主义风格的倡导者罗伯特·亚当(Robert Adam,1728—1792)及建筑师约翰·卡尔(John Carr,1723—1807)。而占地约1 000英亩的园林则由著名的巧匠布朗(Capability Brown,1716—1783)规划设计。我们要讨论的"中国风"室内装饰只是此宅的一部分,即位于大宅一楼的由罗伯特·亚当设计的东卧室(East Bedroom)(彩图24)。

东卧室不大,内部装修约完成于1769年。白色天花板及墙顶边饰皆为涡旋花纹,四壁则张贴有一套手绘中国壁纸。壁纸描画了中国南部地区的民俗风情,青山绿水间,连绵不绝的各式民居及其他建筑临水而建,芸芸众生劳作生息于其间,有制瓷、插秧、种茶、纺织等劳动场面,也有垂钓、婴戏、买卖、闲聊等生活场景。为搭配这套壁纸,著名家具设计师齐彭代尔[2](Thomas Chippendale,1718—1779)于1771年打造了一套漆木家具:一张白色金边漆床,此床四柱,拱形顶盖,饰以金色四射状的忍冬草(或棕榈叶),檐式盖沿则为金色花状平纹,具有鲜明的新古典主义色彩;而漆木橱柜则为新古典主义"中国风",翠绿底色配以金色山水田园主题漆画;椅子的设计呼应卧床,金色框架、弧形扶手及柱形椅腿,配以与壁纸同色调的花鸟主题椅垫及椅背。整个卧室色彩明亮、协调,壁纸、漆器及印花布为其营造了浓郁的中国情调。

---

[1] Gervase Jackson-Stops ed., *The Treasure Houses of Britain*, New Haven and London: Yale University Press, 1985, p.10.
[2] 齐彭代尔是18世纪伦敦著名家具设计及制造者,作品风格以"中国风"、洛可可及新古典主义为主。

图4-3、4-4 克莱顿大宅里的中国室及墙饰细节。

那么这套中国壁纸从何得来呢？拉塞尔斯家族早在17世纪中叶便作为早期殖民者，在南美巴巴多斯拥有大型种植园，并经营海运及贸易而致富。爱德温之父亨利（Henry Lascelles, 1690—1753）除经营家族企业外，还于1741年担任英国东印度公司约克号商船船长，曾三次远航中国，以进口茶叶、丝绸及瓷器为主，每次均带回大量私货。[1]笔者推测东卧室中的手绘壁纸应该是由亨利自广东购回。拉塞尔斯家族的后代在"中国风"不再流行的19世纪中叶将其揭下卷起，尘封于附楼150多年，因而成为文博界迄今保存最为完好的手绘中国壁纸。

18世纪中叶，这种"中国风"内饰在英国极为风行，除黑尔伍德外，另有建于1757—1771年间的克莱顿庄园（Claydon House, 位于白金汉郡），克莱顿的中国室（Chinese Room）极其别致，整个房间充斥着宝塔式造型及中式回纹装饰，门框上的东方人像柱、壁龛里的中国人物无不承续着18世纪上半叶的洛可可式"中国风"。卧室依墙打造出一个造型复杂的亭式华盖，以大小不一的白色宝塔造型浮雕搭配漆木网格框架，华盖两侧壁龛中安置着中国淑女雕像，繁复而又华丽，此为典型的中式齐彭代尔风格。华盖正下方曾是一张卧床，现被长沙发替代。（图4-3、4-4）

18世纪下半叶，"中国风"逐渐向新古典主义转型。无论是家具还是配饰，均追求优雅和唯美，以平和而富有内涵的气韵展示主人的高雅气质。它摒弃传统古典风格过于复杂的肌理和装饰，简化、拉直了线条，偏爱白色、金色、黄色、暗红等主色调，将欧式古典家具和中式家具及装饰元素搭配使用，中西合璧，使西方的内敛与东方的浪漫相融合，营造尊贵雍容的氛围。齐彭代尔在克莱顿中国室的设计还带有明显的洛可可风格，但在18世纪60年代后，他显然受到了新古典主义艺术风格的影响，这从他《绅士与橱柜制作指南》（*The Gentleman and Cabinet-maker's Director*）一书第三版即有端倪可察，他为黑尔伍德

---

[1] Melissa Gallimore, *The Chinese Wallpaper: Harewood House*, York: Harewood House Trust, 2008, p.20.

大宅所设计的漆木家具呈现出鲜明的由洛可可"中国风"向新古典主义风格的过渡(见图4-5),黑、金两色搭配高贵大气,边框及腰线均为直线,柜脚呈罗马柱型,写字柜正、侧面的东方园林、人物及风景又是典型的"中国风",尽显雍容华贵之美。

三、欧洲"中国风"室内装饰的绝唱:英国皇家布莱顿宫

1787年始,威尔士亲王乔治(George Augustus Frederick, 1762—1830)在亨利·霍兰德(Henry Holland, 1745—1806)及约翰·纳什(John Nash, 1752—1835)等设计师的协助下,历时30余年,将英格兰南部小渔村布莱顿变身为皇家行宫及英国的时尚地标,在此期间,他本人也从亲王、摄政王而面南称尊为乔治四世。

图4-5 黑尔伍德大宅中的女士写字台,齐彭代尔设计制作于1773年,现藏于英国利兹博物馆。

布莱顿宫外观为典型的印度莫卧儿王朝建筑风格,其宏伟壮丽堪与泰姬陵媲美。而这一设计受到了塞琴科特(Sezincote)庄园的启发,庄园主科克雷尔兄弟曾为英国东印度公司雇员,对中印建筑园林文化颇为痴迷,因而在庄园设计中糅合了中、印两种风格,尤以那座莫卧儿式穹顶主建筑而知名,摄政王乔治曾于1807年驾临该园参观,再加上塞琴科特庄园设计者汉弗莱·瑞普顿竭力推荐创新的印度风设计方案,布莱顿宫的主体建筑最终被纳什改建为莫卧儿式的穹顶造型。

如若步入金碧辉煌的宫殿内部,从前厅到长廊、宴会厅、大沙龙、南画廊、红画室、阿德莱德走廊甚至维多利亚女王的卧室,造型夸张、色彩奇幻、无处不在的"中国风"装饰令人震撼。本书以纳什的《皇家穹顶宫的景观》(Views of the Royal Pavilion)一书及该宫当前实景为据加以阐述。

无处不在的飞龙不仅是"中国风"的标志物,同时又是皇家风范的象征,整个宫殿的大部分公共厅堂皆闪现着其蜿蜒飞举的身影。宴会厅的设计师罗伯特·琼斯(Robert Jones)不仅是一个极具天分的艺术家,而且深谙摄政王之心,选择龙为主题元素装饰宴会厅。每盏枝形吊灯顶部皆盘踞一条翼龙,以龙爪提摄吊灯。餐桌上方那盏长30英尺、重约一吨的吊灯,除顶部的巨龙外,另有六条银龙立于灯架,口吐莲花灯,极尽富丽堂皇之能事。此外,落地灯柱、餐具柜柜脚、穹顶底部及窗帘杆上皆饰有造型各异的金龙。宴会厅墙面则悬挂以大幅中国官员及仕女画,并以龙纹、祥云、仙草等图案加以烘托。褐色与金

色的穹顶装饰以精致而复杂的动物、天体、光束等图案,以暗示乔治与主设计师纳什共济会会员的身份。

中式家具、壁纸、灯笼及其他"中国风"饰品充斥于宫殿每一个空间。从入口处的八角厅(Octagonal Hall)、门厅(The Entrance Hall)步入162英尺的长廊(The Long Gallery),中式灯笼、椅子、瓷瓶及真人大小的塑像便是最引人注目的摆设。木制灯笼或方形或六角形,皆饰以大红流苏,绘有中国花鸟、人物,长廊正中的枝形吊灯(纳什的画作中仍是中式灯笼)则以如意云头为主题装饰,和两侧墙壁上的悬铃檐线呼应。条桌上、壁龛里供着中国瓷瓶,仿竹矮柜上站立着真人大小的中国官员及老妪塑像,服饰装扮、神态举止皆惟妙惟肖。门厅里的六把山毛榉木椅特意雕刻成竹子状,与长廊中的竹纹主题墙饰、仿竹制家具及楼梯扶手相呼应;天窗与墙壁上的翼龙突出了宫殿的主题装饰元素。(见彩图25)1816年到访布莱顿宫的夏洛特公主的女伴伊尔彻斯特小姐对长廊印象深刻:"所有房间均可通向这一美丽的长廊,长廊尽头是你能想象到的最明亮优雅的中式楼梯,由铁及竹制作而成。楼梯之下的玻璃门反射着鲜艳灯笼的亮光。长廊中放置了大量的宝塔、日式及中式椅子以及中国官员塑像。"[1]沙龙(The Saloon)、音乐厅走廊(The Music Room Gallery)及音乐厅皆由国王的主要设计师弗雷得里克·柯雷斯(Frederick Crace)及罗伯特·琼斯设计,同样采用一以贯之的"中国风"为主要装饰风格。柯雷斯在沙龙墙面使用的中国壁纸后被琼斯以大型镜子替代,与长画廊一样的中式灯笼也被翼龙枝形吊灯取而代之,但白色镀金漆木家具及护墙板仍保持原样,现今沙龙中的花鸟主题壁纸及陶瓷器皆由中国进口。音乐厅走廊以黄色为主基调的"中国风"装饰于1821年被替换成镀金铅白色,原先的家具大部分搬至白金汉宫,现今窗前的四个龙主题的中国瓷灯柱则为原物,室中的紫檀木三角钢琴是玛丽皇后的赠物,与摄政时期放置于此室中的那架钢琴十分相似。音乐厅则再度掀起金碧辉煌的"中国风"主题高潮,乔治四世酷爱音乐,1823年曾邀请意大利著名作曲家安东尼奥·罗西尼(Gioachino Antonio Rossini,1792—1868)前来布莱顿举办音乐会,因而音乐厅的豪华绝不亚于宴会厅。需要特别指出的是,音乐厅的墙饰由设计师柯雷斯及亨利·拉姆勒(Henry Lambelet)亲自绘就,他们借鉴威廉·亚力山大(William Alexander)《中国服饰》(*The Costume of China*,1805)中的铜版画,在深红底色帆布上创作了一幅幅中国风景画,《中国服饰》中的"定海城南门"(The South Gate of the City of Ting-hai)也被移至音乐厅墙面。画幅之上飞龙腾跃,与提摄蓝缎窗帘的银龙及盘绕立柱的金蛇彼此呼应,八座微型宝塔对峙于两侧。1975年,音乐厅不幸遭遇祝融之灾,经过十余年的精心整修,方始恢复至柯雷斯的设计原貌。[2]

东印度公司对布莱顿宫内饰的影响,除上文提及的《中国服饰》外,还有钱伯斯《中

---

[1] John Nash, *Views of the Royal Pavilion*, London: Pavilion Books Limited, 1991, p.68.

[2] 本段参考David Beevers, *The Royal Pavilion Brighton: The Palace of King George IV*, Royal Pavilion & Museums, 2014, pp.4–38.

国建筑、家具、服饰、器械及器皿的设计》中的广州住宅内部装饰,尤其是灯笼及条桌,以及条桌上的摆设,布莱顿宫的八角厅、门厅、长廊等处对其多有模仿。

无论是王子还是摄政王抑或英王,布莱顿对乔治四世来说均是一个逃避宫廷繁杂事务、可以逾矩甚至放纵自我的好去处。他建造此宫的初衷就是安顿情妇菲茨赫伯特夫人(Mrs Fitzherbert),同时逃脱其父乔治三世令人窒息的约束。因而,"对于乔治四世来说,中华文明的诱惑主要在于其所能提供的逃避现实的模式,这一模式中的任何事物皆是华丽、多彩、奇幻的,更重要的,不同于人们习以为常的现实。它是世外桃源的现实范例,也许它是一种幻想,但幻觉与想象及智慧一样,是艺术的重要组成部分。布莱顿宫充满着想象东方及仿制中国的狂欢,以及让道德家们侧目的纤巧而充满奇幻的装饰。在布莱顿的内饰中,格子甚至蛇都是坚固的,铸铁和椴木被仿照成竹子,灰泥被摩擦刮花以模仿石块,18世纪后期法国装潢师所用的各种大理石或其他纹理都被复兴"。[1]这座行宫被刻意打造成乔治式从心所欲的、逃避机械时代喧扰纷繁的憩息之所,而其心目中的这一乌托邦恰好又是中国式的,这并非偶然,而是中国风熏染欧洲200余年的必然。

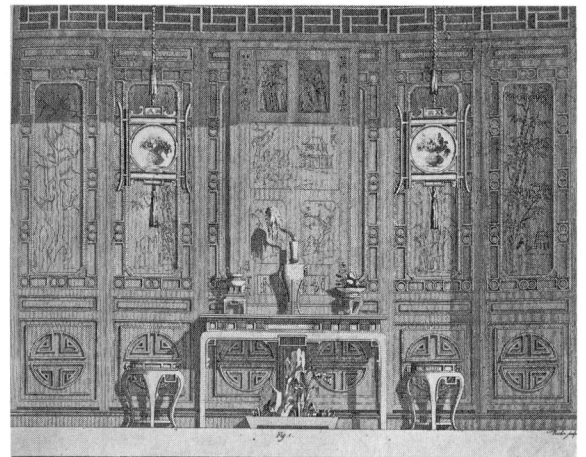

图4-6 钱伯斯专著中的中国厅堂内饰插图。

余论:欧洲中国风室内装饰的特征

综观17—19世纪欧洲"中国风"室内装饰风格,尽管因时尚潮流的变迁而兴衰有时,但某些特征却带有普遍性且一以贯之的。

边缘性。"中国风"内饰尽管在欧洲风行多时,但一般只用于较为私密和小型的空间,很少出现在整幢建筑中(布莱顿宫是个例外)。英国上流社会均有以乡间别墅收藏、陈列

---

[1] John Dinkel, *The Royal Pavilion Brighton*, New York: The Vendome Press, 1983, p.8.

艺术品及古董的风习，因而中国瓷器、漆器、壁纸、牙雕等艺术品也大多集中于诸如黑尔伍德、萨尔特伦（Saltram House）、克莱顿、爱地格（Erddig Hall）等庄园中。这些庄园往往只辟出一两间卧室或化妆间张贴中国壁纸，陈列中式家具及饰品，这类中国室一般面积较小且极私密，很受贵族女性青睐，具有强烈的女性化色彩。中国室以外的其他场所如若出现一两件中式家具，那便多为搭配瓷器陈列或喝茶仪式而设置。因而相较于瓷器、银器、牙雕等装饰品的普适性，"中国风"的室内装饰在欧洲仍是边缘化、小众化的事物，仅是富人们追逐时尚、标新立异的工具。

开放性。开放是"中国风"室内装饰艺术的重要特征，开放的外在表现便是杂交，此为东西方装饰艺术双向交互影响的必然。杂交不仅体现在装饰品来源的复杂性，也即东方进口与西方仿制品的混杂，更体现在装饰风格的多元性。中国瓷器、日本漆器、印度棉布在欧人眼中并无多差异，因具有相似的东方异域特质而被混为一谈；进口货与仿制品各具千秋，混杂使用。至于艺术风格，"中国风"的大旗一扯，中、日、印度、西亚、巴洛克、洛可可、新古典主义、维多利亚式纷至沓来，交融混杂，甚至难分彼此，其开放、变通与包容令人惊叹。西西里国王费迪南四世建于18世纪末的拉·法沃里塔便是这种向各种装饰风格开放的典型，其内部装饰主体风格为中式，但一个房间彩绘着古罗马废墟，另一间是摩尔风格。底层客厅内贴着花鸟图案的中式壁纸，以回纹镶边，间以写有汉字及阿拉伯文的镶板。客厅天花板是庞贝风格，乍看不太协调，但细察便会发现其绘画主题并非罗马元老或神庙，而是衣着华丽的中国官员和围有栏楯的宝塔、亭榭。从拉·法沃里塔便可切实领略"中国风"内饰的开放及杂交特质，这种装饰时尚在18世纪中后期的欧洲上层社会十分风行。

同质性。风行的结果便是趋同。"中国风"内饰的卧室中，几乎所有的床均以印度产花布为床品及床幔，再配以东方原产或欧洲仿制的壁纸、瓷器及漆木家具。以维多利亚和阿尔博特博物馆陈列的盖立克（David Garrick, 1717—1779）卧室为例，盖立克是活跃于18世纪中叶伦敦的著名演员和剧作家，以引领时尚风气著称。他在自己位于汉普顿的乡村别墅布置了一个中国卧室，卧室张贴着中国手绘壁纸，床品的印花布均来自印度加尔各答，而一套描绘着松树及山毛榉的白、绿两色漆木家具则由齐彭代尔制作。（图4-7）将其与黑尔伍德、巴德明顿（Badminton House）、萨尔特伦等大宅中的中国卧室对比，会有明显的大同小异之感，这便是"中国风"内饰的同质化现象。

持久性。"中国风"艺术自诞生之日起，便被贴上轻浮、俗艳、女性化等标签，备受保守派批评家的指责。但"中国风"具备着一种难以言喻和捉摸的神秘，文化隔阂和似懂非懂造就了这种神秘，人们诋毁它却又无法抗拒它的魅力，不断将其运用到建筑、园林、装饰、绘画等各领域。也正因为这种神秘，方能使其占据时尚舞台若干年。新古典主义的兴起显然便是艺术领域对"中国风"的一种反拨，齐彭代尔便极具时尚嗅觉，其家具设计的转向在《绅士与橱柜制作指南》一书的第三版已有显现。如若比较其前后期的作

·第四章　东印度公司与欧洲室内装饰的"中国热"·

图4-7　维多利亚和阿尔博特博物馆中陈列的演员盖立克的床与中式橱柜，由齐彭代尔制作于1775年。

品，可明显看出他对繁复雕饰的摒弃或简化，其擅长的虬曲环绕的家具设计渐被描金直线条替代。纵使任性而为的乔治四世，也于1822年命格雷斯将皇家布莱顿宫的内部装饰作了局部改造，因为色彩浓艳、风格放纵的"中国风"装饰在此时已有些不合时宜。一些过于奇异的装饰被拆除或修整，使其变得较为庄重和符合礼仪。以长廊为例，霍兰德设计的壁龛被书橱取代；真人大小的人物塑像被缩小并被移置于壁炉架两侧；大部分竹制及漆木家具被移出，以一套镶嵌象牙的精美齐彭代尔式椅子取而代之。[1] 但是"中国风"并未在18世纪末消歇，"事实上这一时期的中式风格往往融入严谨的古典式，人物更加高贵庄重，图案更为简洁对称"。[2] 这一特点在漆木家具及壁纸设计中更为突出，龙与涡形图案不再出现在法国勒塞尔夫（Jean-Henri Riesener）设计的写字台上，代之以简洁、古典的镶边，但中式园林及花鸟仍是其常用的主题；雷韦永公司（Re Veillon）出品的壁纸已很少再有大型通景画，庞培风格（Pompeian Style）倍受垂青，野外雅集或狩猎的中国人物形象更为庄重典雅。"中国风"艺术的开放及包容性使其与欧洲本土艺术风格相互交融而不违和。正因为此，"中国风"的旋律得以奏响近三个世纪，尽管时强时弱，独奏、二重、交响并存。

---

[1] *View of the Royal Pavillion*, p.72.
[2] *Chioniserie: The Vision of Cathay*, p.177.

17世纪初,随着荷、英、法等各国东印度公司的发展,中国产品源源西输,为"中国风"室内装饰在欧洲的兴起做好了物质上的准备;同时,顺应着思想界反抗权威,追求自由、平等、民主思想的启蒙运动的发展,"中国风"以其新异及反传统的特质在欧洲艺术装饰领域独领风骚了一个多世纪,并于18世纪中叶达到巅峰。此后,随着新古典主义的崛起,设计师们开始着意简化改良洛可可、"中国风"的繁琐华丽风格,向强调古希腊罗马典雅端庄的新古典主义靠拢。自19世纪始,欧洲进入机器化大生产时代,精工细作的手工艺品被批量生产的廉价货物所取代,装饰艺术面临空前的危机,急需从"新奇"事物中寻找刺激,以激发日益枯竭的创作灵感。19世纪60年代,"日本风"(Japonaiserie)应运而生,在以法国为中心的欧洲国家流行约半个世纪,广涉绘画、服饰、家具、装饰等各领域,不久便融入了欧洲的先锋艺术之中。19世纪末,式微已久的"中国风"再次在欧洲兴起,但这一时期的中国热以明代以前的瓷器、玉器、青铜器、书画及经卷收藏为主要热点。室内装饰领域"中国风"的回归在某种意义上更是欧人对18世纪浪漫艺术风格的缅怀,人们借此逃离现实,回归浪漫过往,"富有资产阶层为自己营造一种怀旧氛围和外观上更为迷人的文明,当然他们并未舍弃现代生活方式的舒适和便利。这些人对仿古护墙板、家具、饰品的需求不断增长,尤其是中国及中式器物"。[1] 以长年生活在巴黎的安特卫普籍画家乔治·克洛盖尔特(Georges Croegaert, 1848—1923)作品为例,其油画多采用现实主义风格反映红衣主教及巴黎上流社会妇女的优雅生活,其中《读书的女人》(The Reading Woman)(图4-8)即描画了19世纪末巴黎的"中国风"室内装饰。我们可以看到墙上依旧张贴着描画中国人物或风景的壁纸,但其上又有纸伞、官帽、瓷盘、面具及小型中国版画等装饰品。女主人慵懒地半躺在沙发上读书,丝绸靠垫上同样绣有中国风图案。沙发右侧放置着一只黑金色漆橱,描画着花鸟、植物、园林的橱门半开,橱上放置着瓷瓶及香炉。这一时髦的香闺恰好折射出"中国风"在法国上

图4-8 克洛盖尔特油画《读书的女人》,创作于1888年。

[1] Chioniserie: The Vision of Cathay, pp.206–207.

流社会的复兴。这种周期性的盛衰轮回一直延续至今,一方面说明艺术形式兴衰轮替的规律,"本土形式的花开到极盛,必归于衰谢,那是一切生命的规律,而两个文化波轮由扩大而接触而交织,以至新的异国形式必然要闯进来,也是早经历史命运注定了的",[1]另一方面也再次展现了"中国风"艺术的独特魅力及生生不息的顽强生命力。

第二节　墙面的风景:东印度公司与中国通景贴落画的西传

作为东印度公司一种较为次要的进口货品,通景贴落画(英人称其为全景式景观壁纸,Panoramic Landscape Wallpaper)相当特殊且小众。特殊在于其既是画作又是壁纸,兼具赏鉴与装饰功能,小众在于其消费者的贵族化和女性化,故较少出现在批量采购的货物清单中,多为公司职员私人购买或散商少量定制,运抵欧洲后通常在拍卖行或通过艺术品经销商高价出售。通景贴落画在中国本土的使用同样不如瓷器、丝绸、漆器般普及,由于气候潮湿等原因,中国南方地区多以横卷、立轴、斗方、镜心等字画作品装饰墙面,较少使用通景贴落。而在气候干爽的北方,宫廷巨室中出现这种贴落也是相当晚近之事,约在康熙以降朝廷启用西洋传教士画师之后。乾嘉之际,这种贴落画艺术流传至民间,并因其中西合璧的绘画技法及奇妙丰富的东方题材深受西人青睐。东印度公司的崛起使通景贴落传播至西方成为可能,并逐渐成为欧洲上流社会人士的至爱,被用于内饰宫殿、别墅和庄园,至今仍可在英、法等地一睹其华彩遗韵。从通景贴落画的生成、传播及仿制历史中,我们可以感受到中西美术交流的多元面相。

一、源远流长的中国通景及贴落艺术

通景又称"海幔"或"海幕",是中国画装裱的一种式样,隶属于屏条,也即将数幅屏条组合成一幅内容连贯的巨大画面,并在第一幅左侧及最后一幅右侧镶边的装裱法。通景画源起于原始壁画,至唐五代时已颇为流行,多以山水花鸟、历史故事、民俗瑞应等作为题材,如五代后梁画家关仝(生卒年不详)精于山水,其巨幅通景山水画中之一幅《秋山晚翠图》现藏于台北故宫博物院。另如南宋颇负盛名的山水、人物画家李唐(字晞古,1066—1150)亦长于此道,其绢本《江南春》图卷"高一尺二寸五分,长二丈八尺二寸,兼工带写,淡设色,江山绵亘无尽。通景分为四段,首段山半云生,村舍田亩,农夫荷锄……"[2]这种跨幅相连、合景为一的画作属传统国画,亦用于围屏、瓷器、笔筒等载体。

---

[1] 闻一多:《文学的历史动向》,《闻一多选集》,四川文艺出版社,1987年,第366页。
[2] (清)李佐贤:《书画鉴影》卷三,清同治十年利津李氏刻本,第41—42页。

清代西画东渐,通景画虽承继前朝跨幅连接之形式,画法却已悄然发生变革。

贴落又称贴喽,"贴"即张贴,"落"即揭落,因其既可张贴于墙又可揭落收藏,故称帖落,多指用于裱贴墙面的装饰画,类似今日之壁纸。一般尺幅较大,四围镶边,画心托裱,除墙壁外,还可裱糊于屏风及槅扇。贴落亦源于古代壁画,汉魏时即已出现裱糊书画之屏风,汉成帝"时乘舆幄坐张画屏风,画纣醉踞妲己作长夜之乐",[1]这种在漆木或绢帛屏面上彩绘的图画应是贴落之雏形。宋代造纸及装裱技术发展迅速,以纸画或绢画取代隋唐壁画装饰墙面成为可能。明清间贴落更为流行,清宫内务府造办档案中常现该词,多指由宫廷供奉画家绘制的、用于装饰墙面的大型纸本或绢本画。[2]如乾隆四十一年二月二十八日档案有载:"太监胡世杰传旨:宁寿宫转角楼明间西墙,着王幼学等画线法画一幅,得时交造办处贴落。钦此。"[3]此处的"线法画"即指西洋焦点透视画,而王幼学则是清宫著名洋画师郎世宁之门徒,[4]圣旨指示王幼学绘制的便是养和精舍明间的通景贴落画。

相较于传统中国通景画,出现在清宫及京城教堂中的通景贴落画有三大特点。首先,它是根据墙面或天顶尺寸专门绘制的,或许还由皇帝指定题材的通景画,如:"畅春园集凤轩着郎世宁照长春园含经通景画的意思起稿呈览,画通景画。钦此。"[5]其次,它是一种融合西洋焦点透视、明暗凹凸法与中国传统工笔重彩的,适应中国人欣赏趣味的绘画形式。另外,它善于借景入画,与室内装修或室外景物巧妙衔接,使观者产生空间视觉幻象,从而"延伸"了有限的空间。清人姚元之描述京中天主堂郎世宁所绘通景贴落时毫不掩饰其惊叹之情:"南堂内有郎世宁线法画二张,张于厅事东、西壁,高大一如其壁。立西壁下,闭一目以觑东壁,则曲房洞敞,珠帘尽卷,南窗半启,日光在地。牙签玉轴,森然满架。有多宝阁焉,古玩纷陈,陆离高下。……(西壁)由堂而内寝室,两重门户,帘栊窅然深静,室内几案遥而望之忾如也,可以入矣。即之,则犹然壁也。线法古无之,而其精乃如此,惜古人未之见也。"[6]可见郎氏描景状物、营造虚幻空间的高妙技艺。

好大喜功的乾隆帝对这种气势宏伟、形象逼真的画作情有独钟,曾多次下旨指示宫室内部装饰通景帖落事宜,如:"建福宫敬胜斋西四间内,照半亩园糊绢,着郎世宁画藤萝。"[7]又:"宁寿宫倦勤斋西三间内,四面墙、柱子、棚顶、坎墙俱着王幼学等照德日新殿

---

[1] 《汉书》卷一〇〇上,中华书局,1962年,第4200—4201页。
[2] 清代民间亦以此词指称装饰墙面的字画,如《儿女英雄传》中有:"四壁糊饰得簇新,也无多贴落。只有堂屋正中八仙桌跟前,挂着一张条扇,一幅双红珠笺的对联。"此处贴落指字画。文康:《儿女英雄传》第二十四回,春风文艺出版社,1994年,第463页。
[3] 《旨意底档·如意馆》,乾隆四十一年二月二十八日,中国第一历史档案馆藏。
[4] 王幼学,宫廷画师,乾隆三年有皇谕"双鹤斋着郎世宁徒弟王幼学等画油画",可知其为郎世宁弟子。
[5] 张荣选编:《养心殿造办处史料辑览》第4辑《乾隆朝》,紫禁城出版社,2015年,第139页。
[6] (清)姚元之:《竹叶亭杂记》卷三,中华书局,1997年,第66—67页。
[7] 《造办处各作成做活计清档》,乾隆七年六月初二日,中国第一历史档案馆藏。

· 第四章　东印度公司与欧洲室内装饰的"中国热"·

图4-9　故宫宁寿宫倦勤斋西四间北墙的通景贴落画，图片来自故宫博物馆网站：https://www.dpm.org.cn/explore/building/236559.html。

内画法一样画。钦此。"[1]德日新殿即建福宫敬胜斋（1923年毁于火灾），斋内西四间装饰有巨大的通景贴落画，包括借鉴欧洲教堂或宫室天顶画的室内藤萝棚顶画。通景贴落画在乾隆时期臻于极盛，多由郎世宁、王致诚等西洋画师或掌握西画技巧的如意馆御用画师绘制。据清宫内务府档案记载，宁寿宫倦勤斋西三间、仙楼、东北间、东进间，遂初堂的东配殿、正殿、明间，玉粹轩和养和精舍的明间皆装饰有通景贴落画。[2]此类画作将透视技法对空间的营造发挥到极致，绘画与真实场景浑然一体，使室内空间得到视觉上的扩展和延伸，"试按此法或绘成一室，位置各物，俨若所有，使观之者如历阶级，如入门户，如升堂奥，而不知其为画"。[3]可惜乾隆朝的贴落画现已亡佚殆尽，唯余倦勤斋西、北墙两幅（图4-9）。

通景贴落对画技及场地的要求极高，故传播面窄，受众有限，且精于此道的郎世宁、王致诚均于乾隆三十年后殁于京城，嘉庆之后通景贴落在清宫便风光不再，尽管宫中仍有艾启蒙、贺清泰、潘廷章等西洋传教士画家供职，但他们多以绘制肖像为主，很少创作大型通景画。原有的作品也逐渐残损流失，"宫中壁间窗楣，皆糊名人书画，有时剥落，则易新者，

[1]　《造办处各作成做活计清档》，乾隆三十九年二月二十日，中国第一历史档案馆藏。
[2]　参见故宫博物院、首都博物馆编《长宜茀禄：乾隆花园的秘密》，北京出版社，2014年，第2页。
[3]　（清）年希尧：《视学》序，清雍正刻本。

宫监辈售诸外,名曰帖落。自道、咸以来,犹未尽易。至孝钦后移居三海时,被人撕毁,恒痛惜之"。[1]光绪间出现在长春宫游廊中的十八幅《红楼梦》题材壁画可算是通景贴落在清宫的回光返照。长春宫"四围走廊壁上,分绘红楼梦全图"。[2]画师无考,绘制缘由说法不一,有说慈禧"颇好读说部,略能背诵,尤熟于《红楼梦》,时引贾太君自比",[3]故命人绘大观园壁画;又有称"瑾、珍二贵妃令画苑绘红楼梦大观园图,交内廷臣工题诗"。[4]十八幅帖落画选取红楼经典情节,绘制出宝钗扑蝶、中秋夜宴、双玉听琴、四美钓鱼、贾母游园、夜探潇湘、稻香雅集、品茗栊翠等场景,精心营造仙寿恒昌、富贵永继的吉祥氛围。正殿转角处的两幅画将建筑廊柱入画,依此运用焦点透视技巧,使观画者产生回廊向远方伸展之幻觉,其精美典雅的工笔技巧、惟妙惟肖的透视效果一向为人称道,故有"回廊复道亘长春,幅幅红楼梦里人。徒倚雕栏凝睇想,真真幻幻两传神"的诗句流传至今。[5]

通景贴落画尽管在清宫风光难继,但其绘制技法特别是西洋焦点透视法却流向民间,并由京师而南下,为外销通景壁纸的崛起作好了画法及画工的准备。

二、中国通景贴落画在西方的传播

中国通景贴落画约于17世纪下半叶传至欧洲,1660年,法国凡尔赛宫的物品清单上已出现装饰有丝绸或纸质贴落画的中国屏风。[6]英国查理二世(Charles II, 1630—1685)统治时期,伦敦《公报》(*The Gazette*)上有一则广告宣称:伦敦圣马丁·勒·格兰德教堂区(St Martin le Grand)的乔治·密尼金(George Minnikin)文具店制造并销售印度式日本挂纸,广告中所云之挂纸事实上就是东印度公司从中国进口的壁纸,[7]印度是当时英人对远东的通称,因对壁纸的实际产地不甚了了,故称其为印度纸、中国纸或日本纸者皆而有之。中国壁纸用色明亮,充满东方异域风情的生活场景及花鸟、植物主题一扫古典风格内饰的阴郁沉闷,很快便成为西方上流社会的至爱,至1785年,已有200多万码的壁纸进口至英国。[8]

对通景贴落画西传的考察,需分中国外销及欧洲仿制两个层面展开。遗憾的是,清代鲜有史料提及中国外销贴落画的制作及销售情况。创立于康熙盛世的广州十三行是清政府特许经营对外贸易的专业商行。乾隆以降,一口通商上谕颁布,广州西郊的十三行商馆区成为清政府特许的唯一外贸窗口,陆续出现专营外销艺术品的店铺和作坊,就贴落画所绘之岭南社会生活场景看,它应与其他种类的外销艺术品一样出品于粤闽地区的民间画坊。

---

[1] (清)徐珂:《清稗类钞·宫闱类》"孝钦后痛惜名人书画",中华书局,1984年,第394页。

[2] (清)吴士鑑:《清宫词》,北京古籍出版社,1986年,第167页。

[3] 邓之诚:《古董琐记全编》,北京出版社,1996年,第193页。

[4] 《清宫词》,第39页。

[5] 同上书,第166页。

[6] Emile de Bruijn, Andrew Bush and Helen Clifford, *Chinese Wallpaper in National Trust Houses*, National Trust (Great Britain), 2014, p.3.

[7] C. Oman, English Chinoiserie Wallpapers, *Country Life*, Vol. 73, 1882, p.150.

[8] Harewood House Trust, *The Chinese Wallpaper, Harewood House*, Leeds: Harewood House Trust, 2017, p.22.

外销帖落画多以流水线作业的方式集体创作而成，也即将起稿、勾线、描画、上色等工序分派给专人负责。画完施色之前，一般先用一层加矾的明胶刷在纸面上以防颜料渗透。所用颜料有靛蓝、朱砂、赭石、铅白、藤黄、石绿、石青、胭脂虫等多种，色彩鲜艳且不易褪色。[1]这些天然颜料以极其轻薄的动物胶为黏合剂，因而中国通景帖落色彩精美，有较高的透明度，与西方厚重、晦浊的仿制壁纸迥异。贴落材料俗称皮纸，由构树、苎麻、大麻、亚麻、竹子及稻草等多种植物纤维制成，[2]质地柔韧挺括，纸表光滑。中国画匠手绘完成贴落画后，皆需另外背裱两或三层衬纸保护画心，然后卷起装箱，通常每箱能容纳25—40卷。每卷壁纸一般长约12英尺（365厘米），宽约3—4英尺（91—122厘米），[3]若干卷帖落跨幅相连，构成一个完整场景，因而西人称其为全景式景观壁纸。壁纸上墙之前，西人先将木框固定于墙面，然后依次贴上帆布、衬纸各一层以支撑保护壁纸，最后再将壁纸贴上。这种方法便于壁纸的移位和收藏，正与"贴落"之名相合。英国人尤喜用中国壁纸装饰居室，至18世纪下半叶已流行于岛国各地。德文郡萨尔特伦宅邸（Saltram House）是乔治时期"中国风"室内装饰的代表，由苏格兰著名装饰艺术家罗伯特·亚当（Robert Adam, 1728—1792）负责设计装潢。亚当尽管是新古典主义艺术风格的倡导者，却以纯正的中国壁纸装饰宅邸部分房间。书房的墙面为一组连贯的描绘中国南方民间日常生活的通景壁纸，用笔工细，设色古雅。彩图26便是此套壁纸的一部分，画面由三组人物及住宅、树木为主要描绘对象，展现了一幅闲适的休憩图。画家采用了近大远小的透视原理，前景中的一组人物为一持扇中年男子与两个男孩于桌旁闲憩，其后是两个女子看护幼童的婴戏图；中景树下石桌旁两个男人正在对弈，另有一人站立观战，人物的五官及服饰皆以明暗法刻画，具有较强的立体感。近景中的雕栏及檐枋质感逼真，廊下"金塘水满鸳鸯睡"的对联清晰可见。远景亦为造型各异的民居及树木，其间三两人影依稀可辨，透视法的运用使画面具有了一种纵深感。天空飘着彩云，光线来自画面右前方，云彩、树木及建筑的受光面均用白色点出，色相变化丰富，前景的墙壁上甚至有阳光的投影，体现出画家娴熟的明暗光影处理技巧。

由于中西美学理想的巨大差异，脱胎于书法艺术的中国文人画在20世纪之前鲜少获得过西方美术界的认同，但通景贴落画除外，主要原因在于其为国画与洋画的杂交艺术，是中国传统工笔重彩双勾填写与西洋明暗凹凸及透视画法的完美融合。18世纪的英国植物学家约瑟芬·班克斯（Joseph Banks, 1743—1820）爵士在其1770年的日记中曾说："学者若想研究中国人，其实只需研究中国壁纸就够了，质量上乘的壁纸展现了该国的民众、习俗及着装等，就我所见，这些作品非常出色，尽管有点漫画色彩。确实，壁纸上一些

---

[1] S. Pessanha, A. Guilherme, M.L. Carvalho, *Study of a XVIII Century Hand-painted Chinese Wallpaper by Multianalytical Non-destructive Techniques*, Spectrochimica Acta Part B: Atomic Spectroscopy, Volume 64, Issue 6, June 2009, pp.583–585.

[2] Ibid., p.585.

[3] Lesley Hoskins ed., *The Papered Wall: History, Pattern, Technique of Wallpaper*, London: Thames &Hudson, 1994, pp.42–55.

图 4-10　黑尔伍德庄园东方卧室内的壁纸,图片来自黑尔伍德庄园网站: https://harewood.org。

在中国及爪哇非常普遍的植物,比如竹子,被描绘得如此精确,甚于我见过的植物学家的作品。"[1]维多利亚和阿尔博特博物馆前馆长赞扬帖落画中的植物宛如"科学著作的插图"。[2]而且这种绘画形式又与欧洲古老的壁画及天顶画相似,因而在西人眼中是血同缘、根同宗的艺术作品,接受时便无多审美抵触。又因画作多绘陌生新奇的异域场景,别具引人入胜的艺术魅力,极大满足了西人对中国的好奇心及窥探欲,因而颇受上流社会及艺术界人士的欢迎。但因时间久远,能完整保存至今的18世纪中国原产通景壁纸已寥寥无几,英国约克郡黑尔伍德庄园(Harewood House)的一套壁纸更是凤毛麟角之物。这套壁纸由庄园主爱德温·拉塞尔斯(Edwin Lascelles, 1713—1795)男爵之父亨利(Henry Lascelles, 1690—1753)从中国带回,[3]约于1769年被齐彭代尔的工匠裱糊在庄园的东方卧室(East Bedroom,又称Chintz Bedroom)。(参见图4-10)1771年,诺森伯兰公爵夫人

---

[1] Edna Woolman Chase, Decorating: The Chinese Wall-Papers of Georgian England, *Vogue* Vol. 48, Iss. 6, New York, Sep 15, 1916, p.124.

[2] Charles C. Oman and Jean Hamilton, *Wallpapers: An International History and Illustrated Survey from the Victoria and Albert Museum*, New York: Harry Abrams, 1982, p.24.

[3] 亨利之父老亨利(Henry Lascelles Snr)曾任巴巴多斯首都布里奇顿海关收税官,1742—1746年间担任东印度公司主管。*The Chinese Wallpaper, Harewood House*, p.23.

到访庄园时曾评价中国壁纸云:"顶层皆为卧室,最好的一间装饰有上佳的印花布及印度壁纸,我入住的那间是豆绿色半丝花缎。"[1]19世纪中叶,因"中国风"已成明日黄花,壁纸被取下卷在麻布中,尘封于庄园附楼150余年,成为"目前世界上最佳的中国壁纸样本"。[2]2008年,拉塞尔斯家族恢复了主卧室的东方风格,这套壁纸中插秧垂钓、制作瓷器两组得以重见天日。2011年,壁纸中的12幅被广东省博物馆回购,定名为"清乾隆广州手绘农耕商贸图外销壁纸",此为中国文博界收藏的最大最完好的清代外销通景壁纸,被评定为国家一级文物。

至于外销通景壁纸的特点,我们可从 Panoramic Landscape Wall-paper 一词展来阐述。"panoramic"是全景之意,也即表明这类壁纸由数量不等的断景组合成完整景观,所谓断景也即独立的景观单元。黑尔伍德庄园的通景壁纸共20幅,一幅一景,既可独立成画,又可跨幅连接。因此通景画既需要宏大场面的把控能力,又要有精细入微的细节处理技巧;既要有娴熟的西方绘画技法,又需要扎实的工笔细描功底。"landscape"意为风景画,当然包括自然风景及社会风景,自然风景以花鸟植物及山水田园类居多,花鸟主题的通景画每一单元通常画有一丛茂密的鲜花盛开的灌木,其上栖息着亮丽的鸟儿,颇有"喧鸟覆春洲,杂英满芳甸"的意境。[3]前景丰富多彩,有时是一垄黄土,或是水草茂密、蒹葭苍苍的河流。底色五彩缤纷,从白、粉、黄至孔雀绿,不一而足。摄政街爱德华先生家的花鸟主题壁纸共25幅,生机盎然、造型各异的花丛及或栖息、或飞翔的鸟儿占据了壁纸的每一空间。[4]而社会风景则表现中国人的日常生活、节庆典礼、手工制作及农耕生产等,如法国图尔堡(Chateau de la Tour)庄园的中国壁纸描绘清明节人们祭祖、踏青等场景。[5]更多的则是两者的结合,居家生活配以山石花木、建筑庭园,极富生活气息及东方情调。"这一时期进口至英国的最为流行的东方壁纸几乎每幅绘有一棵大树,奇禽异鸟翔止其上;抑或画曲篱一道,后景为一座村屋和几个中国人;山水田园中点缀几座村舍、三二农夫的壁纸也备受青睐"。[6]黑尔伍德庄园的通景壁纸每幅所绘场景各异,有制瓷、插秧、种茶、纺织等生产场景,也有垂钓、婴戏、买卖等生活场景,山水、植物、建筑点缀其间,人间烟火气息扑面而来。马戛尔尼勋爵(George Macartney,1737—1806)于1793年访华后赠送给银行家库茨(Coutts)的壁纸则以人物、建筑、街道等为前景,以农田、河流、耕夫等为中景,远景则是树林与山峦。(见彩图27)金褐色云母笺上,官宦、匠作、农夫、戏子、仕女等芸芸众生被描绘得栩栩如生,他们的活动也被分单元展现,贸易、种茶、制瓷、赶集、耕种、官员出巡及家居生活,丰富多彩,惟妙惟肖。

---

[1] *The Chinese Wallpaper, Harewood House*, p.20.
[2] Ibid., p.2.
[3] (南朝)谢朓:《晚登三山还望京邑》,杜晓勤选注:《谢朓 庾信诗选注》,中华书局,2005年,第59页。
[4] J. De. Serre, A Chinese Wallpaper, *Country Life*, Sept. 17, 1927, p.xxxvi.
[5] F. Wappenschmidt, *Ausfltige in eine exotische Marchenwelt*, Weltkunst, 1990, pp.324-327.
[6] *Chinoiserie: The Vision of Cathay*, p.134.

但这两种通景壁纸均未采用西洋画法,属"透视学之前世界",[1]黑尔伍德及库茨银行的壁纸整幅画面均由上、中、下三层景观单元叠加而成,也即通过平面几何化的方式构建,没有三维立体空间,只有上、下远近一般大小的人物风景;没有地平线、只有地平面,没有边际感,无法衡量空间的形态,因摆脱了西画技法的束缚,故能在有限空间里描绘出更多的物象。在西方人眼中,这种壁纸画反映了中国人认知世界的能力尚处于低级水平,也即科学启蒙之光尚未普及这个半野蛮世界中,因而,这类壁纸只能属于次要的、装饰性的实用艺术(Applied Arts)而非"纯美术"(Fine Arts)范畴。它们通常在主题、图式和风格三方面均有极大的相似性,介于原作和复制品之间,属于一种大同小异的"类型图像"。收藏此种画作,一方面能满足受众对异域他者的猎奇心理,一方面又能体味自我采用数学及透视等科学原理使绘画摆脱这种幼稚、低级趣味的优越感,因而18世纪西人进口的通景壁纸以不采用西方画法的居多。

进口中国通景壁纸一般价格不菲,以1760年的英国市场价为例,正宗中国手绘壁纸的均价在每卷63先令,而英国壁纸只有9先令,仿制的"中国风"壁纸的价格也远高于本地机器印刷产品。[2]尽管价格高昂却倍受追捧,因为中国壁纸是彰显社会身份、体现高雅品位的标志物。苏格兰著名作家司各特(Sir Walter Scott, 1771—1832)在一封信中抒写其收到盼望已久的壁纸时的欣喜:"最辉煌的中国壁纸,12英尺高,4英尺宽,足以装饰画室及两个卧室。壁纸主色调为绿色,上面画有许多中国人物。"[3]很多艺术史家认为,欧洲人对中国壁纸的期盼实源自对远东及中国的兴趣,毕竟18世纪大部分欧人无法抵达这片神秘的土地。但是中国手绘壁纸在整个18世纪一直处于供不应求且供应周期过长的状态,这一状态最终催生了欧洲的壁纸仿制产业。

其实,早在进口及仿制之前,欧洲已有壁纸出现,尽管兼具装饰和保温作用的壁毯在当地更为流行。荷兰艺术史专家威斯(Geert Wisse)认为早在文艺复兴时期欧人已开始用纸张装饰墙壁与天花板了。至17世纪末,有人开始生产印有主题花样的纸张依次悬挂于墙壁组合成墙饰,人称"多米诺"(dominos),类似中国的通景画。法国雕刻家让·米歇尔·帕皮永(Jean Michel Papillon)声称其父让·帕皮永(Jean Papillon, 1661—1723)于1688年发明了壁纸,而他子承父业,设计出了更多高品质"纸质挂毯"(papiers de tapisserie)。[4]但这些发明在装饰领域的影响甚弱,直至英、法仿制壁纸的崛起,欧洲室内装饰方始迎来新潮的壁纸时代。

仿制的"中国风"壁纸按题材大致可分为花鸟植物、日常生活以及为迎合时人趣味

---

[1] [英]迈克尔·苏立文著,洪再辛译:《山水悠远:中国山水画艺术》,上海书画出版社,2015年,第4页。
[2] *The Papered Wall: History, Pattern, Technique of Wallpaper*, p.44.
[3] *A Chinese Wallpaper*, p.xxxvi.
[4] *The Papered Wall: The History, Patterns and Techniques of Wallpaper*, p.15.

而设计的混合主题三类，[1]制作方式有手绘及木版印刷（block-print）两种，前者成本颇高，却能满足特殊尺寸和主题的定制需求。这类壁纸一般由许多单元构成，从地板到天顶，全景展现一个故事或场景，能让观者相信他们足不出户便可遍览天下。法国壁纸商让·朱伯（Jean Zuber）从中国通景壁纸中获得灵感，于1803年设计了"瑞士风光""罗马废墟"等主题壁纸，描述的恰是欧洲壮游的热门景点。大航海时代的到来使欧人的游踪向世界各地拓展，"库克船长航行记"（Captain Cook's Voyages，由Joseph Dufor设计）、"巴西风光"（Views of Brazil，由朱伯设计）等壁纸画便展现了欧人与"未开化"民族的相遇，以此证明欧洲文化的优越性及殖民的合法性。公共景观借由壁纸这一媒介进入到私人空间，折射出18世纪欧洲各国不断上升的自信力，欲以通景壁纸将外部世界带回，视觉再现他们关注及想象的事物尤其是殖民地。英国著名诗人沃波儿曾亲自为其友人里格比（Rigby）设计过一款壁纸，"广阔优美的印度自然风景图，黑色镶边，贴满整屋，高及壁檐，粉色打底"。[2]观赏殖民地的自然、文化景观或许能极大满足殖民者的占有欲及成就感，因而在某种意义上，这种壁纸画是西方殖民主义的极佳投射物。随着时代的推移，壁纸的设计范式越来越脱离真实，趋向于捕捉自然或人文景观的象征性意义，或通过创作者的双眼再现、阐释世界，由此达到启迪大众智慧、获取审美快感的目的。

为了降低人工手绘的高昂成本，英国壁纸制造商开始重拾版画工艺。为迎合当时的中国热，很多厂商在中国定制模版。版画壁纸同样需要熟练工匠手工施色，事实上是中国手绘壁纸与机器印制壁纸的中间产品，使被高昂价格挡在门外的中产阶层也有能力追逐一回时尚。法国著名壁纸厂商雷韦隆（Jean-Baptiste Réveillon, 1725—1811）自1753年始从英国进口壁纸，英法七年战争（1756—1763）阻断了贸易通道，他开始自己设计、开发引领时尚的天鹅绒壁纸，并大量采用醉心于"中国风"艺术的著名画家皮勒蒙的作品，制造出颜色亮丽、构图奇特、充满东方情趣的壁纸，轻灵的凉亭悬浮于空中，华美的鲜花常开不败，纤秀的中国人骑鸟嬉戏、快乐劳作。（参见彩图28）雷韦隆的"中国风"壁纸因品种齐全、设计时尚而风靡法国，路易十六的皇后玛丽·安托瓦内特亦以其产品装饰居室。皮勒蒙更是影响了整个欧洲的室内装饰，其"中国风"画作及图样被用于壁纸、镶板、桌面、瓷砖甚至鼻烟壶等各种生活用品上。

然而，18世纪欧洲仿制壁纸与中国原产壁纸间毕竟存在着较大差异。首先是质地，中国壁纸多为粉蜡笺、玉版笺或云母笺，花色品种多样，纸质硬挺，纸面滑润；而欧洲仿制品纸质轻软，表面粗糙。其次是作画的方式及色彩的运用，中国手绘壁纸或用纯中式画法，意趣天成，或中西合璧，兼具西洋及中国画技巧，而欧洲手绘作品则以西洋画法为

---

[1] *English Chinoiserie Wallpapers*, pp.150-151.

[2] Horace Walpole, Letter to Sir H. Mann, August 2, 1750, *The Letters of Horace Walpole, Fourth Earl of Oxford*, London: Richard Bentley and Son, 1891, p.230.

主。中国壁纸的色彩采用"随类赋彩"的原则，体现了类型化、意象化及装饰化的特点，而欧洲手绘仿制品的用色则较具个性化、精确化和立体化特征，印制壁纸则另当别论。最后是题材内容，中国通景壁纸的题材上文已多有提及，此不赘述。仿制"中国风"壁纸尽管努力表现东方题材，但人物（尤其是男人）仍是高鼻深目、骨骼粗壮，缺乏东方人特质。即便衣饰的样式也有细微差别，如图4-11一幅描绘文人雅集的画面，图中男子形象及装束明显带有西人特征，其中一人的大红鞋子尤其怪异。但是，仿制"中国风"壁纸凭借其价格及审美习惯方面的优势打开了欧洲市场，甚至还回流至中国，由广州画工进行二次仿制。仿制壁纸一方面有效阻止了白银过多外流至中国，另一方面也使中产阶层民众有

图4-11 "中国风壁纸"，图片来自德国壁纸博物馆（Deutsches Tapetenmuseum, Kassel）网站：http://www.verein-tapetenmuseum.de。

能力模仿上流社会的时尚装饰家居，因而产销两旺的态势一直延续到19世纪初期方始式微。[1]但至19世纪后期，这一时尚再次回归，还出现了一批模仿中国原作的手绘壁纸画，最具代表性的案例便是英国皇家布莱顿宫，维多利亚女王的卧室张贴着依照进口中国壁纸手绘的作品（见图4-12），至今仍亮丽如新；而音乐厅的通景壁纸则画着竹子和宝塔，据称是比照着曾经在墙边屹立的宝塔模型而创作，如今这些模型全都收藏于白金汉宫。

三、视觉语言的移译与多元解构

作为一种由视觉元素及设计原则构成的特殊视觉语言，中国通景贴落以其尺幅巨大、信息连贯而拥有强大的象征性、符号性和隐喻性。对于这种视觉语言西传过程中发生的诸多文化现象，我们大可借用翻译学中的移译及象译来阐释。移译（Transference）本指将源语中的词汇直接"移植"到目的语当中，在本文语境下便与西人对中国通景贴落的直接使用暗合；而象译（Image Translation）本指在将外来语中用以描述某种事物外形的词汇

---

[1] Isabelle Lambert & Claude Laroque, An Eighteenth-century Chinese Wallpaper: Historical Context and Conservation, *Studies in Conservation*, Vol. 47, 2002, p.122.

图4-12 英国皇家布莱顿宫的维多利亚女王卧室（Queen Victoria's Bedroom）墙上张贴手绘"中国风"壁纸，图片来自皇家布莱顿宫网站：https://brightonmuseums.org.uk/royalpavilion/。

译为目的语时同样借助具体形象翻译的方法，如将T-nut译为"T形螺母"、U-shaped译为"马蹄形"等，这儿可用象译来转喻西人对中国通景贴落的仿制。众所周知，翻译会不可避免地造成源语言的折损及对原文本文化意义的多元解构，这一现象同样出现在通景贴落这一视觉语言的跨文化传播中，具体来讲便是移译、象译过程中的断景化、女性化处理以及比比皆是的堆砌、误读、解构现象。

断景化处理。所谓断景化便是将原本完整的画面分割成零碎的片断。如图4-11即为1780年左右西人手绘的断景壁纸，画面容纳了诸多中国主题，如花鸟、人物、山水、器物等。缠枝花纹作底的背景中有两个大小不等的八边形开光画片，上方一幅为归游图，三个体态苗条的中国女子游憩归来，朴素的小屋门口一侍女寨帘而待；下方一幅为雅集图，前景为三个东方男子在山亭外品茗闲谈，远景是山峦、清涧及茂树。除开这两个较大的开光片外，自上而下还排列着多个形状欠规则的小开光片，绘有瓷瓶、花篮、陶盆等器物。这幅壁纸画的图案应是从瓷器上描摹而来，是断景而非通景，断景画只能表现一个片段，通景画则表现由一组片段构成的连贯的宏大场面，断景对画家文化信息量及绘画技巧的要求相对较低，因而是仿制"中国风"壁纸的常用手段。此外，中国通景壁纸具有大面积装饰效果，需要宽敞的空间及大片的墙面来展示，方能体现其宏阔深邃，从而达到最为理想的观赏效果，并使观者接收到更为丰富和全面的文化信息。如宁寿宫倦勤斋是乾隆帝归政后的游乐憩息之处，西四间为其私人戏院，宝座占一间，其余三间未隔，中间放置一小型戏台，壁上的通景贴落因而得以一览无遗。（如图4-9）可怪的是，中国通景贴落移译至西方后，常被张贴于面积较

图4-13　萨尔特伦宅邸被张贴于卧室的中国通景壁纸，图片来自国民托管组织萨尔特伦庄园网站https://www.nationaltrust.org.uk/saltram。

小的卧室或化妆间中，视线被床帐、屏风、壁炉及其他家具、摆饰阻挡。如图4-13萨尔特伦宅邸的壁纸便被张贴于卧室中，一面墙的大半被床遮挡，另一面墙的中间有一壁炉，破坏了壁纸的完整性，其上居然还悬挂有数面镀金洛可可风格的仕女玻璃画，完整的画面被严重分割，人们只能看到画面的局部，此为断景化处理的另一种形式。18世纪贵族社会流行在乡间别墅中布置一两间中国室的时尚，一般作为卧室或起居室使用，是人们标新立异的一种方式，通景壁纸在其眼中不过是种难登大雅之堂的装饰品，因而只能屈居于狭小逼仄的空间。

女性化转向。通景贴落在中国本用于宫廷、教堂之类的公共空间，常能带给人宏伟、纵深、空阔的阳刚之气。但此物西传后却多被禁闭于小型、私密的卧室及化妆间，可以想见其受众有限，且以女性居多。因而，目前我们能见到的有关壁纸的文献多与西方贵族妇女有关，如"1746年，德拉尼夫人（Mrs. Delany）的化妆间贴满绘有艳丽花鸟的印度壁纸"，"蒙塔古夫人（Mrs. Mongagu）吹嘘自己的化妆间犹如印度女性的殿堂"，[1]卡迪更夫人（Lady Cardigan）雇用本杰明·古迪逊（Benjamin Goodison, 1700—1767）在其餐厅四壁一口气贴上88幅"印度画"。[2]时人常将远东通称为印度，且中国花鸟题材的壁纸与印度

---

[1] *Chinoiserie: The Vision of Cathay*, p.135.
[2] John Lowe, Vogue of Chinese Chippendale, *Country Life*, Jun 11, 1959, Vol.125, p.1301.

印花布上的图形极其相似,而后者常被制成床上用品与壁纸搭配。17、18世纪的欧洲,妇女地位低下,尚无自由择业的机会,常被禁足于家中从事相夫教子的无偿劳动,更无壮游世界的可能。将东方壁纸尤其是描绘异域百姓日常生活的通景画张贴于居室,或许能让西方妇女足不出户便实现观览东方的梦想。此外,在题材方面,因女性通常更钟情于花型优雅、色彩柔和的花木禽鸟类壁纸,因而无论是进口还是仿制,这一题材的壁纸呈后来居上的态势。

堆砌与误读。堆砌与误读是启蒙时期欧洲"中国风"装饰艺术的通病。如患有瓷热病的玛丽二世将其收藏的800余件瓷器带到英国,在汉普顿宫专辟一间瓷屋,"将瓷器堆在柜顶、文具盒、壁炉台的每个空间,直至天花板",[1]除能展示其雄积瓷器的财力外,这种繁复、堆砌的内饰实无几多美感可言。"中国风"壁纸的堆砌则体现在对所谓中国元素的过多使用上,1738年伦敦某文具商接到来自波士顿的商人托马斯·汉考克(Thomas Hancock,1703—1764)的壁纸订单,要求以当时极为时兴的中国花鸟为主题:"请您务必精心制作我的壁纸,期望能价廉物美,如能在壁纸上多画些鸟儿,在底部多绘些风景则更好。"[2]这种追求画面内容多多益善的人不在少数。为了迎合顾客的这种需求,西人在制作壁纸时随意塞入他们喜爱的诸如瓷器、孔雀、松鼠、猴子、凉亭、宝塔、人物等各种装饰元素,令人眼花缭乱。且这些零乱堆砌的元素间并无逻辑关系,更无统一主题,只能表达西人对东方异域自以为是的想象及对中国元素的盲目追捧。此外,正如文学翻译存在误读现象一般,对中国元素的误读亦如影随形,很多具有特殊寓意的中国意象被扭曲变形,如意被画成棒槌,华盖降级为阳伞,灵芝变身为蘑菇。更多的是将西方元素或主题罩上东方风格的外衣,比如将意大利庞培花瓶与中国花鸟搭配,将装束奇怪的西人置于东方景观中。在意大利的维琴察瓦尔马拉别墅(Villa Valmarana)中,我们可以看到著名画家乔凡尼·多梅尼科·蒂耶波洛(Giovanni Domenico Tiepolo,1727—1804)绘制的反映中国场景的系列壁纸画中,无论官吏、仆役还是僧人皆身着华贵长袍,头戴斗笠或插着翎毛的帽子,手执形状怪异的扇子或香炉,展现了意大利人奇异的东方想象。(见图4-14)菲力斯·阿克曼(Phyllis Ackerman)因而评论这些仿制壁纸说:"轻佻拙劣的模仿,创造出一个微型的中国人的世界,而这个世界从未在地球上任何地方存在过,是对真正中国习俗的愚昧解读及可笑畸变。"[3]然而,正是在这种移译、误读、比附或解构中,异质文化的交流生生不息,从未停歇。

西方启蒙时代是反对文化专制主义和蒙昧主义的时代,经由东印度公司从中国流向

---

[1] Daniel Defoe, *A Tour through the Whole Island of Great Britain*, Edited by P. N. Furbank and W. R. Owens, New Haven: Yale University Press, 1991, p.65.

[2] *Chinoiserie: The Vision of Cathay*, p.134.

[3] Phyllis Ackerman, *Wallpaper: Its History, Design, and Use*, New York: Tudor Publishing Company, 1938, p.38.

欧洲的每一种物品,无论是瓷器、漆器、丝绸,还是本节讨论的通景壁纸画,皆被西人狂热追捧进而尽力仿制,我们显然不能仅用时尚风气来解释这一现象,地理大发现引发的对东方异域的觊觎、东印度公司远东贸易燃起的物欲之火、工业革命带来的技术创新等皆是隐秘的潜因,有学者更是在这一视觉语言中觉察到了殖民世界的勃勃野心:"英国从18世纪初追捧进口的中国壁纸,该世纪中叶法、英开始仿制中国风壁纸,到该世纪末,通景壁纸不仅仅形塑了中产及上流社会家庭的室内装饰,再现了审美情感的变迁及仿制中国物品的欲望。事实上,它还意味着一种视觉化的宣言,为新生的英国民族主义者的探索、侵占及帝国殖民理论代言。"[1]方寸之间,自有天地,壁纸亦然。

图4-14 瓦尔马拉别墅中的壁画,由蒂耶波洛绘于1757年,图中商人正在推销壁纸,图片来自瓦尔马拉别墅主页:https://www.villavalmarana.com/en/。

第三节 东印度公司与中国漆器的欧洲新变

在东印度公司输入欧洲的东方货品中,漆器以其价格的昂贵而著称,因而具有鲜明的贵族化特征。16世纪初,葡萄牙、西班牙商人及传教士已将零星的东方漆器带往欧洲,如开辟东印度航线的达·伽马于1502年在东非获赠的镀金螺钿坎贝床(Cambay Bed)。除葡国外,这一世纪欧洲其他国家也偶有相关记载,如德国籍旅行家、医生托马斯·布莱特(Thomas Platter the Younger, 1574—1628)于1599年在其旅行笔记中提及伦敦的科博(Mr. Cope)家有一张漆橱,里边陈列着来自中国的瓷器。[2]因葡、西两国东方贸易的兴趣主要集中于香料及丝绸,当时漆器贸易未成规模,那些在1570—1630年间少量进口的日

---

[1] Jennie Batchelor and Cora Kaplan, *Women and Material Culture, 1660-1830*, Palgrave Macmillan Limited, 2007, p.119.
[2] *Chinoiserie: The Vision of Cathay*, p.42.

本黑、金色漆橱（bureau-cabinet）和漆碗被称为"南蛮"（Nanban）。[1]17世纪初，各国东印度公司纷纷成立，荷兰人首先从日本批量进口漆器，主宰了欧洲的漆制品市场。英国人亦不甘落后，公司商船"丁香号"（Clove）于1613年抵达日本，返航时带回了"书桌、橱柜、碗盘、屏风等各式精美漆器"。[2]同年，英国伊丽莎白公主（詹姆士一世之女）的结婚礼物中就有一口价值一万英镑的"中国制造的柜子"。[3]法国人视漆器为珍宝，1674年安东尼·德·埃默里的《稀有新奇珍品收藏》（Recueil de Curiosites Rares et Nouvelles）出版于巴黎，其中便述及漆器。法国东印度公司"安菲特里特"（Amphitrite）号商船于1703年再次抵达广东，带回的货物除生丝、茶叶外，还有"屏风四十五箱，漆器、酒具廿二箱，灯笼十二箱，扇子四箱，刺绣（包括床罩、女式服装、晨衣等）七箱"。[4]

图4-15 中国产漆绘镜框，约1680年，现藏伦敦维多利亚和阿尔博特博物馆。

同瓷器、壁纸一样，紧随漆器的登陆，欧洲仿制接踵而来。为适应本土市场之需，东印度公司把日本工匠带入荷兰，或将本土工匠送往中国，一方面学习中日漆器及漆木家具的制作工艺，一方面也确保进口漆器的形制、图案、色彩能符合欧人欣赏趣味。随着商贸往来的日益频繁，中国商人及漆匠也愈益熟悉西人的爱好，至1730年左右，他们便能提供形制复杂的西式衣柜及折叠桌，其中大部分家具模仿黑、金两色的昂贵日本漆器。东西

---

[1] "南蛮"一词最初被日本人用以指称从南方驾船而来的西方人，尤指葡萄牙人。
[2] Madeleine Jarry, *Chinoiserie: Chinese Influence on European Decorative Art 17th and 18th Centuries*, Vendome, 1981, p.130.
[3] *Chinoiserie: The Vision of Cathay*, p.43.
[4] 数据来自"安菲特里特"号雇员征杜什（Bouvet de la Touche）日记，转引自司徒双《中国与十七、十八世纪的法国装饰艺术》，《法国研究》1988年第1期，第93页。

漆器艺术的双向交流不仅传播了东方器物之美,有效提升了人类的制漆、用漆技术,而且触发了东方漆器在欧洲的多元新变,成就了西方启蒙时期"中国风"艺术的又一篇奇彩华章。

一、新变之一:漆器被冠名为Japan

众所周知,漆器是一种在木、竹、布、金属、皮革等材质的器物胎体上髹饰生漆、绘制图案而制成的工艺品。生漆来自东亚地区的古老经济树种漆树,是一种从树干韧皮部割取的乳白色黏性液体,在生漆中加入颜料即成有色漆。漆具有防腐、防锈、防水、耐酸、耐醇和耐高温等性能,中国古人在新石器时代就发现了漆的这些物性,并以其装饰、保护原始生活资料。考古发现最早的漆器为距今约7 000年的河姆渡朱漆瓜棱形木胎圈足碗残片,[1]当时的先民已以漆涂饰器物发明出早期漆器,并注入了人类的审美体验和情感,开创了漆文化发展的先河,因而中国无疑是世界上最早发现生漆功用并以其涂饰器物的国家。

中国有关漆器的最早文字记载为:"尧禅天下,虞舜受之,作为食器,斩山木而财之,削锯修其迹,流漆墨其上,输之于宫以为食器,诸侯以为益侈,国之不服者十三。舜禅天下而传之于禹,禹作为祭器,墨染其外,朱画其内。"[2]说明尧舜时代漆器已被作为食器或祭器而被王公贵族使用。春秋战国时期,漆器工艺与时俱进,《周礼·春官》"御史"条已出现"髹饰""漆车"字样,[3]庄周"尝为蒙漆园吏",[4]说明周时已置吏监管生漆产销。秦汉时漆树种植规模进一步扩大,《史记》有"陈、夏千亩漆"之记载,[5]可见当时漆树种植之广、漆器制作之富,马王堆汉墓出土之漆器即为最有力的实物证据。汉漆之名自此流播东亚,朝鲜古乐浪郡古墓发掘出大量漆器,"汉漆之体制,工匠之手法,绘画之工细,皆一一可见"。[6]汉漆又随张骞出使西域,经由丝绸之路传至中亚、西亚及欧洲地区。魏晋以降,青瓷大兴,漆器逐渐退出实用器皿领域而向装饰用品方向发展,新生的夹纻干漆造像技术与佛教艺术结合,梁简文帝有《为人造丈八夹纻金薄像疏》一文。[7]隋唐两朝国力强盛,文化开放,漆器制作技术突飞猛进,出现了金银平脱、末金镂等工艺。日本正仓院所藏唐漆至富,多为唐制金银平脱漆器,有古琴一张,"装饰纤秾绮丽,腹内有'司兵韦家造此琴'之铭"。[8]宋、元、明三代,出现雕漆、堆漆、戗金、嵌螺钿诸法,元人陶宗仪(1329—约1412)

---

[1] 王世襄:《髹饰录解说:中国传统漆工艺研究》,文物出版社,1983年,第20页。
[2] (战国)韩非著,张觉点校:《韩非子》,岳麓书社,2015年,第23页。
[3] 陈戍国点校:《周礼 仪礼 礼记》,岳麓书社,1989年,第72页。
[4] 《史记》卷六一"老子韩非子列传第三",中华书局,1982年,第2143页。
[5] 《史记》卷六九"货殖列传第六十九",第3272页。
[6] 郑师许:《漆器考》,中华书局,1936年,第9页。
[7] (明)张溥编选:《汉魏六朝百三家集·梁简文帝集》卷一,明崇祯张氏刻本。
[8] 《漆器考》,第29页。

在《辍耕录》中记载:"嘉兴斜塘杨汇髹工鎗金鎗银法:凡器用什物,先用黑漆为地,以针刻画,或山水树石,或花竹翎毛,或亭台屋宇,或人物故事,一一完整,然后用新罗漆。若鎗金,则调雌黄;若鎗银,则调韶粉。日晒后,角挑挑嵌所刻缝罅,以金簿或银簿,依银匠所用纸糊笼罩,置金银簿在内,遂旋细切取,铺已施漆上,新绵揩拭牢实。"[1]此为最早的有关戗金的文字记载。明时扬州周姓漆工"以金银宝石、真珠珊瑚、碧玉翡翠、水晶玛瑙、玳瑁车渠、青金绿松、螺钿象牙、蜜蜡沉香,雕成山水人物、树木楼台、花卉翎毛,嵌檀梨漆器之上,大而屏风桌几、窗隔书架,小则笔床茶具、砚匣书箱,五色陆离,难以形容,真未有之奇玩也"。[2]当地漆器名工辈出,"元代有张成、杨茂、彭君宝,明代有方信川、姜千里、高深甫、杨埙、蒋回等",[3]成为盛极一时的漆器制作中心。清代承袭前朝技艺,发展出各具特色的地方漆文化,北京雕漆、福州脱胎漆、扬州点螺漆、平遥推光漆各以其鲜明的艺术特性而被誉为中国四大名漆。

然而,17世纪末,英国出版了一本有关漆器的专书《论涂漆及髹饰技术》(*Treatise of Japanning and Varnishing*, 1688),该书作者首次用"japan"而非"lacquer"指称"漆器"或"上漆",且尤指西方的仿制漆器。[4]中国有如此悠久灿烂的漆器文化,何以此物西传后却被称为"japan"?个中缘由大致有二:一是荷兰东印度公司的批量采购及设厂定制,为日本漆器在欧洲市场占得先机;二是日本漆器业在江户时期取得长足进步,工艺精湛,独具特色,一向是西人心目中质量最上乘的东方漆器。

17世纪荷兰东印度公司成立之初,便于1609年在日本岛最西端的平户藩建立商馆开展贸易。而其对华贸易却屡屡受挫,在多次前往中国沿海要求互市未果的情况下,转向澎湖(1622年)及台湾(1624年)设立贸易据点。1639年,荷属东印度公司将葡萄牙人驱离日本,获得长达约200年的对日贸易垄断权,成为"唯一可以从日本取得漆器、丝绸和陶瓷的欧洲人"。[5]自此,漆器正式西进欧洲市场。而此时的晚明政府在内忧外患中风雨飘摇,1644年崇祯帝自缢,朝代鼎革,战乱频仍,海外贸易全面受阻。立足未稳的清廷为打击反清复明势力,实施了空前绝后的闭关锁国政策,"片帆不得下海、粒米不许出疆"的禁海令使对外贸易雪上加霜。顺治十二年(1655),清政府颁布禁令如下:"海船除给有执照许令出洋外,若官民人等擅造两桅以上大船,将违禁货物出洋贩往番国,并潜通海贼,同谋结聚,及为响导,劫掠良民;或造成大船卖与番国;或将大船赁与出洋之人,分

---

[1] (元)陶宗仪:《辍耕录》卷三〇,中华书局,1985年,第468页。

[2] 邓之诚:《骨董琐记全编》卷三,生活·读书·新知三联书店,1955年,第11页。

[3] 《漆器考》,第41页。

[4] 一般认为,"lacquer"一字(16及17世纪写作leckar, laker, laccar, laquer, lacre等)在欧洲最早出现于16世纪末的西班牙及葡萄牙语中,指称染料、树胶等物。James A.H. Murray, *A New English Dictionary on Historical Principles*, Oxford: at the Clarendon, Press, 1903, p.16. 该字起源于梵文laksha(लक्ष)或北印度语lakh,意为古印度及邻近地区一种用紫胶虫和树脂制成的涂饰家具的黏性物质。James C.Y. Watt and Barbara Brennan Ford, *East Asian Lacquer, The Florence and Herbert Irving Collection*, New York: The Metropolitan Museum of Art, 1992, p.1.

[5] T. Volker, *Porcelain and the Dutch East India Company*, Leiden: E.J. Brill, 1954, p.10.

图4-16 日本漆器，约1600年，现藏于英国维多利亚和阿尔博特博物馆。

取番人货物者，皆交刑部分别治罪。"[1]这一禁令持续多年，清廷直至1684年平定台湾后方始开海。中国30余年的外贸缺位是日本的天赐良机，期间只有少量中国漆器走私海外，而倭漆则由"海上马车夫"源源不断输入西方。荷兰东印度公司档案记载，自1630年起，公司开始采购及定制橱柜、大箱、平顶衣柜等漆木家具及各式绘有漆画的小盒。[2]以贝姆斯特（Beemster）号商船为例，1673年该船返航时共载有漆器和描金屏风8件、各种漆木橱柜68件、漆木书桌50件、各式屏风12件、漆制盾牌3箱30件、小漆橱20件，[3]可见进口漆器及漆木家具品种之多。此外，荷人还在京都开设漆制品工坊，要求工匠定制适合西人审美趣味及使用习惯的产品，如咖啡杯、啤酒杯、盘子、小柜等，以获取更高商业利润。[4]伦敦维多利亚和阿尔博特博物馆收藏的一只漆盒即是荷属东印度公司总督狄蒙（Anthony van Diemen，1593—1645）于1640年为其夫人定制于日本的。（参见图4-16）公司还将欧洲的木器半成品及东南亚的漆料运往日本进行加工，此举在加强东西方髹漆技艺交流的同时，极大带动了欧洲的漆器仿制业。有学者至今仍然强调："有必要再重申一下，欧洲现存的许多中国漆器也是模仿日本产品，因而漆器对欧洲的影响主要指日本漆，并非广义上的无形的中国风。"[5]由此，欧洲人只知漆器来自日本并称其为japan便在情理之中。

---

[1] 光绪《钦定大清会典事例》卷六二九《兵部兵律关津》，《续修四库全书》本。
[2] Quoted in Oliver Impey, Japanese Export Art of the Edo Period and its Influence on European Art, *Modern Asian Studies*, 1984, Vol. 18(4), p.687.
[3] Charles Ralph Boxer, *Dutch Merchant and Mariners in Asia, 1602-1795*, London: Variorum Reprints, 1988, p.197.
[4] James C. Y. Watt, Barbara Brennan Ford, *East Asian Lacquer: the Florence and Herbert Irving collection*, New York: The Metropolitan Museum of Art: Distributed by Abrams, 1991, p.170.
[5] Japanese Export Art of the Edo Period and its Influence on European Art, *Modern Asian Studies*, p.687.

日本漆器艺术源于中国还是独立生成，至今仍是学界争论的问题，本文对此不作讨论，只着眼于唐宋以降日本漆器业的发展及对外部世界的影响。唐代中日邦交密切，中国漆器一改唐前经由朝鲜进入日本的传播路径，而是通过朝贡贸易方式及中日僧侣交流直接流向日本，如鉴真东渡时携带"漆盒子盘三十具，金漆泥像一躯，螺钿经函五十口"。[1]奈良时期（710—794年），日本民间及官营漆器产业发展迅速，出现了"莳绘"（maki-e）这一日本特有的漆绘工艺，即在生漆上描绘图案后播撒金银粉屑及色粉，干燥后再在表面涂漆，最后以木炭打磨推光。此工艺完全依赖手工，使髹漆具有绘画特点，以山川景物和花鸟植物充分表现出日本特有的空寂、清简之美，深受平安时代（794—1192年）贵族阶层之青睐。平安末期，漆器在中国已平民化，但制作工艺却逐渐落后于日本。倭漆开始流向中国，同时带来了描金、戗金、洒金、缥霞、彩漆等诸多新工艺。中国漆工亦始前往东瀛学艺，"宣德间有杨埙者，精明漆理，各色俱可合，奉命往日本学制漆画器"。[2]杨氏日后成为著名的漆艺家，以日本莳绘改进中国传统髹漆工艺，其"缥霞山水人物，神气飞动，描写不如，愈久愈鲜，世号杨倭漆"。[3]日本漆器深得明代士人之青眼，"若书案头所置小几，惟倭制佳绝。其式一板为面，长二尺，阔一尺二寸，高三寸余，上嵌金银片子花鸟，四簇树石"。[4]文震亨更在《长物志》中激赏倭制漆器的古雅精丽、奇巧绝伦。正是凭借精良的工艺及独特的技法，日本漆器在欧洲上流社会亦深受欢迎，欧人普遍认为日本漆器的质量优于中国。称漆器为"japan"的《论涂漆及髹饰技术》一书因而颇为夸张地描述道："从美丽及华贵论，一个日本的荣耀便已盖过了此时的梵蒂冈和万神殿的全部荣光……日本能用更辉煌的景象使你赏心悦目，在那儿，无论小镇还是城市都被鲜艳的漆包裹，他们的建筑如此明亮、辉煌，当太阳光普照金色屋顶时，一束束反光让他们的白天倍加明亮。"[5]黑、金两色的日本漆制品每每供不应求，供货缓慢、价格高昂等因素一直掣肘着日欧漆器贸易。在大力开发中国漆制品的同时，欧洲的仿制业蜂出并作，各引一端。

二、新变之二：各具特色的仿制与匪夷所思的拆分

欧洲并非漆树产地，因而迟至14世纪欧人方始听闻漆这一新奇物质。马可·波罗最早将漆介绍给西方："此草原中尚有别一宫殿，纯以竹茎结之，内涂以金，装饰颇

---

[1] [日]真人元开、(明)李言恭、(明)郝杰著，汪向荣、严大中校注：《唐大和上东征传 日本考》，中华书局，2000年，第51页。
[2] 《骨董琐记全编》卷五，第168页。
[3] 同上。
[4] (明)高濂撰，王大淳校：《遵生八笺》，巴蜀书社，1992年，第331页。
[5] John Stalker and George Parker, *Treatise of Japanning and Varnishing*, Oxford: printed for, and sold by the author, 1688, Preface.

为工巧。宫顶之茎,上涂以漆,涂之甚密,雨水不能腐之。"[1]波罗描述忽必烈在上都城所建之宫殿时提到了漆,但极简略,仅述及其防水之特性。意大利籍耶稣会士利玛窦的描述则翔实得多:"另一种值得详细记述的东西是一种特殊的树脂,是从某种树干挤出来的。它的外观和奶一样,但黏度和胶差不多。中国人用这种东西制备一种山达脂(Sandarac)或颜料,他们称为漆(Cie),葡萄牙人则叫作黏液(ciaco)。它通常是用于建造房屋和船只以及制家具时涂染木头。涂上这种涂料的木头可以有深浅不同的颜色,光泽如镜,华彩耀目,并且摸上去非常光滑。这种涂料还能耐久,长时间不磨损。"[2]出于好奇心及占有欲,欧人很早便将漆带回西方,如17世纪西班牙商人在菲律宾进口中国漆器的同时购买了大量虫漆(shellac),[3]可怪的是,西班牙并未发展起漆器仿制业。荷兰人也做过同样的事,但带回本土的东方天然漆放置半年即告干燥失效。1690年,意大利托斯卡纳大公科西莫三世(Cosimo Ⅲ, 1632—1723)命人分析中国用于制漆的天然树脂;1697年,法国籍耶稣会士李明(Louis Le Comte, 1655—1728)出版《中国现势新志》(Nouveau mémoire sur l'état présent de la Chine)一书,其中便有对中国漆详细且权威的分析,并附有使用中国原料制漆的详细指南。1720年,意大利耶稣会学者菲力普·波纳尼(Filippo Bonanni, 1638—1723)也出版其研究中国漆的专书《论中国漆》(Trattato sopra la vernice detta communemente cinese)。自此,各种制漆配方层出不穷,多以净油树脂(oil resins)或醇融清漆(spirit varnish)作为替代品。最终欧洲人用产自北非金钟柏树的山达脂(sandarac)、印度的虫漆和树胶、松香等混合调制出清漆(vernis),但总体质量远逊于中国及日本漆。

自从有了自己的漆,各种仿制漆器纷至沓来。最早的仿制品出现在1610年前后的荷兰,阿姆斯特丹著名漆匠威廉·凯勒长于此道,1612年他应总督之请打造了一口橱柜,与另一口原装中国橱柜配对赠送给土耳其苏丹。[4]法王亨利四世的皇后玛丽·德·美第奇(Marie de Médicis, 1575—1642)雇佣工匠艾蒂安·萨热模仿中式风格,用漆与金粉涂饰柜子、箱子、镶板等物。伦敦维多利亚和阿尔博特博物馆藏有一批制作于1619年的黑漆橡木箱柜,上有金、银两色漆画,类似于中国的金银平脱或戗金工艺。但早期仿制品一眼便可识别,如醒目的西方主题,或以巨大花鸟搭配微小东方人物的设计。但至18世纪中叶,欧人在解决色粉和黏结介质不相融的问题之后,仿制艺术渐臻完善,中、日装饰主题被纯熟使用,但器物的形制设计仍秉承西方传统。欧洲出现了风格各

---

[1] [意大利]马可·波罗撰,冯承钧译:《马可·波罗行纪》,凤凰出版传媒集团、江苏文艺出版社,2008年,第146页。
[2] [意大利]利玛窦、[比利时]金尼阁撰,何高济、王遵仲、李申译:《利玛窦中国札记:1583—1610》,中华书局,1983年,第18页。
[3] 方婷婷:《17—18世纪西欧与中日漆器贸易研究》附录9,硕士论文,第110—111页。
[4] Oliver Impey and Christiaan Jorg, *Japanese Export Lacquer, 1580-1850*, Amsterdam: Hotei Publish, 2005, p. 339.

异的漆器制作中心，如最早的比利时东南的矿泉疗养胜地斯巴(Spa)，以及后来居上的法国巴黎和英国伦敦。

斯巴能成为欧洲漆器仿制的先驱一方面得益于毗邻荷兰之地利，另一方面应归功于当地著名工匠达格利家族。赫拉德·达格利(Gérard Dagly, 1660—1715)因技艺超群而被柏林皇宫征用，他创建了专门仿制日本漆器的工坊，为普鲁士国王制作了许多东方主题的漆器橱柜。其徒弟马丁·施内尔(Martin Schnell)则以制作精美的漆盘、梳妆台而著称。当时，来自欧洲各地的游客在温泉胜地度假后，一般都会带回一两件精美的"中国风"漆器。赫拉德之弟雅克·达格利(Jacques Dagly, 1665—1728)则应痴迷东方瓷器及漆器的选帝侯"强者"奥古斯特二世(August II, 1670—1733)之邀，前往萨克森首府德累斯顿，该城因而也成为欧洲重要的漆器仿制基地，生产出色彩多样的精品，尤以白色漆器最具特色。

图4-17 真漆壁柜，由达格利制作于1700年左右，现藏于德国明斯特漆器艺术博物馆。

巴黎仿制业尽管起步较早，但初具规模的漆器工坊晚至17世纪末方才出现，始作俑者是路易十四的财务大臣让-巴普蒂斯特·柯尔伯(Jean-Baptiste Colbert, 1619—1683)。为便于凡尔赛宫的兴建，柯尔伯于1667年在戈贝林地区(Gobelin)建立了皇家工坊，其中便有漆器仿制车间，并雇用了雅克·达格利等著名漆匠。工坊制品大多放置于凡尔赛宫，有一部分也流向古董市场，这些产品制作精良，甚至最老到的古玩收藏家均无法将它们与东方进口货区别开来，因而被称为戈贝林漆器(le vernis des Gobelins)，得到时人的交口称誉："纽梅森、达格利等工匠对中国设计有透彻的理解，因而他们的作品散发着纯正的中国韵味。凡尔赛宫的漆器可以世代相传，也可用来搭配所有类型的家具。"[1]这样的工坊在18世纪的法国不在少数,其优势是将模具、油漆、抛光、雕刻、镀金等不同工种的匠人集合于一处,极大提高了工作效率和产品质量。法国漆器还长于黑、红、黄、绿、蓝各色亮漆的调配,广泛运用于家具、马车、乐器及小件物品如鼻烟壶、扇子的装饰。而在民间,品质优良的"马丁漆"(Vernis Martin)于众多工坊中脱颖而出,此名目得自卓越的工匠马丁四兄弟,[2]他们虽非清漆发明者,但皆擅长配制各色油漆及绘制高品质漆画。1730年,马丁家的吉约姆和艾蒂安-西蒙已被授予仿制中国及日本漆器的20年专利,在巴黎至少开有三家工坊。1749年,伏尔泰(Voltaire,1694—1778)的喜剧《纳丁》(Nadine)提到一辆四轮马车"精良而闪亮,所有部件都来自马丁漆厂"(bonne et brillante, tous les panneaux par Martin sont vernis)。马丁漆器技艺精湛、流光溢彩、镀金曲线、釉彩花朵及洒金绿地皆是其设计特色,四兄弟中的罗伯特·马丁更拥有普鲁士王后索菲·多萝西娅、法国哲学家伏尔泰及著名的蓬巴杜夫人等忠实顾客。法国漆器在18世纪的欧洲独树一帜,不仅满足了国内市场之需,还外销至德、葡、西、意等欧洲国家。

独步英伦的"中式齐彭代尔"(Chinese Chippendale)家具得名于乔治王朝时期伦敦著名家具设计及制造师托马斯·齐彭代尔(Thomas Chippendale,1718—1779),他以制作洛可可式"中国风"及新古典主义风格的家具而著称。最远只旅行至法国的齐彭代尔仅仅通过东印度公司运抵欧洲的物品了解中国风格,并据此仿制各种"中国风"家具。与"马丁漆"不同的是,"中式齐彭代尔"是一个集体性代名词,指称以齐彭代尔为代表的英国工匠所制造的风格类似的高质量家具及漆器,事实上只有极少部分作品出自齐彭代尔之手或他的作坊。"中式齐彭代尔"还是一种杂交艺术,除洛可可式的卷草纹、旋涡纹外,尤以较为节制的中式回纹(fretwork)及网格浅浮雕(latticework)为其设计特色,不仅出现在各式家具及壁炉饰架上,而且广泛使用于园林、桥栏及其他各种建筑中。另外,宝塔形的床顶及椅背设计,仿竹椅腿也是其标志性设计。巴德明顿别墅的中国室中有全套中式齐彭代尔家具,其中一张华贵的漆床尤其引人注目,此床约制于1755—1760年,整体木结构,红漆镀金装饰,床顶如四角攒尖亭盖,每角雕有飞龙,床头侧板及配套椅子皆为中式网格装饰,极具齐彭代尔的夸张风格,远观似哈夫佩尼(Halfpenny)中国庙宇或凉亭的缩小版,尽现当时伦敦的家具时尚风向。(参见图4-18)这种亭塔式设计广为伦敦及英国其他地区的工匠所模仿,尽管这种家具绝非真正的中式,因为中国人决不会睡在亭塔之下变成被魇镇的河妖。齐彭代尔还曾为著名演员盖立克定制了一套白绿相间的漆木家具,目前保存在维多利亚和阿尔博特博物馆(见181页图4-7)。[3]

---

[1] Cited from Thibaut Wolvesperges, The Royal Lacquer Workshop at the Gobelins, 1713-1757, *Studies in the Decorative arts*, Spring 1995, p.55.

[2] 马丁四兄弟分别为:吉约姆(Guillaume Martin,1689—1749)、艾蒂安-西蒙(Etienne-Simon Martin,1703—1770)、朱利安(Julien Martin)和罗伯特(Robert Martin,1706—1765)。

[3] Gertrude Z. Thomas, The "invention" of Chinese-Chippendale, *The American Connoisseur*, Vol. 164, February-March, 1967, p. 131.

第四章 东印度公司与欧洲室内装饰的"中国热"

在所有进口漆器中，十二扇漆屏在欧洲尤其畅销，"1708年凡尔赛宫的财产清单造册中也记载着种类繁多的中国物品，比如屏风就有二十多架，有纱的、绸子的、黑漆的，其中还有这样一段详细的描述：一架漂亮的十二扇漆木屏风，绿地洒金底子上绘有中国花卉、亭台、树木及其他各色图案，黑色的边饰上刻有金瓶及各色花朵，还有银色的鸟和金色的龙，高六英尺十二寸"。[1]然而，中国工匠或许做梦也没想到，他们制作的漆屏运抵欧洲后，很多都被四分五裂地拆解重组。如果说荷兰式漆屋（Lacquer Room）尚能基本保持漆屏完整性的话，其他形式的拆分则是匪夷所思。荷兰罗瓦登皇宫（Leuwarden Palace）有一建于1609年的漆屋，将绘有水榭、曲桥、人物、山水的黑地漆屏镶嵌于四壁，再配以漆木桌椅和青花瓷器，极具

图4-18 巴德明顿别墅（Badminton House）中国室中的齐彭代尔床，设计者Edwin John Foley（1859—1912），现藏于维多利亚和阿尔博特博物馆。

东方风韵。这样的漆屋在17、18世纪的欧洲宫廷中并不少见，如法国凡尔赛寝宫、维也纳美泉宫（Schönbrunn Palace）、德国路德维希堡宫（Schloss Ludwigsburg）和宁芬堡夏宫（Nymphenburg Palace）中的漆屋，皆以进口东方漆屏装饰墙壁，根据实际需要拆分或成组使用，墙角及其他不规则处则由欧洲工匠依样仿制补齐，再配以风格一致的墙裙。但更普遍的是将原装漆屏拆解、分割成大小不一的镶板，嵌入房门、家具中作为主题装饰。如1784年，路易十六的皇后玛丽·安托瓦内特（Marie Antoinette，1755—1793）经由中间商达盖尔，定制了一张用于圣克卢行宫私人卧室的黑檀漆桌，黑地金色漆绘桌面即来自某件东方进口家具，韦斯维勒（Weisweiler）依据桌面的格调打造桌子的其他部分，安装上镀金配件再签上名，一件中西合璧的传奇之作便由此生成。[2]还有一种拆解法更是奇特，在多卷本《木匠工艺》（L'Art du Menuisier，1769—1774）一书中，巴黎巧匠柔布（André Jacob Roubo，1739—1791）介绍了另外一种利用率更高的拆分漆屏的方法，即将一扇双面皆有装

---

[1]《凡尔赛宫家具清单造册》（Arch. Nat. 0'3445），转引自司徒双《中国与十七、十八世纪的法国装饰艺术》，《法国研究》1988年第1期，第93页。

[2] Chinoiserie: Chinese Influence on European Decorative Art 17th and 18th Centuries, p.190.

饰画的屏风从中分割为二,每面刨至2—3公分,再将其加热粘合于家具上,然后由工匠搭配镀金件并在成品上签名标注,如此,一扇屏风的两个面都得到了利用。[1]

无论仿制还是拆分,均是东方实用艺术西传路径中不可或缺的重要环节,折射出欧人爱慕漆器,急欲化无为有、变异质为同质的迫切心理。同时,它也是东西方艺术交流的必由之路,由物理的搬运和仿制到推动艺术风格的革新及变迁,无论其中有多少浮夸、误解和变异,均挡不住异质文化碰撞、融汇的历史大趋势。

三、新变之三:漆器行业协会与相关出版物的涌现

与中国以家族为纽带的工匠组织不同,17、18世纪欧洲瓷器、纺织、家具各行业皆有同业协会(guild),负责管理产品质量、价格、销售等事宜,评定大师级工匠以及联合抵御域外货物的倾销以保护本国产业也是协会的分内之职,漆器业亦不例外。巴黎的"画家与漆匠组织"(Corporation des peintres et des vernisseurs)、阿姆斯特丹的"漆器与漆匠协会"(Lackwerck en Verlakkers)等均为同业协会。1701年,英国家具厂乔伊纳公司(Joyners' Company)联合同业厂家向政府提交了一份东印度公司四年内进口的中国货物清单,其中包括化妆桌、镜框、茶桌、梳子、粉盒等4 120件漆器,并申诉中国漆器影响了本国家具行业的发展,从而迫使政府于1702年加征进口货物关税。[2]此后,伦敦的漆器专利组织(The Patentees for Lacquering after the Manner of Japan)成立,施压政府立法从而迫使东印度公司减少了漆器进口量。这种协会最大限度地维护本国工匠的权益,保证了产品质量,为行业的发展建立了一个相对稳定的绿色通道。而中国的家族式作坊则充满了自然性和不确定性,代代相传的绝活一旦缺乏传人便告消亡,产业的无序发展也埋下了恶性竞争及产品滞销等隐患,可惜这种先进的组织并未在当时的中国出现。

此外,匠作在中国古代仅位列"四民"第三,一直处于较低的社会地位,工匠能断文识字者相当有限,故各行业虽名匠辈出,但他们的超绝技艺却鲜有文献记载。就髹漆业来讲,千百年间唯有明代隆庆时名漆工黄成(号大成,新安平沙人)《髹饰录》一部,问世不久即已亡佚,几百年来只有一种抄本保存于日本,直至1927年方由朱启钤先生寻获刊刻。而在欧洲,工匠的地位较高且多有接受教育者,被评定为大师的匠人甚至能荣膺皇家御用之封号,齐彭代尔的雕像至今屹立于皇家博物馆及其家乡约克郡奥特利(Otley)。(图4-19)欧洲有关漆器及家具制作的著述层出不穷,17世纪末,漆器仿制甫一出现,便涌现出各种关于制漆及髹漆的专论,其中影响最大的一种即为1688年出版于英国的《论涂漆及髹饰技术》。此书作者为两位漆工约翰·斯托克(John Stalker)和乔治·帕克(George Parker),他俩将制作漆器的经验著录付梓后,分头在伦敦圣詹姆斯市场及牛津理查德木制品厂销售,影响极大,

---

[1] *Chinoiserie: Chinese Influence on European Decorative Art 17th and 18th Centuries*, p.178.

[2] Quoted in Japanese Export Art of the Edo Period and its Influence on European Art, *Modern Asian Studies*, 1984, Vol. 18(4), p.688.

图4-19 齐彭代尔雕像,作者拍摄于维多利亚和阿尔博特博物馆。

图4-20 《论涂漆及髹饰技术》中的"中国风"图样。

并跨出英格兰,流传至都柏林与爱丁堡,在1760—1771年短短几年中连续发行了三版。[1] 此书共三部分27章,涉及漆器制作的所有工序,如制漆、上漆、作画、染色、推光、镀金、嵌宝、修饰及木料选择等,事无巨细,娓娓道来,把制作漆器作为一种可以分享的艺术,无私传授制漆配方和髹漆经验,极具操作性和实用性。不仅如此,作者在文字材料后还附有上百种"印度"(此为英国人对东亚国家的统称)漆器图样(pattern),此为最早的"中国风"艺术图样集,后被其他行业广泛模仿,出现在漆画以外的墙纸、瓷器、银器乃至花布上。

18世纪中期,漆器仿制在欧洲各国如火如荼,相关著述也在这一阶段集中出现,如英国设计师及雕刻师马提亚·达利(Matthias Darly)出版于1751年的《关于中式、哥特式及当代椅子的新书》(*New Book of Chinese, Gothic and Modern Chairs*)。达利多才多艺,不仅长于雕刻和政治漫画,而且在镜框、烛台、钟壳、天花板、壁炉架、装饰板等的设计上颇有天分。达利此书主要介绍各种艺术风格的椅子,其中有12幅中式椅子图样,此为英国第一本严肃讨论中国趣味的著作。由于此书较为成功,达利又与其合作伙伴乔治·爱

---

[1] "Advertisement", *London Gazette,* July 23, 1688.

图4-21　齐彭代尔《绅士与橱柜制作指南》书影。

德华（George Edwards）于1754年出版了《关于中国设计的新书》（*A New Book of Chinese Designs*），力图呼应当时风行于欧洲的室内装饰的中国热。也正是在此年，他为齐彭代尔的著述刻制了诸多图版。

齐彭代尔的《绅士与橱柜制作指南》（*The Gentleman and Cabinet Maker's Director*）一书，囊括了18世纪中期中式、哥特式、洛可可、新古典主义等所有艺术风格的英国家具，也是首部介绍所有品种的中式家具制作的专书。此书前两个版本（1754年、1755年）有图例160幅，而1762年版则增至200幅，辅助文字着力介绍采用不同艺术风格改良传统英国家具的方法，其中式家具的设计颇多夸张和想象的成分。尽管该书的图样皆署齐彭代尔之名，但很大一部分出自他人之手，如上文提及的达利，以及其雇佣的亨利·科普兰（Henry Copland）、马蒂亚斯·洛克（Matthias Lock）等人。1760年以降，齐彭代尔受苏格兰设计师罗伯特·亚当（Robert Adam，1728—1792）的影响，在家具设计中大量吸取新古典主义元素，因此《指南》的最后一版尽管图例增加了40幅，但中式家具图例反而有所减少，传达出齐彭代尔对时尚风向转移的灵敏嗅觉。

在一向领时尚风气之先的法国，漆器仿制业在欧洲独步一时，而让·菲力克斯·华丁（Jean Felix Watin）又是这一行业的翘楚，其作品堪与真正的东方漆器媲美，因而成为法国王室的御用漆工，其《制漆与上漆的艺术》（*L'art de faire et d'employer le vernis, ou L'art du vernisseur*）一书也于1772年付梓。华丁在书中提供制漆配方，如将树胶、生漆、松香、虫漆融于烈酒和松脂制成混合漆液,并贴心地附上在法国能够买到的配料和工具清单,为漆艺爱好者提供了最为实用的操作指南。

除这些专书外,其他部分涉及漆器及家具制作的著述更多,诸如罗伯特·波义耳的(Robert Boyle,1627—1691)《透视画法入门……及黑漆家具创新技艺等》(*The method of learning to draw in perspective made easy and fully explained*,1732)、哈夫佩尼兄弟(William Halfpenny, John Halfpenny)的《中国庙宇、凯旋门、花园椅及栅栏等的设计》(*New designs for Chinese temples, triumphal arches, garden seats, palings &c.*, 1750)等,而威廉·钱伯斯的《中国建筑、家具、服饰、器械及器皿的设计》一书的独特之处在于作者是所有上述作者中唯一去过中国之人,作为瑞典东印度公司的雇员,钱伯斯曾两次前往广东,因而此书与其他"伪中国"(pseudo-Chinese)著述有着本质差别。尽管该书有关家具的图版只有三张,但"均是我亲眼目睹的最美丽、设计最合理之物品,这些令人赏心悦目的家具庶几对我们的木匠有用"。[1]这些简约纯正的中国家具与欧洲的"中国风"仿制品间的差异一望而知,前者简约而实用,后者则有繁琐、做作、夸张之嫌。

林林总总的出版物不仅为"中国风"实用艺术品制作者提供了灵感源泉,它们本身亦被视为艺术品而广为人们喜爱及收藏,满足了欧洲大众对东方异域的想象及对时尚风气的向往,尽管他们对书中许多中式图案的真正意蕴不甚了了。这一点有力证明了西人并未将工匠视为贱役,并将制漆、髹漆当作一门艺术,著书立说以传授经验、分享心得。由此,漆器制作在欧洲由专业化向大众化发展,尽管精品仍出于少数巧匠之手。

四、新变之四:漆艺成为欧洲女性的消遣

东印度公司在开展东方贸易之初,便发现上流社会女性是这一贸易的最大拥趸者和顾客群体,无论丝绸、瓷器、漆器、壁纸还是茶叶,在17、18世纪的欧洲均是她们追求时尚与生活品位的不可或缺之物,给乏味的日常生活带来无限情趣。

有趣的是,欧洲女性把上漆和漆绘当作一种高雅的艺术及别致的休闲活动来学习。当时绘画及雕刻技艺的发展使这一专门工艺变得大众化,尤其是《论涂漆及髹饰技术》《制漆与上漆的艺术》等书中详尽的制漆配方及充满东方情调的雅致图样,还有极具操作性的工艺流程,均使人跃跃欲试且很快上手,因而上流社会女性对这一技艺趋之若鹜。1689年,拉夫·弗尼男爵(Sir Ralph Verney,1613—1696)出资让女儿去学这一"有益且高尚"的艺术,鼓励女儿掌握这种"能让你在上帝和男人眼里变得高贵和可爱的造诣"。[2]法王路易十五的玛丽王后(Marie Leszczyńska,1703—1768)为打发凡尔赛宫中的冗长岁月,在中式橱柜上绘制中国风景画,并在著名画家让·巴蒂斯特·乌德里(Jean-Baptiste

---

[1] *Designs of Chinese Buildings, Furniture, Dresses, Machines and Utensils etc.*, Preface.
[2] Christopher Hussey, Japanned Furniture at Trent Park, *Country Life*, Oct 18, 1930, p.497.

Oudry)协助下完成耶稣会士向中国人传教的场景。18世纪中期,活跃于伦敦上流社会的英国艺术家德拉尼夫人(Mrs. Delany,1700—1788)以其花卉剪画和书信体写作而闻名。1729年,她在某封信中写道:"'孙夫人正热衷于制作黑漆家具',当年晚些时候她又提及:'所有人都痴迷于上漆的活计,我也想成为这方面的专家。'"[1]英国首相之妻沃波尔夫人(Lady Walpole)亦是漆艺爱好者,其亲手制作的一件漆器至今保存在草莓坡庄园中。此外,一些设计图案类出版物也将上流社会女性作为其目标读者群,如上文提及的《论涂漆及髹饰技术》一书自我标榜曰:"本书将帮助上流社会人士识别精品与次品、艺术家与下流匠作,阻止所有的欺诈及制作伪劣产品的行为,识破那些对艺术一知半解之徒假装指导年轻女士学习髹漆艺术的无耻行径。"[2]由此段文字中的两个关键词"上流社会人士""年轻女士"即可得悉该书作者意向中的读者群体。1762年,还有一本专门指导女性制作漆器的专书出版,题为《女士消遣:简易黑漆家具制作入门》(*The Ladies' Amusement, or Whole Art of Japanning Made Easy*),[3]作者罗伯特·塞耶(Robert Sayer,1725—1794)在书中收录了1500多幅1760年前由让·皮勒蒙(Jean Pillement)及其他艺术家设计的图样,囊括了花鸟、风景、人物、建筑等极具东方风情的图案,鼓励热衷于漆艺的女性爱好者放飞自己的想象,因为"在印度及中式景观中有极大的自由度,丰富的幻想能让他们的产品逾越常规,你常可见到蝴蝶托起大象之类的奇思妙想,从他们艳丽的色彩和轻盈的构图中总能找到乐趣"。[4]另外,从心理学角度看,能变粗糙简陋而为光耀华丽的物性让西方女性见识了漆的神奇功用,这种物性暗合了人类掩饰"丑陋"本我的本能,掩饰本我(外貌与人性上的瑕疵)费神费力,且时有暴露之虞,但髹漆却能轻而易举地掩盖一切丑陋,能不让人心驰神往?

热衷于追逐时尚的上流社会女性也是东方漆器的最大消费群体。东方漆器亮丽的外表和充满异域风情的画面完全背离了欧洲古典主义含蓄的彬彬有礼,营造出一种轻松、狂野而大胆的愉悦氛围,极大满足了淑女们的好奇心及求知欲。奥地利女大公、匈牙利和波希米亚女王玛丽娅·特蕾莎一生痴迷于中国风艺术,她在美泉宫建造了一间漆屋和两间瓷屋作为私人会客室,漆屋中一套黑金色中国通景漆屏被镶嵌于壁,拱卫着其父查理六世(Charles Ⅵ,1685—1740)的肖像,显得金碧辉煌。(见彩图30)特蕾莎之女、法王路易十六的王后玛丽·安托瓦内特与其母一样痴迷于东方漆器,在她收藏的东方珍品中,有中式柜子及一对精美的漆罐,现藏于卢浮宫中。她还常向巴黎最著名的橱柜匠定制家具以搭配东方漆器。1780年,她委托让·亨利·勒塞纳(Jean-Henri Reisener)定制了一个黑金色漆绘写字台,正面及两侧镶有精美的日式漆画嵌板,直线镀金边饰,漆画四周饰以镀金直线与垂花,

---

[1] *Chioniserie: The Vision of Cathay*, p.137.
[2] George Parker and John Stalker, *Treatise of Japanning and Varnishing*, "The epistle to the reader and practitioner", Oxford, 1688.
[3] 此为该第二版,第一版约出版于1759—1760年间,现已亡佚。
[4] Robert Sayer, *The Ladies' Amusement, or Whole Art of Japanning Made Easy*, London, 1762, p.4.

简洁而不失华美。(见图4-22)法国漆器大师马丁·卡林(Martin Carlin, 1730—1785)尤其了解巴黎上层社会女性顾客之品味,卢浮宫中一个曾属于路易十五之女法兰西夫人(Mesdames de France)的边柜就出自卡林之手。当充满曲线设计的"中国风"漆木家具在路易十六时代逐渐过气时,卡林又紧随新古典主义潮流,创新性地利用镀金的铜质花环及花束搭配极富质感的乌木,取东方漆器的一部分作为主题装饰,成为上流社会女性梦寐以求的珍品。在几代人的努力下,18世纪末的欧洲漆艺已是深厚物质文化积淀和丰富精神文化内涵的完美融合。

在漆器设计师及上层女性顾客之间,"经销商在其中扮演了重要角色,尽管他们对漆器制作所知无多,但掌握着诸多当红室内装饰师的信息,并极大发挥了他们的

图4-22 勒塞纳为玛丽皇后定制的写字台,现藏于纽约大都会博物馆。

聪明才智去发掘这些人的潜质和天才,从而创造出在工艺、形制及装饰上皆能满足顾客追新逐异之需的器物。在这一顾客群中,总是女性主顾最先让这些商人致富,如朱利奥们、达诺特们、赫伯特们及德沃直接为皇后、王室情妇和后来的王太子妃服务"。[1]此外,"中国风"的装饰很少出现在整幢建筑或大型厅堂中(英国皇家布莱顿宫除外),全套中式家具一般只为女性所用的小型卧室或化妆室准备,别处即便放置也仅为点缀,或为瓷器陈列、喝茶仪式而设。

在"中国风"鼎盛的18世纪上半叶,大到墙壁、橱柜、床架、钢琴,小到纽扣、笔杆、粉盒、鼻烟壶,漆几乎被西人用在每一种可能的器物表面,"根据当前的流行时尚设计,一切都是中国的或者中国趣味的;或者有时表现得略含蓄一点,即部分采纳中式。椅子、桌子、壁炉架、镜框,还有我们最日常的生活用品统统纳入这一新潮范畴。它是如此流行,甚至牛棚的每扇门都须是T或Z型,每个牛棚的四角都须挂上风铃"。[2]这一颇具讽刺性的描述或许有些夸张,但"中国风"时尚的威力可见一斑。18世纪下半叶,这一狂热逐渐冷却,但漆器及漆木家具在欧洲从未过时,变迁的只是设计风格而已。两个多世纪后的今天,漆艺已是脱离器物而独立存在的艺术形态,漆画也成为崭新的美术命题,以独立画种

---

[1] *Chinoiserie: Chinese Influence on European Decorative Art 17th and 18th Centuries*, p.178.
[2] Cited from John Lowe, Vogue of Chinese Chippendale, *Country Life*, Jun 11, 1959, Vol. 125, p.1300.

的身份进入美术殿堂。如何在文化泛滥、人心浮躁的大环境中，追寻艺术与真实、个性与共性、东方与西方、传统与现代的融合，让这一古老的艺术焕发出历久弥新的韵味，是每一个中国漆艺家正在面临的现实拷问。

第四节　Singerie：18世纪欧洲"中国风"装饰艺术中的猴戏图研究

众所周知，灵长类动物猴主要分布于亚、非、美洲的温暖地带，因聪明敏捷及诸多类人特征而深受画家、文人及民间工匠的青睐，是中国十二生肖之一及明代说部《西游记》的主人公，是印度史诗《罗摩衍那》(Ramayana)中的神猴哈奴曼(Hanumana)。[1]非洲人也喜将其描绘于壁画中，如古埃及女祭司海特佩特墓室（距今约4400年）内精美的猴子舞蹈及摘果壁画。欧洲自古向无猿猴栖息，却于18世纪初的法国室内装饰领域兴起了一股名为"猴戏"(singerie)的时尚潮流，被当时已成气候的"中国风"艺术裹挟，从巴黎上流社会的沙龙传播至整个欧洲，德国迈森(Meissen)瓷像中、奥地利美泉宫伯格屋(Bergl Room in Schönbrunn Palace)的壁画上都闪现着它们轻盈灵动的身影，从而成为欧洲"中国风"装饰艺术的经典标志物。

一、18世纪欧洲"中国风"装饰艺术中的猴戏图述略

"Singerie"是法语单词"singe"（猴）的变体，意为"猴戏""猴模人样"，主要指18世纪上半叶法国画家创作的富于幽默、调侃色彩的猴画，用于装饰上流社会的沙龙及起居室。画中"参与戏谑性艺术创作的猴子，常被表现为身穿人类服饰，沐猴而冠地扮演人类生活中的各种角色。欧人的猴子想象尽管可追溯至中世纪，但singerie一词却是法国洛可可装饰画中最常见的术语"。[2]西人对猴子的认知和想象最初可能来自古埃及，但迟至16世纪下半叶方才逐渐成为一种独特的绘画题材或装饰元素。佛兰德地区的雕刻师布彻(Pieter van der Borcht)（图4-23）、画家鲁勃盖尔父子(Jan Brueghel)及特尼尔兄弟(David Teniers, Abraham Teniers)皆创作过猴画，但均未在当时的艺术界产生很大影响。18世纪初，也即路易十四王朝后期，猴戏题材却异军突起，出现了诸多著名且传承谱系明晰的"猴画家"(singer peintre)，他们笔下形态生动、身份各异的猴为洛可可及"中国风"装饰艺术建构了一种引人注目、逗人发笑的图标，为当时急欲逃离古典主义沉稳、凝重气息的艺术界奉献了一种幽默而别致的图像范式。

---

[1]　季羡林：《〈罗摩衍那〉在中国》，《佛教与中印文化交流》，江西人民出版社，1990年，第78—116页。
[2]　Ian Chilvers, *The Oxford Dictionary of Art and Artist*, Oxford: Oxford University Press, 2009, p.586.

图 4-23　布彻版画《圆舞》，约 1575 年，https://images.fineartamerica.com/images-medium-large-5/round-dance-pieter-van-der-borcht-i-jpg。

法国室内装饰领域猴戏画的始作俑者为著名设计及雕刻师让·贝然（Jean Bérain the Elder，1640—1711），自 1674 被路易十四任命为王室御用设计师后，他从罗马多摩仕奥瑞（Domus Aurea）宫殿装饰壁画中获取部分灵感，[1]以猴子取代欧洲传统的牧神形象用于装饰性浮雕，将巴洛克装饰风格与新颖奇特的"中国风"有节制地融合，"栖息于贝然巴洛克卷轴上的用玩具枪互射的猴子看似先于华托和于埃的猴戏，但它们身上的庄重感已使猴明白无误地成为伟大世纪的外来动物。的确，猴子、满大人、宝塔和中国罗伞在其雕刻作品中都被作了谨慎处理"。[2]贝然主导的"中国风"和对中国瓷画、漆屏画的借用于 1700 年左右成为时尚潮流。此后，奥德安（Claude Audran Ⅲ，1658—1734）、吉洛特（Claude Gillot，1673—1722）、华托（Antoine Watteau，1684—1721）等王室御用画家进一步对这一时尚推波助澜，使猴戏成为展现中国情调及法国上流社会生活的不可或缺的重要元素，折射出贵族阶层对东方异域文化的浓厚兴趣。1708 年奥德安为哥白林厂（Gobelins）设计的"奇异风格十二月"（Les Douze mois grotesques）系列挂毯中出现了猴的身影（图 4-24），5 月与 9 月的守护神下方有猴子奏乐及打铁的图像。奥德安还曾于 1709 年负责路易十四马

---

[1] Nicole Garnier-pelle etc., *The Monkeys of Christophe Huet: Singeries in French Decorative Art*, Los Angeles: Getty Pbulications, 2011, p.20. Domus Aurea 源于古老拉丁语，意为"黄金宫殿"。在公元 64 年罗马王朝鼎盛期，尼禄大帝集聚了当时文化、艺术与智慧精英，在罗马中心区修建了这座迄今为止最著名、最宏伟的古罗马宫殿。
[2] *Chinoiserie: The Vision of Cathay*, p.61.

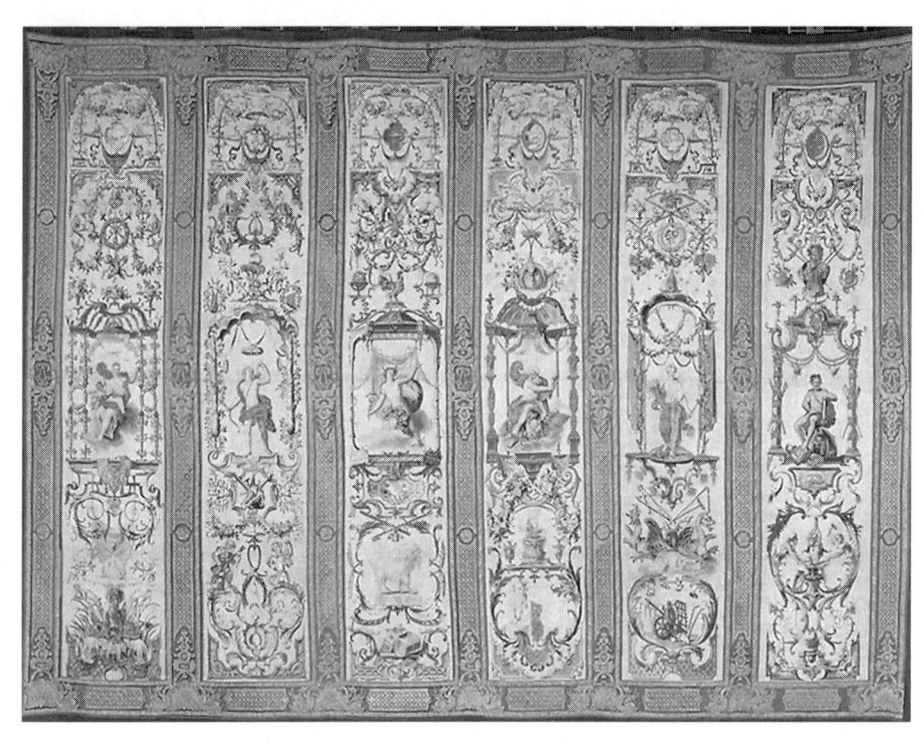

图4-24 挂毯"奇异风格十二月"之四至九月,由奥德安设计。现藏于法国皇家家具手工场(Mobilier national)。http://www.mobiliernational.culture.gouv.fr。

利城堡(Château de Marly)的内饰,为中国沙龙描绘过诸多猴子形象,成为"猴戏"装饰风尚兴起的标志。尽管这些内饰现已亡佚,但其猴戏画稿留存至今。[1]此后,奥德安聘请华托为助手,一起负责位于凡尔赛、巴黎、默东等地的王室宅第装饰,两人为摄政王位于帕西的狩猎小屋(La Muette)创作了30幅猴画,被誉为猴戏题材的杰作,可惜亦已亡佚。在两人的合作中,华托传承了奥德安的设计理念及创作技艺,并将猴戏提升为主题元素运用到壁画及天顶画中。比如,已明确归属于华托名下的一幅天顶画(彩图31)至今仍被完好保存在巴黎波尔普旅馆(Hotel de Poulpry)底楼起居室内,在各种轻灵、优雅的花卉和卷草纹中,身着法式服饰的六只猴子或戏耍鹦鹉,或抽烟小憩,给观者带来轻快悦目之感,这或许也是学界迄今为止发现的华托的最早作品。[2]此外,巴黎装饰艺术图书馆(Bibliothèque des Arts Décoratifs, Paris)中还收藏有华托该题材的多幅画稿,[3]画家对猴戏的钟情可见一斑。

从18世纪初的贝然至该世纪末的皮勒蒙,猴戏装饰画的传承脉络相当清晰。几个主

---

[1] *The Monkeys of Christophe Huet: Singeries in French Decorative Art*, p.21.

[2] Ibid., p.23.

[3] Christelle Inizan, Découverte à Paris d'un plafond peint à décor de singeries attribué à Claude III Audran, Antoine Watteau et Nicolas Lancret, *In Situ Revue des patrimoines*, 2011, 16: pp.32-36. https://doi.org/10.4000/insitu.805.

图4-25 孔代街26号古建筑猴戏天顶局部，约1713年，Christelle Inizan拍摄。https://journals.openedition.org/insitu/805。

要画家多供职于王室（皮勒蒙除外），他们之间或为师徒或是合作伙伴，猴戏是他们创新设计的重要标志，而且这些画作特质鲜明。

首先，猴戏画具有鲜明的混搭性。它们以轻盈、精致的洛可可纹饰为主，糅合18世纪上半叶最为流行的"中国风"图纹，另外又掺杂了来自其他文明的各种装饰元素，与猴一起出现在画中的动物通常也是来自澳洲或非洲的鹦鹉、金丝雀等异域禽鸟。如此，猴戏画便成为中式亭塔伞铃、欧式花环涡卷、阿拉伯式几何图案和异域珍禽异鸟的混搭艺术。其次，猴戏画具有深刻的隐喻性。18世纪的猴戏画通常兼具装饰性与知识性，有的还蕴含着深刻的文化寓意。比如，位于巴黎孔代街26号（rue de Condé）古建筑中的一幅猴戏天顶画，被学者判定为由奥德安、华托及兰斯洛特（Nicolas Lancret）三人合作完成。画中每只猴子的形象均各具寓意，如图4-25左侧猴子手持从脖上卸下的项圈，项圈上端燃起火苗，意味着对废除奴隶制、重获人身自由的渴望；而右侧猴子手拿的蜥蜴则来自圣经《旧约·箴言》（Proverbs 30：28）有关四种极为渺小却甚聪明的造物的典故，其中一种便是"用手抓墙却身居王宫"的蜥蜴，[1]意谓对世俗社会等级制的蔑视。[2]最后，猴戏画具有突出的贵族性。此类装饰画多出现在王公贵族的城堡、别墅中的中国沙龙或起居室，画框多

---

[1] 汉语圣经协会有限公司：《圣经》，（香港）汉语圣经协会有限公司出版社，2011年，1084页。
[2] Découverte à Paris d'un plafond peint à décor de singeries attribué à Claude III Audran, Antoine Watteau et Nicolas Lancret, pp.7-8.

镶嵌洛可可风格的镀金浮雕，极尽华丽之能事；从画中猴子的着装和举止看，它们皆被戏仿为贵族及其侍者，生动演绎出上流社会声色犬马的浮华生活。随着1789年法国大革命的狂飙突起，以路易十六为首的贵族阶层遭遇灭顶之灾，猴戏装饰画便与"中国风"一起遭到放逐，渐次消逝在喜新厌旧的时尚舞台。

值得注意的是，早期贝然、奥德安、华托等人的猴戏画均较少与中国人形象搭配，但自于埃（Christophe Huet, 1663—1739）起，猴子便与中国人尤其是满大人（mandarin）搭上了关系，尚蒂伊（Château de Chantilly）和尚普斯城堡（Château de Champs-sur-Marne）中出现了多幅此类作品，但于埃猴画仍以描绘法国贵族生活为主。于埃这种尚属偶然的关联至18世纪中叶以后发展为一种必然、固定的搭配。出生于里昂的画家及装饰师皮勒蒙以其在欧洲传播洛可可及"中国风"装饰艺术而遐迩闻名，其《一本关于中式装饰图案的新书》(*A New Book of Chinese Ornaments*)便呈现出这种固定搭配。如该书扉页（图4-26）一幅蚀刻版画充满了各种欧洲人想象的中国元素，如悬在半空中的凉亭、S型的天梯、树枝上的铃铛和网格状的篱笆。猴子和中国人出现在C型纹饰的两端，两者共同扯起一面写着"中国装饰"字样的旗帜。猴与中国人并出的现象与"中国风"在法国走向鼎盛相关，于埃、皮勒蒙等辈皆是"中国风"的坚定拥趸，他们为迎合上流社会标新立异的趣味不断翻陈出新猴画，通过复绘中国器物上的人物并与猴子形象拼装以吸引喜新厌旧的受众，毕竟细眼、塌鼻、后脑拖根辫子的满大人在欧人眼中是种怪异、新鲜的存在。如从文化学角度审视，这种拼装已隐现出西人的"东方主义"情结，[1]因为猿猴、猩猩在他们眼中均是低劣、野蛮民族的代名词。

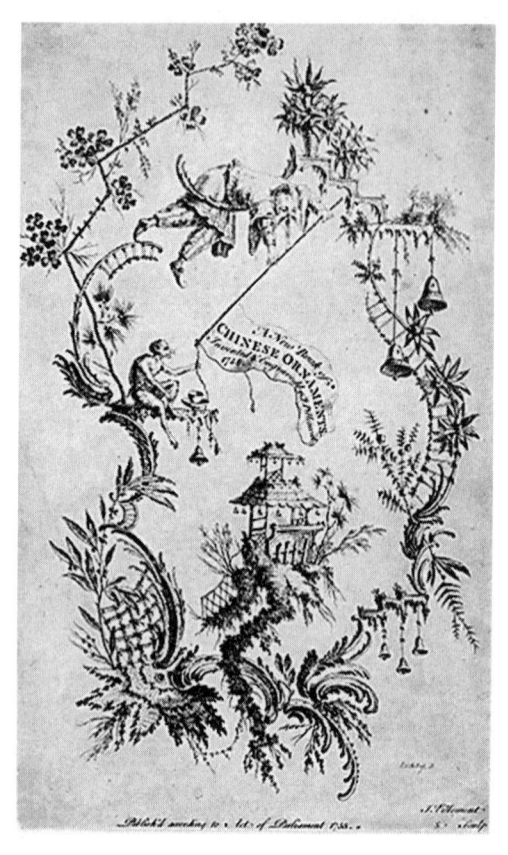

图4-26　皮勒蒙《一本关于中式装饰图案的新书》扉页书影，1755年。

---

[1]　萨义德认为"东方主义"是西方人藐视并任意虚构东方文化的一种偏见性的思维方式或认识体系。参见 Edward W. Said, *Orientalism*, London: Penguin Books Ltd., 1991。

二、本土化：于埃的"博学猴"与"贵族猴"

猴戏题材的集大成者是法国动物画家于埃，他在尚蒂伊城堡大、小猴室（Grande Singerie, Petite Singerie）中的作品是东方猴法国化的经典之作，他也因此被誉为最著名的"猴画家"。于埃是吉洛特之徒，曾于1733年与奥德安合作为缅因公爵夫人（Duchesse du Maine）装潢镀金画室，从而在创作理念与技法上得到了前辈"猴戏"画家的言传身教。更重要的是，于埃在此期间被介绍给孔代亲王（Princes of Condé）并深得后者信赖，这便是尚蒂伊城堡猴戏画产生的重要契机。[1]

在于埃的心目中，猴这种与人类最为相似的灵长类动物是讽刺社会、寄托寓意、传播知识的完美媒介。1735—1740年间，于埃受孔代亲王邀请，负责翻新尚蒂伊城堡内饰。在这座名画收藏量仅次于卢浮宫的城堡中，四处可见古典主义、巴洛克、洛可可艺术大师的作品，以猴戏为主体的"中国风"装饰尽管占比不高，却是最引人注目的组成部分，也是使城堡声名鹊起的原因之一。大、小猴室以房间的大小命名，猴画皆被直接描绘在墙壁、房门、壁炉的白色装饰板上，金色画框配以华丽而充满曲线的花卉浮雕，优雅而富丽。事实上，大猴室诸画是以人物为主题，诸如女弓弩手、满清官员、亚洲女神、炼金术士，画家为每个人物搭配一对小猴仆人。只有一幅画以鼓筝女猴为主题，搭配两个玩耍着铃鼓和陀螺的小童。孔代亲王本人被描绘成身着中式服装的炼金术士，左右各有一小猴在专注绘画。（图4-27）而小猴室则是间面积不大的闺房，诸画以占据画面中心的大猴为主题，且以雌性为主，影射生活在城堡中的女性贵族。如图4-28三只雌猴一主二仆，中间贵妇猴身着丝绸晨楼，前后各有一只侍女猴为其修剪指甲、打理发型，梳妆台上的镜子和首饰盒华贵耀目。作为背景的屏风显然来自遥远的中国，屏画描绘着充满异域风情的亭台楼榭和中国男女，折射出当时贵族女性对"中国风"的追捧。有趣的是，城堡主人并不以这些将自己猴化的作品为忤，而是乐在其中，足见他们的幽默感及宽容度。

综观城堡中的所有猴画，可以发现它们并非随性和纯装饰性的作品，每幅画之间具有一定的逻辑关联。有学者认为大猴室诸画可分为视、听、触、嗅、味觉五单元，如炼金术士及其身旁的绘画猴代表着视觉，击鼓的满大人及弹筝女猴代表着听觉，给女弓弩手递送鱼、信的猴子代表着触觉，为亚洲女神递上香炉及食物的猴子代表着嗅觉和味觉。[2]但笔者认为，将这一系列猴画按人类文明的不同主题区分似更合理，它们代表了宗教、音乐、绘画等人文科学以及包括数学、天文、地理、动物学在内的自然科学，送鱼和信给美洲弓弩手

---

[1] *The Monkeys of Christophe Huet: Singeries in French Decorative Art*, p.26. 孔代亲王名即路易·亨利·约瑟夫（Louis Henri Joseph, 1692—1740），尚蒂伊城堡的主人。路易十四去世后被封为波旁公爵（Duc de Bourbon et d'Enghien），并在路易十五王朝担任首相。

[2] Ibid., p.58.

图 4-27　尚蒂伊城堡大猴室中的装饰壁画。　　图 4-28　尚蒂伊城堡小猴室中的装饰壁画。

的猴子象征基督教信仰,[1]给亚洲女神奉香跪拜的猴子象征着佛教的观音崇拜;满大人的鼓、猴贵妇的筝、猴侍者的提琴及炼金术士身旁两只绘画猴则分别代表音乐和美术;以圆规和线锥制图的学者猴代表着数学,而画中日晷、星盘、地球仪及望远镜是天文学的标志物,满大人、亚洲女神及头戴羽毛饰物的女弓弩手形象分别代表地理学意义上的亚洲和美洲;异域动物(如鳄鱼、狮子、大象)、禽鸟及昆虫图案代表着动物学。同时,于埃的系列猴画还呈现出对前辈画家的传承,如亚洲女神的构图明显是华托著名的"中国风"代表作"Ki Mao Sao"的翻版,猴子用于捕鸟的吹管和屈伸惰钳(lazy-tongs)则是奥德安画中常见的道具,而神态各异的贵族猴群像自有其师吉洛特的风范。更多的则是画家天马行空的想象,那戴着三角皮草帽、满脸陶醉地躺在吊床上击鼓的满大人更像一个波西米亚乐手,如若没有画中人那两绺黑须、中式长袍以及画面下方的茶壶,很难辨识出其中国人的身份。而五幅猴戏画中前四幅是猴服务于人,最后一幅则是人服务于猴,似乎象征着人与猴、人与自然界的辩证关系。由此可见,于埃精心构思的猴画突破了单纯的装饰性,向更深广层面的科学、宗教、艺术领域延展,同时又以其独特而有节制的嘲讽唤起受众的幽默

---

[1]　早期的基督教会曾用鱼象征基督和基督教信仰,这个象征的由来是希腊文的鱼字(ichthus),它的字母正是由希腊文"耶稣基督、神的儿子、救主"几个词的首个字母组成。见 *Bible Encyclopedia*, "Fish in the Bible", https://christiananswers.net/dictionary/fish.html。

感和认同心,其广博的知识性、深刻的隐喻性及鲜明的本土化特质令人叹为观止。除尚蒂伊、尚普斯城堡诸多别出心裁的猴画外,于埃尚有一批签名猴戏版画传世,现都收藏于法国装饰艺术博物馆。于埃猴戏画还拥有一批拥趸和继承者,如巴黎版画家圭拉德(Jean-Baptiste-Antoine Guélard),其创作的诸如"校长""捕鸟""鼓手"等猴画皆是于埃作品的翻版和传承。

三、东方猴王西游欧洲的文化语境

18世纪欧洲装饰艺术领域横空出世的猴戏题材基本与"中国风"的流行时段重合,或者说"猴戏"是"中国风"的一个重要象征物及组成部分。大革命之前的法国上流社会养尊处优、醉生梦死,人们厌倦了古典主义、巴洛克艺术的庄重、严谨、典雅、恢宏,开始在生活的方方面面寻求怪异、新奇、神秘的事物以打发庸常无聊的岁月。古怪灵巧的猴子、飞檐翘角的宝塔、小桥曲径的园林、细眼长辫的满大人恰好契合他们的猎奇愿景,"中国风"由此应运而生。而巴黎又是18世纪欧洲的时尚之都,"猴戏"随着这股风潮传遍欧洲,很快各种"中国风"的陶瓷器、家具、壁纸、天顶画上便出现了它们灵动的身影。最典型的例子便是德国著名雕刻家、迈森瓷厂塑像大师坎德勒(Johann Joachim Kändler,1706—1775)受法国猴戏画的影响,于1753年描绘了一组由21只猴子构成的管弦乐队草图,迈森瓷厂将其烧制成微型瓷像用于装饰宴会桌。(见彩图32)"这一系列瓷像的具体制作时间不详,但不会晚于1753年12月,杜沃(Lazare Duvaux)在其日志中记录了蓬巴杜夫人(Madame de Pompadour)购买迈森猴乐队瓷像之事,此乐队共有19个猴乐手"。[1]

而"中国风"在法国的兴起又与该国的远东贸易和宗教传播密不可分。路易十四执政初期,法国忙于欧洲大陆的争霸战争而无暇顾及海外扩张及贸易,葡、西、荷、英诸国于16—17世纪则凭借先进的远洋航海技术大力拓展海外殖民地,国际贸易亦风生水起。各国在海外攫取的巨大利益深刻刺激了太阳王及其专制政府,在国务和财政大臣柯尔伯的强力推动下,法国东印度公司于1664年成立,并被寄以能在亚洲贸易和扩张中分一杯羹的厚望:"不仅拥有大量商船及皇家海军的支持,并在印度掌控大量军事堡垒,还将沿贸易航路建立完备的货物存储基地。"[2]1698年,公司与承包商儒尔丹达成协议,派遣"安菲特里特"(Amphitrite)号商船赴华贸易,此为法中直贸之渊薮,中国货物随之在法国时尚界登堂入室并获取巨额利润。如1725—1743年间,中国商品获利高达141%,远高于印度商品的95%。[3]且法国在与英国的海外殖民地争夺战中屡遭败绩,"七年战争"后更是被迫

---

[1] *The Monkeys of Christophe Huet: Singeries in French Decorative Art*, pp.154-155.坎德勒从1731—1775离世一直供职于迈森瓷厂,是该厂最重要的专职画师。

[2] Charles Woolsey Cole, *Colbert and a Century of French Mercantilism*, Vol. I, New York: Columbia University Press, 1939, p.475.

[3] Hervé du Halgouet, Relations Maritimes de la Bretagne et de la Chine au XVIIIe Siècle, *Letters de Canton*, Rennes: Obethur, 1934, p.348.

退出了印度和北美大陆,由此法人便将中国作为远东贸易的主要对象。1698—1769年,公司共派遣110艘商船展开对华贸易,中国货物大量涌入法国,精巧而独特的瓷器、漆器、壁纸、外销画等既是商品又是工艺品,激发了西人无尽的中国想象,成为吹遍法国宫廷及欧洲上流社会的"中国风"的重要物质载体。

而始于16世纪下半叶的耶稣会士入华更是在意识形态领域助推了"中国风"的生成。早期入华的传教士多为博学之士,在多年供职清廷的过程中,对中国历史、哲学、艺术、政治、科举等各领域均有深入研究,他们源源不断地将其接受的中国知识传输回法国,早期欧洲百科全书中有关"瓷器""北京""易经""宝塔"等条目皆出自传教士的著述。更重要的是,耶稣会士为获取罗马教廷及法国社会对其入华传教的支持往往有意无意地美化中国,但他们对中国文化事无巨细的介绍客观上使欧洲人开始了解中华文明的特点和优长。莱布尼茨、伏尔泰、孟德斯鸠、魁奈等启蒙思想家深受耶稣会士中国书简的影响,或借中国"开明政治"及重农思想抨击法国社会种种弊端,或以中国为例佐证自己的政治理念及哲学思想。一时之间,中国被重构为理想的乌托邦,"对于包括哲学在内的来自中国事物的一种狂热追求横扫欧洲,特别是18世纪的法国",[1]这既是启蒙思潮寻求理想范式之需要,也是法国历史社会发展之必然。

总之,东印度公司与耶稣会士共同为"中国风"和猴戏题材的兴盛作好了物质与思想上的准备。但东方猴王入欧之后不免会被西化,折射出了异质文化交流中普遍存在的本土调适现象。

迥异的猴人互化想象。猴人互化也即人的猴化和猴的人化,在中国文化语境中,猴子因心性浮躁、难捉难调一向不受儒、道主流思想青睐,由此形成了"崇猿贬猴"的文化观念,《庄子·齐物论》中的"朝三暮四"之典及柳宗元的《憎王孙文》便是代表。受此观念的影响,在视觉艺术中猴子也往往被摒弃在文人画之外,宋代画家易元吉、牧溪等人多以猿画著称而罕见其画猴;猴形象便下沉至民间艺术品中,如极受妇孺欢迎的"三不猴"及猕猴捉月木雕。猴在中国既难入画,更别提在文学或艺术中出现猴化人的形象,多见的倒是以猴喻人,如柳宗元以"跳踉叫嚣兮,冲口宣哼。外以败物兮,内以争群。排斗善类兮,哗骇披纷。盗取民食兮,私己不分"等罪愆影射强暴贪婪的政敌,[2]反映出中国古代文人对猴抱有的极深成见。但欧人对来自异域的猴子一知半解,更不会戴着有色眼镜去夸大其习性中的"缺陷",只在新奇感及创作欲的推动下再现这种动物,并因其与人类的诸多相似性而将其人格化甚至贵族化,以猴子的世界映射18世纪世俗社会的众生相,尽管画作中的猴化人形象时常带有讽喻色彩,但这种温柔、善意的嘲讽与柳宗元对"甚可憎"的猢狲的痛斥有天壤之别。

---

[1] [法]安田朴著,耿昇译:《中国文化西传欧洲史》下册"前言",商务印书馆,2013年,第495页。
[2] (唐)柳宗元:《憎王孙文》,郭预衡主编:《唐宋八大家文集·柳宗元文》,人民日报出版社,1997年,第296页。

宗教视域下多元的猴意象。亚洲猴文化受印度佛教与神话影响颇深。佛教文化中的猴意象存有贬斥与尊崇双重维度，前者强调猴子轻浮躁动、见异思迁、难以驯服等特点，常以此比喻凡夫俗子之妄心和浮躁，因而又用不看、不听、不说的"三不猴"形象表现佛家超然处世的思想境界及儒家"非礼勿视，非礼勿言，非礼勿听"的道德训诫；后者则以《罗摩衍那》中为解救罗摩王子之妻悉多与罗刹恶魔罗波那大战的神猴哈奴曼为代表，是慈悲和义勇的化身。这一形象流传到中国后演变成神魔小说《西游记》中的孙悟空，[1] 经过一代代文人及艺匠的传承再塑，孙悟空护佑唐僧西天取经的文学及视觉形象在中国人尽皆知，这一经典形象因得到佛教的加持而成为正义、无畏、忠诚的化身，尽管其身上仍保留着猴子急躁冒失、难以管束的特性。有趣的是，在基督教文化中，猴也具有原罪。从中世纪至文艺复兴时期，猴均被视为魔鬼之化身，象征异教及侵蚀人类尊崇上帝之心的一切。[2] 1495年法国书商和出版家安东尼·维拉德（Antoine Vérard）出版的《弗朗哥斯圣经》（*La Bible en Francoys*）中就有一幅猴子协助蛇引诱夏娃和亚当偷吃智慧之果的版画（图4-29），譬喻以邪见误导人类的恶灵，这一加诸猴身的基督教原罪一直至17世纪中叶方被布彻、鲁勃盖尔及特尼尔兄弟等艺术家逐渐消解。

图4-29　伊甸园中的猴子，《弗朗哥斯圣经》书影。

综上，无论东西，猴本无罪，罪在人心，一切加诸猴身之恶皆是人类之恶的反照；一切赋予猴身之超能力，也代表了人类对打破自身局限、获取无尽神力的渴望。而难能可贵的是，18世纪欧洲艺术家摒弃了对猴的妖魔化及神灵化想象，或还原其本来面目，或将其形塑为俗世凡人，为装饰艺术带来了一抹诙谐而温暖的亮色，也为欧洲"中国风"艺术创造了一种活泼别致且具范式意义的经典形象。

---

[1]《〈罗摩衍那〉在中国》，第78—116页。
[2] *The Monkeys of Christophe Huet: Singeries in French Decorative Art*, p.15.

第五章
东印度公司与中西音乐、戏剧的早期相遇

华乐西传历史悠久，自马可·波罗在游记中提及拔都可汗打耳班（Derbend）战役中的军乐始，几个世纪中，出现了葡、荷商人真假莫辨的华乐记述，法国耶稣会士较为系统的华乐研究，当然不乏马戛尔尼使团成员对中国音乐的偏见及对民歌乐谱的记录，这些以文字描述或曲谱记载为主的西传模式已多为学界所关注。其实，明清音乐文化尚有物理形态的传播方式，也即乐器及以音乐为主题的绘画的西传，但学界对这一形态的传播却因史料匮乏而难以展开。相较于中国瓷器、丝绸、壁纸、茶饮习惯对英人生活的深刻影响，18世纪有关中国音乐的信息在英国则极为匮乏，这与音乐转瞬即逝、不易记录的天然属性相关。中国乐器早在华乐被记载之前便已零星西传，但因缺乏弹奏者依旧神秘而陌生。英国著名音乐史家查尔斯·伯尼（Charles Burney，1726—1814）在其通信中提及曾在巴黎见过一件类似木琴（Sticcado kind）的中国乐器，认为它至多只有八度音阶中的六个音，音程也极有限。[1]除零星稀少的乐曲及乐器外，学界鲜少有人注意散布于欧美各国的外销乐器画及乐人画，其实这些画作不仅是清代华乐西传的一种特殊介质，还是美术、音乐、人类、社会学等领域的珍贵视觉文献，笔者在广搜博览的基础上聚焦清代乐女画对中国乐器、乐人的视觉再现形式，厚描西人对其基于不同学科的多元接受，同时剖析其在阶级等级及性别权力诸方面的隐喻特质，进而阐明乐女画是与社会环境、传统文化、时代风尚密切关联的特殊视觉文本。

作为清代在华的两大西方机构，东印度公司与耶稣会有着千丝万缕的关系，如果说明清之际入华的耶稣会主要推动了中国哲学思想、文化典籍西传的话，那么东印度公司的贡献则更侧重于中国物质文化、艺术风格的传播。两大机构入华宗旨尽管不同，但时有交集、不断互补，从不同层面促进了东西文化的对流。文化的同源性及双方人员之间的交往

---

[1] Charles Burney, *The Letters of Dr. Charles Burney*, Vol. 1, Alvaro Ribeiro edited, Oxford: Clarendon Press, 1991, p.233.

彩图 33 佚名水彩画《民间乐队》

现藏于英国曼彻斯特大学约翰·赖兰兹图书馆,作者拍摄

彩图 34 佚名水彩画《女乐:二胡与南梆》

约 1800–1830 年,现存于英国维多利亚和阿尔博特博物馆,作者拍摄

彩图 35　佚名水彩画《四人乐队》

现藏于英国布莱顿博物馆（Royal Pavilion and Museums Brighon and Hove）
https://dams-brightonmuseums.org.uk/assetbank-pavilion/action

彩图 36　佚名水彩画《江湖女艺人》

现藏于英国曼彻斯特大学约翰·赖兰兹图书馆，作者拍摄

彩图 37　佚名水彩画《夫唱妇随》

私人藏品，作者拍摄

彩图 38　南京货中的金条

转引自佳士得拍卖手册第 72 页

彩图 39 大英博物馆收藏的"南京货"中的巴达维亚瓷器

编号 1986.0701.8.b，作者拍摄

彩图 40 油画《广州十三行商馆区》

约 1800 年，现藏于英国国家航海博物馆，作者拍摄

（瑞典蓝底黄十字国旗位于画面中间）

彩图 41　哥德堡号出水青花过墙云龙纹碗

现藏于哥德堡海事博物馆（Maritime Museum in Gothenburg）

彩图 42　斯德哥尔摩卓宁霍姆宫"中国阁"设计图

阿德尔克朗兹绘于 1763 年

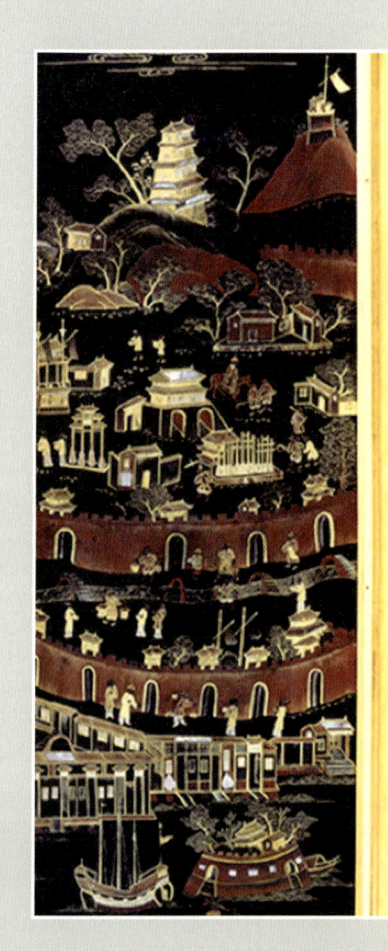

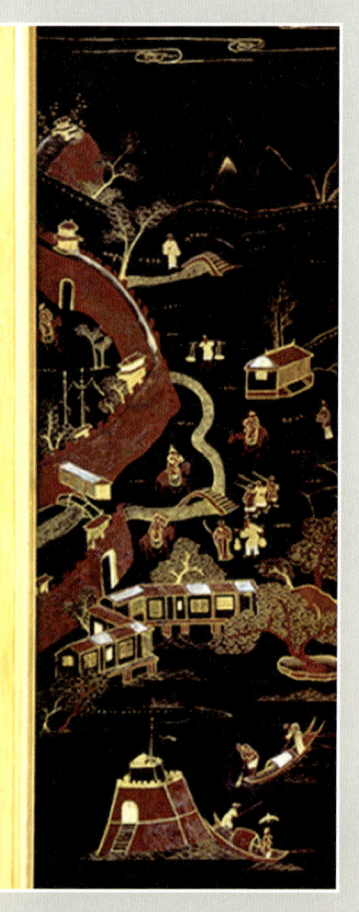

彩图 43　卓宁霍姆宫中国阁黄厅中的漆板画

照片由 Alexis 拍摄，来自 Daflos/Royalpalaces.se

彩图 44　卓宁霍姆宫中国阁黄厅中的中国壁纸及满大人塑像

照片由 Alexis 拍摄，来自 Daflos/Royalpalaces.se

彩图 45　克鲁克申克漫画《布莱顿宫廷的一个中国人》

1816 年

彩图 46　Yves Saint Laurent 织锦盘扣刺绣旗袍

2004 年

促成了多个"华风西被"的个案,荷兰历史剧《崇祯》便是代表。《崇祯》是17世纪荷兰伟大诗人及剧作家冯德尔唯一一部取材于中国的戏剧,因真实且及时地反映明朝末代皇帝崇祯的破家亡国悲剧而被称为欧洲第一部"中国风"文学作品。但由于资料匮乏、语言壁垒等原因,国内学界迄今鲜有学者关注到此人此剧。本章拟在介绍此剧内容、厘清剧本素材来源的基础上,考察冯氏想象与重现崇祯之死和明朝覆灭的艺术手法及宗教立场,并通过其与耶稣会及东印度公司(VOC)的关系剖析这部戏剧在荷兰产生的时代必然性。

第一节 东印度公司与中英音乐的邂逅

17—18世纪,英人有关中国音乐的概念化知识大多来自耶稣会士,如法国神父梅纳斯特里埃(Claude-François Ménestrier, 1631—1705)《古今音乐的演奏》一书对中国音乐的简短介绍,以及其有关音乐的奥妙及演唱方式只掌握在中国统治阶层手中的片面论断;[1] 又如杜赫德《中华帝国全志》对华乐的偏见及对中国乐曲面目全非的重构。真正系统研究中国音乐并对其作较为客观介绍的是法国传教士钱德明(Joseph-Marie Amiot, 1718—1793),其《中国古今音乐考》(*Mémoire sur la musique des Chinois, tant anciens que modernes*, 1779)一书不仅概述了华乐自上古至宋代的历史发展脉络,分门别类地介绍中国古代乐器(并附有乐器图录),又以洋洋十三章的篇幅探讨了中国古代乐律学理论,更可贵的是,钱氏从比较音乐学的视角对中国音乐的调式理论、作曲技法及音乐哲学作了系统阐述,在一定程度上弥补和调整了西人对中国音乐的无知及偏见。但是,传教士纷杂、含混甚至矛盾的信息有时令英人无所适从,"对于这个主题(中国音乐),我们所知甚少,除了杜赫德,但他的信息并未给我们多大启发,以及日后对此有过充分研究的钱德明、荣先(Abbe Ronssier)神父、拉·博德(M. La Borde)和涉及此内容的百科全书的作者们所提供的信息外,其余几乎不值一提"。[2] 18世纪末,中英音乐文化终于有了直接相遇的契机,而此契机的创造者便是东印度公司。随着公司对华贸易的与日俱增,尤其是1793年马戛尔尼使团的访华,双方开始打量并尝试了解对方文化的各个层面,音乐也不例外。

一、东印度公司邂逅中国民间音乐

相较于耶稣会士对音乐典籍及宫廷雅乐的重视,东印度公司与民间音乐及戏曲的邂逅更多,这与两者的社会接触面密切相关,前者担负着西教东传的使命,走的是上层路线;后者着眼于商业利润,交往的多为市井商贾。

---

[1] [法]陈艳霞著,耿昇译:《华乐西传法兰西》,商务印书馆,1998年,第6页。
[2] Abraham Rees, *The Cyclopædia; or, Universal Dictionary of Arts, Sciences, and Literature*, London, 1819, pp.694-694.

早在17世纪初,英属东印度公司驻日本平户头目理查德·考克斯(Richard Cocks, 1566—1624)在其1618年2月27日的日记中就记载:"我们受中国华船长之邀赴宴,在那儿得到盛情款待。进门时有乐队欢迎我们,一至三道菜皆很美味,每道菜间歇均有歌舞表演,尽管葡萄酒的种类并非一应俱全。"[1]考克斯提及的华船长想必是晚明闽粤或宁波地区以对日贸易为生的海商。考克斯未对乐队作任何描述,但至少透露了一个信息,也即以歌舞音乐迎客或待客是中国人的一种礼节。这种礼节性的表演此后不断出现在粤海关,各国东印度公司职员的旅华笔记对此多有记载。1636年,随英属东印度公司约翰·魏德尔船队来华的彼得·莫蒂对粤海关乐队印象深刻:"一位广东官员及其随员来到我们船上……他们乘坐的大船上有一个大铜鼓和大铜盘,他们卖力敲击,节奏整齐划一。"[2]每当商船进港并按其大小交纳各种税费后,海关乐队会吹奏一番以示欢迎,而商船乐队也会奏乐庆贺,尽管各敲各锣,各唱各戏,但称其为最初的中西音乐交流并不为过。据记载,粤海关监督的乐队较简陋,只有两个铜鼓、三四支笛子,[3]相信他们的迎宾曲也只是些俚俗欢快之调。但腰缠万贯的十三行行商既有经济实力,又熟稔与洋人交往之礼节,威廉·希基(William Hickey, 1749—1830)记载他1769年在广州时受行商潘启官之邀赴宴,主人以中、西餐及最好的葡萄酒招待他们,餐后还有歌舞及焰火表演。[4]

东印度公司职员承担了为专业学者传递华乐信息的任务。音乐史家查尔斯·伯尼与曾任职于东印度公司的詹姆士·林德医生(James Lind, 1736—1812)[5]有关中国音乐的讨论开启了英国学者研究华乐之先河。在两者的通信中,我们可以一窥伯尼了解中国音乐的急切之心:

> 我想您曾告诉我中国有一种音乐剧,他们的音乐与古苏格兰调很相似。您是否允许我引用你对这一情况的权威观点?我想您还告知我他们的音乐不分部,也不出现旋律的变奏或副调?但事实上我最渴望确定而且我立刻需要了解的是:他们的音阶是否为纯粹的全音阶也即没有半音阶?很多人已确认过这一点,我在巴黎看见过阿诺德神父拥有的一种中国乐器,在某种程度上也确认了这种说法。……音乐是

---

[1] Richard Cocks, Edward Maunde Thompson, *Diary Of Richard Cocks, Cape-Merchant in the English Factory in Japan, 1615–1622: with correspondence*, Vol. 2, London: Printed for the Hakluyt Society, 1883, p.19.

[2] Peter Mundy, *The Travels of Peter Mundy in Europe and Asia*, 1608–1667, Vol. 3, Cambridge: Printed for the Hakluyt Society, 1907–1936, p.174.

[3] George Dixon, *A Voyage round the World*, London, 1789, p.313.

[4] William Hickey, *Memoirs of William Hickey*, Vol. 1, Alfred Spencer Edited, London: Hurst & Blackett Ltd., 1913, pp.223–224.

[5] 林德毕业于爱丁堡学院内科专业,曾作为东印度公司商船医生于1766年来华。大约从1777年起,林德迁居至温莎成为王室内科医生。作家范妮·伯尔尼曾记录了一次其拜访林德并参观其东方藏品的经历:"我在那儿受到了绝好的款待。他的收藏主要是中国物品。" *The Letters of Dr. Charles Burney*, Vol. 1, p.173.

・第五章　东印度公司与中西音乐、戏剧的早期相遇・

否能够陶冶他们？您可有机会证明欧洲音乐及和声是否能比中国本土音乐更取悦他们的耳朵？这一音乐他们是否有乐谱？或者它是否是传统音乐，只通过听觉习得并靠记忆保存？您无疑已用欧洲音符再现了他们的音乐，如您能给我两到三个真实例子，您将是我著作的重要贡献者。[1]

林德于1774年11月11日给伯尼回信告知后者：乐师在中国是一种职业，部分音乐以特定文字传授，部分只用口传心授。音符用文字传授，但每个音符的长短或高低只能靠耳朵识记。"音乐不仅用在他们的戏曲中，也用在婚礼、葬礼及各种仪仗中……很多并非职业歌手的中国人也唱歌，一般常有人用笛子为他们陪奏，……请您注意中国人在演唱时常用假嗓子"。而且，"中国人只对古苏格兰调有强烈兴趣，其他音乐则远超他们的理解力"。[2]林德随信提供了两个中国乐谱给伯尼（图5-1），即中国笛子曲《月调》和《四大景》的工尺谱和指法谱，[3]并向伯尼推荐了他在中国结识的一个熟悉华乐的瑞典音乐家格瑞尔（Mr. Grill，瑞典东印度公司押货员），还建议伯尼阅读小说《好逑传》以了解中国人演奏及欣赏音乐的方式。[4]

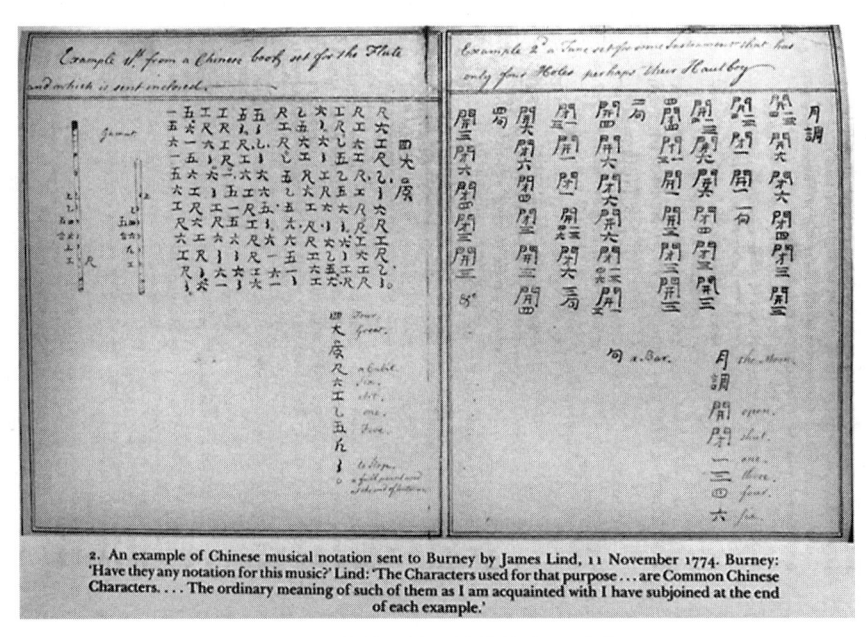

图5-1　林德为伯尼抄录的中国乐谱。

---

[1] *The Letters of Dr. Charles Burney*, p.174.此信写于1774年9月19日，伯尼提及的著作为其出版于1789年的《音乐简史》(*A General of Music: from the Earliest Ages to the Present Period*)。

[2] Ibid., p.174，注13、14、15。

[3] Ibid., p.175.

[4] Ibid., p.179.

除林德、格瑞尔等东来的公司成员在粤邂逅华乐外,偶尔也会有个别搭乘公司商船西游的华商为英人捎去零星片段的民间小曲。1757年1月,《绅士杂志》刊登了一封署名A.B.的短信(写于1756年12月16日),信中附有一首中国乐曲(图5-2),此信内容如下:

> Urban先生:
> 　　几天前,我偶然陪伴一位最近刚从广东来到这儿的中国商人,我很高兴能有机会获悉些许其祖国的风俗习惯。但他几乎不谙英语,令我非常失望。为了弥补无法交谈之缺憾,他用一种类似吉他的乐器演奏了几首中国小曲。
> 　　我曾学过些音乐作为业余爱好,因此我记下了他所演奏的乐曲中的一首,并未作任何修改(除了增加了一个低音部),我将其附上寄给您,以便您可以登在下一期杂志上,读者据此或可判断前往中国的旅行者是否如实描述了这个国家的音乐。
> 　　我并未尝试用这一曲调谱写舞曲,相信她将在别人那儿得到更好的利用。如果事实证明这能给喜爱这种练习的绅士及淑女带来快乐,我将欣喜之至。[1]

A.B.此文中的某中国商人于1765年12月抵达伦敦,此人很可能是林奇官(Loum Kiqua),侨居英国的法籍画家多米尼克·塞瑞斯(Dominic Serres, 1719—1793))曾为其绘制过一幅肖像。此画已佚,但托马斯·贝福德(Thomas Burford, 1710—1776)依此画刻制的铜版画尚存,画面下侧有对画中人的简介,并附有其中文姓名"林奇官"。(参见图5-3)画面右后侧的风景中有河、船及宝塔,很可能是在描摹珠江两岸的景色。有学者考证,林奇官到达伦敦的时间与《绅士杂志》刊登那支小曲的时间恰好吻合,因此有理由相信这支曲子是由奇官提供的。[2] "A Chinese Air"因而成为18世纪英国极为罕见的中国乐谱,此曲旋律简单,清新活泼,如A.B.所录果真是中国乐曲的话,其很可能是闽粤沿海地区的民间小调。但A.B.仅凭记忆录谱,或已在原曲中渗入其熟悉的欧洲风格,并且他还为此曲添加了低音及颤音(tr),说明其已考虑到尽量让此曲适应西方乐器及欣赏趣味的可能性。事实上,A.B.此曲听起来并无几多中国风味,也可能林奇官所奏本就是一首其在西游途中习得的欧洲歌曲。

而英人心目中较为真实可靠的有关华乐的著录来自马戛尔尼使团,一个表面为乾隆祝寿实际为东印度公司扩展对华贸易游说的代表团。正使马戛尔尼(George Macartney, 1737—1806)及副使乔治·斯当通(George Leonard Staunton, 1737—1801)均在各自的日记中提及中国音乐,较为细致的记载则出现在约翰·巴罗(John Barrow, 1764—1848)及

---

[1] The Gentleman's Magazine and Historical Chronicle, xxvii, Jan. 1757, p.33.
[2] David Clarke: An Encounter with Chinese Music in mid-18th-century London, Early Music, Vol. 38, No. 4, Three centuries of music in England (November 2010), pp.547-551.另,宫宏宇《"他者审视":明末至民国来华西人眼中的中国音乐》一文对此也有提及,详见《音乐研究》2014年第4期,第70—71页。

图5-2 刊登在《绅士杂志》上的中国乐曲。　　图5-3 塞瑞斯所画林奇官肖像。

惠纳(Johann Christian Hüttner, 1765—1847)的笔记中,尤其后者录谱的《茉莉花》(Moo-Lee-Wha)及《白河船工号子》(Higho Highau)广为西人所知。[1]

"茉莉花"是民间小调"茉莉花调"(又称鲜花调)的基本形态,[2]起源于南京六合地区,是清代流传最悠久、传唱最广泛的曲调,变体极多,常被用于民间歌舞、说唱和戏曲音乐中,如华北地区的"地秧歌"、西南地区的"花灯调"、单弦牌子曲和四川清音等。"白河船工号子"则是船工、纤夫的劳作之歌,白河是海河水系支流潮白河上源的西支,河多白沙,故名白河。使团船队经澳门、舟山、定海等地沿海北上,[3]至天津白河口换船入通州,然后上岸进京再至热河,很可能是在路途中听闻这两首民歌,巴罗证实了这一点:"我从未听过一个中国人以如此富有感情、哀婉动人的音调唱歌,他在一种类似吉他的乐器(六弦琴)的伴奏下歌唱'茉莉花',这是全国最流行的歌曲之一,惠纳先生录下这一朴素的曲调。"[4]除这两首民歌外,巴罗在其《中国纪行》中刊载了其他九首民歌,据称皆是一位在

---

[1] 惠纳有《英国派遣至中国之使节团报告》(*Nachricht von der britischen Gesandtschaftsreise nach China: 1792-94*)、《中国之旅》(*Johann Christian Hüttner, Voyage à la Chine, ed. by C.A. Boettiger*, 1798)两书。
[2] 茉莉花调又称"鲜花调",最早见于清乾隆至嘉庆年间《缀白裘》中记录的三段歌词(无谱),道光十七年贮香老人所编《小慧集》中附有该曲工尺谱。
[3] 使团船队包括军舰"狮子号"、东印度公司货船"印度斯坦"号及其余两艘供应船。
[4] John Barrow, *Travels in China*, London, 1806, p.315.

广东的英国绅士(此人应是马修·雷珀,见下文)采录。[1]

由此可见,通过东印度公司渠道(包括由公司出资、为公司谋求利益的访华使团)传至英国的多为中国民歌。个中缘由不言而喻,公司职员的活动范围被局限于广州西郊十三行,其所接触的对象多为文化层次较低的官员、行商、艺匠乃至贩夫走卒,无法如徐日昇(Thomas Pereira, 1645—1708)、钱德明等耶稣会士那样结交上层精英(如李光地),得闻宫廷雅乐。即便马戛尔尼使团成员有机会在热河接触到皇家礼乐,由于时间仓促或别的原因,没有人记录下任何宫廷音乐,惠纳只在其《英国派遣至中国之使团报告》(德文)中提及其聆听中国礼乐的感受。[2]因而那几首民歌便俨然而为中国国乐了,传至西方后被欧洲音乐家按自己的审美趣味肆意改编,如把作曲家卡尔·卡姆布拉(Karl Kambra)在伦敦出版的"茉莉花"及"白河船工号子"与惠纳的原始记录作一对比,可以发现两者间有很大的差别。巴罗因而在其《中国纪行》中一再重申:"(茉莉花的)旋律被加上了引子、尾声、伴奏和欧洲音乐一切精炼的技巧后在伦敦出版,然而它就不再是中国朴素旋律的标本了。故我欲在此还其不加修饰的本来面目,正如中国人所演唱和演奏的那样。"[3]由此可见中国音乐西传过程中严重的归化现象。

二、器物层面的相互凝视

相较于音乐,中英双方似乎更有兴趣了解对方的乐器,且喜用自己的乐器来比附、描述对方的新奇乐器。史书有关西洋乐器入华的最早记载出现在晚明,《续文献通考》"乐考"有"穆宗万历二十八年,大西洋利玛窦献其国乐器"的记载,描述了利氏进献的西洋琴"纵三尺,横五尺,藏棱中,弦七十二,以金银或炼铁为之,弦各有柱,端通于外,鼓其端而自应"。[4]这架击弦古钢琴被认为是进入中国宫廷的首件西洋乐器。此后崇祯年间,又有毕方济、汤若望等传教士进献乐器数种。入清后,西人进献的古钢琴、风琴、提琴等乐器越来越多地出现在清宫中,大抵与康熙、乾隆对于西乐的爱好有关,[5]其中部分乐器是由荷属东印度公司使团进呈,如顺治十三年(1656)的一架古钢琴(Klavecimbell)、1686年的小提琴及竖琴。[6]1656年的荷兰使团还有一支乐队,北上进京时曾在广州、赣州、湖口等地表演过。对于西洋乐器,时人观后多现惊羡之情,如乾隆时文人赵翼曾详细描述其于北京天主堂所见之管风琴及音乐钟:"一虬髯者坐而鼓琴,笙、箫、磬、笛、钟、鼓、铙、镯之声无

---

[1] *Travels in China*, pp.316-322.

[2] Frank Harrison, *Time Place and Music: An Anthology of Ethnomusicological Observation C.1550—1800*, Amsterdam: Frits Knuf, 1973, p.167, 185.

[3] *Travels in China*, pp.315-316.

[4] (清)纪昀编纂:《钦定续文献通考》卷一二〇《乐考》,上海图书集成局,1901年,第2a页。

[5] 参见方豪《嘉庆前西洋音乐流传中国史略》(《大陆杂志》第4卷第10期)、汤开建《明清之际西洋音乐在中国内地传播考略》(《故宫博物院院刊》2003年第2期)。

[6] 汤开建:《明清之际西洋音乐在中国内地传播考略》,《故宫博物院院刊》2003年第2期,第47页。

一不备。其法设木架于楼,架之上悬铅管数十,下垂不及楼板寸许。楼板两层,板有缝,与各管孔相对。一人在东南隅,鼓嘴以作气。气在夹板中尽趋于铅管下之缝,由缝直达于管。管各有一铜丝系于琴弦。虬髯者拨弦,则各丝自抽顿其管中之关捩而发响矣。铅管大小不同,中各有籑窍,以像诸乐之声,故一人鼓琴而众管齐鸣,百乐无不备,真奇巧也。又有乐钟,并不烦人挑拨,而按时自鸣,亦备诸乐之声,尤为巧绝。"[1]整段文字着眼于管风琴之奇巧及无声不备,而对其所奏之乐却略而不谈。

除宫廷及教堂外,明清间西洋乐器亦在民间传播。"乾隆时,钱塘有金赤泉典簿焜者好音乐,尝听洋琴而歌以纪之。歌曰:……此琴来自大海洋,制度一变殊凡常。取材讵用斫桐梓,发声亦自循宫商。图形宛然如便面,中纽铁弦经百炼。钿钉栉比排两头,二十六条相贯穿,携来可击不可弹,双椎巧刻青琅玕。……座中听者皆忘疲,共道此琴铁胜丝。柳公双锁未为巧,李氏百张胡足奇。"[2]可见,较之于音乐,明清时人对西洋乐器的态度无疑有更高的接受度。巴罗还述及宫廷乐师仿制单簧管、长笛、圆号等乐器的欲望:"他们假装不喜欢大使的乐队,说乐队不是演奏音乐而是制造杂乱噪音。然而,宫廷乐师又不厌其烦地将几件乐器的轮廓画在大纸上,每件都按照尺寸,标记出孔洞、螺丝、琴弦和其他部件的位置,他们以为如此便能仿造出同样的乐器。"[3]事实上,这种仿制无论在清代宫廷还是民间均较为常见。康熙时清宫乐师已在传教士指导下制造西洋乐器,"有内造西洋铁丝琴,弦一百二十根"。[4]乾隆时的《洋琴歌》唱曰:"华篚横排十四弦,抽铜夹线分行密。细拨双条篾削成,是敲非弹下指轻。八音金丝合为一,铮鈋连琐其声轻。巧样新裁年来久,云出姑苏女工手。"[5]苏州女工亦能依样造出十四弦洋琴。甚至构造复杂的钢琴也被仿而制之,"披亚诺,俗称洋琴,似风琴而大。箧中张钢弦数十,弦一小锤,与琴面键盘相连,以指按键,小锤即击钢弦发声。其声清越,吾国能自制之"。[6]可见仿制对于心灵手巧的中国人来说并非难事。

而英人对中国乐器亦相当好奇,1774年伯尼与林德的信中就曾提及他在巴黎阿诺德神父处见到一种类似木琴的中国乐器,"有硬横木,不同长度的响木排列在一个中空的类似船体的容器上,它的音阶约有八度"。[7]他还曾通过东印度公司大班马修·雷珀(Matthew Raper Jun., 1741—1826)搜罗过中国乐器。1775年在广州担任英属东印度公司第三大班的雷珀是一位热衷于中国音乐文化之人,此人于1777—1779年间升职为广州管理会主任:"副主任马修·雷珀升任1777年管理会的主任;他似乎有才干,在他当主任的

---

[1] (清)赵翼撰:《檐曝杂记》卷二"西洋千里镜及乐器",中华书局,1982年,第36页。
[2] (清)徐珂编:《清稗类钞》第十册《音乐类》之"金赤泉听洋琴",中华书局,1986年,第4963页。
[3] *Travels in China*, p.322.
[4] (清)高士奇撰:《蓬山密记》,古学汇刊本。
[5] (清)宗圣坦撰:《九曲山房诗钞》卷四《洋琴歌》,嘉庆刻本。
[6] 《清稗类钞》第十册,第4962页。
[7] *The Letters of Dr. Charles Burney*, p.174.

管理会十名成员中,有时只是少数的一两个人曾投票反对他。"[1]目前并不清楚马修对中国乐谱及乐器的搜集是其业余爱好还是受人所托,从他与伯尼的通信推测,后者的可能性更大。两者的通信始于1777年秋,伯尼请求马修回答诸如中国音乐是否有半音等问题,后者以其在广东获悉的有限信息尽力回复这些提问。[2]当他实在无法解答时,便致信给在清廷担任乐师的耶稣会士请教,这个传教士很可能就是法国人梁栋材(Jean Joseph de Grammont,1736—1808),据悉他曾为英国学者提供分别用中国及欧洲记谱法所录的中国乐谱。伯尼还曾请求马修提供中国乐器的信息,为此,马修开始搜集中国乐器。1777年,伯尼从一个"曾在广东居住的绅士那儿获得一箱乐器和若干支中国乐谱",[3]继而他在遗嘱中透露那位绅士便是马修:"如果我能活着返回切尔西,我还有许多事情没有向任何人提过,比如马修·雷珀先生从广州为我捎来两面大锣和一箱东方乐器,以及马戛尔尼爵士率使团回来时带来的两件质量稍差的乐器。"[4]在林德、马修及马戛尔尼使团成员的帮助下,伯尼后来撰写了一篇有关中国音乐的专论,收录在亚伯拉罕·李(Abraham Rees)的百科辞典中。[5]而且,作为马戛尔尼使团的音乐顾问,伯尼在使团乐队的配备、乐器的选择等方面起到了举足轻重的作用。使团乐队雇佣5个德国乐手,乐器包括小提琴两把,中提琴及大提琴各一把,双簧管及单簧管各一支,长笛、短笛各一支,巴塞号两支,大管一支。[6]选择这些乐器的原因是它们与中国的某些管、弦乐器在外形或音质上类似,或可唤起他们的认同感。

其实,英人同样认同那些与他们乐器类似的中国乐器。比如唢呐、笛子的声音类似西方乐器,因而也常被提及:"有些非常长,类似我们的小号;另一些则如法国号及单簧管,其音质使人想起苏格兰风笛。"[7]又如古老的簧管乐器笙亦颇受他们青睐,因为笙以簧、管配合振动发音,簧片能在簧框中自由振动,并能奏出和声,比较适合英人的趣味。但在中国很常见的锣、鼓、钹等打击乐器却因喧闹而频受嘲笑指责,东印度公司职员奥斯贝克将锣戏称为"咣咣":"咣咣是一个中国名称,指一种类似铜盆的乐器。每半小时,在船艇及公行中,锣就要敲响一次……鼓则用于节庆时节,中国人敲击此乐器,用火点燃金箔制成的小船,将其放入大海,作为节日里早晚娱乐的一部分。"[8]英军少校梅森评论中国乐器时

---

[1] [美]马士著,区宗华译:《东印度公司对华贸易编年史(1635—1834)》第二卷,第26页.
[2] *The Letters of Dr. Charles Burney*, pp.231-234.
[3] Percy Alfred Scholes, *The Great Dr. Burney, His Life, His Travels, His Works, His Family and His Friends*, Vol.1, London: Oxford University Press, 1948, p.301. Letter of 13th March, 1802.
[4] Ibid., Vol. 2, p.271.
[5] Abraham Rees, *The Cyclopædia; or, Universal Dictionary of Arts, Sciences, and Literature*, London, 1819, pp.694-698.
[6] George Macartney, *An Embassy to China*, note. 22, London: Longmans, 1962, p.364.
[7] Aeneas Anderson, *A Narrative of the British Embassy to China in the Years 1792, 1793, and 1794*, London: J. Debrett, 1795, p.259.
[8] Peter Osbeck, *A Voyage to China and the East Indies*, Vol. 1, London: Printed for Benjamin White, 1771, P.186-187.

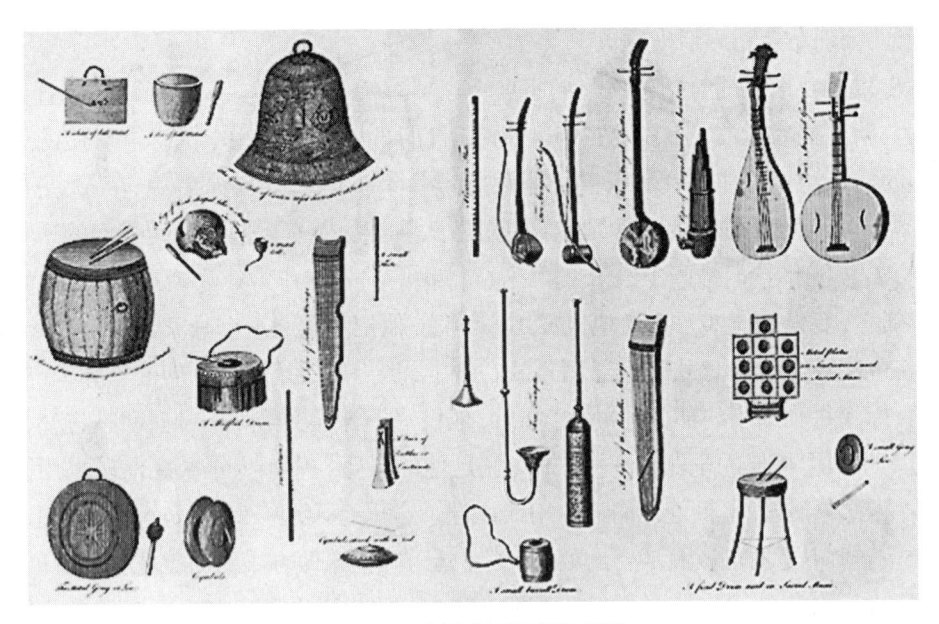

图5-4　巴罗《中国纪行》书影。

说:"中国乐器的声音太单调,缺乏表现力,但不包括不时响起的喧闹打击乐声,均由锣、钹、鼓等发出。"[1]相较于奥斯贝克、梅森相对温和的评价,巴罗则尖刻嘲讽中国人音乐表演的成功与否似乎取决于不同乐器能否发出强大噪声,而锣是最易达到这种效果的乐器,他毫不掩饰对中国乐器的偏见:

> 他们称为锣的乐器非常适用于需要剧烈噪音的场景。这种乐器像口浅锅,或不如说是锅盖,据说是用铜、锡和铅制成,他们用一根包上皮的木槌敲打锣。他们还有一种单簧管,三四种不同的喇叭和颇像低音提琴的弦乐器。他们的笙是用竹管组合而成,颇像潘的笛子,声音倒不难听,但制作粗糙、欠齐整,以致不能降低音阶。他们的铜鼓形似琵琶桶,这些鼓以及被固定在架子上的大小不同的铃便组成他们圣乐器的一部分。他们还有一种用形似木匠画线板的石头组合而成的乐器,石头都悬挂在木架上。……他们的历史学家曾吹嘘说他们的乐器均取材于自然界:动物的皮革、植物的纤维、金属、石头,及焙干的土器,都用作发声之器。的确,在形式和材料上他们的乐器花样繁多,但据我所知,没有一样可入欧洲人之耳。[2]

巴罗在华仅停留数月,对中国的观察浮光掠影,却凭借盲人摸象般的短浅认知对中国文化

---

[1] George Henry Mason, *The Costume of China: Illustrated with Sixty Engravings with Explanations*, London: Printed for William Miller, by S. Gosnell, 1800, Plate XXXIV.
[2] *Travels in China*, pp.314-315.

大放厥词,因而难免招致后人物议。

马戛尔尼及斯当通对中国文化的态度比巴罗客观、开明得多。前者的出访日记记载了使团与清廷高官的交往,其中1793年9月1日的日记提及一些中国官员对使团乐队抱有强烈的好奇心:"我在北京的下榻之处每晚都举行一个音乐会,来者中有一人是皇家乐队的首席乐师,几乎每场必到地听完了使团乐队演奏的所有乐曲。他对我们的乐器十分感兴趣,希望能将它们描画下来。我很乐意将我们的乐器作为礼物赠给他,但他婉言谢绝了。确实,我发现这些乐器对他也没用。不过,他招来了两三个画家,将几张大纸铺在地上,将单簧管、长笛、巴松管和法国号放在纸上,然后用铅笔描下它们的轮廓,测量所有的孔穴,标注每个细小的部分,做完这些后,他们写下评注交给大乐师。我被告知他打算让中国工匠制作相似的乐器,通过调试以满足他的需要。中国人很久之前已采用了我们的提琴,尽管并不普遍,最近他们学着用线谱记录音乐,尽管虚荣及自负,他们看起来在一些事情上至少不是不可教诲。"[1]此处,有关宫廷乐师描摹西方乐器的叙述与巴罗的一致。斯当通《大英帝国使团出使中国纪》则详细记录了乾隆帝生日庆典当天宫廷乐队所使用的乐器及表演效果:"(大厅)主要放置大型乐器,其中有筒形编钟,由大到小成排悬挂于带有装饰的木架上,三角形的金属片也如编钟一般有序排列。这些乐器奏出的旋律,配合着太监所唱的庄重、缓慢的仪式歌曲,歌者纯熟地控制嗓音,使其产生一种从远处传来清脆琴声的效果。刺耳而喧嚣的铙钹声响起,大乐师率领歌者转换音调旋律。使团音乐家极为欣赏他们的音乐造诣,庆典音乐为整个场面营造出一种恢宏的效果。"[2]由此可见,西人不仅能接受宫廷庆典礼乐,还能体悟出其庄重恢宏的美感。

中西乐器是在各自音乐审美理想导引下的物质文化结晶,其实各有所长。传统中国乐器多取材于自然,按材质分为金、石、丝、竹、匏、土、革、木"八音",按振动发声体可分为体鸣(如锣)、膜鸣(如鼓)、弦鸣(如琴)、气鸣(如笛)四类,并能充分发挥利用天然材料的特性,吹拉弹击,各尽所能,具有卓越的表现力。丝竹类乐器以摹拟人声为要旨,追求旋律优美、空灵、幽深的效果,较适合独奏及小型乐队的合奏;金石类乐器音响清越,刚柔并济,适用于表现祭祀、礼仪等场景,其中锣、鼓等乐器较为特殊,因其无固定音高(云锣除外),声音宏大,高亢威壮,故多用作戏曲伴奏、节庆场合、军事布阵、宫廷仪仗或地方官仪等。西方乐器经长期发展,至18世纪已形成了弓弦、打击、键盘、木管、铜管等系列配套乐器,制作材料标准化、统一化,极富共性,同时注重乐器间的互融及配合,追求音乐丰满、厚实的立体效果,更适合大型乐队合奏的交响乐、协奏曲。中西乐器的相向传播及相互影响历史悠久,明代以降更为常见,上文已有论及。西人虽不仿制中国乐器,但时有借鉴及引用。即便巴罗等十分厌恶的振动无规律、音高不明确的锣,也因其独特的音色而被引用到

---

[1] *An Embassy to China*, p.104.
[2] George Leonard Staunton, *An Authentic Account of an Embassy from the King of Great Britain to the Emperor of China*, Vol. 2, London, 1798, pp.132–133.

西洋管弦乐队中,如柴可夫斯基的《悲怆交响曲》就用中国大锣的乐音性噪音表达难以言传的强烈情感。

三、中西音乐交流中的傲慢与偏见

由传教士带动的西乐东渐首先发起自宫廷,清初几位皇帝对西乐的态度甚为开明,尤其是勤奋好学的康熙及乾隆。康熙帝为学习西洋乐理起用徐日昇,徐便以汉语编写《律吕纂要》(1707年)作为教材,为皇帝讲授五线谱、音阶、节拍、和声等西乐知识,我国因而有了首部汉语西洋乐理著作。乾隆帝不仅"请西洋人魏继晋、鲁仲贤、那永福在瀛台教琴谱"(乾隆十五年清宫档),还让皇室子弟十八人跟随他们学习西乐。但这种伯埙仲篪的和谐局面并未持续多久,至嘉庆朝,皇帝不仅禁西人传教,而且视乐器、时钟等西洋物品为奇技淫巧而禁止入华,中西音乐交流的蜜月期戛然而止。

而在民间层面,大部分文人长期受儒家以人为本、礼乐并施、德美同治思想的熏陶,认为具有规整结构、规定和声和通用展开方式的西洋音乐是与中国传统文化相抵触的急管繁弦,是被十二平均律束缚的公式音乐,缺乏灵性和情韵,充满匠气与造作,对其敬而远之甚至相当排斥。因而来华不久的钱德明很沮丧地发现中国人对欧洲名曲根本无动于衷:"他们从幼年起就已经习惯于听人讲述'律吕'、'调'、磬声(石声)、鼓声(革声)、梆子声(木声)、钹声(金声)、弦乐声(丝声)、吹奏乐声(管声)等问题。由于他们希望把乐调运用到伦理道德和自然界几乎所有的物理本质方面去,而欧洲的乐理却又不会使他们产生如此美好的感想,所以,他们在心灵深处毫不犹豫地偏爱自己的音乐。"[1]他甚至怀疑中国人听觉系统的构造有异于西人:"他们的听觉器官都很迟钝或不灵敏。"[2]以天文学家身份参加马戛尔尼使团的丁维迪也发现:"马戛尔尼爵士的乐队演奏了英国国歌,但观众似乎并不能欣赏其庄重的美感。乐队还演奏了另外一些欢快的曲子,听众反应也很一般。总之,印度支那人一点不懂得欣赏我们的音乐。音乐是有民族特质的,品味则需慢慢培养。"[3]

正如中国人不理解西人为何要同时演奏多种乐器且弹奏得如此迅疾以"讨那些见异思迁的轻薄之辈的欢心"一样,[4]欧洲人则惊诧于中国音乐体系的"落后原始",很难欣赏或"迟缓单调"、或"嘈杂刺耳"的中国旋律。随阿美士德使团访华的外交官埃里斯(Henry Ellis, 1777—1855)描述十三行行商春官(Chun-qua)宴请时的戏剧表演如下:"如欲描述那可恶的演唱还真不容易,演员及乐器发出的噪音(我不会称其为音乐)令人作

---

[1] 转引自《华乐西传法兰西》,第66页。
[2] 同上书,第67页。
[3] William Jardine Proudfoot, *Biographical Memoir of James Dinwiddie*, Liverpool: E. Howell, 1868, p.32.
[4] 《华乐西传法兰西》,第68页。

呕,对人绝对是一种地狱般的折磨,决不能让我忍受第二次。"[1]他们对中国音乐的诟病主要集中于以下两方面:

缺乏和声对位。葡萄牙籍传教士曾德昭(又名谢务禄)完成于17世纪中叶的《大中国志》(The History of that Great and Renowned Monarchy of China)是欧洲第一部包含较多中国音乐理论及乐器演奏知识的著作,他率先指出了中国音乐缺乏和声的特点:"据推测,他们没有多声部音乐,尽管许多人确实在同声歌唱,但均为齐唱,几乎亚洲所有国家的音乐都是这样。因而,他们的音乐只有他们自己喜欢,单一声部最好用一种乐器伴奏。他们不喜欢我们更为丰满的多声部音乐,只喜欢单声部旋律。"[2]马戛尔尼使团成员安德森也直言不讳说道:"他们的音乐缺乏旋律及和声,我们这些已习惯了完美音乐的耳朵听到他们的音乐后当然会觉不适。"[3]而对中国音乐不乏赞美之词的钱德明对此话题则采取偷换概念的策略:"他们的和声学是包括在一个总括万物的'和弦'中的,它存在于物质力量之间、精神力量之间、政治力量之间,存在于构成其宗教信仰与政府机构的一切无形的事物之间。"[4]将"和弦"与"和谐"混为一谈。事实上,中国古代音乐确实没有现代意义上的和声理论,这与中国艺术(包括书法、绘画、雕塑)的线性思维有关,"线性的实质是横向的、单一的……中国传统音乐作品中的线性现象主要表现在三个方面:第一,非常讲究横向的旋律线条的起伏变化;第二,重视单一的演奏或演唱,以突出表演者个人的艺术表现力;第三,即使是多人演奏或多人演唱,其音乐形态大部分仍然是齐奏或齐唱,几乎不涉及和声、对位、复调等西方常用的音乐写作手法"。[5]音乐的线性思维与顺应自然、恬淡优游的审美理想密切相关。但中国自古不乏无意识的和声实践,如先秦描述贵族宴饮场面的诗歌《小雅·宾之初宴》中即有"籥舞笙鼓,乐既和奏。烝衎烈祖,以洽百礼"的诗句,"籥"为一种形状似笛的管乐器,表演者"秉籥而舞,与笙鼓相应"。此处的"和奏"应为中国最早的有关和声的记载,只不过这种"和奏"传统并未得到传承及发展,逐渐被人忘却而成为"合奏"了。缺乏和声、复调的线性旋律长以体现气韵意境,能丰富听众的审美想象空间,却短于描摹磅礴恢宏的气势,给听众带来震撼性的情感体验。

没有记谱法,缺乏准确的节拍标记。曾德昭在《大中国志》中评论道:"他们学习音乐不用符号,也不用节奏,在写谱时不用线谱……他们使用节拍,但说不出有多少种拍子,

---

[1] Henry Ellis, *Journal of the Proceedings of the Late Embassy to China*, London: John Murray, 1817, p.418.

[2] Alvaro Semedo, *The History of that Great and Renowned Monarchy of China: wherein all the Particular Provinces are accurately Described, as also the Dispositions, Manners, Learning, Lawes, Militia, Government, and Religion of the People...*, London: Printed by E. Tyler, 1655, p.54.

[3] Aeneas Anderson, *A Narrative of the British Embassy to China in the Years 1792, 1793, and 1794*, p.259.

[4] [法]钱德明著,叶灯译:《中国古今音乐考》,《南京艺术学院学报》(音乐及表演版)1997年第3期,第61页。

[5] 李姝:《中西音乐美学的比较研究》,四川大学博士论文,第109页。

因此在唱古曲新调时,都按老曲调,从这里他们知道何时该唱,何时该停。"[1]他的记载对于西方人影响很大,尤其是杜赫德,这从他津津乐道康熙帝折服于徐日昇闻曲记谱的轶事便可得知。[2]于是众人均以为中国音乐无记谱法、无节拍。对于中国音乐既寡闻少见又充满偏见的巴罗,就在《中国纪行》中言之凿凿地声称中国人只会用文字表示音阶上的音符,而且这一简略的记谱方式还是来自耶稣会士徐日昇。[3]事实上,中国的各种记谱法早已存在,现存最早的乐谱为《礼记·投壶》中所载鼓谱,随着时代的推移,各种弦乐、管乐、击乐、歌唱谱及合乐谱逐渐出现,如琴、筝等弦乐器的文字谱、减字谱、筝谱,笛、箫、唢呐等管乐器的工尺谱等,"玄宗又制新曲四十余,又新制乐谱"等记载亦频现史书。[4]宋元词曲大兴,姜夔《白石道人歌曲》中有17首带谱宋词,元人《九宫谱》所收宫调有黄钟宫、正宫、大石调等10种,后被明人蒋孝、沈璟分别改编成《南九宫谱》《南九宫十三调曲谱》。英国汉学家马礼逊所藏约一万册中文书籍中就有《琴谱新声》(六卷,编号:RM215)、《自远堂琴谱》(十二卷,编号:RM144)、《纳书楹四梦全谱》(RM279,280,205,206)及《红楼梦散套》(RM118)等清代曲谱多种。[5]但中国古代乐谱的共同特点是谱简腔繁,多以简略的骨干音方式记谱,因此,仅从谱面难以掌握演奏或演唱的实际效果,需口传心授方能弥补,这正是被西人诟病之处。至于节拍,在中国古代又称"板""拍眼"或"板眼","拍"字在不同历史时期有不同含义,如南朝琴曲《碣石调·幽兰》谱中每段结束皆标有"拍之大息",以一拍指称一个乐段。宋元间词人张炎《词源》一书中出现的"拍眼"、明人王骥德《曲律》中的"板眼"皆指节拍、节奏,有学者认为:"隋唐宋金以板节乐,板无定板;元代以板节乐,鼓板节乐均有,板无定板和板有定拍相杂陈;明代之后以鼓板节乐,板有定拍,板眼说形成于明代。"[6]节拍观念从古至今均是多元、复杂及不统一的,现代标准节拍——四拍子最早产生于宋代,明代"板眼说"成熟后,方有了以板眼为节的四拍子和二拍子,此为中国主要的节拍样式。"节拍样式作为一种音乐文化,从产生到成熟有一个自身发展过程,节乐方法也是发展的,中国节拍是板眼,中国音乐节拍史是一部鼓板节乐史……中国节拍形态、拍子结构、节乐方法是以口传心授的形式在民间流传,文人真的不太懂得",[7]西人更不甚了了。这种传承数千年的记谱、记拍方式是由中国独特的哲学观

---

[1] *The History of that Great and Renowned Monarchy of China*, p.54.

[2] Jean-Baptiste Du Halde, *The General History of China: Containing a Geographical, Historical, Chronological, Political and Physical Description of the Empire of China, Chinese Tartary, Corea and Thibet*, tr., Richard Brookes, Vol. 3, London: John Watts, 1736, pp. 65-70.

[3] Ibid., p.322.

[4] 《旧唐书》卷二八《音乐一》,中华书局,1975年,第1052页。

[5] 《琴谱新声》为清嘉庆六年刻本,春草堂藏版;《自远堂琴谱》,清嘉庆六年自远堂刻本。Andrew C. West, Catalogue of the Morrison Collection of Chinese Books, London, School of Oriental and African Studies, 1998, p.146.

[6] 张林:《中国古代音乐节拍之我见》,《音乐艺术》1989年第1期,第2页。

[7] 张林:《当代音乐理论家的思维局限——就中国古代音乐节拍问题求教于陈应时先生》,《中央音乐学院学报》1996年第3期,第93页。

念及审美理想决定,与严密、准确、科学的西方五线谱实无高下之分。

究其根本,中西音乐交流中的傲慢与偏见源自双方审美理念及其所依赖的哲学基础的迥异,这种差异同样存在于绘画、雕塑、园林、建筑等其他艺术领域,与重宏观综合及重微观分析两种迥异的哲学思维方式有着密切关系。中国音乐美学关注事物各方面的普遍联系,重内在生命自由和直觉妙悟式体验;西方音乐美学建立在毕达哥拉斯学派的自然科学基础之上,关注对事物的微观分析及科学分类,重逻辑严密性、理论系统性和概念明确性。在音乐审美这一问题上,两者间的差异主要体现在以下诸方面:

"天人合一"与"天人相对"。在音乐审美的趣味及观念上,中国音乐讲究天人合一及中和之乐,关注音乐的道德、精神和生命意义,以人与自然和社会的和谐为准则,选择天然材料制作乐器并顺应物性创造出乐器的独特个性,借音乐表现天地自然及生命意识,追求物我相生、道法自然、天人相合的审美境界,是自由感性而非严谨理性的艺术;而西方音乐遵循"天人相对"的观念,自然被视为人类以外的独立存在,人类理应征服、驾驭自然。音乐是建立在形而上学及本体论上的艺术,重表现、重理性、重真实,在发展历程中逐步确定了调式、调性、和声等理论体系和写实、浪漫、再现、印象、抽象等流派,并永无止境地追求演唱或演奏技巧,多用标准化、统一化的人工材料制作乐器,使音乐成为一门系统并具备多元理论的科学。因此,中国音乐随性自由,以善示美,"凡音者,生人心者也。情动于中,故形于声,声成文,谓之音",[1]但在理论上则相对缺乏逻辑的连贯性及概念的明晰性,操作上的模糊及不确定性为个人发挥留下了空间,代表了不愿被规则束缚,以人为本、主客合一,能在即兴表演中充分发挥个人情绪及想象力的音乐理想。西方音乐依赖逻辑思辨及科学分析,以美求善,因"重在器上,心受限止,不得自由称心以成声。练习技巧,愈见工深,心则全在器上,乃更不见其本心之存在矣",[2]两者各有利弊,难分伯仲。

"乐以诗为本"与"乐以技为本"。中国音乐自古秉承"乐以诗为本、以声为用"的理念,[3]先哲孔子早在《泰伯》中便确立了诗乐之关系:"兴于《诗》,立于礼,成于乐。"[4]诗为人心之乐,人心正则发而为诗、为乐,音乐是人心、诗心的宣泄,体物写志、传神会意是乐之要务。乐之内涵在中国古代更是丰盈无比,"中国旧时的所谓'乐'(岳),它的内容包含得很广。音乐、诗歌、舞蹈,本是三位一体可不用说,绘画、雕镂、建筑等造型美术也被包含着,甚至于连仪仗、田猎、肴馔等都可以涵盖。所谓'乐'(岳)者,乐(洛)也,凡是使人快乐,使人的感官可以得到享受的东西,都可以广泛地称之为'乐'(岳)"。[5]音乐与文学及其他艺术样式的融合使乐人更着意于对生命、自然及情感的体验及感悟,而不汲汲

---

[1] (元)陈澔注:《礼记》卷七《乐记》第十九,上海古籍出版社,2016年,第425页。
[2] 钱穆:《现代中国学术论衡》,岳麓书社,1986年,第267页。
[3] (南宋)郑樵:《通志》卷四九《乐略乐府总序》,浙江古籍出版社,2000年,第625页。
[4] (春秋)孔子著,杨伯峻、杨逢彬注释:《论语·泰伯篇》第八,岳麓书社,2000年,第72页。
[5] 郭沫若:《青铜时代》第一辑《公孙尼子与其音乐理论》,群益出版社,1946年,第167页。

于规则技巧,因而陶渊明声称"但得琴中趣,何劳弦上声",以无弦之琴高自标持。因而,"中国音乐从来没有像西方音乐那样超升为'纯粹音乐',而总是与现实的人生、感性的生命和历久积淀下来的文化紧紧连在一起,打成一片的"。[1]而西方音乐早在古希腊时期已出现阿里斯多塞诺斯的"四音音列"及毕达哥拉斯的"五度相生律",为音乐成为一门独立的学科打下了坚实的理论基础。到中世纪,音乐被神学家圣托玛·达坎称为"七大文艺之冠",是西人眼中高尚、理性的现代科学,按经院学派的要求制定出严格的音乐规则,并在9世纪左右出现了复调音乐,记谱方式也日益精进。文艺复兴给西方音乐的发展带来了无尽的动力,这一时期出现了各种全新的调式、节奏,对位理论日臻完善,和声风格趋于成熟,时值节拍的结构愈益规律化,节奏力求简明、匀称。16世纪末,"意大利掀起了伟大的思想运动,从而出现了音乐的新理论、现代的调性和现代和声的概念,以及歌剧的体裁"。[2]这种兼有戏剧和音乐风格的艺术形式在17世纪蓬勃发展,带动了现代意义上的和声学的发明,神剧及宗教清唱剧登峰造极,器乐也获得了完全独立的地位,在法、意、德等国出现了一批器乐佳作。18世纪欧洲音乐进入更为光彩、简朴及完美的古典主义时代,伴随着交响乐的诞生,古典奏鸣曲的结构法则得到确立,并且涌现出巴赫、亨德尔、海顿、莫扎特及贝多芬等一批音乐天才。由此可见,欧洲音乐既是讲究技巧形式、力求创新变化的艺术,又是遵循十二平均律等规范、重视乐器研制的科学。

悦己与娱人。中国文人音乐以自我的修身、养性、怡情为要旨,不娱人,不功利,"如不遇知音,宁对清风明月、苍松怪石、巅猿老鹤而鼓耳,是为自得其乐也",[3]鼓琴遣兴,尽管曲高和寡仍怡然自得。俗乐范畴中的民歌、山歌、劳动号子亦为内心情感的流露或劳作疲惫的舒散,自然纯朴,一派天真。以音乐娱人、取利、谋生者在中国往往被视为地位低下的匠作倡优,这是西方音乐家所无法理解的,因为从古希腊起,西方音乐就"与戏剧一起面向公众演出,不仅有专门的场地,还常常举行各种形式的竞演。登台演出,面向公众,则自然追求演出效果,注意听众的反应,自然希望满堂欢腾,成为明星。所以,这样的音乐演出,完全可以说是'娱人'的。演出的目的或是为了取得名声,或是为了获得利益。而音乐本身的价值和意味,演奏者本人的情绪与感兴,则往往被忽视。这种音乐传统经过中世纪的'娱神'(是'娱人'的变式),再到近现代音乐活动,不仅被完好无损地保存了下来,而且随着商业文明的成熟和泛滥,音乐的功利性更被强化到无以复加的地步"。[4]不仅于此,又因人之本性喜新厌旧,故西方音乐致力于不断求新求变,从巴洛克到新古典再到浪漫主义,流派更迭频仍;声乐及器乐的形式技巧也不断趋新而避旧,这一方面是艺术发展

---

[1] 刘承华:《从文化传统看中西音乐传统的不同》,《黄钟》(武汉音乐学院学报)1995年第3期,第6页。
[2] [法]P.朗多尔米著,朱少坤等译:《西方音乐史》,人民音乐出版社,1989年,第33页。
[3] (明)杨表正:《弹琴杂说》,吴钊、伊鸿书、赵宽仁等编:《中国古代乐论选辑》,人民音乐出版社,2011年,第288页。
[4] 《从文化传统看中西音乐传统的不同》,《黄钟》(武汉音乐学院学报)1995年第3期,第4页。

的自然规律，另一方面也为了迎合听众不断变化的欣赏趣味。

东印度公司因贸易而带动的中英音乐交流尽管充满了傲慢与偏见，却是异质文化对话之必然，相互了解与接受往往起始于相互贬低与抵触。狂妄如巴罗，尽管对中国音乐极尽贬低之能事，客观上也把中国民歌《茉莉花》《白河船工号子》播扬至欧洲，且因契合欧洲盛行的"中国风"而大受追捧；马修·雷珀搜集乐器不辨良莠、兼收并蓄，却使伯尼切身感受到中国器乐的独特魅力。19世纪中期至20世纪初，随着两次鸦片战争和八国联军的入侵，西方对中国音乐的探讨和研究进一步深入。皇家海军军官、英领事馆官员邓尼斯（N.B.Dennys, ？—1900）发表于1874年的《中国乐器简论》一文尽管浅显，[1]却是为数不多的从学术角度讨论中国乐器的论文；任职中国海关的司登德（G.C.Stent, 1833—1884）于1871年发表《中国歌曲及乐器简论》一文，[2]收录其采集、翻译并用五线谱记谱的中国民歌及小调，如《王大娘》《十二月歌谣》《十五朵花》《玉美针》《小刀子》等，继巴罗、惠纳之后进一步推动了中国民乐的西传；比利时籍税务司官员阿里嗣（J. A. van Aalst, 1858—1914）的《中国音乐》则是19世纪后期该领域一部较具影响力的专著，[3]在梳理中国音乐史的基础上，对律吕、五音、乐谱、儒家礼乐、民间俗乐及乐器作了系统阐述，并运用了较多古籍文献，旁征博引，图文并茂，颇见学术功力。与此同时，随着西方文化的汹涌而入，教会音乐、沙龙音乐传遍神州各地，最早的军乐队也于1881年及1885年分别在沪、京两地建立，中国音乐从此走向了逐步西化的历程。时至今日，为歌剧《马可·波罗》（1996年）[4]作曲的著名音乐家谭盾感慨这部作品是"一个横跨东西方的旅程——实际上，是我当作曲家的头十年的巅峰。我越来越发觉，自己就是东方和西方、新颖的和古老的混合体"。[5]而这种东与西、新与旧的融合或许就从18世纪末北京中英乐师相互间那不屑的一瞥开始。

第二节 视觉与隐喻：清代外销乐女画研究[6]

正如外销画被清代文人斥为标格低下之匠作一样，西方文博界亦一向视其为相对次要的艺术品，将其列入"实用美术"（Applied Arts）而非"纯美术"（Fine Arts）范畴，无缘与上古青铜器及中国文人书画比肩。英国诗人及艺术鉴赏家劳伦斯·宾扬（Laurence Binyon,

---

[1] N.B. Dennys, Short Notes on Chinese Instruments of Music, *Journal of the North China Branch of the Royal Asiatic Society*, New Series 8, 1874, pp.93-132.

[2] G.C. Stent, Chinese Lyrics, Notes on Chinese Instruments of Music, *Journal of the North China Branch of the Royal Asiatic Society*, New Series 7, 1871/72, pp.93-135.

[3] J.A. van Aalst, *Chinese Music*, Shanghai: Published at the statistical department of the inspectorate general of customs, 1884.

[4] 该剧于1998年获得格拉威美耶古典音乐作曲大奖（Grawemayer Award）。

[5] ［美］司马勤著，李正欣译：《谈音说乐：中国当代音乐面面观》，北京师范大学出版社，2014年，第22页。

[6] 本节部分图片来自伦敦私人藏家梁建宁先生，感谢梁先生对本课题研究的大力支持。

1869—1943)曾极具成见地说:"两百余年来,广州为欧洲市场出品的外销画低劣而廉价,使一般观画者以为这些视觉作品代表了清帝国的绘画艺术,他们将这种艺术与鲜亮(如果和谐)的色彩、了无创意的形式及对陈旧习俗的单调重复的表现结合在一起。"[1]这种观点显然有失偏颇,却代表了西方艺术批评界的主流观点,影响之大以至于多数清代外销画至今仍被各个文化机构束之高阁。21世纪以来,随着中西学界、文博界对清代外销画关注与研究的逐渐深入,这一现状正在悄然改变之中。我们所要讨论的乐女画正是外销画家属中较为特殊和亮丽的一员,本节所谓"乐女"泛指清代各阶层以演奏乐器谋生或娱乐的女性。

一、外销乐女画的视觉再现形式

再现清代各阶层乐女的画作一般有三类。第一类是旨在传播知识的定制画册,这类画册是应顾客之需专门绘制某一主题,以满足西方受众习得诸如制瓷、造丝、船舶、乐器、建筑、刑罚、市井百工、历史传说、戏剧故事、花鸟植物、少数民族人物等相关知识的需要,通常一册12幅,但多则几十至上百幅不等。专门介绍中国乐器的画册中常有乐女形象出现,此类画册并不多,笔者迄今仅在英国维多利亚和阿尔博特博物馆(Victoria and Albert Museum,下文简称维馆)及曼彻斯特大学约翰·赖兰兹图书馆(John Rylands Library)目见三种。[2]另有荷兰学者罗莎莉·万·德·普尔(Rosalien van der Poel)在其《艺术与商业:荷兰收藏的中国外销画》一书中提及两套19世纪中期的乐女画册。[3]约翰·赖兰兹图书馆所藏两套《中国乐器图》画册中唯有编号27的那套中出现两个乐女形象。该画册凡38幅,纸本水彩,绘制精良,创作时间为1780年。画册以两幅乐队合奏图起始(每幅画均宽44.5厘米,高35厘米),第一幅绘有16人、15种乐器,第二幅为17人、18种乐器。两幅画中,演奏各种乐器的男乐师站成一个半圆形队列,而圆心则是一位穿布衣、扎头巾的体态婀娜的女乐师,一个敲花鼓,一个转钱车,[4]与男乐师形成众星拱月之势,具有较强的点缀性。(见彩图33)乐师服饰各不相同,但皆为升斗小民的日常穿着。后36幅画共描绘乐器54种,每幅画右下侧皆用汉字标明所画乐器之名称及尺寸,且以英寸为单位,英文数量词皆

---

[1] Laurence Binyon, *Painting in the Far East: An Introduction to the History of Pictorial Art in Asia Especially China and Japan*, London: Edward Arnold, 1913, p.8.
[2] 孔佩特在《外销画中的中国乐器图》中提及马丁·格里高利画廊藏有一套24幅的中国乐器图(包括一张合奏图),认为是英属东印度公司职员马修·雷珀定制。此套乐器画与约翰·赖兰兹图书馆所藏《中国乐器图》(编号27)画法极为相似,但后者共38幅,包括2张合奏图,其中一张与马丁·格里高利画廊所藏画册一样。参见广东省博物馆编《异趣同辉:清代外销艺术精品集》,岭南美术出版社,2013年,第31页。
[3] Rosalien van der Poel, *Made for Trade, Made in China-Chinese Export Paintings in Dutch Collections: Art and Commodity*, Copyright, Rosalien van der Poel, 2016, p.91. 两套画册皆有12幅水彩通草画,内容大同小异,其一藏于阿姆斯特丹热带博物馆(Tropenmuseum/Nationaal Museum van Wereldculturen),另一套藏于代芬特图书馆(SAB-City Archives and Athenaeum Library Deventer),创作时间均为19世纪。
[4] 又称连厢棍、金钱棍等,是一种类似长笛、镶有铜钱的体鸣乐器。用细木棍或竹竿制作,通常长80—100厘米,直径2.5—3厘米,在距两端5—10厘米外,各开一个或几个透空孔,嵌入铜钱或铜钹,摇动花棍时,铜钱或铜钹撞击孔壁哗哗作响,营造复杂的节奏变化。

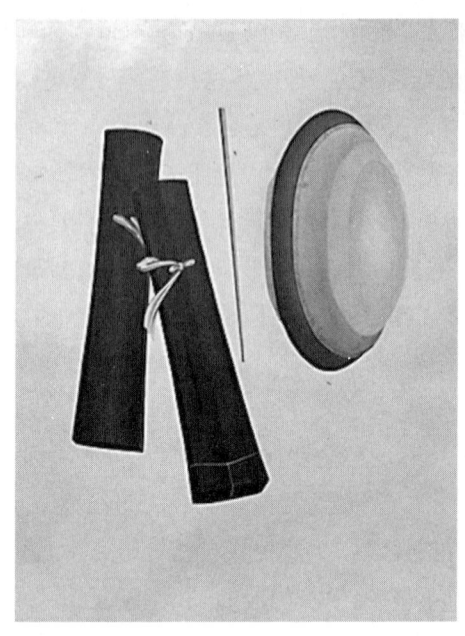

图 5-5 《响板与怀鼓》。作者拍摄于约翰·赖兰兹图书馆。　　图 5-6 《吹笙女》，现藏于香港思源堂。

以谐音汉字表达，如"烟治"代表"英寸"（inch），"都"代表"2"（two），如图 5-5 右下侧的文字为"响板长颠烟治阔都烟治哈怀古嚯烟治哈"，意为"响板，长 10 英寸，阔 2 英寸，怀鼓 8 英寸"，[1] 显然是为方便英语国家读者的理解特意出注，这在外销画中极为罕见。而维馆所藏《中国乐器》（编号为 D.2253-1885）图册纸本水彩，共收录 24 幅画，画高 45 厘米、宽 34 厘米，创作时间约在 1800—1830 年间。每幅画中皆有二女子，或协同奏乐，或伴侍其主，从画中女子的服饰和举止看，她们都是地位不高的乐妓，该画册出现的乐器计有钟、磬、笙、星（即碰钟）、琵琶、月琴、木鱼、二胡、南梆、古琴、笛子、小锣、三弦等。（见彩图 34）这类知识性画册以介绍乐器及其演奏方式为主，其共有特征是以乐器为主，人物为辅，背景基本空白。

第二类是唯美精致的装饰画，以玻璃画（Reverse-glass Mirror Painting）居多。如以外销画及古代玉、瓷、青铜器收藏而著称的英籍收藏家何安达（Anthony Hardy）思源堂中藏有多幅乐女画，其中一幅 18 世纪晚期的玻璃画《吹笙女》（图 5-6）尤其精美，画中女子疏眉秀目，削肩柳腰，身姿柔美，纤纤玉手斜捧一笙作吹奏状，腕上金钏、鬓间金钿呼应绸衫的明黄底色，身上的蓝色裤裙与榻上的青花瓷罐相映成趣，衣纹细致流畅，整幅画华美雅

---

[1] "响板"是由两块瓦形竹板构成的敲击乐器，上端松散拴系绳带，下端可自由开合撞击以发出响亮之声。规格大小不一，大者长 19 厘米、宽 8 厘米、厚 2 毫米。"怀古"也即"怀鼓"，又称点鼓，呈扁圆形，鼓框用色木等硬质木材制作，中间微高，边缘渐低，鼓腔直径约 18 厘米，两面蒙以牛皮，用密排鼓钉绷紧。常与响板配合使用，演奏时，奏者将鼓的一边直立于右膝，鼓的一面朝前，右手腕部压住鼓的上方边缘，使之固定，同时用右手的拇指、食指、中指和无名指执鼓槌敲击，左手持板击节。

致，色调明秀，和谐悦目。这类画作既在仪容、服饰、身姿、手势各方面继承了传统仕女画的特质，又采用了西画明暗光影技巧，兼具中西人物画的古逸淡雅与唯美写实，具有极强装饰性，故多被西人精心装裱后悬挂于室，供日常赏玩，成为一种标榜高雅情趣的"装饰品"（Decorative Objects）。

更多的乐女形象散见于反映百姓日常生活的风俗画中。不同于定制画册或装饰画中乐女身后的极简背景，民俗画则会将乐女置于一个内容丰赡的场域中，使其成为某个时代或地域的有机组成部分，展现食色男女的日常生活和丰富多彩的社会风貌。如英国布莱顿博物馆（Brighton Museum & Art Gallery）中收藏的一幅水彩画以小型乐队为主题（彩图35），[1] 画中三女一男的乐队正在合奏，从他们身后华丽的门窗、帘幕、屏风及门外的红色船舷看，这些乐人是在花艇上献艺，而艇外不远处的岸边，一面美国国旗及几幢西洋建筑清晰可见，说明花艇位于广州十三行前的珠江上，此背景营造了一种特定的时代及地域氛围。除这种小型、单幅的画作外，尺幅宏大的壁纸画中亦常现乐女身影，如图5-7为一幅描绘中国小城镇日常生活场景的手绘壁纸画，其中一个局部画有一女抱琴一女相伴而行，看似一对小家碧玉出门寻找适合鼓琴的幽雅之地。画面上众多人物或行或止，或劳作或休憩，或交谈或独行，三三两两点缀于楼堂馆舍、绿水青山之间，乐女只是这幅生民图中的一员，却为全图营造出一种闲适安谧的气氛。

图5-7 《抱琴女子》，私人藏手绘壁画（局部）。作者拍摄。

---

[1] 此画编号为FA000248，题为Musical Quartet with an American Flag，尺寸为50.1×63.6厘米，创作时间约1800年。

在以上三种再现形式中,目前存世最多的是风俗画,且体现出类型化倾向,画家一般会将一个或三个正在演奏的乐女作为古雅园林或奢华豪宅的中心,以人衬景,动静结合,意欲通过乐女建构"花柳繁华地,温柔富贵乡"的视觉镜像,她们最常用的乐器为琵琶、三弦、笛子、点鼓及响板。

二、脚与器的隐喻:乐女画中的社会层级

观察外销乐女画,可以发现除乐器外,乐女之脚亦是一个不可缺席的存在,即便长裙曳地,亦必玉笋微露,因为它代表了乐女的身份和地位。事实上,各类画作中乐女的身份并不固定,从上流社会的淑女、贵妇到街头巷底的乐妓、乞婆,皆而有之,乐女之脚便是一种身份隐喻。当然,小脚、华服并非上层女性的专利,青楼名妓甚至有过之而无不及,这时她们使用的乐器便是区分阶层的符号。上层社会女性奏乐多为消遣或传情,在画家的笔下,她们不仅呈现出"翠裙鸳绣金莲小,红袖鸾鸟玉笋长"(《西厢记》)的形象,所用乐器则多为极具象征性的琴(古琴或扬琴)。中国历代文学中多有淑女鼓琴书写,如《西厢记》以莺莺操琴奏《湘妃怨》《凤求凰》等曲宣泄怀春少女的惆怅与闺怨;《红楼梦》中黛玉"寄闲情淑女解琴书"向宝玉讲述古琴涵养心性的学问。淑女宜操缦的文学传统后被移译到外销画中,现藏于约翰·赖兰兹图书馆的一套定制历史画册中有幅描绘唐睿宗李旦(662—716)与民女凤娇爱情故事的外销画(参见图5-8),[1]题签"李旦投胡家,凤娇琴鸣"。传说高宗薨逝后,武则天欲临朝称制,大肆屠杀李氏宗亲。高宗第八子李旦为避则天追杀,改姓换名出逃通州,在胡姓富翁家为仆,邂逅美丽聪慧的胡凤娇。后李旦被人构陷,生命垂危,凤娇为救李旦性命,由母亲做主嫁给李旦。几经波折后,李旦回朝登基,凤娇亦被册封为后。该画描绘的正是凤娇鼓琴传情、李旦听琴会意之场景,画家已较娴熟地掌握了西画的光影及透视法,远处的云彩、山水,近处的绿树、阑干沐浴在夕阳中,明暗有致,层次分明,人物形象立体丰满,与自然景物浑然一体。画中凤娇端坐抚琴,一双小脚如两瓣红莲掩映裙底。琴一向被儒家文化尊为君子之器,四艺之首,与琴相伴者多为清正雅致之人,故莺莺、凤娇皆与琴相伴,琴为其高洁清朗品格的象征。而扬琴的出现则彰显出鲜明的时代特征,这种琴亦称"洋琴","欧洲乐器,西历纪元后第十七、十八世纪之交(即康熙时代)输入中国之物",[2]最初只在广东一带流行,故荷兰代芬特图书馆所藏《淑女击琴》(图5-9)一画正折射出广州这一外贸港口处处得时代风气之先的特殊性。[3]画中女子手持琴竹(又称琴槌、琴筳)作击弦状,一双小脚着绿缎镶红弓鞋,纤弱地搭在琴桌横档上,清雅的琴声与温婉的琴女传递着不凡的品

---

[1] 此画藏于约翰·赖兰兹图书馆,编号为56,画宽49厘米,高39厘米。
[2] 王光祈:《中国音乐史》下册,音乐出版社,1957年,第79页。
[3] 图8转引自 Rosalien van der Poel, *Made for Trade, Made in China-Chinese Export Paintings in Dutch Collections: Art and Commodity*, p.91.

图5-8 《凤娇琴鸣》，作者拍摄于约翰·赖兰兹图书馆。　　图5-9 《淑女击琴》，现藏于荷兰代芬特图书馆。

位。社会底层的乐女纵然也能玉笋尖尖嫩、金莲步步娇，但甚少鼓琴，音乐对于她们来说是谋生手段，等同于末流匠作的一个工种，她们所用乐器一般轻巧便携，多为笛、笙等管乐器，琵琶、月琴、三弦、二胡等弦乐器，或者磬、点鼓、响板、木鱼等打击乐器，擅长以多样化的演奏技巧及热闹喜庆的急管繁弦赢得顾客欢心。由此，脚与器的视觉再现完成了其阶级及身份隐喻，指向明确的社会阶层或民族区隔，也即乐女地位高下之分与其脚的大小呈反比，脚小者地位相对较高，脚大者则无外乎娼门贱妓、杂耍艺人或少数民族女子。

乐女画脚与器的隐喻性同样彰显在描绘社会底层杂作艺人主题的画作中，"乞婆"或"唱盲妹"无疑也属乐女范畴，她们为生计所迫抛头露面、卖艺江湖，男权社会对女性的禁忌已无法约束她们，因为她们是被迫放弃性别的蝼蚁。美国皮博迪·艾塞克斯博物馆所藏廷官（Tingqua）线描画《唱盲妹》描绘一盲女坐于椅上弹奏琵琶，编者配以无名氏竹枝词一首："罗绮丛中未解愁，洋钱轻掷买歌喉。琵琶卓板深宵闹，二八盲姑唱粤讴。"[1]琵琶与大脚凸显了乐女的身份，即便没有题签，其卖唱者的身份也一目了然。再看彩图36中面容憔悴的妇人，右手击鼓，左手牵猴，一望便知是杂耍艺人，她迭经补缀的衣裤、风尘仆仆的颜面写满了生活的辛酸。一双大脚是画家对其女性身份的解构，因为她被迫操起了男性的行当，是低到尘埃里的无性人。

值得一提的是，清代罕见满、蒙乐女画，多见的则是满族贵妇手持华丽烟杆的形象。取代乐器的烟杆亦自有隐喻意义，音乐是文明的产物和载体，只会抽旱烟而不解礼乐诗书

---

[1] 该画册绘制于1854年，高30.9厘米，宽29.8厘米。黄时鉴、[美]沙进编著：《十九世纪中国市井风情——三百六十行》，上海古籍出版社，1999年，第116页。

的民族即便定鼎中原，也必将被先进文明所同化，这一已被历史确证的事实却在风俗画中以别样的视觉形象得以含蓄呈现。满、蒙之外的其他少数民族乐女亦不多见，笔者目前仅亲见华西南地区少数民族人物定制画册（编号35）中的一幅（图5-10），描绘一弹奏三弦的瞽目女子，其发型与服饰显然不同于满、汉女子，一双穿黑鞋的大脚尤为显眼，画面左上侧有文字曰："乞婆乃瞽目妇，教之以歌，缘门唱歌以求衣食。"

中国古典诗词及文人画具有无比强大的隐喻力量，这种叙事传统也偶为民间画师习得，乐女画中的脚与乐器关联着代表阶级与民族的彼类事物，需要观画者熟谙文学典故及社会习俗方能明了画者的隐喻指向。

图5-10 《弹三弦的乞婆》，作者拍摄于约翰·赖兰兹图书馆。

三、看与被看：被男权形塑的乐女

相较于上述乐女画中脚与器的隐喻指向，蕴涵于其间的性别权力更难以为观画者察觉。总体而言，画中乐女是被凝视性观看和规约性形塑的客体，她们自身并无选择或话语权，是被动、无力和沉默的群体。

本文所说的观看指观者诉求各异的凝视，目光源大致具有三个层次：首先是画家（通常是男性）的观看，通过观察、遴选、整合生活中的乐女形象，再将头脑中的意象展现于画面，如缺乏观看这一环节，便无成竹在胸；其次是画中男性的观看，他们是画家创造的观者同谋，无论是彩图33中15个男乐工对女鼓手的围观，还是图5-11中男主人对侍妾戏谑性的一瞥（画中其他三人皆以回避观看显示他们的无足轻重），都代表着数量、地位或身份上无言的优越感，这种表面上以女性为中心的格局设计耐人寻味，事实上，她们是被男性社会物化和客体化的女人，彰显着清代社会无以撼动的男权特征；最后是观众的凝视，乐女的相貌、身姿、服饰甚至小脚皆为观赏对象，如彩图33，图5-6、5-11中的乐女，为了凸显其观赏性，画家有意让她们摆出妙曼的"S"造型，脚穿弓底绣罗鞋，无论衣饰丰简、身份高低，皆以"纤腰婉约步金莲"吸引观者，[1]尽管画面中的男性也是被观看的对象，但男女身体的不可通约性在乐女画中一览无遗。

---

[1] （后蜀）毛熙震：《临江仙》，（后蜀）赵崇祚编：《花间集》，中国戏剧出版社，2002年，第276页。

图5-11 《听乐图》,私人藏品。作者拍摄。

画作是再现的艺术,既是意识形态的产物,又不断对意识形态产生影响,因而乐女画在在彰显了男权社会对女性身体及道德的规约性形塑。近代东西方社会中,男权至上的观念是一致的。中国社会延续上千年的"三从四德"、三纲五常的行为准则和道德规范一如既往地钳制着清代女性;而在西方,古希腊罗马神话中的创世者、宇宙主宰者基本皆为男性,女性缺席了创世的伟业,便也失却了被崇拜和被倾慕的先天条件,西方神话尽管塑造了诸多女神形象,但她们的崇高性中掺杂着诸多人性弱点。随着男权社会的逐渐巩固,这些诸如嫉妒、贪婪、脆弱、幼稚等女性弱点被无限放大,即便希伯来文化中的圣母玛利亚形象亦仅是耶稣的一个陪衬,其文化意义仅在于为男权社会确立一个具有范式性的女性形象。"主导性的男性凝视将自身的幻想投射在女性形象之上,后者正是遵此进行塑造。女性一直以来都扮演着裸露身体的角色,既是被注视的,又是被展示的,其外表裹挟着强烈的视觉和色情意味,以至于她们常常被说成是'供人观看的'(to-be-look-at-ness)"。[1]外销乐女画正体现了男性的这种主导性,女性被描绘得越娇媚可爱,她们就越被假设为需要男性的保护和约束。最终,无论清代还是维多利亚时代,现实生活中的女性日益被形塑为具有依附性的贤妻良母。而以娱人为旨归的乐女当然必须是赏心悦目、温顺可爱的,更多时候,她们甚至是被物化的,如维馆所藏图册被命名为"中国乐器"(Chinese musical instruments),其中的乐女仅是等同于乐器的物,甚至是以人衬器。相传现代美国摄影家爱德华·韦斯顿(Edward Weston,1886—1958)曾说过:"世上尽善尽美的形态有三种,那就是船身、小提琴和女人体。"[2]女体被与船身、提琴等物并列,意在突出其曲线优

---

[1] [美]唐纳德·普雷齐奥西主编,易英等译:《艺术史的艺术:批评读本》,上海人民出版社,2016年,第356页。
[2] [日]笠原美智子著,何积惠译:《招摇:另类人体宣言》,华夏出版社,2004年,第71页。

美及能容纳和孕育的特征,是对女性整体的贬抑与歧视。这种被物化的女性形象必然是诱人的、感官的、欲拒还迎的,"她们从画中凝视着看画的男性,更多的是邀请他观看,而不是向他的观看挑战"。[1]她们的容貌及形体只具观赏性或装饰性,是被抽离独立人格和思维能力的仅供观看的美的载体,"她丧失了主体地位而沦为工具性客体,她丧失了自己的声音和言说的权力,仅仅缩减为一个空洞的能指而成为父权主义和帝国主义强大的反证"。[2]

对外销画中乐女的凝视除带有社会学层面的性别歧视外,其实还夹杂着心理学层面的偷窥快感。众所周知,宋、元、明、清各代,体面家庭的女性通常被幽禁于闺阁,足不出户,故外人难睹其芳容。仕女画的出现,着力表现女子的妩媚风流,间接满足了男性的偷窥欲,如唐代周昉的乐女画《按筝图》被评为"媚色艳姿,明眸善睐,后世自不得其形容骨相"。[3]从曲眉丰颊、短颈丰胸的唐代宫娥,到修颈、削肩、柳腰的明清纤弱美人,仕女画随着朝代及审美趣味的更迭而嬗变,"但贵其娇丽之容,是取悦于众目,不达画之理趣也"的情状却无多更改,[4]概因男性对美人的性幻想及偷窥欲是与生俱来的本能。乐女绝不会出现在正式的祭奠或庆典场合,只会现身于较为私密的场景,多在私家内宅或花园,且有"男主+乐女+童子"的较为固定的搭配,乐器以琵琶、笛子、三弦居多,偶有男女合奏的个案出现,如彩图37女子吹笛,男主鼓板相和,二童子绕膝嬉戏,另有一妇执扇远眺,和乐谐美的画面彰显殷实之家的闲适和情趣,也表现出清代男人喜纳乐妓为妾的爱好。又如图5-11描绘家居场景,画中男主人半倚榻上抽大烟,其左侧榻沿一身着粉衫绿裙的女子正在弹琵琶,一对金莲掩映裙底。床右前侧小几旁又有一女子端坐倾听,从二女相似的服饰装扮看,她们应是男子的侍妾。作为乐女画创作及观看的主体,男性的隐秘欲望只集中投射在年轻柔美、顾盼生辉的乐女身上,她们是被男性欲求所言说的女人。乐女画相较于传统仕女画,更突出女子的体态手势,暗送秋波,于顾盼生情中与赏玩者互动。通过观画堂而皇之地观看别人的私生活及美貌歌姬而不必遭受任何道德谴责,偷窥欲得以满足的同时还夹杂着艳羡及代入式快感,这是普通男性的心理常态。

而作为外销画的目标客户,西方受众对这种男人抽大烟、纳小妾,女人缠小脚、足不出户的生活方式充满好奇心,中国乐女与乐器属于欧洲旁观世界时特别关注的一部分,在获取异域知识的同时也极大满足了西人的猎艳及猎奇心理,这种心理动机推动了这类题材外销画的热销。画师还将西人猎艳的目光引导至一些他们无缘涉足的特殊场域,如广州花艇。十三行前的珠江上,常有华丽的花艇游弋揽客,俗称"水上行宫老举寨",进

---

[1] [英]阿雷恩·鲍尔德温等著,陶东风等译:《文化研究导论》,高等教育出版社,2004年,第83页。
[2] 朱立元:《当代西方文艺理论》,华东师范大学出版社,2014年,第372页。
[3] (宋)董卣、(清)刘晚荣辑:《广川画跋》卷六"书伯时藏周昉画",古冈刘氏翠琅馆刻本,13a页。
[4] (宋)郭若虚:《图画见闻志》卷一"论妇人形相",商务印书馆(丛书集成初编本),1939年,第7b页。

出之人非富即贵。艇妹如何待客？艇内到底是怎样一种风光？这恐怕是洋人最为好奇之事，于是描绘这种半开放性娱乐场域的外销画也格外受人追捧。图5-12《花船宴饮》便是画家为满足西人的窥艳欲而特意创作的，这幅水粉画约创作于1780年，高19.5英寸，宽32英寸，[1]它一反其他花艇画帘帷密垂之惯例，特意卷起帘幕让船中人暴露无遗，只见餐桌边围坐着六个男人，每人皆有一妓相陪，狎戏、劝酒、闲聊、放浪形骸，自在欢洽。餐桌左侧有三妓奏乐助兴，红衣吹笛，蓝衣弹三弦，灰衣敲击点鼓及响板，丝竹管弦应和着欢声笑语、猜拳行令之声，正是"茉莉满船灯满海，琵琶声里酒人多"。[2]可以想见，一如十三行中凭楼观览江中花艇的洋商，观画者亦会产生代入性幻想，绘画等同于现实世界的窗户，每当观画者注视一幅图像时，在话语领域他们都是其作者，图像通常会被用于为观者自身的满足感提供叙事。[3]

图5-12 《花船宴饮》，现藏于香港思源堂。

总之，外销乐女画被男权之网所笼罩，男性是描绘者、观看者甚至意淫者，在看与被看的过程中，女性美的生动内涵及个性特征被抽离，男性形塑了女性的身体，规约了她们娴雅、贞静、温顺等道德品质，最终，女性身体成为认同建构的一种场域，日益表象化和客体化。这种不平等关系深深植根于中西文化中，甚至构成众多女性对自己的性别认同，她们如男性般审视自己，开始以男性的审美趣味潜移默化自己的审美期许，"规范"自己的女性气质，从而走上成为弱者、依附者和欲望客体的不归路。

四、接受的棱镜：西人眼中的外销乐女画

时至今日，我们已很难完整建构18、19世纪西人对外销乐女画的接受史，但东鳞西爪的零星文献依然有助于我们历时性地把握西方多元期待视域对乐女画生命史的重构。

荷兰东印度公司职员范罢览（André Everard van Braam Houckgeest，1739—1801）在其《1794年和1795年荷兰东印度公司出使中华帝国朝廷纪实》（*An Authentic Account of the Embassy of the Dutch East-India Company to the Court of the Emperor of China in the Years 1794*

---

[1] Patrick Conner, *Paintings of the China Trade*, Hong Kong: Hong Kong Maritime Museum Limited, 2013, p.89.
[2] 马溪吟：《羊城竹枝词》卷一，广州科学书局，民国十年，第11页。
[3] 《艺术史的艺术：批评读本》，第360页。

and 1795)一书中给我们留下些许珍贵线索。使团报告最后介绍了其购入的一批中国外销画,其中"一本画册,共有33张水彩画,再现了相同数量的妇女演奏不同的中国乐器。从这本画册中,我们得到了关于这些乐器的知识,并对中国妇女的服饰有了感性认识。每幅画宽16英寸,长13英寸"。[1]范罢览作为荷属东印度公司职员在广州生活多年,并随公司使团前往北京觐见乾隆帝。他对中国文化具有浓厚兴趣,收藏有大量瓷器、绘画及中式家具,并在美国费城举办过一次中国艺术品展。根据其描述,这本画册应与维馆收藏的《中国乐器》相似。范氏似更看重乐女画的知识性,首先将其视为了解中国乐器的精确图像资料,尽管不能聆其音,至少得以观其形貌及使用;其次意欲获取中国妇女服饰的相关信息,注意到了乐女画的社会学价值,这种知识性期待视域呈现出西方世界意欲了解中国文化各方面的急切性。范氏的这种接受视域为后代人类学、社会学、民俗学等领域的学者发扬光大,乐女画被作为一种独特的文化样本来进行诠释与研究。人类学家通过画中乐女的三寸金莲得以证实中国女人的裹脚习俗,并进而探讨产生这种陋习的社会因缘、男性权力,以及金莲的性隐喻、裹脚对女性身心的影响等。如有学者在研究维馆所藏《中国乐器》图册后指出:"在所有这些可爱的演奏着乐器的女人中,你能安全地设想她们是被委婉地称为娱乐行业的从业者。图中那位拉高胡的女子初看穿着体面,但如比较同一画册中的其他乐女,她的衣着和发式仍是相对朴素的……拉高胡的乐女有正常尺寸的脚,而其同伴,那个敲南梆的女子却是裹脚的,有一双三寸金莲。一般来说,女人的脚越小,地位越高,无论她是否在乐籍,除非这个女子是满族或者其他少数民族人,这些民族没有裹脚习俗。"[2]这位学者仔细观察、比较乐女形象,通过脚的大小衡量两位乐女社会地位的高低,并指出裹脚习俗只流行于汉人中的事实,实际上已涉及文化人类学范畴。还有学者透过乐女画观察民间婚、丧礼仪式,进而讨论乐队在仪式中扮演的角色,这便又进入了民俗学的研究范畴。

然而乐女画毕竟是美术作品,从审美角度观赏、从美术学角度批评甚至重构都是更为普遍的接受方式。最常见的一种是纯粹将乐女画当作艺术品或装饰品来观赏或收藏,并根据自己的喜好为它们配上精致的画框,挂于室内或摆上壁炉,同具有鲜明异域情调的瓷器、手绘壁纸一起装饰豪宅庄园里的中国室,成为18世纪欧洲上流社会人士标榜时尚品位的一种独特方式。以2012年12月6日在伦敦佳士得(Christie's)参拍的一对玻璃画(参图5-13)为例,这对乐女画出品于乾隆年间(约1780年),高148.5厘米,宽74.5厘米,[3]画面两侧绘有装饰性的缠枝玫瑰花鸟纹,正中为人物及山水园林。左边一幅为奏乐图,中间女

---

[1] André Everard van Braam Houckgeesf, *An Authentic Account of the Embassy of the Dutch East-India Company to the Court of the Emperor of China in the Years 1794 and 1795*, Vol. 2, London, 1798, p.312.

[2] Colin Huehns, Lovely Ladies Stroking Strings: Depictions of Huqin in Chinese Export Watercolours, *Music in Art: International Journal for Music Iconography*, Vol. 28 Issue 1/2, 2003, pp.42-44.

[3] https://www.christies.com/img/LotImages/2012/CKS/2012_CKS_05966_0008_000(a_pair_of_chinese_reverse-glass_painted_and_giltwood_mirrors_the_mirro).jpg.

子弹琵琶,右侧男子以点鼓、响板击节,左侧小童吹笛应和;右边一幅为赏乐图,男子身穿官服端坐左侧,中间女子弹奏三弦,手提花篮的丫环侍立右侧。画面远、中、近景层次分明,描画工巧精良。玻璃画被镶在丹麦式镀金镜框中,精致的拱形顶饰上镂空雕刻着鸽子、西式乐器及各种花环,左右边框为滴珠式及罗马柱式装饰,上下边框为忍冬花饰,华丽精致,呈现出典型的洛可可风格。这对乐女画体现出18世纪外销装饰画的共性,那便是在有限

图5-13 乾隆年间玻璃画,约1780年,佳士得拍卖行拍品。

的尺幅内展现尽可能多的中国元素,如这对画中园林、建筑、乐器、瓷器、船只、人物、植物、动物样样齐全而又不显凌乱拥挤,赏乐图中的部分建筑如塔楼及相连的建筑似为教堂,呈现出鲜明的中西合璧的风格,或许画师意欲迎合西方购买者的文化亲近感,故于方寸之内尽显锦绣乾坤,与突出某一主题而背景朴素的知识性定制画册风格迥异。在此,乐女画更是一种特殊的、具有东方趣味的装饰物,与其他奢华物品一起不断唤起观赏者的审美愉悦感。

美术批评家多半以自己熟悉的绘画风格及技巧作为参照,衡量、评判乐女画的艺术手法。如晚清无名画师的油画《庭园乐手》(Musicians in a Garden)西传后,首先吸引观画者眼光的是图像信息:"中国画家在画中提供了较多关于中国建筑及中国人习俗、服饰的信息,尤其是一些能打动西方人并愿意作为回忆带回家的事物,对典型中国生活细节的深描变成了一种自觉,他们不会忽视展现茶客及其扇子、鸟笼等随身物品;也不会遗漏无论男女皆抽大烟的事实,以及提供清晰的发辫的图像。"随着图像信息的悉数习得,他们的批评视角又落到了表现这些信息的手法上:"但细致观察图像中的形象,你会发现一些有趣的怪癖……如两个坐在前景正中的听众的形象,反被描画得比稍远的乐手小很多。这些相悖于透视原理之处可能被当代西方评论家视为中国艺术家常见的技法失误。至少,相较于他们邂逅西方绘画传统前的作品,这些画作中已体现出更多对空间的理解,画家自己无意犯错,他旨在忠实而非折衷地模仿西方绘画传统,如果他不断犯错,那便意味着这种传统对他来说实在陌生,或者说他曾受过的训练根深蒂固:把较远的物像画得更大、更高是与中国传统一致的,但却与西方传统违逆。没有一个中国画家会轻易地采取一种完全

图5-14 阿罗姆《图说中国》书影。

不同的再现世界的方式,尽管他或许已学到了透视原理并尝试很好地运用,比如建筑的屋顶或许是透视法素描练习的一种复制,但他曾受过的训练偶尔仍会顽固地再现。"[1]这里,批评者由画中的一个细节剖析中国画师错误使用透视原理的现象及其原因,并由艺术批评转向文化批评,指出传统中国画家观察、再现世界的方式迥异于西方,最终得出文化对于画家具有根深蒂固的影响的结论。显然,画师的"原初视域"与批评者的"现今视域"存在着由时间及文化间距或历史情景变化引发的差距,但批评者试图与原初视域谈判并达成和解,画作的意义便和批评者一起处于不断形成过程之中,这便是伽达默尔的"效果历史"。[2]

还有一种较为另类的接受方式是重构乐女画,将自己的想象及创造力融入其中,将客体转变为接受者再创造的主体。如阿罗姆(Thomas Allom, 1804—1872)《图说中国》中"命妇的闺房与卧室"(Boudoir and Bedchamber of a Lady of Rank)一节,所配铜版画即是画家根据诸多文献及外销画改绘而成,雕花的门窗、隔断、家具体现出浓郁的中国风韵,多宝阁中高低错落放置着琳琅满目的摆件,雕花拔步床及各式灯笼、瓷瓶使人联想起乔治四世倾力打造的皇家布莱顿宫的内饰,一个穿着华丽、抽着大烟的贵妇正由丫环侍候梳妆,而在其右侧,一乐女拨弦奏乐,意在调剂单调沉闷的闺阁生活,"穿金戴银、

---

[1] G.H.R. Tillotson, *Fan Kwae Pictures: The Hongkong Bank Art Collection*, London: Spink & Son Limited, 1987, pp.61-62.

[2] Hans Georg Gadamer, *Truth and Method*, New York: The Continuum Publishing Co., 1975, p.267.

用度奢华的命妇，对文学一窍不通，音乐却在其生活中占有一席之地；如若其侍女不谙这一令人愉悦的技艺，那么行走江湖、以美妙乐曲陶醉听者以便他们打发空闲时间的女乐，便被允许进入闺阁为主人唱一首悦耳的小曲，她用一种四根弦的名为'pepa'的吉他伴奏"。[1]《图说中国》一书参考了诸多欧洲书写中国的文献，如尼霍夫《1656年荷兰东印度使团觐见当今中国大汗纪实》、亚历山大《中国服饰》等，而中国画工所绘之外销画亦是其重要素材，书中一些铜版画直接挪用了外销画，如《日月奇观》便是现藏于大英图书馆的外销戏剧画册中《辞父取玺》一画的改绘。[2]对此，作者亦并不讳言，如赖特写于1843年的序言最后一句提及："（有关中国的）更深入的知识也源自乔治·斯当通爵士，他允许我们复制了几种题材有趣、来自其收藏的美丽的、由当地画家所绘的中国画作。"[3]他们挪用、拼凑中国原画，并加入了一些想象性元素，绘制完毕后再看图作文，文字纯粹是一种基于图画的想象性叙事，如对中国命妇起居室和乐女、乐器的细描，再现了一个似是而非的中国，文中提及的"pepa"应是琵琶，但乐女弹奏的却是一种四不像的乐器；起居室外一男一女似在打情骂俏，亦不符合中国上层社会的礼仪习俗，由此可见他们构建的是一个镜像化的中国他者，乐女画成为画者及观画者共同创造的作品，接受者在装裱、摆放甚至改绘的同时将自己的期待视域融入乐女画从而实现了自我的创造性愉悦。

透过接受的棱镜，可以看到乐女画在受众眼中绝非仅具装饰或审美功能的乌托邦，而是与阶级分层、权力建构、性别歧视、文化差异紧密相连的特殊文本，由此文本，画家的意识形态与乐女画反映的历史文化"协商"互文，接受者则试图深入画作内涵，通过"厚描"对此作出文化历史性阐释，在多声部、多面向和对话性的文本阐释中又孕育出更多新鲜的研究维度，并将继续向各个层面、各种角度、各类学科的接受开放。在这一历时性进程中，乐女画在画者与观者、画作与观者、观者与观者间的对话交流中不断突破封闭、更新视域、填补空缺，续写着自己的来世生命史。

第三节　冯德尔戏剧《崇祯》：明清鼎革的西方演绎

公元1644年，风云突变、充满了惊心动魄重大事件的中国甲申年，阶级斗争与民族

---

[1] Thomas Allom, G.N. Wright, *China, in a Series of Views, Displaying the Scenery, Architecture, and Social Habits of that Ancient Empire*, Vol. II, p.31.

[2] 此一戏剧画册共36幅，1806年左右为英属东印度公司收藏，1982年归入大英图书馆，编号为Add.Or.2048-2083。

[3] *China, in a Series of Views, Displaying the Scenery, Architecture, and Social Habits of that Ancient Empire*, preface.

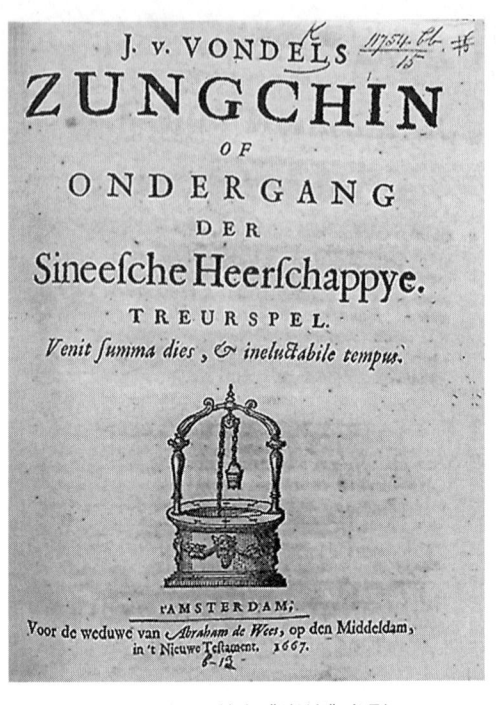

图5-15 冯德尔《崇祯》书影。

矛盾趋于白热化,明朝政权终于在崇祯十七年轰然倒下,大顺与清朝金戈铁马、逐鹿中原,你方唱罢我登场。同时代的欧洲旁观者,也以各种形式记载着发生在遥远东方的这场声势浩大的朝代鼎革,17世纪荷兰最伟大的诗人及剧作家冯德尔的五幕剧《崇祯》便是其中之翘楚。[1] 然而,该剧一直未能引起国内外学者的足够关注,语言障碍使国内学界知之者甚少;西方学者则着眼于冯德尔著名诗人及剧作家的身份,更倾向于对其生平、宗教信仰及文学成就作综合性研究,[2] 对《崇祯》一剧的检讨便被湮没其间,偶尔还夹杂在对17—18世纪荷兰戏剧或鞑靼征服汉族书写的论述中。[3] 笔者拟独辟蹊径,从时代背景及宗教情怀等角度为该剧作一专论。

一、冯德尔及其悲剧《崇祯》述略

冯德尔(Joost van den Vondel, 1587—1679),荷兰著名诗人、剧作家,1587年出生于科隆一商人家庭,幼年随父母迁居阿姆斯特丹。1608年接替亡父经营袜店,与此同时开始学习拉丁语,投身于诗歌创作,加入了阿姆斯特丹文学会(rederijkerskamer),成为"白色薰衣草"组织的一个成员,[4] 并与罗默·维斯切(Roemer Pieterszoon Visscher, 1547—1620)等文学界精英交游。冯德尔一生创作颇丰,被公认为17世纪荷兰共和国最伟大的诗人及剧作家。作为诗人,其叙事诗《施洗者约翰之一生》(Johannes de Boetgezant, 1662)被誉为荷兰最伟大的

---

[1] J. v. Vondel, *Zungchin of Ondergang der Sineesche heerschappye: treurspel,* Amesterdam, 1667. 本文有关此剧的引文皆出自这一版本,简称Zungchin。

[2] Bettina Noak, *Joost van den Vondel (1587–1679): Dutch Playwright in the Golden Age*, Brill, 2012. M. C. A. van der Heijden, *De wereld is een speeltoneel: klassieker toneelspelen van Hooft en Vondel*, Utrecht, Antwerpen: Prisma-boeken, 1968.

[3] 如Manjusha Kuruppath博士论文: *Dutch Drama and the Company's Orient: a Study of Representation and its Information Circuits, c. 1650–1780*, Leiden University, 2014。另如: Edwin J. Van Kley, News from China: Seventeenth-Century European Notices of the Manchu Conquest, *The Journal of Modern History*, Vol. 45, No. 4, 1973, pp.578–582. 对《崇祯》一剧展开正面论述的唯有Paize Keulemans所撰《明朝覆灭的舞台演绎——17世纪荷兰剧作家胡斯之Trazil与冯德尔之Zungchin解析》一文,参见《国际汉学研究通讯》第5期,北京大学出版社,2012年,第71—94页。

[4] 荷文名Het Wit Lavendel,此为阿姆斯特丹文学会于1598年专门为从南尼德兰迁居至阿姆斯特丹的移民所建立的文学组织。

史诗；作为剧作家，他一生创作剧本32部（其中8部为译作），第一部《逾越节》(Het Pascha ofte de Verlossinge Israels wt Egypten)于1612年上演，再现摩西带领以色列人逃脱埃及奴役的历史。《吉士布雷特·范·阿姆斯特尔》(Gijsbrecht van Aemstel, 1637)一剧写成后每年新年在荷兰上演，从1638年一直持续到1968年，因而19世纪英国作家乔治·巴罗（George Henry Borrow, 1803—1881）称冯德尔为"迄今为止荷兰出现的最伟大的人"。[1]

《崇祯》1667年出版于阿姆斯特丹，是冯氏创作生涯中的最后两部戏剧之一（另一部为《诺亚》）。此剧演绎发生于1644年的李自成攻克北京、崇祯煤山自缢事件，被西方学界视为欧洲第一部"中国风"文学作品。[2] 剧本全名《崇祯或明王朝的覆灭》(Zungchin of Ondergang Der Sineesche Heerschappye)，正文前有致辞（作家呈现给Cornelis Nobelaer）、[3] 剧情概要及人物表。全剧共五幕，铺陈崇祯政权灭亡前夜发生于北京皇宫的惊心动魄的故事，主要戏剧人物有崇祯、都督、阁老、皇后、太子、公主及传教士汤若望（Johann Adam Schall von Bell, 1591—1666）等。

此剧创作于"甲申之变"后23年，属典型的时事剧。发生在欧洲以外的中国朝代鼎革对于荷兰受众来讲是极其新异之事，许多人甚至从未听说东方异域还有这么一个古老帝国。为此，首次尝试中国题材的冯德尔在第一幕安排都督US向传教士汤若望讲述明王朝历史及其积重难返的政治、社会危机，并且道出了朱明政权的心头大患：此起彼伏的农民起义及关外女真族的侵犯已严重威胁到王朝统治及国土安全。作为一个剧场经验丰富的作家，冯德尔十分注重剧情的布局，努力使情节紧凑、严密而有节奏。戏剧从李自成兵临城下起始，引导观众尽快入戏，而将战争漫长、复杂的背景以对话的方式呈现，从而使观众初步了解这一战争的历史语境。紧接着第一幕都督加固城防、调配火炮等情节，第二幕甫一开场叛匪已在猛烈攻城，心急如焚的崇祯开始怀疑皇城是否真如阁老、都督所说的固若金汤，他已不再信任朝中大臣及宫中太监，计划连夜出逃南京，但遭到阁老的竭力反对。为了进一步抓住观众的注意力，第三幕情节紧锣密鼓，皇后招见汤若望禳解凶兆；崇祯与太子辨奸，共读匿名警告信；都督主张谈判，以财宝及皇位换取李自成退兵；崇祯否决此计，派太子出宫打探敌情，了解京城现状，情节紧凑，环环相扣。悲剧的高潮被安排至血雨腥风的第四幕，崇祯出逃受阻，随后父子诀别，血书遗诏，砍杀公主，自缢殉国，所有史书中记载的真实事件接踵而至，令读者触目惊心，魂飞魄荡。在皇宫惊心动魄的生离死别之后，作者有意放缓第五幕的节奏，以追述的方式交代帝、后、公主之死，都督奉旨将崇祯血书交给甫登皇位的李自成，而李则忌惮重兵在握的辽东总兵吴三桂，令

---

[1] George Borrow, *Wild Wales: Its People, Language and Scenery*, London: J. Murray, 1862, p. 105.

[2] Manjusha Kuruppath, *When Vondel Looked Eastwards: A Study of Representation and Information Transfer in Joost Van Den Vondel's Zungchin*, Jeroen Dewulf edited, Shifting the Compass: Pluricontinental Connections in Dutch Colonial and Postcolonial Literature, Cambridge Scholars Publishing, 2013, p.58.

[3] "我很荣幸呈现这部关于崇祯及汉人王朝衰落的悲剧给诺贝勒爵爷，因为它或许可以滋养在霍沃勒树荫下休憩的爵爷的头脑并给予他些许愉悦的沉思"。*Zungchin*, p.A4.

都督下书劝诱其子带领三军投诚。全剧最后以沙勿略幽魂交代自成败亡、清兵入关、诛杀崇祯三子等史实,并预言基督教在鞑靼新王朝的命运。剧前的情节简介(inhoudt)、演说式台词和充满宗教色彩的剧诗,使《崇祯》具有古罗马剧作家塞涅卡(Lucius Annaeus Seneca,约公元前4—公元65年)式"书斋剧"的特质,似更适合案头阅读而非剧场表演。

西方古典戏剧孕育自古希腊罗马史诗及悲剧,冯德尔在戏剧创作上以古罗马诗人维吉尔(Virgil,前70—前19年)和悲剧之父塞涅卡为师,维吉尔《埃涅阿斯纪》(Aeneis,一译《伊尼德》)以生动的情节、凝练的语言及哀伤的情绪书写罗马帝国的历史,被冯氏奉为经典,《崇祯》标题页上因此赫然写有维吉尔的著名诗句:"大限将至,厄运难逃。"(Venit summa dies, & ineluctabile tempus.)[1]而塞涅卡的《特洛伊女人》(Troades)一剧则被冯氏直接模仿创作了《被毁灭的耶路撒冷》(Hierusalem verwoest),塞涅卡以特洛伊城的陷落昭示尘世伟绩或人间英雄的短暂易逝,而冯德尔则以耶路撒冷的毁灭呈现上帝对人类恶毒的惩罚。以帝国兴亡、城邦毁灭等宏大题材昭示上帝"神意"是冯德尔最为青睐的戏剧主题,[2]《崇祯》也不例外。在冯德尔的经验中,没有什么事件能与发生在中国的这场规模浩大的政治革命相提并论,除了特洛伊城的失陷。面对波澜壮阔的明清易代战争,冯德尔既没细写大明与李自成或鞑靼间的战争,亦未描绘京城陷落、百姓流离的惨状,而聚焦于沦陷前夜的皇宫,以丝丝入扣的情节展现崇祯所遭遇的家破、人亡、国灭的巨大灾难,同时把改朝换代的许多其他事件以追述或穿插的方式展现,布局巧妙,结构简约,矛盾冲突高度集中,充分体现出古典主义悲剧的艺术特征。

具体来讲,《崇祯》在主题、语言、结构、人物塑造各方面均汲取了古希腊罗马文学的养分。在戏剧主题上,冯德尔承继了古希腊罗马悲剧反映人与神、人与命运关系的宏大命题,采用崇祯灭亡、若望传教的双线结构,以异教徒、偶像崇拜者王权的兴衰更迭弘扬主宰世界的上帝至高无上的伟力,具有极强的宗教寓意。在戏剧语言上,《崇祯》中人物对白和歌队合唱平分秋色,双行押韵、富于内涵的对白充分表现了人物个性及复杂心理,合唱则交互押韵、典雅整饬,成为与对白交相辉映的"悲剧诗"。[3]全剧每幕均终结于两组合唱剧诗,其中

---

[1] Zungchin, p.A1.

[2] Edwin J. van Kley, News from China: Seventeenth-Century European Notices of the Manchu Conquest, *Journal of Modern History* 45, 4(1973), p.567.

[3] 如第一幕汤若望的一段独白:De grijze kantzler Us treet, leunende op den staf,
　　　　　　　　　　　　　Ter hofpoorte uit, en stijght de marmre trappen af,
　　　　　　　　　　　　　Bekommert met den staet, en zwanger van gedachten.
　　　　　　　　　　　　　Het zou wel voegen in dees galery te wachten.
　　　　　　　　　　　　　Begeeft u achter ons in orden op een ry.
　　　　　　　　　　　　　Hy wandelt herwaert aen. het is geraên dat wy
　　　　　　　　　　　　　Met alle eerbiedigheit den amptenaer ontmoeten.
　　　　　　　　　　　　　Verzuimt niet drywerf hem al neigende te groeten.

(转下页)

第二幕组诗除首节（strophe）、次节（antistrophe）外还有末节（epode），第五幕大结局由教士歌队及沙勿略幽魂的轮唱替代组诗。悲怆的合唱与忧郁的独唱与极具末日悲悯的剧情相得益彰，充分体现了西方古典戏剧诗、剧合一，也即抒情、叙事合一的特点。在戏剧结构上，冯德尔严格遵循欧洲古典戏剧的三一律原则，强调时间、地点及行动的整一性，将剧情浓缩于崇祯自杀前一晚日落到次日日出前十余个小时内，将场景设置在大明皇宫外朝宫殿，所有戏剧行动均服从于主要情节：崇祯及大明王朝的灭亡，剧本的结构方式及鬼魂、巫术等超自然情节皆显现出对塞涅卡《特洛伊女人》的模仿。在对戏剧主人公崇祯形象的塑造上，冯德尔依循卫匡国的观点，在剧情简介的首句便评价崇祯曰："崇祯，中国大明最后一位皇帝，被无厌的贪婪所攫取，官员憎恨，子民厌恶，因而在国都北京受到匪首李自成出其不意的攻击时只得将皇位拱手让人。"[1]为了突出崇祯的贪婪，冯氏在第三幕安排都督力谏皇上以皇宫财宝退自成兵，但遭到崇祯拒绝。此外，作家还以去留北京一事凸显崇祯优柔寡断的个性，李自成兵临城下时，崇祯本有机会出逃南京，但臣僚、太监的一致反对和瞒报军情使其错失良机，当断未断的结果是招来杀身亡国之祸。总之，《崇祯》与冯氏的《玛丽·斯图亚特》（Maria Stuart）、《耶弗他》（Jeptha）、《流亡的大卫王》（Koning David in ballingschap）等剧一样，是对亚里士多德悲剧理论的生动诠释。各剧皆有高贵而并不完美的主角，由于性格缺陷或某些过失而遭受不幸，从他们的痛苦、彷徨甚至死亡中，受众顿悟命运的无常及人生的虚无。"悲剧是对于一个严肃、完整、有一定长度的行动的摹仿；它的媒介是语言，具有各种悦耳之音，分别在剧的各部分使用；摹仿方式是借人物的动作来表达，而不是采用叙述法；借引起怜悯与恐惧来使这种情感得到陶冶（katharsis）"。[2]怜悯是由上帝弃民崇祯及其家人遭受的厄运而生发的共情；恐惧出于戏剧的移情作用，也即剧中人遭遇的无妄之灾会随时发生在每个人身上的同理心，而陶冶一词在亚氏原文中为"katharsis"，此为一宗教术语，原义即为"净洗""净化"，也即借助主人公的苦难涤荡情感中的不洁，从而使受众的心灵得到宣泄和净化，这便使《崇祯》具备了异乎寻常的悲剧力量。

（接上页）
采用 aa+bb+cc+bb+dd 的双句一韵句式。*Zungchin*, p.4.
而合唱队唱词则采用 ab+ab+ab…+aa 的交互押韵方式，如第一幕结束时的唱词：
  Besloot het hof een straf te zetten
    Op d'ongetoomtheit, die Godt terght
  Door nimmer noembre gruwelsmetten,
    'k Zagh Sine, in strandens noot, geberght.
  Wat baet het dat Sineesche wijzen
    De godtheit kennen, en haer niet
  ……
  Gy kunt verraet en tweedraght teugelen.
  Beschut ons, heer, met uwe vleugelen. *Zungchin*, p.9.

[1] *Zungchin*, p.A4.
[2] ［希腊］亚里士多德撰，罗念生译：《诗学》，人民文学出版社，1997年，第16页。

二、《崇祯》素材来源考

那么,远在西欧低地小国的冯德尔如何能在明清易代发生不久即以戏剧的形式演绎东方异国这一重大政治变革?他从何处得来相关素材?

事实上,在1667年《崇祯》付梓前不久,卫匡国《鞑靼战纪》(De Bello Tartarico Historia,安特卫普,1654)及《中国新图志》(Novus atlas Sinensis,阿姆斯特丹,1655)、约翰·尼霍夫的《1656年荷兰东印度公司使团觐见当今中国大汗纪实》(L'Ambassade de la Companie Orientale des Provinces Unies vers L'Empereur de la Chine,阿姆斯特丹,1665)、汤若望《历史故事:传教团在中国的开始与发展》(Historica narratio, de initio et progressu missionis apud Chinenses,维也纳,1665)、基歇尔《中国图志》(China Illustrata,阿姆斯特丹,1667)等书先后在阿姆斯特丹、安特卫普等地出版,这些涉及明清史的著述皆有可能对冯德尔产生过影响,从而使《崇祯》的字里行间显现出对中国山川地理、历史朝代、天灾人祸各方面情况的熟稔。[1]

但从剧本的结构、行文及情节看,卫匡国《鞑靼战纪》是《崇祯》的主要素材源。而此书在低地国家的首先面世又不能不归功于17世纪上半叶崛起为远东海上贸易霸主的荷属东印度公司。

1651年,荷属东印度公司在爪哇的日巴拉(Japara)劫获一艘葡萄牙商船,发现有一耶稣会士搭乘该船返欧,此人便是卫匡国。卫匡国(Martino Martini,1614—1661)为意大利籍传教士,于崇祯十六年(1643)年夏抵达澳门,后在浙、闽、粤等地传教。卫氏亲身经历了血雨腥风的明清易代战争,并于顺治七年(1650)年春到达北京,同年被耶稣会中国传教团派赴罗马教廷陈述"中国礼仪之争"相关事宜,却在半途被截获并逗留巴达维亚荷兰人定居点近一年,从而成为东印度公司有关中国朝代鼎革的最为直接可靠的消息源。[2] 卫匡国则用对公司极具价值的信息换取相应回报,1652年7月16日,荷人安排卫氏搭乘商船返欧并于1653年8月31日抵达挪威卑尔根。东印度公司的信息传递则快捷得多,1652年12月,明清易代、鞑靼人已在中国建立稳固政权并准备开放广州为自由贸易港的简报已摆在阿姆斯特丹的公司董事会面前,[3] 十七绅士从中看到了与中国大陆开展直接贸易的曙光,立即于1653年策划派遣访华使团与清政府接洽,这一中西交流史上著名的使团于1654年7月从巴达维亚出发前往北京,[4] 公司董事会还为使团配备了专职画家,而且明确指示两位大使关注卫匡国的著述:

---

[1] 如"洪武帝驱逐元人""秦良玉进京勤王""1642年黄河决堤,开封被淹""瓷塔""明朝旧都南京位于扬子江边"等,Zungchin, p.5, p.12, p.18, p.28, p.39.

[2] 荷兰东印度公司档案NA, VOC 1206, fols. 271r–325v, fols. 326r–359r,转引自Manjusha Kuruppath, p.79。

[3] Leonard Blussé, Tribuut aan China: Vier eeuwen Nederlands-Chinese betrekkingen, Amsterdam: Cramwinckel, 1989, p.61.

[4] 《〈荷使初访中国记〉研究》,第11页。

> 你们应当带上耶稣会士马丁尼所写的《中国旅行记》和所作的中国地图,它们可能在你们的行程中或其他情况下发挥作用。[1]

由此可见,公司董事会早在卫氏著述公开出版之前就掌握了其中的重要信息并将其用作公司对华外交活动的指南,卫匡国最早给欧洲带去了明清朝代鼎革的详细信息,而东印度公司实为此信息的传递者,巴达维亚成为耶稣会及东印度公司两个庞大机构的信息交汇点,尽管两者对中国的兴趣点南辕北辙。正因为荷兰等新兴资本主义国家对中国的强烈兴趣,卫匡国的相关著述诸如拉丁文版《鞑靼战纪》及《中国新图志》相继在安特卫普、阿姆斯特丹等地出版并迅速传播至欧洲各国,冯德尔、范·胡斯(Antonides vander Goes)、[2]塞特尔(Elkanah Settle)等剧作家方能取得可靠、翔实的素材叙写鞑靼人征服中国的故事。[3]

卫匡国《鞑靼战纪》(后文简称《战纪》)第一版(拉丁文版)于1654年出版于安特卫普,[4]同年英、德、意译本相继推出。该书以长城以北的游牧民族也即西人所谓的"鞑靼"为主要书写对象,首先概述其兼并各游牧部落继而攻克中原建立元朝,在享国98年后被朱明王朝替代的历史。随后,卫氏较为详细地叙述了明朝自开国以来与女真族鞑靼的关系,万历年间的辽东战事及天启、崇祯朝的政治、社会危机,并较为客观地总结了导致明亡的三大要素:鞑靼辽东侵略战争、李自成等流民起义及宦官魏忠贤专政。除鞑靼征服中国这一主线外,该书还铺设副线真实记录明末清初中国基督教发展简况及战乱中各地教堂、教士的遭遇。《战纪》是欧洲对明

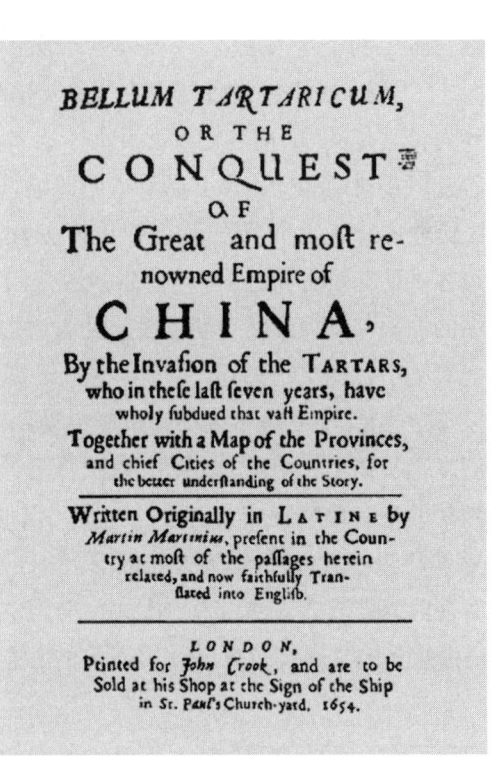

图5-16 卫匡国《鞑靼战纪》英文版书影,1654年。

---

[1] 《〈荷使初访中国记〉研究》,第10页。
[2] 范·胡斯为《自成:中国的覆灭》的作者,Joannes Antonides van der Goes, *Trazil, of overrompelt Sina*, Amsterdam, 1685。
[3] 塞特尔为《鞑靼征服中国:一部悲剧》的作者,Elkanah Settle, *The conquest of China by the Tartars: a tragedy*, 1676。
[4] Martino Martini, *De bello Tartarico historia; in quâ, quo pacto Tartari hac nostrâ aetate Sinicum Imperium invaserint, ac ferè totum occupaverint, narratur: eorumque mores breviter describuntur*, Antverpiae, 1654.

清嬗替历史的最早记载之一,"盖为欧洲第一部中国政治史也",[1]不唯西方学界,即便对中国明清史的研究也是不可多得的补充,犹以作者亲历所记最为可贵翔实:"于清军入关及南下情形,所记至详,直言不隐,足补我国正史之阙略。"[2]况且,作者耶稣会士的身份使其能以相对冷静客观的态度纪录这一天翻地覆的革命,从而具有较高的史料价值。故1666年率团访华的荷属东印度公司使节范·胡伦(Pieter Janszn van Hoorn, 1619—?)在其出使报告中专门"致敬卫匡国",感谢其给公司传递的中国信息,认为自己的访华经历完全印证了卫氏对中国翔实可靠的观察。[3]而冯德尔正是借用《战纪》相关记载营构起《崇祯》一剧,该剧的主题思想及时间、地点、角色、情节设置均受到了《战纪》的极大影响。

首先,《崇祯》与《战纪》具备相同的双重主题:帝国灭亡与福音传播。卫氏为双主题设置了两条宏大主线,一是鞑靼征服中国史,一是1654年之前天主教在中国的传播状况;[4]冯德尔的双线设计则更为具象及精准,崇祯之死、明朝覆灭是其一,耶稣会士在宫内致力传教是其二,前者比重无疑大于后者,应为全剧主线。正因为天主教主题的影响,两者皆以相对超脱的叙事立场看待明清嬗替。作为一个耶稣会士,无论朱明还是大清,在卫匡国眼中皆为上帝子民,而政权更替实为全能上帝的旨意。对于崇祯与顺治,卫氏亦以较为客观的态度评价他们,尽管崇祯善待汤若望等传教士,但《战纪》并不避讳对其政治弊端的诟病:"崇祯帝的贪婪也使暴乱大大加剧,他增加赋税,榨取百姓血汗。"[5]与此相对,他对顺治帝的卓越见识、宽厚仁德不乏赞赏:"中国人开始明白,鞑靼王不仅庇护他们,还以善意相待,于是许多大员为了避免受到中国皇帝凶暴之害,托庇于鞑靼卵翼之下……他们发现鞑靼王仁德,中国皇帝残忍,于是宁愿投奔前者。"[6]在卫匡国眼中,残忍而又笃信异教的皇帝最终将成为上帝的弃民:"当他们不顾基督的和平时,上帝就在中国发动激烈战争,同时允许这些鞑靼人扎根中国,乃至发展到消灭大明王室及国家,此时他们正要彻底摧毁基督教。"[7]受卫匡国影响,冯德尔的《崇祯》同样选择这种立场,对崇祯国破家亡的悲剧抱有"哀其不幸、怒其不争"的心态,而剧中"钦保天学"的汤若望神父可谓这种心

---

[1] 方豪:《徐霞客与西洋教士关系之探索》,《方豪文录》,北平上智编译馆,1948年,第92页。
[2] 同上。
[3] 荷兰东印度公司档案NA, VOC 1269 Batavia, "Report on the Embassy to Peking submitted by Pieter van Hoorn to the Governor General and Council of India on 16 November 1669", fol. 273r. 转引自 *Dutch drama and the company's Orient: a study of representation and its information circuits*, p.83.
[4] 《鞑靼战纪》真实记录和保存了明清战乱之际耶稣会士与中国基督教皈依者的情况,从中得以一窥基督教在中国各地的发展。该书大致从三方面涉及基督教内容:反映明清之际中国基督教发展的基本状况,真实记录了战乱中各地传教士的遭遇,证实了如孙元化、瞿式耜、丁魁楚、庞天寿等明末政坛要人的非凡经历及其可能的基督教徒身份,为研究和评价他们的政治军事活动提供一个过去不曾为人注意的新视角。
[5] [意大利]卫匡国著,何高济译:《鞑靼战纪》,中华书局,2008年,第359页。
[6] 同上书,第356页。
[7] 同上书,第348页。

态的代言人,他漠然对待皇后的种种忧虑恐惧,劝导她放弃迷信及对佛像的盲目崇拜,建议她模仿欧洲人"只敬畏能预示幸运及灾祸的上帝",[1]并暗示崇祯是被上帝抛弃的以色列王扫罗(Saul)。[2]这种无关痛痒的劝导泄露了传教士们的共识:明清易代是无可改变的上帝神意,他们无力回天,只能在竭力尽忠后作壁上观。

然而对于农民起义军领袖李自成及张献忠,卫匡国则毫不犹豫地站在统治者的立场,以"野蛮""残暴""专制"等判语将他们打入另类,[3]"真正的危险来自中国内部的叛匪和强盗,他们终于摧毁中国,把它奉送给鞑靼"。[4]个中原因是,耶稣会在华传教托庇于统治阶层的士大夫乃至皇帝,从利玛窦、罗明坚始,耶稣会便坚持走上层路线,采取文化适应策略结识各地名流、各阶层官员,将徐光启、李之藻、杨廷筠等精英人士发展为教徒,[5]并以西方先进科学成就获取他们的关注及信任,从而顺利推进传教事业。而农民起义破坏了教会所依赖的统治体系,教堂毁于兵燹,教士死于非命,比如在1642年10月9日的开封围城战中,决堤的洪水冲毁基督教堂,淹死耶稣会士及众多百姓,因而卫氏当然视农军为仇寇,甚至不顾历史真实,妄言李自成把自缢的崇祯碎尸万段,并残忍处死皇子永王及定王。[6]受其影响,冯德尔也将李塑造成一个贪财、残暴的流寇,并在第五幕充分发挥《战纪》中"他在初次上朝时,在宝座上很不安稳平静,摇摇晃晃,宝座像在预言他日子不长"的记述,[7]演绎李自成占领皇宫登上宝座时,三次因双腿发软而无法从龙椅上立起的情节,表现了作者对其僭越皇位的不屑和旋生旋灭的暗示。

其次,《崇祯》根据《战纪》的纪录安排戏剧的时间及地点。在《战纪》中,卫氏如此描写京城及皇宫的陷落:"流寇没有受到什么阻击,于1644年的某一天,太阳升起前,从一座打开的城门进入中国的京城,忠于皇上的人也未能长时抵抗。潜伏城内的贼兵制造混乱,没有人知道跟谁打仗。在这场大屠杀中,李自成趁乱胜利入城,直抵皇宫。"[8]冯德尔根据这段文字将戏剧的时间限定在崇祯自杀前一晚日落到次日日出前十多个小时之内,地点设定于皇宫外朝宫殿,然后按时间顺序次第展开京城陷落、崇祯自杀、招降三桂等重要情节。卫氏的"某一天"即《明史》所载的都城沦陷的"崇祯十七年三月十八日暝":[9]"乙巳,贼犯京师,京营兵溃。丙午,日晡,外城陷。是夕,皇后周氏崩。丁未,昧爽,内城陷。"[10]又,"十九日丁未,天未明,皇城不守,鸣钟集百官,无至者。乃复登煤山,书衣

---

[1] *Zungchin*, p.22.
[2] 扫罗为以色列第一任王,扫罗之典见《圣经·撒母耳记上》。
[3] 《鞑靼战纪》,第364页。
[4] 同上书,第358页。
[5] 《鞑靼战纪》中称徐光启及杨廷筠为保禄和弥额尔,第350页。
[6] 《鞑靼战纪》,第364页。史实是李自成以天子礼葬崇祯帝于思陵,也并未杀害两位皇子。
[7] 同上。
[8] 同上书,第363页。
[9] 《明史》卷一一四《后妃列传二》,中华书局,1974年,第3544页。
[10] 《明史》卷二四《庄烈帝本纪二》,第335页。

襟为遗诏,以帛自缢于山亭,帝遂崩"。[1]因而《崇祯》的时间、地点设置基本符合史实。

再者,《崇祯》依据《战纪》设置戏剧人物。《崇祯》中10个角色皆为历史上真实存在的人物,如崇祯、周皇后(Jasmine)、太子朱慈烺(Fungiang)、长平公主(Pao)、李自成、汤若望等,另有都督(US)、阁老(Kolaus)、宫女(Xaianga)等,亦能在现实中找到对应人物,耶稣会先驱沙勿略则以幽魂面目出现。

都督US是贯穿全剧始终的重要角色,从第一幕简述明史到最后一幕呈献遗诏,他一场不缺,见证了悲剧始终,被作者塑造成一个深得崇祯信任的忠臣。从剧终李自成威逼利诱US劝降其子吴三桂这一情节看,此角色应以三桂父吴襄为原型。吴襄(？—1644)于天启二年(1622)中武进士,后依傍四世镇辽的祖氏军事集团而平步青云,官至团练总兵。但在崇祯四年皇太极发动的"大凌河之役"中,吴襄因赴援兵败而被革职发戍边卫。崇祯六年,又因山东平叛有功恢复总兵官职务并升任都督同知、驻守宁远总兵官。崇祯七年,皇太极亲率大军四路挺进中原,吴襄西援大同失利被判下狱戍边。崇祯十六年复被起用为正一品中军府都督,实为崇祯挟制封疆大吏吴三桂的一枚棋子而已。李自成占领京城后,吴襄被迫下书劝降三桂,后三桂与多尔衮部击溃大顺军,吴襄被自成斩首示众。冯德尔当然无从得知这位重臣升沉荣辱的坎坷一生,他对吴襄形象的塑造仅凭想象及卫匡国《战纪》中的两句话:"有个姓吴的贵人,其子吴三桂统率中国军队在辽东防御鞑靼人。暴君李自成用酷刑胁迫这个老人,要他用孝道之名叫他的儿子及其部属归降;还答应,如他用为父之权威(中国人认为这是神圣的)命其子投诚,那么可以授予父子重赏和高位。"[2]卫氏所记基本符合史实,故《崇祯》中的US并非凭空虚构的人物。

此外,剧中还有两个角色"阁老"及宫女"Xaianga"应为《战纪》中忠于皇室的一众大臣、太监、宫女的合体。如剧中的"阁老"似为《战纪》提及的大元帅李阁老(Colaus Lius),也即东阁大学士李建泰(？—1649)。[3]当《战纪》对某些历史人物的记载出现误差时,冯德尔亦以讹传讹。如崇祯十六年任吏部右侍郎兼东阁大学士的李建泰确实如《战纪》所云因保定城陷"害怕受辱而自尽",[4]但其"自刎不殊",又被"大清召为内院大学士。未几,罢归。姜瓖反大同,建泰遥应之。兵败被擒,伏诛"。[5]兵荒马乱之际,各种传闻流言纷起,《战纪》里出现错讹亦是情理中事。而正是受到"阁老自尽"说的影响,剧中的阁老效仿其主自缢于梅树,然《明史》载崇祯死时,只有提督城守的太监"王承恩从死"。[6]但若参照其"自大学士范景文而下死者数十人"的记载,[7]冯德尔的虚构亦并不

---

[1] 《明史》卷二四《庄烈帝本纪二》,第335页。
[2] 《鞑靼战纪》,第365页。
[3] 同上书,第362页。
[4] 同上。
[5] 《明史》卷二五三《李建泰列传》,第6550页。
[6] 《明史》卷二四《庄烈帝本纪二》,第335页。
[7] 同上。

图5-17 "大明皇帝剑斫公主后自缢",尼霍夫荷文版《1656年荷兰东印度公司使团觐见当今中国大汗》书影,1665年。

离谱,毕竟当时以各种方式从死的明臣不在少数。

最后,《崇祯》基于《战纪》结撰情节。《崇祯》中的主要情节皆来自《战纪》,但《战纪》简练的记载经冯氏艺术加工后,被注入了充沛的情感及丰富的想象。如卫匡国仅以三句话记载崇祯去世前的行止:"据说,他被告知所有出路都被封锁,便留下一封血书,其中向后人悲痛诉说官员的不忠、背叛,声称他可怜的百姓是无辜的,祈求李自成,既然天授予王权,当替他向叛徒报仇。然后,他想起已届结婚年龄的女儿落入恶人之手会受辱,就当场亲手用剑把她杀死。接着他走进一个果园,用袜带套在一株树上吊死。"[1]而冯德尔将此三句话演绎成第四、五幕中的三个主干情节:血书遗诏、剑斫公主、袜带自缢,并且通过教士悲伤的合唱、宫女惊恐的回忆以及充斥着血与泪的阴森恐怖氛围构建起悲剧高潮:享国270余年的王朝毁于一旦,含苞待放的青春之花不幸凋谢。作者以此凸显了社会、民族矛盾恶化所导致的人生最苦痛和残酷的一面,带给受众极大的震撼,从而感受到悲剧崇高及宏大的力量。而卫氏所记、冯氏所本的这三个情节,皆有史实依据,如"剑斫公主"载于《明史》卷一二一:"长平公主,年十六,帝选周显尚主。将婚,以寇警暂停。城陷,帝入寿宁宫,主牵帝衣哭。帝曰:'汝何生我家!'以剑挥斫之,断左臂;又斫昭仁公主于昭仁殿。"[2]因而剧中公主Pao应为长平、昭仁公主之合体。"血书遗诏"则

---

[1] 《鞑靼战纪》,第363页。
[2] 《明史》卷一二一《公主列传》,第3677页。

见《明史》"本纪第二十四":"御书衣襟曰:'朕凉德藐躬,上干天咎,然皆诸臣误朕。朕死无面目见祖宗,自去冠冕,以发覆面,任贼分裂,无伤百姓一人。'"[1]但某些细节戏剧与史书有出入,崇祯血书并非写于纸而是写于衣襟,亦并未托人转交李自成。另如崇祯袜带(koussebant)自缢于树不同于《明史》"以帛自缢于山亭"的记载,究竟崇祯用"袜带"还是"帛"自缢于"梅树"还是"山亭"现已无考,但这些细枝末节无妨历史的真实性及《崇祯》的悲剧性。

除上述主干情节外,源自《战纪》的次要情节更多,如第四幕太子Fungiang出宫私访军情,发现李自成部下已乔装混入城内,随时准备里应外合攻陷京城,这一情节正出自《战纪》"他采用伪装计,叫他手下许多人化装,偷进京城,拿钱让他们做小买卖,以待他率军攻城,他们则奉命在城内制造骚乱"的记述,[2]且两者与《明史》中"始,贼欲侦京师虚实,往往阴遣人辇重货,贾贩都市,又令充部院诸椽吏,探刺机密"的记载也相吻合。[3]

而《战纪》中提及的其余相关历史事件则被冯氏安排在首尾两幕,第一幕都督与汤若望的对话完全是《战纪》中明史的缩写,如洪武元年(1368)朱元璋驱除鞑靼于应天府称帝,万历四十七年(1619)清兵攻克铁岭直抵京城,天启元年(1621)秦良玉代子出征抗击后金、徐光启、杨廷筠上奏请用葡人火器,太监魏忠贤弄权被崇祯赐死,李自成及张献忠叛军壮大等《战纪》中提及的史实均通过两人对白作了简述。而崇祯自缢后发生的史实则集中于第五幕,为呼应"都督+汤若望"的起始,冯德尔以"都督+沙勿略"作结,次第交代李自成逼迫都督劝降吴三桂、三桂献关降清、大顺王朝崩塌、崇祯三子被杀、南明各小朝廷相继灭亡等史事。因此,《崇祯》完全依循《战纪》的纪录展开戏剧冲突,是浓缩化、戏剧化的《战纪》。

然而,冯德尔尽管倚重《战纪》但也并非亦步亦趋,比如我们在《崇祯》中找不到卫氏对鞑靼人的诸多赞美之辞,反而在致辞中出现"鞑靼凶徒"(Tartarische tygeren)及"血腥入侵"(bloedigen inbreuk)等词语,这可能与13世纪蒙古人横扫欧亚,在多瑙河两岸屠城的原始恐怖记忆有关,因而冯德尔每每在戏剧中呈现出对鞑靼人的负面想象。除《崇祯》外,其《撒旦》(Lucifer, 1654)和《玛丽亚·斯图亚特》(Maria Stuart of Gemartelde Majesteit, 1646)两剧均有残暴的可汗形象。

三、上帝"神意"的显著在场

如果说卫匡国的传教士身份使《战纪》难免宗教内容的记述,那么冯德尔《崇祯》浓重的天主教色彩又因何而起呢? 这就必须对冯氏的宗教信仰作一简要回顾。

---

[1]《明史》卷二四《庄烈帝本纪二》,第335页。
[2]《鞑靼战纪》,第362—363页。
[3]《明史》卷三〇九《流贼列传》,第7964页。

冯德尔早年受家庭影响受洗，于1606年成为新教沃特兰门诺团体（Waterland Mennonite Community）的一员，[1]其早期诗歌充满了宗教激情，曾写下"爱战胜一切"（Liefde verwinnet al）的座右铭，意欲把生命呈献给上帝，用宗教之爱战胜一切邪恶。一直到17世纪20年代，他的作品皆以模仿基督、表现严肃的宗教及道德主题为主。1641年前后，冯氏改信天主教，在当地教徒中引发较大震动，因为当时共和国的主流宗教是新教加尔文宗，[2]天主教、再洗礼派（Anabaptism）、阿米纽派（Arminianism）皆被官方禁止，成为地下秘密宗教。冯氏改变信仰的原因无考，有人认为他在发妻亡故后与一位女天主教徒的恋爱或许起了关键作用。[3]自此，冯德尔创作了诸多批评加尔文派的讽刺文学，且与长驻阿姆斯特丹的耶稣会士泰灵恩（Augustine van Teylingen）成为密友。[4]信仰的改变使他开始关注天主教题材，"耶稣会的一些成员与冯氏关系密切，其中一部分人有着极深的中国渊源。除了当年与尼霍夫等使团成员在北京会晤时提及自己认识冯德尔的汤若望外，还有在中国传教多年的柏应理（Philip Couplet）也是冯德尔的熟人。冯氏这种跨越欧、亚两洲的私人关系在17世纪非常典型，人们在该世纪开始了空前的探索世界其他地区的活动。或许正是这种关系启发了冯氏在中国故事中寻找创作灵感，因为这些有东亚经验的熟人使异域题材突然变得亲近和熟悉起来"。[5]

冯氏诗歌和戏剧有一惯用技巧，也即创造一个极具象征性及时代性的形象，在跌宕起伏的情节中开展宗教及道德教化，《崇祯》亦不例外。作者以传教士汤若望开启全剧，并将其作为剧本政治、宗教双主题的汇合点着意塑造，又以沙勿略收结全剧，具现作者虔诚的宗教情怀，这种安排鲜明地彰显了揄扬天主教"神意"的创作意图。

作为帝国毁灭的见证者和致力于教义"天职"的传教士，汤若望无疑具有独特的象征性及时代性。汤氏1619年抵达澳门，在华传教47年，历经明、清两朝，甚受崇祯、顺治帝器重，并于顺治七年被委任主掌钦天监，成为名满天下的中国历史上首位洋监正。显赫的地位使汤若望多有机会接触亲王、宗室、臣僚及宫人，他常利用入宫的机会举行弥撒，施行圣事，在各阶层发展奉教者200余人。值得一提的是，冯德尔与汤若望皆出生于科隆，两人可能相识，有学者基于对冯、汤二氏密切家族关系的研究甚至认为《崇祯》是部颂扬汤若望等

---

[1] 门诺派（Mennonites）是基督新教中一个福音主义派别，因其创建者荷兰人门诺·西门斯（Menno Simons, 1496—1561）而得名，强调圣经为信仰和生活的最高权威，坚持信仰和入教自愿的原则，主张和平主义，反对以暴力手段反抗社会不公平现象；主张人的意志自由，认为信徒通过个人努力可以逐步得救而成圣。此外，该教重视个人的道德行为和戒律，重视社会慈善活动。

[2] 加尔文宗（Calvinists）亦称"长老会""归正宗"或"加尔文派"，是基督教新教三个原始宗派之一，泛指完全遵守约翰·加尔文《归正神学》及其长老制的改革派宗教团体，自16世纪起开始传布于欧洲和北美等地，鸦片战争后该教传入中国。

[3] Judith Pollmann, Vondel's Religion, in Jan Bloemendal, Frans-Willem Korsten edited, *Joost van den Vondel (1587—1679): Dutch Playwright in the Golden Age,* Leiden: Brill, 2012, pp.88-100.

[4] Allard, Aug. v. Teylingen S.J. in the Yearbook of Jos. Alberdingk Thijm, 51st year, Amsterdam, 1902, pp.117-181.

[5] *Dutch Drama and the Company's Orient: a Study of Representation and its Information Circuits*, pp.102-103.

耶稣会士的宗教剧（missie-spel）。[1] 本文认为，尽管该剧宗教色彩浓重，但崇祯王朝的灭亡仍是戏剧的主线。冯氏选择汤若望入剧，起因可能是后者恰于《崇祯》出版前一年离世，而其在华传教的坎坷经历和卓越功绩给教廷及教徒们留下较深印象，冯德尔因而浓缩其毕生功业于一剧，对其颂扬有加。此外，汤氏是该剧宗教主题、上帝"神意"的主要呈现者，作者将其塑造成剧中祈求天主护佑、宽慰落难皇族的重要角色，为自己的宗教思想代言。更重要的，汤氏这一角色是戏剧主、副双线的汇合点，因而也是剧情的有力推动者。作者安排汤氏在戏剧起始以宫廷御用顾问的身份出场，通过他与都督的对话展现悲剧的历史大背景。在此后的第三、四幕中，汤氏连续出场，皇后视其为禳解凶兆、祈请上帝护佑的"最信任的顾问"，汤若望因而在宫内举行弥撒圣祭仪式，并以《圣经》中求神问卜、悖逆耶和华的以色列王扫罗的败亡故事，劝导皇后不要将希望寄托于迷信与占星，耐心等待上主的启示及自己的宿命。在某种意义上，汤若望这一角色是全能上帝及全知叙事视角的合体。但若从史实角度考量，汤若望作为皇家顾问在危难时刻进入后宫的情节设计明显违背历史真实，因为崇祯十七年时的汤若望仅是钦天监中的一名洋司历，正为耶稣会在北京的发展殚精竭虑，四处奔走，根本无缘得入内宫谒见皇后，这种安排显然出于作者对汤若望及宗教主题的偏爱。

除汤若望外，《崇祯》一剧还提及了沙勿略、金尼阁、利玛窦等耶稣会士，且以汤若望开启全剧，以沙勿略收束作结。方济各·沙勿略（Francis Xavier, 1506—1552）作为第一位抵达马六甲、日本及中国的耶稣会士，倡导以西方科学知识为工具传播基督教义，坚持学习当地语言、了解当地文化和民族性的本土化传教策略，是耶教东传史上具有里程碑意义的人物，因而于1662年被教廷封圣。冯德尔对沙勿略的颂扬贯穿《崇祯》全剧始终，在剧前致辞、剧情简介及第二幕颂诗中即已褒扬了沙勿略为东亚传教事业所作的巨大贡献；及至第五幕戏剧终结前，沙勿略以幽魂的形象出现，与众教士合唱，祈求万能之主的仁慈，并预言明朝及李自成大顺朝的败亡，鞑靼可汗将一统帝国，耶稣会士将得到新帝顺治的优待，但又难逃康熙初年的严酷教案，须以无限的耐心和坚强的毅力熬过黑暗、等待光明再现。与第一幕以汤若望追叙明史一样，沙勿略出现于此是为交代《崇祯》创作时中国最新的政治及传教形势，这种具有明显"反叙事性"的设计为戏剧营造出一种历史纵深感，且能体现出时事剧的即时性特征。

更重要的，这两个历史人物在剧中实为上帝"神意"的代言者。很显然，中古基督教神意史观仍主导着冯德尔的创作，在他看来，历史便是基督神意的展现，上帝主宰着人类的一切。他以沙勿略的预言映带出未在戏剧中呈现的上帝"神迹"，如倍受顺治恩宠的汤若望，至康熙初年却遭弹劾下狱，甚至被四辅臣以潜谋造反、邪说惑众等罪名判凌迟处死，

---

[1] F.M. Sterck, Bij het missie-tooneelspel Zungchin, in *Oud en nieuw over Joost van den Vondel: Verspreide opstellen*, Amsterdam: De Spieghel, 1932, pp.77-81; E. Jansen Schoonhoven, *Een missionair treurspel van Vondel*, De Heerbaan: Algemeen Zendingtijdschrift 11, 1958, p.191. Sterck认为汤若望与冯德尔妻子梅根有亲戚关系。

却又在行刑前因京城突发地震获得赦免。[1]此事普遍被天主教徒视为上帝神迹:"神力显示奇迹,地下开始发出响动,犹若一声雷鸣,使人恐怖失色,时值正午,一场可怕的地震摇撼了全城及邻近地区……不仅太后,四执政也决定对囚犯施行大赦。"[2]上帝能以神力拯救汤若望,必亦能以神力毁灭大明帝国,戏剧尽管名为"崇祯",但其真正的主角却是全能上帝。上帝因扫罗违背圣意、听信卜者之言,最终让其"失去王位,跨过三个儿子的尸体,被剑砍死"。[3]冯德尔以扫罗之典预言了崇祯及大明朝的宿命,崇祯在其眼中就是中国版的扫罗,崇祯之死代表了异教徒的共同命运,作者以这一惨痛历史昭示人类永远无法抵抗的"神意":"帝王们尽其所能想要延续稳定恒久的统治,但他们永远不能如愿……历史已经告诉我们罗马帝国如何在三四百年后令人震惊地崩溃,继而逐渐变成荒漠,除了光辉历史的遗响和死亡的阴影,其显赫声名现已荡然无存。永恒、持久及万世只属于上帝;上帝给俗世之力设置了恒定的限制,正如先知丹尼尔所云,季节及年岁的更替、政权及皇朝的兴亡教会我们除了上帝,不去相信任何易变之物。"[4]在冯德尔等虔诚天主教徒的观念中,上帝支配着人类历史,主宰着人类命运,崇祯自缢、帝国毁灭等人间悲剧是上帝神意的彰显和对人类罪恶的惩戒。人类历史实为上帝信徒与撒旦信徒斗争的历史,并不存在中断或倒退,而是永趋于上帝之天国。最终的审判来临时,上帝之城将与世俗之城分离,撒旦信徒将永遭地狱折磨,世俗之城如罗马因罪孽深重而难逃毁灭厄运。当然,上帝是理性的,必定依据人事善恶来支配历史,而非随心所欲地操纵历史,明王朝的腐朽黑暗、统治者的残暴贪婪使其难逃覆灭之宿命,此即上帝神意在中土的彰显。

但冯德尔毕竟不是耶稣会士,因此其宗教书写中或多或少地掺入了世俗情怀,最为突出的便是对剧中崇祯身上父性的展现。作者把崇祯塑造成一个慈父,担忧出城打探敌情的太子的安危,安排王子们在城陷之前逃出生天;将公主Pao比喻为"神圣的王冠谷中最美丽的凤凰花",为她凋谢于14岁豆蔻年华的生命而扼腕伤怀,[5]这些都是同理心对作者的潜移默化。在现实生活中,冯德尔发妻梅根(Maaike de Wolff,?—1635)早逝,四个孩子夭折其半,作者将自己的舐犊之情移注于崇祯,从而使这一形象父性的一面尤其出彩动人,这种父性同样出现在为一个誓言而将女儿献为燔祭的耶弗他身上:"这句话先割断我的心脉,然后是女儿的喉咙!哀哉,一个誓言变成一把剑,由复仇的阿蒙神铸就!哀哉,无可挽回的誓言!"[6]耶弗的哀嚎与崇祯剑斫公主时的悲泣如出一辙。而这种移情及神入断不会出现在卫匡国、杜赫德这些传教士作品中。

---

[1] 地震发生于1665年4月16日。
[2] [比利时]鲁日满著,何高济译:《鞑靼中国史》,中华书局,2008年,第316—317页。
[3] Zungchin, p.22.
[4] Ibid., p.A2.
[5] Ibid., p.46.
[6] Joost van den Vondel, Jeptha, *De werken van Vondel: Volledige en geïllustreerde tekstuitgave in tien deelen*, Vol. 8, Amsterdam: Maatschappij voor goede en goedkope lectuur, 1927-1940, pp.800-801. 耶弗他的典故出自《圣经·士师记》。

此外，冯德尔的宗教书写一以贯之地具有市场意识，从最早的《逾越节》到最后的《崇祯》，冯氏戏剧皆致力于营构迎合受众欣赏趣味的故事，既贴合俗世现实，又不乏宗教诠释，将道德说教及圣经隐喻巧妙隐藏于世俗纷扰中。《逾越节》将带领低地国家摆脱西班牙奴役的奥兰治王子（Willem van Oranje，1533—1584）比喻成第二个摩西，以基督救赎论为当时如火如荼的独立战争提供神意支持。这部戏剧处女作因彰显爱国之情、符合时代之需而一炮走红，大受欢迎。冯氏文学创作的市场意识得益于荷兰的重商社会，另外，我们不要忘记，他出生于商人家庭，除了诗人及戏剧家的身份，他还是一个店主。一部作品在他眼中也是一件商品，《崇祯》的卖点显然在于其突出的时效性及鲜明的异域性，极大满足了读者的好奇心，而统御剧中一切的依然是永恒的"神意"。

《崇祯》鲜明的"神意"标签在另一层面也折射出17世纪的荷兰有异于欧洲他国的社会文化特征。炙手可热的加尔文宗成为荷兰国教，教会负责信仰、崇拜和道德，国家则保证教会行使其职能，处罚信奉旧教或保留圣物者，天主教因而被迅速边缘化。但相较于瑞士、法英等国，商业发达、文化多元的荷兰对持有非主流宗教信仰的民众相对温和，出版界摒除异己的清规戒律也相对宽松，这是许多耶稣会士传播中国知识的书籍得以在阿姆斯特丹出版的原因。同理，尽管冯氏《吉士布雷特·冯·阿姆斯特尔》一剧因其天主教信仰招来尖锐批评，但每年新年照常在苏堡剧院（Amsterdam Schouwburg）上演。《崇祯》更因中国政治事件吸引受众视听，故其鲜明的天主教倾向幸免于主流宗教的责难。此外，国教加尔文宗主张救赎预定说，认为人的得救与否皆由上帝预先决定，与各人自身的努力无关，因而与冯氏将崇祯灭亡归为神意的思想不谋而合。而且，冯德尔还将中国与罗马等而视之，把这个东方古国圈入他所熟悉的由基督教宿命论统御的宇宙中，认为中国是全能之主手中可以形塑的造物，这也与西方推动包括加尔文宗在内的基督教东扩的愿景相吻合。

余论：好奇的时代与难于抗拒的"中国风"

冯德尔的《崇祯》一向被视为欧洲文学领域最早的"中国风"作品，付梓时明清易代的战火甚至尚未完全熄灭，这样一部时事剧在荷兰的出现绝非偶然。地理大发现及方兴未艾的远东贸易使欧洲对中国充满了好奇，这种好奇心因为东印度公司的崛起在荷兰表现得尤其突出。17世纪中叶，尤其是1640—1660年的20年间，阿姆斯特丹出版了一批有关中国的书籍。正如卫匡国在《鞑靼战纪》前言中所云："我希望本书将满足我们这个好奇时代的胃口。"[1]正是时代及大众的好奇，催生出《崇祯》和《自成：中国的覆灭》[2]等演绎明朝覆灭题材的戏剧，一方面，远东异域的重大政治事件对荷人有

---

[1]　《鞑靼战纪》，第342页。
[2]　Joannes Antonides van der Goes, *Trazil, of overrompelt Sina*, By Jan Rieuwertsz, Pieter Arentsz, en Albert Magnus, Boekverkoopers, Amsterdam, 1685.

着极大的吸引力,他们经过80年战争(1568—1648)刚刚挣脱西班牙的统治建立联省共和国,《崇祯》忧郁的男高音尽现帝国覆灭的悲壮,不仅唤起了荷人遭受西班牙奴役的惨痛记忆,更促使他们正视当下英荷战争(1652—1674)可能给共和国带来的危难,激发起他们维护国家独立富强的强烈爱国情怀。另一方面,伴随着17世纪荷兰开疆拓土的殖民扩张,海难、死亡、战争频发,因而《崇祯》体现了荷人对本土与全球各种天灾人祸的敏感,正如冯氏所云:"(悲剧)会唤起观众的同情心及恐怖感,如要达到其创作目标和初衷,就应节制观众的这种激情以净化他们的缺陷,引导他们更好地、温厚及平静地承受世界的灾难。"[1]《崇祯》正是以宗教宿命论稀释悲剧引发的同情及恐惧,并利用受众的好奇心润物细无声地宣扬基督福音。此外,荷兰是个重商的国度,明清易代对这个迅速崛起的海上贸易强国尤为重要,因为觊觎已久的对华直接贸易终于出现了转机,更何况他们还看到了联合鞑靼人从郑成功(Coxinga)手中夺回台湾的一线希望。[2]

相较于冯德尔,胡斯的《自成:中国的覆灭》一剧则以李自成篡夺皇位随即覆灭的悲剧为主体,将崇祯自缢到满人入主北京之间的一系列历史事件压缩在一天之内,演绎李自成推翻大明、君临天下旋即沦为鞑靼人俘虏的戏剧人生。胡斯撰写该剧时年仅18岁,[3]他虽是冯德尔的崇拜者,却并未亦步亦趋于前辈,对卫匡国、尼霍夫文献的依赖度远低于冯德尔,亦未渲染汉、满两族间文明及道德上的差异,更未评判基督教与异教的高下,反而在第三幕中以儒士之口传达出中国人对耶稣会士来华目的的质疑:

> 你东来中土,怀揣虚伪可憎的嫉妒及仇恨,
> 在民众中传播妖法,蛊惑百姓,
> 好让他们向你的天主俯首称臣。
> 但你镀金面具下的虚伪面目暴露无遗。
> 圣人孔子,荣耀无上,
> 立言不朽,垂教无疆,奠定儒教,
> 纯粹睿哲,无关若邦天主,
> 他是政治迷局中的俗世先知。[4]

胡斯不仅没有冯氏对耶稣会士的溢美之词,反而委婉地表达了其对天主教信仰及以神启为中心的基督教史学观的质疑,并进一步指出16世纪耶稣会士在日本平户的西教东传并

---

[1] Vondel, Jeptha, in *De werken van Vondel: Volledige en geïllustreerde tekstuitgave in tien deelen*, Vol.8, Amsterdam: Maatschappij voor goede en goedkope lectuur, 1927, p. 777.
[2] Olfert Dapper, pp.321–384.
[3] 《自成:中国的覆灭》一剧创作于1666年,但迟至1685年方才付梓。
[4] *Trazil, of overrompelt Sina*, pp.55–56.

不成功,批评他们在秘鲁、墨西哥、巴拿马等地传教时造成诸多土著的伤亡。胡斯对中国圣哲孔子的赞颂,也体现出其不为传统宗教所缚的开放心态。更为可贵的是胡斯宽广的全球视域,他惋惜早期荷兰航行家开辟北冰洋直通亚洲航道的壮志未酬,以中美洲阿兹特克君主蒙特祖玛二世(Monctesuma II, 约1475—1520)遥相呼应倒霉的崇祯,表现出更希望朝气蓬勃的满族人统治中国的倾向。与之相应,胡斯将统御《崇祯》的"神意"世俗化,把崇祯、李自成的生死沉浮描述成个人运气的好坏,由此可见胡斯与基督教信仰的疏离,他比冯德尔更善于激发受众的好奇心和全球意识,让他们通过中国易代战争一窥发生在世界各地的相关历史事件,以俗世视角观照帝王将相的坎坷人生,折射出17世纪西方理性主义的发展及近代进步史学观的日趋成熟。

而引发这种好奇的始作俑者,是两个自达·伽马开辟印度洋新航线后在亚洲迅速扩张的庞大机构——耶稣会及东印度公司,尽管两者分别关注宗教及贸易领域的利益,但都成为17世纪向欧洲输送中国信息的主要管道。由于两者与中国接触的目的及程度不同,因而各自的中国想象也有差异,如卫匡国在瓷塔中看到异教徒的偶像崇拜,尼霍夫却在瓷塔中领略到中国辉煌的建筑艺术;明朝灭亡被卫匡国归因为上主神意,而在尼霍夫眼中只是符合历史规律的盛衰变迁,与上帝无关,尽管他在使团报告中多次谴责鞑靼人的残暴,对"白骨露于野,千里无鸡鸣"的城乡及惨遭兵燹的百姓表现出无限同情。然而,对一些需要深入了解、多方考察的事物,如中国的政治体制、民族品性等,东印度公司只能顺从于传教士的观点,因为当时公司尚未与中国展开直接贸易,缺乏深入了解国情民风的机缘,除了前往台湾、马六甲、巴达维亚的华商外再无可靠的信息源,故更多依赖于遍布帝国各地乃至朝廷的耶稣会士,后者在很大程度上左右着前者的中国认知,比如中国政府采用开明专制政治(benevolent despotism)、鞑靼文明远逊于中原文明等观念,而这些概念化的中国想象对欧洲启蒙思想家、文学家产生过巨大而深远的影响。

有意思的是,冯德尔与这两个机构皆有密切关系,这种关系直接推动了《崇祯》的问世。他与耶稣会士的关系上文业已提及,此不赘述。而他与东印度公司的关系并不逊于耶稣会:"冯德尔的人际交往对他选择此题材起到了一定的作用。作为一个阿姆斯特丹人及该城最具名望的作家,冯氏与共和国最著名的社团皆有联系,包括东印度公司,其诸多作品是公司及其亚洲职员的编年史。当其子荡尽家财深陷债务危机时,冯氏甚至安排儿子进入公司当差。他与公司的关系使其全部作品皆体现出熟悉亚洲的特质,他对中华帝国的了解并不仅仅源自其所依赖的出版物,正如某些学者已指出的,耶稣会士仅是冯氏对中国产生兴趣的原因之一。"[1]因而,耶稣会为《崇祯》提供了文本素材及角色原型,东印度公司的远东信息及尼霍夫使团报告给《崇祯》输送了鲜活的养分从而使作品更丰满、立体、真实。

---

[1] *Dutch Drama and the Company's Orient: a Study of Representation and Its information Circuits*, p.102.

正因为时代对中国的好奇,一个宣扬天主教神学观的陈旧主题被套上了新颖别致的中国华袍。冯氏诸多剧本皆为弘扬上帝"神意"而作,且在主人公命运的剧变上也有相似性,冯氏欲以新颖的中国历史题材掩饰主题重复及创造力贫乏的用意不言而喻,他对神意的过度强调使《崇祯》这一中国题材被圣经典故、神意说教抢占戏份而略显空洞苍白,因而脱不了宗教剧之嫌疑。但是能从一个明清鼎革的旁观者变身而为再现者,这种领时代风气之先的创作无疑具有示范性及创新性。紧随着冯氏,一波反映鞑靼战胜汉人王朝的作品在欧洲各地相继出版,[1]标志着文史领域"中国风"兴盛期的到来。

---

[1] 如 Christoph Hagdorn 的《尔衮:伟大的蒙古人》(*Aeyquan oder der grosse Mogol*, 1670)、Juan de Palafox y Mendoza 的《鞑靼征服中国史》(*Historia de la conquista de la China por el Tartaro*, 1670)、Eberhardt Happel 的《亚洲的俄诺干布》(*Der asiatische Onogambo*, 1673)、Elkanah Settle 的《鞑靼征服中国:一部悲剧》(*The Conquest of China by the Tartars: A Tragedy, Acted at the Duke's Theatre*, 1676)、Sir Robert Howard 的《征服中国》(*The Conquest of China*, 1698)、Pierre Joseph d'Orléans 的《中国的两个鞑靼征服者的历史》(*Histoire des deux conquérants Tartares qui ont subjugué la Chine*, 1688)等。

第六章
东印度公司沉船出水遗珍的文物及文化价值

自15世纪末葡萄牙人开辟印度洋航线之后，广袤的东亚、南亚地区及其丰富的物产吸引着欧洲各国竞相前来，可谓百舸争流，千帆竞发。但是，由于自然环境的恶劣、造船技术的局限及各国商船间的恶性竞争，16世纪以降新航线上的海难亦屡见不鲜，葬送了无数生命及财富。20世纪初，出于商业及考古目的的各种海捞工程陆续展开。如1906—1907年间，探险家杰姆士·凯勒（J. Keiller the Younger）与卡尔·里昂（Carl Lyon）出水瑞典东印度公司"哥德堡号"商船（The East Indiaman Götheborg, 1745）4 300余件瓷器；1976年，比利时水下考古专家罗伯特·斯藤纽特（Robert Stenuit）博士率领他的团队发现并发掘荷兰东印度公司"维特鲁号"商船（Witte Leuw, 1613），出水大批17世纪早期典型的中国外销"克拉克瓷"（kraak ware）；1985年，英籍探险家及海洋救助专家哈彻（Michael Hatcher）团队在南中国海打捞荷兰东印度公司"戈德默森号"商船，一共出水16万件瓷器和大批金条；1991年，由美籍海洋救助专家斯韦克·霍尔斯道姆（Sverker Hallstrom）和越南政府在昆仑岛附近（Con Dao）共同打捞当年前往印尼巴达维亚与荷兰东印度公司贸易的中国商船"头顿号"（Vung Tau, 1690），获取48 000件康熙时代的青花瓷。

随着海洋勘探及深潜打捞技术的日益进步，越来越多的海捞文物出水面世，受到各界重视，这一方面是因其巨大的商业价值，另一方面也由于其重要的考古及科研价值。本章将从中欧贸易及文化交流的角度对"戈德默森号"及"哥德堡号"出水遗珍作一考述，并以此为切入点再探中国文化对欧洲大陆的影响。

第一节 "南京货"（The Nanking Cargo）：东印度公司沉船遗珍及20世纪西方的"收藏中国"热

随着欧洲大航海时代的开启，葡萄牙人于15世纪末开辟印度洋新航路，从而称霸亚欧航线及香料市场近一个世纪。欧洲其他各国不甘落后，自17世纪初纷纷组建东印度公司，自此，前往亚洲贸易的远洋商船纷至沓来。荷兰自从摆脱西班牙统治后，凭借地理优势及领先欧洲的造船技术开始了规模空前的海上对外扩张，并于17世纪迎来了她的黄金时代（Golden Age），而其创立于1602年的东印度公司为此立下了汗马功劳。凭借亚洲内部及亚欧贸易，公司得以不断壮大，成长为一个拥有独立军队的强大海上帝国。每年夏季，公司商船乘着季风（monsoon）经过佛得角群岛及好望角到达巴达维亚，与云集当地的中国商船（Chinese Junk）展开贸易，或者直接前往广州十三行采购，再于12月底1月初返回，通常能在次年夏季抵达欧洲，随着阿姆斯特丹秋拍之锤的敲响，丰厚利润滚滚而来。但是，这样的远洋贸易也有极大的风险，由于当时造船技术及航海科学的限制，人们主要依靠风力及人力航行，一旦遭遇风暴或暗礁便有灭顶之灾，更别提因缺乏淡水及新鲜蔬果罹患坏血症死亡的无数船员。17—18世纪，这条航线上的海难层出不穷，仅1740—1780年的40年间，荷属东印度公司失事的大型商船就有五条：Enkhuijzen（1741）、Geldermalsen（1752）、Vreedenhoff和Abbekerk（1778）、Zeeploeg（1779），[1]其余小型商船未作统计。在成百上千条葬身海底的商船中，戈德默森号算是极为幸运的。

一、出水遗珍"南京货"的前世今生

1751年12月底，荷属东印度公司的戈德默森号商船满载中国黄金、茶叶、丝绸、瓷器、漆器、大黄、木材等货物，[2]离开广州返回荷兰。该船1746年制造于泽兰省米德堡（Middelburg, Zeeland），三桅，长150英尺，宽42英尺，重1 155吨，装配有31门加农炮，是东印度公司最新、最好的商船之一。当时33岁的船长扬·莫雷尔（Jan Diederik Morel）总管全船事务，船上最贵重的货物当数一批中国黄金，预备路过巽他海峡时转移至他船运往巴达维亚，用于公司亚洲内部贸易；最次要的货物是37 000荷兰盾（guilder）的瓷器，只占全船货物总价的5%。不幸的是，戈德默森号航行至南中国海时触礁，于1752年1月3日沉没于新加坡与邦加岛之间的海域。

戈德默森号沉睡海底233年后的1985年，英籍探险家及海洋救助专家哈彻率领他的团队在斯特林沃夫上将暗礁（Admiral Stellingwerf Reef）附近130英尺深的海床上找到该船残骸，并于5月开始打捞沉船遗珍。此船离哈彻1983年发现的一条中国货船（Chinese Junk）遗骸仅相差一英里。天助哈彻，除了16万件瓷器外，他们还打捞出125块金锭。这批珍宝被命名为"南京货"（The Nanking Cargo），由阿姆斯特丹佳士得拍卖行（Christie's Amsterdam）于1986年4月28日启动拍卖，整个西方刮起一股强劲的"哈彻风"，世界为

---

[1] Michael Hatcher with Max de Rham, *The Nanking Cargo*, London: Hamish Hamilton Ltd., 1987, p.92.
[2] 根据荷兰东印度公司档案，该船的采购清单包括瓷器203箱、漆器625件、丝织品5 240件、茶35万公斤、大黄850公斤、木材3万公斤。Ron Guleij en Gerrit Knaap ed., *The Dutch East India Company Book*, Zwolle: Wbooks, 2017, p.83.

"南京货"痴狂。这批出水珍宝最终以一千万英镑的价格全部拍出,创下了拍卖史上参拍人数最多、拍卖时间最长的纪录。

那么,这批购自广州的货物为何不叫"The Canton Cargo"(广东货)而称为"南京货"呢?原因有二,其一,据公司档案记载,戈德默森号上最贵重的物品是147块足金金锭,哈彻团队共打捞出水125块,包括"元记"金条107块(每块8×2.5×1.5厘米,重约370克,金条上下方各镌一"宝"字,中间有"元记"二字)(见彩图38),"吉宝"元宝18个(每个5.5×3×3厘米,重约370克,两侧镌"吉""宝"二字),这些黄金制品全部由十三行行商蔡康官(Tsja Hongqua)购自南京。[1]出水金元宝呈椭圆形,形似中国女人的小鞋,故西人称其为"南京鞋"。[2]南京背倚辽阔的江淮平原,东接富饶的长江三角洲,是乾隆年间江南省(包括今天的江苏、上海、安徽三省及江西、湖北、浙江部分地区)省府,又因濒江近海,交通便利,历来便是长江流域的贸易中心,江南省出口欧洲的丝绸及茶叶大多汇集至南京再转运广州。其二,西方人普遍以为景德镇外销瓷器先运往南京,再由南京销往广东,故拍卖公司称其为"南京货"。但是,这种理解或称呼有一定偏差。事实上,明清销往欧洲的景德镇瓷器极少先北上南京再绕道南下广东,一般多利用赣江和北江水路运输,也即从景德镇起运,通过昌江、鄱阳湖、赣江,经由南昌、樟树、吉安、赣州等地,到达大余南安镇码头再上岸陆运,越过梅岭抵达广东北部的南雄后再度上船,经由北江水运抵佛山、广州,可见当时瓷器南下运输成本之高。"欧洲人对中国城市的地理位置只略知皮毛,简单地认为南京是行商进货之地;而行商可能以'南京'之名指称这个城市和包括景德镇在内的这一地区,沿用至18世纪末的英语术语'南京瓷'(Nankeen ware or Nankeen china)或许也得名于此"。[3]总之,不论这批货物与南京有多大关系,它在出水之后便被约定俗成地称为"南京货",通过拍卖分流到世界各地。

二、"南京货"中的瓷器及其特征分析

"南京货"最大宗之货物为瓷器。这批瓷器皆为景德镇批量生产的通货,而非在纹样、器型、色彩方面均有特殊要求的"订烧瓷",其目标客户不是皇家权贵,而是欧洲广大的中产家庭。但是,这批瓷器在烧造、釉质、装饰等各方面都体现出乾隆盛世精湛的工艺。16万件海捞瓷器皆被断代为乾隆十五年(1750),以家用器具居多,另有小部分白釉或彩釉人物及动物瓷像,人物有翁媪、仙道、童子及西人,动物则禽兽皆备。除瓷器外,尚有8件造型各异的宜兴紫砂茶壶,这些量小质优的陶瓷器可能都属于私人采购的纪念品。

器型。以日用的杯、碗、盘、碟、罐、壶、瓶居多,根据西人的饮食习惯成套制作成茶具、餐

---

[1] C.J.A. Jorg, *The Geldermalsen History and Porcelain*, Kemper Publishers Groningen, 1986, p.57.
[2] Ibid..
[3] C.J.A. Jorg, *Porcelain and Dutch China Trade*, The Hague:Uitgeverij Martinus Nijhoff, 1982, p.123.

具、咖啡杯或巧克力杯具。成套杯碟多为各种饮料准备,但茶杯和咖啡杯多无把手,而巧克力杯略高于前者,且有单把手。有杯无碟者为马克杯,用于装啤酒。成套西式餐具则品类多样,包括尺寸不同、深浅各异的餐盘若干,另有沙拉碗、潘趣碗、黄油碟、调味汁碟、盐碟、烛台、汤盘等。除这些餐饮器具外,还有少量唾壶、痰盂等日用品及109尊人物瓷像及少量动物像。瓷像以中国人居多,有身着蓝袍、怀抱或肩背幼儿的翁媪像,也有或站或躺的道家神仙像(如和合二仙),还有身穿肚兜、头扎双髻的微笑童子像。较为奇特的是三尊热舞男女像,尽管有的头部已缺失,但从其服饰及姿态看,无疑是欧人,这些欧式瓷人像很可能是德国迈森(Meissen)产品的仿制。动物像包括一对瓷马及鹦鹉、野鸭、斑鸠等禽鸟,以素净的白瓷为主。

纹样。纹样多为简洁朴素的花卉、园林造型,留白较多,清雅简洁,已不见17世纪早期欧洲大量进口的克拉克瓷器繁复缛丽的纹样。主题有菊花怪石、湖畔宝塔、竹菊图、柳药图等,已少见康熙时期的人物主题,即便出现人物,也仅是微不足道的点缀。说明18世纪中期,人物主题已从青花瓷转移至粉彩瓷。这批瓷器中较为罕见的是一种鱼藻主题,四尾不同色彩的锦鲤游弋于水草和荷花间,姿态各异,栩栩如生,盘边饰以简洁的折枝牡丹。(参见图6-1)纹样清雅秀丽,展现出景德镇瓷器的卓越工艺。水藻、荷花造型看似相同,仔细比较却有差别,说明这些纹样仍由手工绘制,而非当时西方兴起的转印技术。另一种较为稀见的纹样出现在汤盘上,西人称之为"天空"(sky),盘子下侧为亭、树、石的组合,右侧盘边绘有一小型装饰花纹,盘子上侧全

图6-1 "南京货"中的鱼藻盘,转引自佳士得拍卖手册第37页。

部留白,似一片天空,呈现出一种传统瓷器纹样中少见的空寂美,(见图1-20)很可能受到中国文人画或日本装饰风格的影响。

釉彩。这批出水瓷器按釉彩类型可分釉下青花、釉上粉彩及釉下、釉上合绘三类,青花瓷占出水瓷器的三分之二强,其次为青花与粉彩的合绘,另有小部分粗瓷及青瓷可能用于亚洲内部贸易,如销往巴达维亚等地。粉彩也叫"软彩",是一种低温釉上彩,创烧于清康熙晚期,借鉴了珐琅彩多色配制及中国画的用粉、晕染技法,在素器上以"玻璃白"打底,彩料作画,再经炉火烘烤而成,色彩丰富,色调淡雅柔和。但其质地较软,又无瓷釉保

护,故无法抵御200多年海水的侵蚀冲刷,出水后大多已面目全非。而青花瓷为釉下彩,是用青料描绘图案纹样后罩上透明釉,入窑以1 300度左右的高温一次烧成,出水后依旧光洁如新。这批货物中还出现了一些特殊的上釉方式,其一是模仿日本"伊万里"(Imari)瓷器,在釉下青花的基础上,再增加釉上粉彩,色彩以铁红及金色为主;(如图6-2)其二是"巴达维亚瓷器"(Batavia Ware)(如彩图39),瓷器外部上酱釉,釉下或有装饰图案,但内部则仍为青花主题。据说巴达维亚人喜用各种褐色的家庭用品,故名。这种瓷器最早出现在17世纪末,但流行于18世纪前半叶。

三、从"南京货"看荷属东印度公司瓷器贸易的变迁

1602年,荷兰联合东印度公司成立,不久便在东南亚海域取代了葡萄牙的霸主地位,并于1621年在巴达维亚建立其贸易中心,平均每年从本土派出25艘商船前往亚洲。公司一直努力与中国开展直接贸易,几番尝试均以失败告终,只能与抵达巴达维亚、万丹(Bantam)、马六甲的中国商船开展贸易,大量进口瓷器销往欧洲以获取巨额利润。1624年,公司在福摩萨(也即台湾)建立贸易点,为瓷器贸易开辟了更为便捷的通道,欧洲高端客户要求特殊的订烧瓷由此可直接向景德镇下单。仅17世纪上半叶,该公司通过各种渠道购买并运抵欧洲的瓷器总量即超过300万件。正因为海上马车夫强大的搬运能力,曾为欧洲上流社会君王权贵专享的瓷器方能逐渐走入寻常百姓家。

从17世纪二三十年代至18世纪中叶,荷属东印度公司进口的中国瓷器在器型及装饰风格上不断发生变化,大致经历了克拉克时期、过渡期(Transitional Period)及多元期。17世纪初到30年代,公司进口的大量"克拉克"瓷器——一种可能得名于葡萄牙语

图6-2 南京货物中的中国伊万里瓷器,转引自佳士得拍卖手册第171页。

图6-3 "南京货"中编号为3088的瓷碗。

"carraca"（商船之意）的景德镇外销瓷，这类瓷器多为釉下青花，体型轻薄，纹样繁复并遍布器物表面。盘碗多为花口，边缘常用开光，器物内部圆心多绘以花鸟、亭台、人物、山水等主题，外部开光片中绘以杂宝、蕉叶、花卉、瓜果等纹样。器型传统，以中式盘、碗、罐、壶、军持为主，但已出现了少量剃须盆、啤酒杯、高花瓶、便壶等欧式器型。"克拉克"瓷尽管不如官窑瓷精致秀美，却是最早的上规模的外销瓷品种，在中西陶瓷交流史上具有举足轻重的地位。明清鼎革时期，"克拉克"瓷逐渐式微，瓷器随着时代变革也进入了过渡期。这一时期的瓷器胎质细腻，少有气泡或瑕疵，青花温润亮丽，装饰简洁清新，涌现出较多新器型及装饰风格。大型瓷器的主体装饰不再如"克拉克"样式被分割成不同部分，而引入连贯的山水园林、花卉禽鸟、各式人物、神话瑞兽的画面，一器一主题，摒弃繁复，追求疏朗有致。此外，盛行于明末清初的套色版画也出现在瓷器上。哈彻于1983年打捞出水的中国商船上的瓷器恰好能体现出这种过渡期的风格。此船离戈德默森号商船只约一英里远，目的地可能为巴达维亚，约沉没于1645年，船上所载25 000多件瓷器中虽有明代德化瓷，但仍以青花瓷为主，器型以碟、碗、瓶、罐、军持、折沿盆（Klapmutsen）为主，[1]其中一只瓷罐有崇祯十六年（1643）底款。小部分瓷器中仍保持着"克拉克"样式，说明其尚未完全退出历史舞台。更多的则是过渡期风格的器物，如长颈鼓腹外加盘状口和盘状把的军持，还有一种蒜头口的青花执壶，均为前所未见的新器型。[2]这一时期的装饰风格趋于疏朗大气，如一对椭圆形姜罐上的主题画面分别为翔凤与麒麟，肩部装饰以阿拉伯风格的几何图形，罐颈为折枝莲花，简洁大气，灵动秀逸。而那只署有崇祯十六年底款的瓷罐，其纹样更似一幅木刻画，左侧几枝出水芙蓉亭亭玉立，右侧清波之上一只喜鹊喳喳飞来，画面上方镌有"喜事连年"四字，颇具十竹斋画谱之神韵。明末书画篆刻家、出版家胡正言（约1584—1674）约于天启初年发明"饾版""拱花"印刷技法，[3]开创了古代套色版画之先河，其采用饾版、拱花技术印制的版画雕刻细腻、色彩鲜艳，被迅速推广运用于各种装潢艺术中。而这批出水瓷器的产出时间正是套色版画的成熟期，可见胡氏版画艺术风格已被沿用到了瓷画。总之，哈彻打捞的这批明代瓷器，在品质及拍卖价格上均高于"南京货"，清初海禁导致过渡期类型的瓷器数量相对较少，由此出现物稀为贵效应。为应对特殊时期中国瓷器断供的情势，荷属东印度公司不得不将采购地移至东瀛，但一直受到日本瓷供货慢、价格高等问题的困扰。

17世纪80年代，随着清政府收复台湾，华南沿海地区的对外贸易逐渐恢复，利润召唤处不可无荷人，公司对华瓷器贸易再度活跃。但是18世纪初，英、法等国的东印度公司崛起，每年在广州、厦门等地采购大量茶叶、丝绸及瓷器，成为荷兰人的强劲对手，并左右着

---

［1］ Klapmutsen是荷人某种帽子的名称，这种瓷盆形似此帽，可能专为荷兰人定制。
［2］ Colin Sheaf, *The Hatcher Porcelain Cargoes: The Complete Record*, Oxford: Phaidon Christie's, 1988, p.73.
［3］ 胡正言，明末清初书画篆刻家、出版家，字曰从，号十竹，原籍安徽休宁，长期定居于金陵鸡笼山侧。擅长篆刻、绘画、制墨工艺，首创"饾版""拱花"技法，主持雕版印刷的《十竹斋书画谱》(1627)和《十竹斋笺谱》(1644)是我国印刷史上划时代的作品。

欧洲的消费时尚。青花瓷继续旺销的同时,欧洲市场对定制瓷、粉彩瓷、珐琅瓷的需求逐年上升,黑、黄、绿、粉、红等各种色彩的新颖装饰主题层出不穷。模仿日本伊万里瓷器风格的"中国伊万里"(Chinese-Imari)独树一帜,颇受欢迎。褐色酱釉瓷器也已出现,但仍较为稀见。在欧洲贸易对手的强劲挑战下,十七绅士(Heren XVII)决定公司于1729年开始直接对华贸易,每年派4条船往返于荷兰与广州之间。8月商船顺着季风而来,甫一靠港,最先采购之物必然是瓷器,因为它既可当压舱物,保持船体的平稳,又可隔离潮气,确保上层货物如茶叶、丝绸、香料的干燥。至1734年,公司在五年内共进口瓷器450万件,毛利润达到183%。[1]这种旺盛的瓷器贸易一直持续到18世纪70年代末,后因英国陶瓷业及荷兰本土代尔夫特蓝陶的兴起,再加上四年英荷战争(1780—1784)的干扰,公司在华瓷器贸易连年萎缩,直至1795年公司解散。"从17世纪开始,直至18世纪终了,荷属东印度公司至少进口了四千三百万件瓷器到欧洲",[2]使其成为广大百姓的日常生活用品,不仅重塑了西人的餐饮习惯,牢固占据着餐桌及茶几,而且改变着他们的装饰文化,因为瓷器被挂在墙面,摆上壁炉,成为一种常见的室内装饰品。

由此可见,"南京货"已处于外销瓷器的多元期,艺术风格较明末清初过渡期有了较大改变,虽然装饰主题仍以中式为主,但器型全面欧化以符合西人的日常生活。1751年秋东印度公司泽兰分部收到的戈德默森号装箱单即可说明这一点:

序号	货　品	数　量
1	成套餐具 tafelserviesen	171套
2	茶杯及茶盘 theegoed	63 623套
3	咖啡杯及盘 koffiegoed	19 535套
4	巧克力杯及盘 chocoladegoed	9 735套
5	茶壶 trekpotten	578只
6	奶壶 melkkommen	548只
7	浅餐盘 tafelborden	14 315只
8	汤盘 soepborden	1 452只
9	痰盂 quispedoren	299只
10	唾壶 spuijgpotjes	606只
11	鱼盘 viskommen	75只
12	单碟 enkele schalen	447只

[1] C.J.A. Jörg, The Porcelain Trade of the Dutch East India Company, *Interaction in Ceramics Oriental Porcelain & Delftware*, Hong Kong: Urban Council, 1984, p.16.
[2] [美]罗伯特·芬雷著,郑明萱译:《青花瓷的故事:中国瓷的时代》,海南出版社,2015年,第293页。

(续表)

序号	货　　品	数　　量
13	巢型圆盘 nest ronde schalen	1 000 只
14	黄油盘 botervloofjes	195 只
15	碗及盘 kommefjes en pieringen	2 563 套
16	马克杯或英式啤酒杯 mugs of Engelse bier kannen	821 只
17	废水盂 spoelkommen	25 921 只

注：上表转引自 The Hatcher Porcelain Cargoes 一书附录4,第172页。

由上表可知,18世纪中期公司进口的瓷器瞄准正在发展的中产阶层,他们已有购买品质较好的瓷器的能力,而且饮茶、喝咖啡已成为他们的日常,因为此订单上数量最大的便是茶具、咖啡用具,成套餐具尽管只有171套,但"当时一套标准餐品组约由一百三十件组成,包括六十个盘子、二十四个汤碗、二十一个上菜大盘、四个酱料长碗、一个鱼盘、六个大盖碗、六个盐瓶和六个色拉大碗。此外还有其他调味瓶、椭圆碟、冷酒器、烛台等附属用具"。[1]瓷器已由权贵阶层的奢侈品变身为中产阶层的必需品,中欧瓷器贸易在此时达到了最高峰。此后,由于欧瓷特别是英国陶瓷的兴起以及精英阶层审美情趣的改变,"中国风"艺术风格渐趋式微,瓷器销量也随之逐年下滑,中国瓷独霸世界的地位从此一去不复返。

四、跨越两百年的西方"瓷热病"背后的文化动因

"瓷热病"(la maladie de pordelaine)一词出自萨克森帝选候兼波兰王奥古斯多二世(Augustus the Strong, 1670—1733),他一生拥有24 000件中国及日本瓷器,曾自嘲这种对瓷器近乎疯狂的占有欲为"瓷热病"。[2]此君不仅购买瓷器,还雇佣炼金术士博特格(Johann Friedrich Böttger, 1682—1719)找到制瓷秘方和高岭土,于1709年在萨克森的迈森创立皇家瓷厂,从此打破了中国瓷一统天下的局面。

其实,奥古斯多二世并非第一个身患此症之人,早在16世纪,葡萄牙的唐·曼努埃尔一世、唐·若奥三世就用260余只青花瓷盘装饰里斯本桑托斯宫(Palacio de Santos)中的中国屋,金字塔型屋顶上贴满了大大小小的"克拉克"瓷盘。此后,"瓷热病"便在欧洲各国的王公贵族间蔓延,而出身于奥兰治王室的威廉三世(William III, 1650—1702,荷兰执政兼任英国国王)及其皇后玛丽二世更是"瓷热病"的强力推手。威廉三世是荷属东印

---

[1]《青花瓷的故事——中国瓷的时代》,第304页。
[2] Mike McKiernan, La maladie de porcelain, *Occupational Medicine*, Vol. 61, Issue 3, May 2011, pp.146-147. 又有人称"瓷热病"为china-mania. Louise Chandler Moulton, *Randam Rambles*, Boston: Robert Brothers, 1881, p.217.

度公司的大股东,有近水楼台先得"瓷"之便利,玛丽二世酷爱青花瓷,这对夫妇因而以雄积瓷器而闻名欧洲。威廉三世于1684年雇佣法国建筑及雕刻师丹尼尔·马洛特(Daniel Marot,1661—1752)对荷兰王室赫特鲁王宫(Het Loo Palace)进行内部装饰,该宫瓷厅的陈列架上密密麻麻摆放着形制不一、造型各异的瓷器,大多为威廉夫妇的藏品。1688年英国光荣革命后,他们又将茶饮习惯及大批瓷器带到英国,并在汉普顿宫专辟瓷器陈列室,"瓷热病"由此席卷英伦三岛。18世纪初,这一"症状"开始下移至社会各阶层,数以百万计的瓷器涌入欧洲,使其价格日益亲民,"18世纪阿姆斯特丹某张当铺货单显示,即使贫困人家日常也饮用咖啡和茶,其中四分之三更拥有一两件瓷器,虽然常常不免缺口或裂缝"。[1]而"南京货"西行之际正是乾隆盛世,亦是"天下瓷都"景德镇的鼎盛期,欧洲旺盛的需求与中国充足的产量在此时达到了最完美的契合,这种蜜月期在此后的瓷器贸易史上再未出现过。

而这一蜜月期也正是"中国风"在欧洲登峰造极之时。兴起于17世纪中叶的"中国风"形象地折射出人类喜新厌旧的审美习性,当欧洲精英阶层开始厌倦文艺复兴以降平衡对称、庄严厚重、讲究秩序的古典艺术风格时,"中国风"优雅的凌乱、灵动的曲线、艳丽的色彩,也即坦普尔爵士所谓的"sharawadgi"便开始登堂入室,而中国瓷画正代表了这种打破秩序之美,"突破观念的束缚,自由舒展、漫无章法的怪诞,天青色调浮游于透视法出现之前的世界——这就是一只中国茶杯"。[2]然而,"中国风"在盛行一个世纪后,代表审美趣味回归的新古典主义兴起,"中国风"与中国瓷一起被扣上幼稚、阴柔、俗丽、脆弱等帽子,逐渐于18世纪后期淡出历史舞台。巧合的是,与此同时,曾经不可一世的海上霸主荷属东印度公司也于1795年宣布解散,中国瓷与该公司可谓休戚相关、命运与共。

两百多年后,随着阿姆斯特丹拍卖槌子的再次敲响,这种"瓷热病"再次爆发,满架待拍的青花瓷及排队等候入场的人群让人恍惚回到了乾隆盛世。相较于18世纪中期欧洲人购买中国瓷器用于饮食起居、室内装饰的消费取向,两个世纪后,他们的后人再聚阿姆斯特丹拍购这些瓷器的动机则发生了根本性的转变,200年前这些预备摆上寻常百姓家餐桌的普通瓷器再度身价倍增,成为人们追捧的奢侈品。

1986年4月28—5月2日,阿姆斯特丹佳士得拍卖公司为"南京货"举办了整整五天的拍卖会。两万余人怀揣着拥有一件哄传欧美的海捞遗珍"南京货"的梦想参加了此次盛会,一位匿名买家以332 786美元的价格买下一套144件的餐具,另一位瑞士银行家以15 275美元的价格拍得一只青花黄油桶。许多知名文化机构及百货商店也加入了竞拍的行列,如大英博物馆、荷兰国立博物馆、伦敦哈罗德百货(Harrods)、纽约布卢明代尔百货

---

[1] 《青花瓷的故事——中国瓷的时代》,第312页。
[2] Lamb Charles, *Elia and the Last Essays of Elia*, Oxford: Oxford University Press, 1987, p.281.

公司（Bloomingdale）等。英国买家对这次拍卖的兴趣最高，可能"南京货"的打捞者哈彻为该国人的缘故。最终，这场拍卖会创出了1 530万美元的拍卖业绩，远超预估价格。黄金拍卖也极火爆，净利200万美元。

购买"南京货"的文化机构主要用于收藏、展览及研究。如大英博物馆以其丰富多元、各代皆备的中国陶瓷器收藏著称，其品质之高、数量之多仅次于台北及北京故宫博物院，尤以95号馆珀西瓦尔·戴维德（Sir Percival David, 1892—1964）藏品最为精美绝伦，1 700余件陶瓷中的元至正十一年款龙纹大瓶、宋汝窑三足奁、宋耀州窑刻花大盒、宋定窑刻花大梅瓶、元青花釉里红大罐、明洪武釉里红缠枝花卉执壶、明永乐青花海水龙纹扁瓶、明成化鸡缸杯、清雍正粉彩花鸟扁壶、清乾隆粉彩芦雁执壶等皆为稀世珍品，足以代表中国整个陶瓷发展史。而海捞瓷亦为考古文物中极为重要的一种，既可从中了解各时期陶瓷的种类、器型及艺术风尚，又可从文物考古学角度探讨出水陶瓷盐析、侵蚀、附着物的解决策略，还可研究商船的航行线路、装载方式、翻覆原因，可说为子孙后代留下了一部立体生动的陶瓷交流史，因而具有极为重要的收藏价值。据记载，大英博物馆从经销商手中购买了30余件"南京货"瓷器。[1]

而哈罗德及布卢明代尔等百货公司的购买则意在赢利，一方面以相对较低的价格购进瓷器再以高价出手，另一方面趁出水遗珍的热度以提升其他商品的营业额。1896年，哈彻及"南京货"通过媒体宣传及集中拍卖在西方世界引发了极大轰动，但毕竟大部分人无缘得见这批古董的庐山真面目，更别提拥有其中的一部分。伦敦及纽约的大百货公司利用大众的好奇心及购买欲，专门开辟"南京货"空间，搭建一个沉船遗址，吸引人们前来参观，以此销售拍卖而来的瓷器，同时促进其他商品的消费，这是一种极好的利用新闻事件提升营业额的营销策略。当年7月，伦敦哈罗德百货以6倍于拍卖价的价格售出约1 000件"南京货"，如一只巧克力杯售价75磅，一只大型鱼盘售价75 000磅。[2]

而私人买家的购买动机则更为多元。大批古董经销商闻风而动，不惜砸下重金囤购出水瓷器，而后再以数倍于拍卖价的价格把这些文物销售给下游顾客，他们的动机在于谋利；皇室成员、演艺明星等富豪权贵一掷千金购买"南京货"中质量最上乘的瓷器或金条，他们的目的在于收藏及投资；中产阶层的顾客购得一两件心仪之物，或用于收藏，或用于装饰，或用于研究。更有人并非青睐中国瓷器，而是被哈彻神话般的成功探险经历吸引，购买瓷器以示他们对心目中的英雄的崇敬。但无论公私买家的动机如何，他们都或多或少受到了康乾盛世雍容、平和、典雅的瓷文化的感召。乾隆时期，社会安定，国力强盛，延续了康雍乾三代的督陶官制度继续推行。"南京货"出产时的督陶官为唐英（字俊公，1682—1756），此公监督景德镇窑务28年之久，由其主持烧制的瓷器无不

---

[1] *The Nanking Cargo*, p.138.
[2] Ibid., p.136.

精美，世称"唐窑"。这位"曾与工匠同食息者三年"的督陶官毕生致力于制瓷工艺的研究和创新，在其努力下，景德镇瓷器的品质无论是官窑还是私窑均得到了整体提升，瓷器生产登峰造极，品种之繁多、装饰之华美、品质之精良皆非后世所能企及，因而极具收藏价值。

此外，戈德默森号作为荷属东印度公司的重要一员，其航行历程、买卖货物、船员乘客皆记录在案，所有货物来历清楚。这些沉海遗珍经哈彻团队打捞出水后，每件拍品皆被登记编号（见图6-3），并有拍卖证书，绝无古董市场常有的赝品之虞，这也是"南京货"吸引众多买家的重要原因。

更重要的是，"南京货"出水之时正是中国启动改革开放的历史性时期，神秘的东方巨龙鼓翼腾飞，龙的传人开启国门，扩大邦交，重返联合国，再度引起世界的瞩目。充满活力的市场经济使传统外贸大省粤、闽两地再次成为对外开放的前沿，深圳、珠海、汕头、厦门四市先后设置经济特区，成为吸收外资、学习国外先进科技和管理经验的窗口。"南京货"出水的1985年，长三角、珠三角、闽南三角区先后成为经济开放区，全方位、多层次的开放格局从此形成，中西经贸及文化交流自此走上多元合作、和谐共存、互利共赢的道路，而"南京货"引发的"收藏中国"热亦是国际社会对中国改革开放新国策的一种会心的呼应与致敬。

第二节　从"哥德堡号"到卓宁霍姆宫：东印度公司与18世纪瑞典的"中国风"

1731年，瑞典东印度公司（Svenska Ostindiska Compagniet）于歌德堡组建，[1]在其后80余年的远东贸易中，37条商船往返于欧亚之间132次，目的地除3次为印度外，其余皆为广东。[2]尽管相较于英国及荷兰的巨无霸东印度公司，瑞典公司微不足道，[3]但在1731—1813年的远东贸易期间，也进口了3 000万件中国瓷器，[4]外加茶叶、丝绸、香料、

---

[1] 瑞典东印度公司创建者为德籍瑞典人亨利·科尼格（Henrik König）、苏格兰籍瑞典人科林·坎贝尔（Colin Campbell）及瑞典人尼古拉斯·萨格林（Niclas Sahlgren），现藏于哥德堡市立博物馆（Goteborgs Stadsmuseum）的"潘启官一世"（Puankhequa I，即潘振承）玻璃肖像画即是这位著名行商赠送给尼古拉斯·萨格林的。

[2] ［瑞典］英格丽·阿伦斯伯格：《瑞典"哥德堡号"再度扬帆》前言，广州出版社，2006年，第18页。

[3] 资料显示，1752年荷兰东印度公司拥有雇员36 000人（不包括殖民地的土著雇员），远洋商船200余艘，而瑞典公司在1731—1745年间只有商船12艘，其中3艘于1745年沉没，公司雇员在400—800人之间波动。Jorgen Weibull, The Swedish East India Company and the Final Voyage of the East Indiaman Gothebong, 1743—45, Berit Wastfelt, Bo Gyllensvard, Jorgen Weibull edit, translation by Jeanne Rosen, *Porcelain from the East Indiaman Gothebort*, Private Publication, 1990, p.15.

[4] Bengt Johansson, *The Golden Age of China Trade: Essays on the East India Companies' Trade with China in the 18th century and the Swedish East Indiaman Götheborg*, Hong Kong: Viking Hong Kong Publications, 1992.

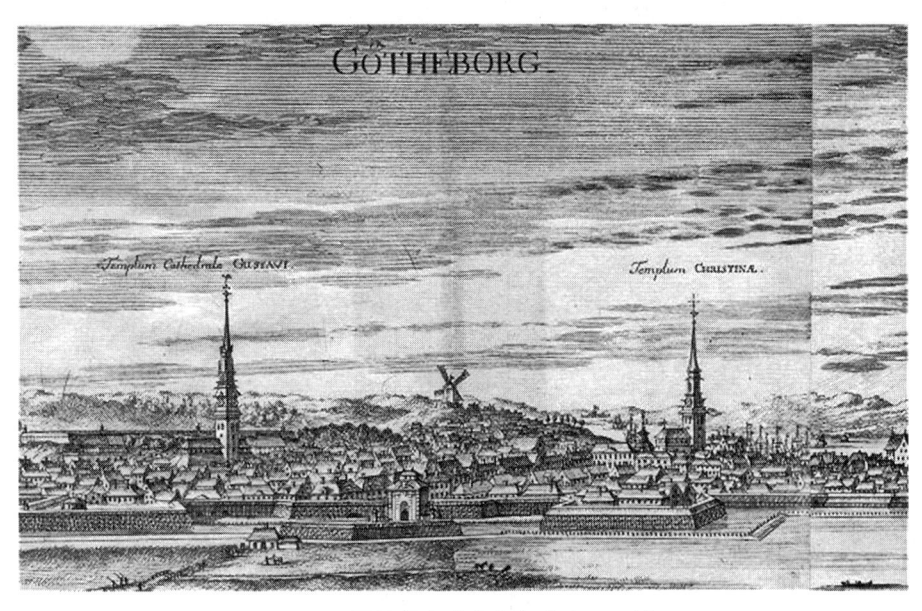

图6-4 哥德堡市瑞典东印度公司旧址。

漆器等大宗商品,不仅使该公司成为瑞典历史上最成功、利润率最高的企业,而且在客观上揭开了中瑞文化交流的序幕。回顾公司这段历史,可圈可点的人物如东印度公司创始人之一科林·坎贝尔(Colin Campbell,1686—1757)及随船牧师彼特·奥斯贝克(Pehr Osbeck,1723—1805)旅行笔记对广州口岸贸易、夷务管理及风土人情的详尽描述,[1]向欧人展现了18世纪瑞典对华贸易状况及广州城市社会风貌;设计伦敦丘园宝塔的著名建筑师威廉·钱伯斯正是出生于哥德堡,早年在担任瑞典东印度公司押运员期间两次入华,并将岭南建筑园林艺术传播至欧洲;瑞典动植物学家卡尔·林耐(Carl von Linné,拉丁文作Carolus Linnaeus,1707—1778)弟子如东印度公司船长卡尔·古斯塔夫·艾克贝格(Carl Gustaf Ekeberg,1716—1784)曾偕公司商船东行10次,[2]正是他们启动了对中国动植物的初始研究;曾任公司驻广州商行大班的历史学家龙斯泰(Anders Ljungstedt,1759—1835)以《早期澳门史》(*An Historical Sketch of the Portuguese Settlements in China*)一书成为世界首位研究澳门历史的专家。除此,公司积累的财富源源不断投向瑞典王国的文教领域,如查尔莫斯技术学校(The Chalmers School of Technology)及萨赫格伦大学医院(Sahlgrendka University Hospital)便是由东印度公司执行官威廉·查尔莫斯及尼古拉斯·萨赫格伦(William Chalmers和Niclas Sahlgren)捐资建造,这些高等学府与中国同

---

[1] Colin Campbell, *A Passage to China, Colin Campbell's Diary of the first Swedish East India Company Expedition to Canton, 1732-33*, Edited by Paul Hallberg and Christina Koninckx, Royal Society of Arts and Sciences in Goteborg,1996. Pehr Osbeck, *A voyage to China and the East Indies*, London: Printed for Benjamin White, 1771.

[2] 卡尔·古斯塔夫·艾克贝格于1742—1778年间曾到达中、印10次,因其在植物学方面的贡献入选瑞典皇家科学院,并于1777年被赐予爵士封号。

类学校一直保持着广泛的学术交流。然而,由于18世纪瑞典王室出于保护国外利益相关者及买方权益的目的,出台东印度公司贸易活动不对外公开、公司贸易账薄在每个财政年度末必须销毁的规定,瑞典东印度公司档案远不及英、荷其他国家的丰富完备,为学界的相关研究带来了诸多困难。本节只能利用有限的资料,以公司沉船"哥德堡号"及皇家卓宁霍姆宫为切入点剖析"中国风"对瑞典文化的影响。

一、从"哥德堡号"沉船遗珍看中瑞文化的早期交流

"哥德堡号"建造于18世纪斯德哥尔摩著名船坞特拉诺瓦(Terra Nova),1738年下水并以瑞典东印度公司母港所在城市哥德堡命名。该船长40.55米,宽10.3米,排水量833吨,配有30门大炮,[1]分别于1739、1741及1743年三次抵达广州。[2]从哥德堡出发,先将瑞典的木材、焦油、沥青、铜铁等用于造船的原材料运往西班牙南部港口城市卡迪兹(Cadiz),换取白银后再前往广州采购当时畅销欧洲的丝、茶、瓷等货物,[3]运回的商品按政府批准的海运契约90%通过拍卖转售至英、法等国及其美洲殖民地,从而获取高额利润。

1745年1月11日,该船从广州启程回国,全船共有141个船员,[4]包括大班Auguste Tabuteau、船长Erik Moreen及随船牧师Peter Holmertz。满载700吨货物的商船经过8个月的航行终于抵达瑞典海域,[5]离奇的是,该船却在距哥德堡母港尼亚·埃尔夫斯堡要塞(fortress of Nya Elfsborg)约900米的海面突然触礁沉没,当时抢救打捞出约30吨茶叶,80匹丝绸及大量瓷器。1746—1747年间,公司再次打捞出1 180匹丝绸、部分瓷器及茶叶,但仍有三分之二的货物遗留于沉船。从19世纪起,不断有人对该船进行打捞,较大的一次在1906—1907年间,探险家詹姆斯·凯勒与卡尔·里昂打捞出水4 300余件瓷器及大量碎瓷片。[6]1984年底,瑞典水下考古学会决定用声呐技术对该船进行该国历史上最大的考古发掘,称为"瑞典东印度商船哥德堡号项目"(the Swedish East Indiaman Götheborg Project)。瑞典法律规定国家海域内超过100年的遗址如无政府特许不准发掘,此项目获批一是因为沉船遗址可供海洋考古学研究,二是保护性发掘沉船可以更好地呈现东印度公司及哥德堡这一港口城市在18世纪瑞典外贸史上的地位及重要性。在1986—1997年十余年间,项目组成员共发掘出300余件完整的瓷器及6吨重的瓷器碎片,

---

[1] *The Swedish East India Company and the Final Voyage of the East Indiaman Gotheborg, 1743-45*, p.1.
[2] 前两次分别为1739年1月—1740年6月,1741年2月—1742年7月。
[3] 卡迪兹是南美银矿的聚集地,因而在全欧银价最低。
[4] 后又发现3个藏匿于船舱中的男孩。*Porcelain from the East Indiaman Gotheborg*, p.27.
[5] 货物包括289箱、12桶、2 388捆瓷器(约50—60万件,共100吨),6 056条锌,2 677箱茶叶,19箱、1 180捆丝绸,1.8吨胡椒,11.4吨姜,2.3吨藤制品,3.4吨珍珠母。以上信息来自https://www.gotheborg.com/project/storyofaship.shtml。
[6] *Porcelain from the East Indiaman Gothebort*, p.11.

另有部分茶叶、生姜、香料等食物,据说封存海底200余年的茶叶出水后仍能冲泡且清香四溢。

从数量庞大的"哥德堡号"海捞瓷器及瓷片中,我们得以一窥乾隆早期中国外销瓷的特征以及这些瓷器与上文"戈德默森号"海捞瓷的差别。

同"戈德默森号"一样,青花瓷也是"哥德堡号"采购的主要商品,研究人员将打捞出水的碎瓷片作归类分析,青花瓷占比51.7%,[1]超出了所有其他品类瓷器的总和:

品类	青花瓷	外酱釉内青花	青花兼粉彩	外酱釉内粉彩	白底粉彩	白底粉彩加青花线条	白瓷	外酱釉内青花兼粉彩	外酱釉内素白
占比	51.7%	22%	10.5%	6.7%	3.1%	2.1%	1.2%	0.3%	0.3%

注:上表数据参考了 Berit Wastfelt, The Gotbeborg's Cargo of Porcelain 一文。[2]

由上表可见,青花瓷及外酱釉内青花的瓷器占70%强,但这两类瓷器的价格是所有瓷器品类中最低的,由此可知,公司早期的瓷器进口求量不求质,因为瓷器的利润不及丝绸、茶叶及香料,其销售对象已逐渐下沉至中产阶层。另外,丝、茶、香料皆是轻质货品,唯独瓷器兼具防潮、压舱功能,因而大量采购廉价统货也有航行安全的考量。

除青花瓷外,以外酱釉为特色的巴达维亚瓷占比近三成。[3]"哥德堡号"沉没时间只比"戈德默森号"(1752年1月3日沉没)早七年,因而两者所购瓷器无论在器型还是釉彩方面皆相差不大,"戈德默森号"上同样载有大量巴达维亚瓷器,说明这种上釉方式是雍乾时期的一种时尚。但"哥德堡号"出水的巴达维亚瓷器很多外侧酱釉已失去光彩或结有硬壳,成为藤壶及蛤蜊的栖息地。哥德堡海事博物馆(Sjofartsmuseet Goteborg)藏有一只酱釉青花折枝花卉纹碗,撇口、深腹、圈足,口径与足径分别为14.8及6.7厘米,高6.8厘米,这种器型及纹样是巴达维亚瓷中最常见的一种。[4]此外,"哥德堡号"出水瓷器碎片中有十分之一为"中国伊万里"(Chinese-Imari)瓷,这种瓷器在颜色及纹饰方面吸取了日本伊万里瓷器的特点,是釉下蓝彩与釉上矾红、描金的结合。乾隆时期又增加了绿色,色彩比日本伊万里瓷器更丰富。但这种瓷器的粉彩部分大多被海水及泥沙侵蚀褪色,如图6-6即为一只红绿彩花卉纹缸,直径8.8厘米,高6.8厘米,釉上花卉的红、绿粉彩均已褪为黄褐色,而罐口及底部的青花线条依旧如新。[5]"哥德堡号"出水瓷器中还有一小部分白

---

[1] Berit Wastfelt, The Gotbeborg's Cargo of Porcelain, *Porcelain from the East Indiaman Gotheborg*, p.43.
[2] Ibid..
[3] 瑞典人称巴达维亚瓷为café au lait,这种瓷器的特点是外部酱釉,内部则有青花、粉彩、素白、黑金或混合类多种釉彩。
[4] 故宫博物院编:《瑞典藏中国陶瓷》,紫禁城出版社,2005年,第114页。
[5] 同上书,第125页。

瓷、白底粉彩瓷及浅灰蓝色瓷（Powder Blue），有些瓷器采用釉下刻花技艺，[1]能表现出各种浮雕效果，深得瑞典人青睐，称其为An boa。还有少量瓷器采用类似漆器的螺钿工艺，器物表面有镀金或贝母装饰，瑞典人称其为Laque burgautee，[2]这些瓷器绘制、烧造工艺较为复杂，远比普通的青花瓷及巴达维亚瓷贵重。

图6-5 "哥德堡号"出水斗鸡纹青花瓷盘，现藏于哥德堡海事博物馆。

图6-6 "哥德堡号"出水乾隆红绿彩花卉纹缸，现藏于哥德堡海事博物馆。

尽管在所购瓷器的品类上，"哥德堡号"与"戈德默森号"有很大相似之处，但在瓷器纹样上，前者却远比后者丰富。纹饰"本质上是从属的艺术，它的价值不是内在固有的，而是取决于它所使之生色的物品"，[3]在此意义上，纹饰凸显了瓷器的特征，强调了它的结构形式并通过增加表面的丰富度提升了它的价值。相较于17世纪欧洲大量进口的"克拉克"瓷，乾隆早期的青花瓷在纹样上已有很大改变，由"克拉克"瓷的繁复缛丽嬗变为简约清雅。纹样主题大致有山水园林、塔榭栏楯、人物禽鸟、树木花卉、莲池怪石、杂宝花饰等，值得注意的是，人物不复康雍年间瓷器所着重表现的主题，而呈微型化、边缘化倾向，已退居点缀地位。除上述这些传统主题外，"哥德堡号"出水瓷器有两种新颖活泼的动物纹样引发了广泛关注，一是青花斗鸡纹浅盘（图6-5），1905年由詹姆斯·凯勒打捞出水，并于2005年在北京故宫展出。此盘口径与足径分别为23及12.7厘米，[4]浅腹，矮圈足，酱色口，盘沿绘有莲花、竹叶纹饰，盘心则是主题纹饰斗鸡图，两只以青料绘就的公鸡毛羽偾张、怒目相向，极其生动形象。斗鸡在中国文化中有"英雄斗志"之寓意，是民间艺术的常

---

[1] 瓷器的传统装饰技法之一，指在瓷坯上用刀刻出花纹再罩釉。
[2] Berit Wastfelt, The Gotbeborg's Cargo of Porcelain, *Porcelain from the East Indiaman Gotheborg*, p.43.
[3] [美]乔迅著，刘芝华、方慧译：《魅感的表面：明清的玩好之物》，中央编译出版社，2017年，第73页。
[4] 《瑞典藏中国陶瓷》，第104页。

用主题。此纹样整体构图新颖巧妙,以栏楯、花卉、怪石作为斗鸡的陪衬物,动静得宜,生趣盎然。另外一种动物纹样便是青花过墙云龙纹碗(见彩图41),此碗口径15.2厘米,足径6.9厘米,高7.3厘米,[1]一条青花长龙从碗内蜿蜒至外侧边缘,龙头高昂,龙爪擒有一颗火珠,云起龙骧,煞是威武。

在以上这些传统中国主题纹样中,也夹杂有少量西方或"中国风"的装饰主题,如图6-8瓷片上"描绘一中国贵族女子立于水滨喂鸭,身后女仆为其打伞遮阳,这一图纹是1730年科内利斯·普龙克为荷兰东印度公司所绘图像的简化,是一种典型的欧人对中国生活的想象,属于盛行于17世纪中叶至18世纪的所谓'中国风'(Chinoiserie)。迈森瓷厂的'中国风'设计常被中国人复制于外销瓷中"。[2]还有一套茶具描绘一欧洲男子的坐像,此人卷发长袍,左手抚猫,右手持花,背景是高大的西式建筑,这一图纹可能也来自迈森瓷器。另有至少七种不同的纹章瓷,其中一种粉彩潘趣碗绘有瑞典国王查尔斯七世(Charles XII,1682—1718)肖像,很可能是王室定制。总之,"哥德堡号"出水瓷器的纹样远比"戈德默森号"丰富,研究者甚至认为这些瓷器或许有部分来自商船回程经过的爪哇或孟加拉等地,而非全部购自广东。[3]因该船航海日记已佚,故此观点尚无法被证实。

虽然瓷器是"哥德堡号"沉船的最大宗货物,利润最高的商品却是丝绸。尽管现已无法追踪"哥德堡号"打捞出的千余匹丝绸的去向,但笔者尝试通过《熙朝纪政》《粤海关志》等史料探讨清政府对瑞典公司丝绸出口的倾斜政策及其背后的文化因缘。

明末清初,东、西夷人"皆好中国绫缎杂缯,其土不蚕,惟藉中国之丝,至彼能织精好缎匹,服之以为华好。是以中国湖丝百斤值银百两,若至彼得价二倍",[4]故丝绸一向是外商趋之若鹜之物。清初开启海禁后,清廷以丝绸换取所需之日本黄铜,故康熙二十七年(1688)始弛丝禁,东南沿海"各省商船配带自数百斤至千余斤,惟粤省洋商每船带至万斤"。[5]这一政策延续至雍正、乾隆两朝,丝绸出口最兴盛时,"外洋各国夷船到粤,贩运出口货物,均以丝货为重,每年贩鬻湖丝并绸缎等项,自二十万余斤至三十二三万斤不等。统计所买丝货,一岁之中,价值七八十万两或百余万两,至少之年亦买价至三十余万两之多。其货均系江浙等省商民贩运来粤,卖与各行商,转售外夷,载运回国"。[6]因此,乾隆九年"哥德堡号"得以装载绫罗绸缎19箱西归。然而,时至乾隆二十四年,由于"出洋丝斤过多,内地市值翔踊",[7]朝廷遂颁禁丝令。但这一禁令并未维持多长时间,乾隆二十七年,朝廷准两广总督苏昌之奏,准许英国船只"循照东洋办铜商船搭配绸缎之例,每船准

---

[1]《瑞典藏中国陶瓷》,第103页。
[2] *Porcelain from the East Indiaman*, p.270. Cornelis Pronck (1691—1759),荷兰画家、瓷器设计师。
[3] The Gotbeborg's Cargo of Porcelain, *Porcelain from the East Indiaman Gotheborg*, p.59.
[4] (明)孙承泽撰:《春明梦余录》卷四二,江苏广陵古籍刻印社,1990年,第124页。
[5] (清)王庆云撰:《石渠余纪》卷六《纪市舶》,北京古籍出版社,1985年,第285页。
[6] (清)梁廷枏撰:《粤海关志》卷二五"行商",广东人民出版社,2014年,第282页。
[7]《粤海关志》卷一八"禁令二",第360页。

图6-7 "哥德堡号"出水"山水渔舟"瓷盘残片，转引自Porcelain from the East Indiaman第80页。

图6-8 "哥德堡号"出水"撑伞美人"图案瓷盘片，转引自Porcelain from the East Indiaman第103页。

其配买土丝五千斤、二蚕粗丝三千斤，以示加惠外洋至意。其头蚕湖丝及绸、绫、缎匹，仍禁止如旧，不得影射取戾"。[1]也即生丝出品以8 000斤为上限，而丝织品一律不准出口。蹊跷的是，清廷对瑞典公司却有特殊政策，据《粤海关志》卷二四载："乾隆二十七年，特旨准配买丝斤。是年十月，瑞国商棉是旦等呈称：夷等外洋各国虽有丝斤，不谙织作，以不能自织之国，若止准带丝斤，仍属无由服用。现在瑞国已缺乏绸缎二三年，恳先准带绸缎成匹者二千斤，由两广总督苏昌代奏，并请嗣后每丝千斤，止准带绸缎八百斤，毋得额外多求。至现在瑞国恳先带紬缎二千斤之处，为数无多，臣等仰体皇上优恤远夷至意，业准其带往。"[2]1739—1767年间，公司从广州购入丝绸18.15万匹、生丝27 079公斤、丝棉混纺布77 417匹，[3]可见该公司购买量的巨大。那么，为何清政府会对瑞典人网开一面？一个关键的因素是其国名，也即苏昌奏文中所称之"瑞国"。瑞典国名Sverige源于该国梅拉伦湖地区一个古代部落名，本义为"亲属"。而其中译名"瑞典"基于英译名Sweden，清人一般称其为"瑞国"，如《清朝通典》卷九八"边防"介绍该国曰："瑞国在海洋中，国中土地平衍，有大山三，产红铜，民为开采，纳于王。王所居名仕的哥卢，国人会聚之地名乙顿巴梨，盖泊船总汇处也。其人信奉天主，自雍正十年以后通市不绝。"[4]"瑞"字在汉语中有"吉祥"之意，如"祥瑞""瑞雪"，因而让清人对这个国家有着先入为主的好感，尽管

---

[1]《粤海关志》卷一八"禁令二"，第360页。

[2]《粤海关志》卷二四"市舶"，第480页。

[3] 佳士得安·考尼克斯：《瑞典东印度公司的第一、第二特许状（1731—1766）》，转引自尹建平《瑞典东印度公司与中国》，《世界历史》1999年第2期，第46页。

[4]《清朝通典》卷九八"边防二"，商务印书馆，1935年，第2741页。

瑞语国名"Sverige"与吉祥毫无关系。此外,《清朝通典》中提及瑞典产红铜,以丝换铜、互通有无是清廷一向支持的贸易准则。再者,瑞典东印度公司相较于英、荷同行,实力悬殊犹如霄壤,故不免收敛其祖宗维京人(Viking)的骁勇杀伐之气,至少在清人面前尚属驯服,而非英人的刁顽桀骜,[1]因而清人对瑞典的好感又增加一层,认为瑞人与华通商,"略无龃龉,盖其国不强,故人多畏顺,势使然也"。[2]不可否认,这种观念带有一定的"文化无意识"(cultural unconsicious)成分,也即受特定文化的长期浸润而形成的不易察觉的文化心理,这种心理左右着人的认知、评价、决策等行为,清人将中国的祥瑞文化无意识地嫁接至瑞典人身上正是出于这一心理,如若他们得知这些人的祖先曾是臭名昭著的海盗,在8—11世纪间不断侵扰大西洋沿海各国,以血腥屠杀和大肆抢劫而令整个欧洲闻风丧胆,不知会作何感想。

二、卓宁霍姆宫的中国趣味

1753年,也即"哥德堡号"沉没八年后,瑞典王后露维莎·尤利卡(Queen Lovisa Ulrika,1720—1782)惊喜地获得了丈夫阿道尔夫·弗里德里克国王(Adolf Frederick,1710—1771)一个别出心裁的生日礼物——斯德哥尔摩郊外卓宁霍姆宫中国阁(The Chinese Pavilion of Drottningholm Palace,瑞典语称其为Château China),此阁木质单层结构,由国王亲自设计,"他带我去了乐园,我惊喜地发现自己突然站在了一个真正的童话宫殿前面,国王筹划的中国阁是你能想象到的最美丽的建筑。如果说我被中国阁的外观惊艳到了,那么其内饰之美则更无以言表。每件物品皆彰显出安排这一切的那个男人的慷慨及极佳品味……在中国阁侧翼,桌子已摆妥,一桌摆放着迈森瓷餐具,另一桌则是整套来自东印度的瓷器,在我观赏这些精美物品之后,国王命人上演中国芭蕾,以土耳其苏丹音乐伴奏"。[3]如果说中国在当时的瑞人心目中是东方伊甸园的话,那么"中国阁"便是这种想象的具现。事实上,此阁确实成为国王弗里德里克逃避紧张、喧嚣宫廷生活的"世外桃源"。

1763年,国王夫妇因此幢木质建筑出现朽损,延请瑞典建筑师阿德尔克朗兹(Carl Fredrik Adelcrantz,1716—1796)改造中国阁。(参见彩图42)改建后的主体建筑为石质双层中式楼阁,两侧各辅以一单层亭式建筑,屋顶铺设绿瓦,饰以金龙,屋檐悬挂铃铛,门窗、栏杆及廊柱皆以镀金材料装饰,各个屋角绘有金色棕榈树。中国阁内饰则由皇宫总管雷恩(Jean Eric Rehn)和阿德尔克朗兹共同设计,采纳了当时最为时尚的洛可可及"中国风"

---

[1] 转引自《广东十三行考》,第238页。
[2] (清)朱克敬:《通商诸国记》七,(清)王锡祺辑:《小方壶斋舆地丛钞》第十一帙,杭州古籍书店,1985年,第27页。
[3] 尤利卡皇后书信来自卓宁霍姆宫网站https://www.drottningholmpalace.se/english/articles-and-movies/news/2018-04-10-highlight-the-chinese-pavilion.html。

图6-9　卓宁霍姆宫"中国阁"现状,建筑基石仍为1763年原物。

装饰,用色大胆,极尽富丽之能事。阁内的绣房、红厅、黄厅、绿厅、蓝沙龙、图书室每个房间均采用洛可可式垂花饰及涡纹式,法国画家布歇及皮勒蒙想象中的中国场景也被广泛借用,四处摆放着东印度公司采购自广东的瓷器、漆器、玻璃画及小型人物塑像,而手绘壁纸、漆屏、丝绸则是展示中国异域生活的最佳载体,如黄厅两块黑底漆画壁板对广州城、珠江、粤海关、十三行中作了细致描绘,(参见彩图43)左侧漆板上方依次绘有镇海楼、广州府署、巡抚院署、南海县署、内外城墙等标志性建筑,甚至连外城的竹栏、油栏、靖海、五仙、永清五城门也一个不少,下方的十三行洋馆矗立于珠江边,江中的海珠炮台及其左侧的乌艚船历历可见;右侧漆板近景为东炮台,往上依次是粤海关、永兴门、税关、东教场,教场上的骑兵及步兵正在操练。这两块漆板生动展现了乾隆早期的广州城市风貌,其准确性堪比舆图。该厅其余墙面则饰以手绘丝质中国花蝶主题壁纸,一对满清官吏(mandarin)夫妇的微型雕像完美诠释了此厅的中国主题。(参见彩图44)一个世纪后的1866年(同治五年),一个真正的满大人——清朝使节张德彝来到瑞典,乍见中国阁便兴奋异常:"忽见中国房一所,恍如归帆故里,急趋视之。正房三间,东西配房各三间,屋内隔扇装修,悉如华式。四壁悬草书湿贴,以及山水、花卉条幅;更有许多中华器皿,如案上置珊瑚顶戴、鱼皮小刀、蓝瓷酒杯等物,询之皆运自广东。房名'吉纳',即瑞言中华也。"[1]
核对1777年卓宁霍姆宫移交国家管理时编制的藏品手册,其中大部分物品仍保留于现今的中国阁。此阁因而成为18世纪瑞典"中国风"建筑及室内装饰的杰出样板,从中大可领略由贸易商道输入的中华物质文化及艺术风格被瑞典王室的选择性及重构性

---

[1] (清)张德彝撰:《航海述奇》,钟叔河编:《走向世界丛书》第一辑,第548页。

接受。

　　以东印度公司为传播中介的"中国风"对瑞典王室的影响还不仅于此。一般来讲，欧人仿造中国园林，或是在园中建造中国式特色建筑；或是整体采用中国园林无规则、不对称、崇尚自然野趣的布局形式，弗里德里克国王夫妇主要倾向于前一种。除中国阁外，他们还别出心裁地在中国阁东侧的公园中建造一座宝塔型亭子（The Volière），两只红色鹦鹉站在亭顶，并依据描绘珠江风景的漆板画在卓宁霍姆宫西南缘的马拉伦（Mälaren）湖畔设计了一条配有小型商馆的广东街（Kantongatan）。这些具有明显互文性的建筑小品表明，在18世纪瑞典人的眼中，中国仍为代表着天堂和时尚的神秘之地。弗里德里克国王夫妇对中国文化的强烈兴趣熏染着太子也即日后的古斯塔夫三世（Gustav III of Sweden，1746—1792），后者曾于1781年计划修建一座真正的宝塔呼应中国阁，以进一步完善卓宁霍姆宫的中式景观。随着1762年钱伯斯丘园宝塔的建成，英华园林风靡全欧，在英国学习的瑞典著名园林设计师弗雷德里克·马格努斯·皮珀（Fredric Magnus Piper，1746—1824）也将这一时尚带回母国，为国王在斯的哥尔摩皇家哈卡公园（the royal park Hagaparken in Stockholm）和卓宁霍姆宫建造英华园林，这些园林有些至今尚存，尽管小巧却极具品味。遗憾的是，古斯塔夫三世计划中的宝塔却胎死腹中，因为他花了七年时间在四种设计方案中挑选，而"中国风"在其纠结之时已逐渐衰退，故造塔计划最终被放弃。

　　值得一提的是，瑞典王室与东印度公司关系密切，公司于1732年首次东征驶往中国的商船"弗里德里希斯号"（Fredricus Rex Svecia）号以当时执政的国王阿道夫·弗里德里克姓氏命名，而次年前往孟加拉的商船则名"尤利卡王后号"。王室支持重商主义观点，力排对东印度公司的各种非议，并给予免收进口税和手续费、允许公司以集资形式筹措资金、为投资者及收购公司货物的商家保密等激励措施。古斯塔夫三世同样支持公司的发展，曾作为大股东获取了公司利润的很大一部分。[1]作为回报，公司也为王室在中国购买了诸多奢侈品。如1776年7月，公司"特拉诺瓦号"（Terra Nova）商船带回古斯塔夫三世为格利普霍姆城堡（Gripsholm Castle）定制的瓷餐器，这套瓷器共700件，白底青花纹样，中间绘以蓝地三王冠的瑞典国徽，代表着该国保留至今的君主体制。这套瓷器的仿制品现今仍在皇家礼品店出售。

余论：海上商道与文化通道

　　西传中国物品并刺激了欧洲"中国风"艺术风格的兴起，此为东印度公司对华贸易的一个意外收获，然而，这一海上商道对中西文化沟通的贡献绝不仅此，更多隐性的中国影响出现在启蒙时代欧洲的政治、科学、经济、文化等诸多领域，瑞典也不例外，王室及上流

---

[1] *Porcelain from the East Indiaman Gotheborg*, p.12.

社会更成为汉学研究及入华考古项目的支持者及赞助人。

中国重农思想对瑞典政治的影响。18世纪以降，法国耶稣会士及思想家费内隆（Fénelon, 1651—1715）、梅隆（Jean Francois Melon, 1675—1738）、魁奈（Francois Quesnay, 1694—1774）、孟德斯鸠、伏尔泰等人对中国重农减税善政的鼓吹不遗余力，进而形成重农学派，推动了农民穷则国穷、农业是财富生产唯一来源思想在欧洲的传播。瑞典著名思想家、外交家卡尔弗里德里克·雪菲（Carl Fredrik Scheffer, 1715—1786）深受这一学派的影响，与法国重农主义者同声相应，曾协助法国经济学家保罗·皮埃尔（Paul-Pierre Lemercier de la Rivière, 1719—1801）编撰宣扬重农主义的《自然法则与社会政策要点》（L'ordre naturel et essentiel des sociétés politiques）一书，并积极在瑞典推广重农思想。[1]在1756—1762年担任古斯塔夫王子导师期间，雪菲将中国顺应自然、以农为本的治国方略灌输给年轻的王子。1772年在瑞典皇家学院古斯塔夫三世亲临的一次演讲中，雪菲宣称中国君臣百姓均具备与自然法则相符的哲学观，整个社会重视和鼓励农耕，这一国策使中国政治稳定、经济繁荣，是欧洲国家亟须学习、效仿的样板。作为国王智囊团的成员，雪菲的努力有力推动了古斯塔夫三世的政治改革，亦即将农业视为强国富民之本，在此基础上推动采矿、制造、航运业、加工业的发展。值得一提的是，"由于雪菲对中国社会的管理方式有强烈的兴趣，加上他进步的经济思想，他于1773年被任命为瑞典东印度公司总裁，这个职务为他实践自己的经济理论提供了相当便利的条件"。[2]

华南植物标本与林耐植物学研究。从1732年瑞典东印度"弗里德里希斯号"商船首航中国始，林耐诸多弟子便随船前往中国及东印度其他国家调查、采集植物种子及昆虫标本。为节约开支，很多人兼职商船牧师或医生，如霍兹伯格（Gustaf Fredrick Hjortzberg, 1724—1776）、沃尔夫·特伦（Olof Torén, 1718—1753）等。[3]林耐的门生博物学家彼特·奥斯贝克（见图6-10）于1750年始担任"查尔斯王子号"（Prince Charles）牧师随船前往中国，其出版于1757年的《中国及东印度国家旅行纪》对广东的自然环境、植物昆虫及民间文化作了详细记载，"我更关注这一国家的环境，如土壤、禽兽、鱼鸟、昆虫，还有树木、药草、庄稼、种子等，我还购买了许多植物种子及标本"，[4]这是奥斯贝克在前言中的自述。尽管奥斯贝克在广州仅停留四个月，却带回瑞典600余种植物样本。林耐为奖掖这位勤勉的门生，将野牡丹科中的一类植物定名为Osbeckia L.属（中文称为金锦香属），该属内另有Osbeckis Chinensist种。[5]1758年，奥斯贝克入选瑞典皇家学院成员，而林耐亦

---

[1] Le Mercier de La Rivière, Pierre François J.H, *L'ordre naturel et essentiel des sociétés politiques*, London, 1767.
[2] 张静河：《瑞典汉学史》，安徽文艺出版社，1995年，第8页。
[3] 霍兹伯格为牧师、医生、植物学家，沃尔夫·特伦为植物学家、牧师。
[4] *A Voyage to China and the East Indies*, Author's preface, p.xvi.
[5] 庚镇城：《进化着的进化学——达尔文之后的发展》，上海科学技术出版社，2016年，第87页。

先后修订或出版了《植物属》《植物种志》《植物哲学》等专著。

瑞典汉学研究及入华考古的兴起。除了动植物，奥斯贝克在其旅行记中还表现出对更深广层面的中国文化的强烈兴趣："在暂居中国及其他异域国家时，我极其注意当地居民的外貌、穿着、习俗、宗教、贸易及生活礼仪……中国人灌输给子孙的宗教是非理性的异教，然而他们教育的首要目标是道德及经济。"[1]这种兴趣在瑞典上流社会及知识界极具普遍性，如尤利卡皇后曾搜集过一批中国书籍，后瑞典著名戏剧家、小说家奥古斯特·斯特林堡（August Strindberg, 1849—1912）在皇家图书馆整理这批书籍时撰写了《中国与日本》（Kina och Japan）一书，对汉、藏、日语作了简单介绍。尽管这一研究相当粗浅，却是瑞典汉语研究的滥觞，这种传统培育了汉语研究巨擘高本汉（Klas Bernhard Johannes Karlgren, 1889—1978），高氏运用比较语言学的方法，探讨古今汉语语音和汉字的演变，一生著述百余部，研究范围涉及汉语音韵学、方言学、词典学、文献学、考古学、文学、艺术和宗教，尤以汉语及青铜器研究名满天下。又如受雇于公司的瑞典历史学者龙斯泰于1798年随"王后号"商船入华，后任瑞典驻广州商行大班，基于长期对澳门历史的考察研究以及丰富的一手资料，于1832年出版了西方首部英语澳门史《早期澳门史》，以雄辩的事实和扎实的文献资料证明了中国对澳门的主权，内容丰富，资料翔实，并且反映了当时澳门社会各个层面与领域的状况，使散落乃至濒临毁损的珍贵文献资料得以保存，因而成为国际史学界公认的研究澳门史的权威著作。

古斯塔夫三世本人则是一个优秀的考古学家，私人收藏中多有中国玉器、漆器、瓷器、青铜器及象牙制品。18—20世纪，瑞典国王及王室成员对中国一以贯之的兴趣推动了汉学研究及入华考古活动的兴起。1893—1935年间，瑞典探险家斯文·赫定（Sven Hedin, 1865—1952）多次远征中国新疆、西藏开展考古探险，并于1900年在罗布泊发现了著名的楼兰古城遗址。地质及考古学家安特生（Johan Gunnar Andersson, 1874—1960）在瑞典王室的支持下，受聘担任中国北洋政府农商部矿政顾问，在中国开展地质调查和古生物化石采集。令人啼笑皆非的是，北洋政府雇用安特生的原因竟然与清人如出一辙，他们认为瑞典是西方几个没有帝国野心的国家之一。安特生不负众望，旅居中国十余年先后发现了仰韶村、齐家坪、马家窑、周口店等文化遗址等，真正拉开了中国近代考古学的序幕。基于安特生从中国运回的仰韶古彩陶，国王古斯塔夫五世（Gustav V., 1858—1950）拨专款建

图6-10 植物学家彼特·奥斯贝克肖像。

---

[1] *A Voyage to China and the East Indies*, Author's preface, p.xvii.

立了瑞典"远东博物馆"(östasiatiska samlingarna)。

当历史的车轮驶进21世纪,在"哥德堡号"沉没260余年后,新"哥德堡号"大型仿古船建成下水,并沿着海上古丝绸之路航行九个半月于2006年7月18日重返广州。这一航海史上的佳话再次昭示了18世纪中瑞文化交流的深远影响,正如瑞典东印度公司主席格兰·本特松(Göran Bengtsson)在《瑞典"哥德堡号"再度扬帆》一书序言中所云:"'哥德堡号'将历史、造船工艺、船舶工程、文化、政治、营销、贸易和工业等各个领域结合在一起。不过最重要的是,它成为世界各地人们交流、沟通的纽带。"[1] 诚然,互通有无的贸易商道当年曾是、将来也是融物质与文化交流于一体的异质文明间的平等对话渠道。

---

[1] 《瑞典"哥德堡号"再度扬帆》前言,第7页。

总论
后东印度公司时代"中国风"的消长与海上丝路的复兴

启蒙时期欧洲的"中国风"是中西文化交流史上一段令人陶醉、充满奇思妙想的时期,是文艺复兴之后中西文化尤其是实用艺术领域的深度接触与对话,生动展现了中国文化的巨大可塑性和世界性魅力。行文至此,笔者拟在上述各章论述的基础上,首先尝试厘清一个问题,即"中国风"与欧洲本土的巴洛克、洛可可、哥特式艺术风格间有何关系?然后总结东印度公司的终结与"中国风"失魅间事实存在的"确认式影响"(con-fluence),并关照后东印度时代"中国风"的消长兴替,对在当今政治、经济、文化日趋全球化的大背景下如何坚守中国的文化身份与民族尊严作一宏观展望。

"中国风"与巴洛克、洛可可、哥特式艺术间的关系

奥地利画家、建筑设计师奥斯卡·拉斯克(Oskar Laske,1874—1951)在其《十八世纪德国建筑学所受的东亚影响》一书中指出:"可以断言,如果没有中日手工艺术的强烈影响,法国就一定不会有、因而欧洲的其他部分也就一定不会有巴洛克及罗可可艺术。"[1]他的这一观点尽管有武断夸大之嫌,但至少揭示了"中国风"与巴洛克(Baroque)、洛可可等欧洲本土艺术风格交织混融的历史事实。

巴洛克于16世纪末在意大利兴起,她打破了古典主义的均衡特性,用规则的波浪状曲线赋予艺术作品动感与变化;强调光线的运用,擅长以人造光线创造出比文艺复兴更有立体感、深度感、层次感的空间及更具戏剧性的氛围。宗教题材占巴洛克作品的主导地位,既有宗教的庄严又有俗世享乐的豪华。17世纪巴洛克步入全盛期时,别具中国趣味

---

[1] 转引自《十八世纪中国与欧洲文化的接触》,第62页。

的装饰元素悄悄出现在真漆橱柜的镀金涡卷中、代尔夫特蓝陶的花鸟纹样中、梭霍（Soho）挂毯的中式主题中、路易十四特里亚农瓷宫中，这些点缀性的装饰尽管无损巴洛克艺术的豪华庄重，但其显而易见的异域风情却让人们的东方想象鲜活起来。

如果说巴洛克是神权、王权的产物，兴起于18世纪上半叶的洛可可的精髓则是实用主义和日常生活趣味，致力带给人类逸乐享受，其轻快、甜美、优雅的风格与古典主义及巴洛克的深厚宗教氛围及强烈张力形成鲜明对比。"在法国18世纪前夕出现的最美的风格之一——洛可可风格中，中国对它的形成，是一个重要的因素，因为洛可可迷人的力量主要来自中国式的丰富的想象力"。[1]不同于"中国风"在巴洛克艺术品中次要及点缀的地位，其对洛可可作品的影响举足轻重。路易十五的情妇蓬巴杜夫人是洛可可风格的重要推手，她赞助的艺术家如布歇以纤巧的笔调、欢愉的情感、精妙的手法创作了《秋千》《发舟西苔岛》《钓鱼的中国人》等著名油画，中国的人物及山水田园成为他重要的灵感来源，他设计的《中国集市》《中国花园》等系列挂毯成为博韦（Beauvais）的最畅销产品，轻灵华美、浪漫娴雅的品格对法国艺术产生了深远影响。18世纪的法国，追随洛可可风格并痴迷中国趣味的艺术家并非布歇一个，华托、克里斯多弗·于埃、皮勒蒙等皆是这一风格的代言人，洛可可成为"中国风"本土化的绝佳载体，法国文学家龚古尔（Edmond de Goncourt）因而在《论十八世纪的艺术》（*L'art du dix-huitième siècle*）一书中称中国为法国洛可可风格的故乡之一。

相较于洛可可艺术与"中国风"事实上的亲缘关系，将哥特式关联中国或"中国风"更多是种基于偶然相似的建筑风格的臆想。哥特式是出现在文艺复兴时期的一种善于表现阴郁、恐惧、孤独、绝望等主题的艺术风格，文学作品以古堡、深渊、荆棘、黑夜、诅咒、巫术、吸血鬼等为标志性元素。11世纪下半叶，哥特式建筑起源于法国并在13—15世纪流行于欧洲，以尖拱和肋架拱顶为基本构件，整体风格高耸瘦削，常被用于教堂、修道院、城堡、宫殿等建筑。而中国传统建筑宝塔、亭榭、假山恰好也有高耸的尖顶，由此常被西人比附为他们的哥特式建筑，如歌德在《情感的胜利》一剧第二幕中如此描述一个中国花园："尖塔，回廊，拱户连环。渔舍临流，凉亭休沐。中国峨特式的亭榭石山。"[2]在沉寂了一个多世纪后，18世纪的英格兰开始了哥特式复兴运动，由于钱伯斯在伦敦丘园成功建造了中式宝塔，英国园林建筑遂以交融哥特式与中式为特色，著名作家、建筑设计师贺瑞斯·沃波尔在1750年前后曾为这种特色所吸引，认为两者都能给人愉悦的奇幻感及新颖感，并视"中国风"为一种可以接受的独特风格。但不久他便失去了对"中国风"的兴趣而专注地投身于哥特式复兴，在他看来，后者是植根于英国的本土艺术，相较于来自遥远异域的"中国风"，哥特式更易被掌握及运用。更重要的，复兴哥特式不仅唤醒一种艺术

---

[1] H. Belevitch-Stankevitch, Gout Chinois en France au Temps de Louis XIV, *Revue Critique d'Histoire et de Littérature*, Jan 1, 1910, Vol. 44(2), p.209.

[2] 转引自《十八世纪中国与欧洲文化的接触》，第114页。

风尚,还是民族主义和爱国主义之举。

东印度公司的终结与"中国风"的失魅

  1789年大革命的狂飙席卷法国,随着统治法国两个多世纪的波旁王朝及君主制的土崩瓦解,贵族阶层所钟爱的华丽精致的洛可可艺术亦被踢出历史舞台,为新古典主义所取代,理性主义开始反动享乐主义,艺术风格趋于冷静克制、沉稳内敛,关注英雄主题,青睐爱国主义、自我牺牲等崇高理念,新古典主义与装饰浮华堆砌、风格多样怪异、注重感官享受的洛可可及"中国风"格格不入,只有外在形式而无内在精神支撑的"中国风"无可避免地走向式微,"随着新古典主义的到来便销声匿迹了"。[1]

  与此同时,各国东印度公司的丧钟也陆续敲响。始终步履于英、荷之后的法国东印度公司自组建起便命运多舛,资金不足、七年战争及贸易保护主义政策使公司业绩沉浮不定,只在18世纪上半叶经历过20年左右的繁荣期,大革命到来之时便寿终正寝了。1784年英王颁布减税法令,英属公司及散商派往广州的商船骤增,以无法超越的实力迅速挤垮欧洲他国公司。瑞典东印度公司赖以生存的转手贸易因此受到致命打击,1790年销售额下降80%,最终于1813年彻底终结对华贸易。而17世纪的海上巨无霸荷兰东印度公司受1780年英荷战争的拖累,许多海外领地及回运货物落入英人手中,公司逐渐陷入财务危机。1795年底,《荷兰东印度公司现有经营废除法令》颁布,次年3月公司被迫国有化,董事会让位于"东印度贸易和领土委员会"。1800年1月公司特许章程到期,荷兰东印度公司正式解散。英国东印度公司在18世纪下半叶的黄金时期亦未能维持多久,公司对华贸易垄断权在国内遭到各方猛烈抨击,散商的崛起对其一家独大的地位构成了极大威胁。19世纪30年代,随着工业革命的成功,新兴工业资产阶级急需向海外掠夺生产原料并倾销产品,然而东印度公司的远东贸易垄断严重阻碍了国内资本的海外拓展,自由贸易的理念日益被社会各界接受认同,1808—1812年,公司在印度的贸易垄断权首先遭到摧毁。1833年,存在了233年的公司对华贸易垄断权也被最终废止,公司逐渐脱离贸易业务直至1874年1月1日《东印度公司股息救赎法案》生效后宣布解散。商品的本质是满足顾客客观需求的消费品,当其与艺术联姻时,便提升了自我创造性及文化品位,在满足顾客消费的同时也满足了他们对自我身份地位的认知和审美品位的追求,从而获得更多的关注度和经济利益,在这个意义上,好的商品必亦是完美的艺术品,东印度公司西输的瓷器、漆器、外销画、外销扇等概莫能外。然而,承载了某种艺术品格的商品也具有风险,当这种艺术品格过气时,商品的销路也就停滞了。同理,"中国风"的

---

[1] [英]迈克尔·苏立文著,赵潇译:《东西方艺术的交会》,上海人民出版社,2014年,第291页。

失魅也与经销中国商品的东印度公司的终结息息相关。随着工业革命的发展和逐步完成,工业资本已远超商业资本,自由竞争、自由贸易已成为新兴工业资产阶级的强烈要求,垄断特权公司不再适应资本主义进一步发展的需要,作为商业垄断资本的代表,东印度公司也逐渐失去了它往日的辉煌,最终于19世纪逐个解散,与"中国风"一起烟消云散。

值得注意的是,正因为英国东印度公司解散最晚,"中国风"艺术在该国逗留的时间亦最为长久。18世纪中叶"中国风"自法国传播至英后,齐彭代尔中式家具、英华园林及手绘中国壁纸成为英式"中国风"的象征。推崇简朴典雅艺术规范、摒弃洛可可式浮华繁琐的新古典主义运动并未使"中国风"在英国大地消失,"就连这一运动的发起人罗伯特·亚当也会在设计中偶尔运用中式装饰元素"。[1]英王乔治四世完工于1823年的布莱顿宫是19世纪"中国风"的辉煌遗响,此宫外表印度风格,内部却充溢着令人眼花缭乱的"中国风"装饰,底层五个大厅由一条长廊连接,"长廊以中式彩绘玻璃采光,粉底花鸟图案的中式壁纸装点墙壁,壁龛中摆放着中国人塑像,长廊两端各有仿竹铁艺楼梯通往二楼。楼梯上方的巨型窗户上绘有中国戏剧人物。宴会厅中央天顶漆成天空蓝,中心为一棵巨大芭蕉树,树上悬有银龙,龙爪抓住巨大的枝形吊灯,六条小龙嘴衔荷花玻璃彩灯……"[2]总之,皇家布莱顿宫极尽奢华富丽之能事,中国人像、龙蛇花鸟、瓷器灯笼充斥其间,把"中国风"的繁琐、艳丽做到极致。布莱顿宫因此在当时引来大量嘲讽及漫骂,著名漫画家乔治·克鲁克申克的作品《布莱顿宫的一个中国人》(彩图45)将当时仍是摄政王的乔治四世描绘成一个肥胖的正在接见使者的中国皇帝,四周簇拥着穿着古怪的臣僚姜妇,头顶天花板上一条金龙爪摄宝塔,画家以此尖刻讽刺国王的荒淫及其对"中国风"的痴迷。

尽管出现了布莱顿宫这一个案,"中国风"依旧无可挽回地随着时尚车轮的转运消逝于欧洲大地。19世纪(约1856年)"日本风"(Japonaiserie)的崛起在某种程度上可以说是"中国风"的回光返照,欧洲艺术家基于18世纪"中国风"的经历,以一种更谦卑和开放的心态试图理解、接受和驾驭日本艺术的精髓。"日本风"至1878年抵达巅峰,它对欧洲的影响比"中国风"更深沉、更具活力,推动了欧洲艺术及工艺的现代化。"日本风"再次展现了西方对东方的恒久兴趣,东方的艺术风格通过这一潮流得到进一步纯化,进而转变为一种更严肃的艺术风尚,尽管流行时间很短。

除了东印度公司解散及艺术风尚变迁这些因素外,政治及思想层面的"东方主义"(Orientalism)也导致了"中国风"的失魅。

晚清中国朝政腐败,固步自封,对西方世界隔膜异常;而西方各界却对东方尤其是中

---

[1] *Chinoiserie: The Vision of Cathay*, p.184.
[2] Ibid., pp.188-189.

国抱有强烈的好奇心与邦交欲,来华冒险家、商船和使团日益频繁。早先马戛尔尼(Lord Macartney)、阿美士德(Lord Amherst)出访北京的描述,已使大清的传奇光芒消退殆尽。而《南京条约》签订及五口通商实施之后,西人更得以近距离观察中国,对清政府的外强中干、保守愚昧、武备废弛种种弊端了解得更为透彻,正如法国汉学家鲍蒂尔(Jean-Pierre Guillaume Pauthier,1801—1873)所云:"一向被我们视为野蛮人的中国人,虽然他们早在我们的祖先于高卢和德国的森林中茹毛饮血前好几个世纪已达到了极高的文明程度,但如今只能让我们感到深深的鄙视。"[1]先前由传教士、旅行家及哲学家构建的"Cathay"乌托邦迅速幻灭。对一个国家的失望必然伴随着对这一民族文化的蔑视,"中国风"与"Cathay"一起失去了曾经炫目的光彩。

而在思想领域,"中国风"的消亡亦起于欧洲思想界对中国封建专制体制的怀疑与否定。首先是孟德斯鸠在《论法的精神》(*De l'esprit des lois*,1748)一书对中国的政体发难,"中国是一个实行专制主义的国家,它的原则同别的专制主义国家一样,都是恐怖",[2]认为专制政体的原则是畏惧,而制订这个原则的目的是安定。中国皇帝为太平治国,集政、军、教权于一身,国家成为其私产,臣民沦为其家奴,皇帝的个人意志便成为国家法律,这种体制极易催生专断暴戾、骄奢淫逸的君主。因此,法国的政治改革不应以中国为榜样,不能寄希望于君主,而应着力于制度的改革和完善,通过限制君权来防止专制主义。孟德斯鸠以后,大卫·休谟(David Hume,1711—1776)、卢梭(Jean-Jacques Rousseau,1712—1778)、康德(Immanuel Kant,1724—1804)、黑格尔(Georg Wilhelm Friedrich Hegel,1770—1831)等哲学家、思想家亦开始对中国政治、文化各方面的缺陷展开批评,如黑格尔有一著名理论,即太阳在东方升起、于西方落下,却升华成人类精神的万丈光芒。因此亚洲只代表宗教和政治原则的开端,这些原则只有到达欧洲后方能发扬光大。尽管他肯定了中国的科举制及道德伦理观,却认为象形文字是中国"僵化的文明"的根源,《易经》与儒学均为浅薄平庸的哲学,道德义务本身就是法律、规定、命令,中国人既无西方的法律,亦无西方的道德。[3]亚当·斯密(Adam Smith,1723—1790)《国富论》(*An Inquiry into the Nature and Causes of the Wealth of Nations*,1776)则从经济角度论述中国停滞不前之因,认为根本原因在于其政治制度的落后。[4]总之,中国文明被逐渐贴上充满暮气、专制压抑、停滞衰落的标签,招致越来越多的攻击和否定。这些在意识形态方面具有极大影响力的思想家给以宽容之心观察、接纳中国文化的人们带来了极大的负面影响。

---

[1] Guillaume Pauthier, *Histoire des relations politiques de la Chine avec les puissances occidentales depuis les temps les plus anciens jusqu'à nos jours: suivie du cérémonial observé à la cour de Pé-king pour la réception des ambassadeurs*, Paris: Firmin Didot frères,1859.
[2] [法]孟德斯鸠著,申林编译:《论法的精神》,北京出版社,2007年,第51页。
[3] [德]黑格尔著,王造时译:《历史哲学》,上海书店出版社,2001年,第107—111页。
[4] [英]亚当·斯密著,王亚南、郭大力译:《国富论》上卷,商务印书馆,1972年,第74页。

恰在此时，耶稣会关于中国礼仪与基督教义可以并存的主张广受诟病，教会各团体出于俗世利益的纷争日益尖锐，1773年教皇克雷芒十四世宣布解散耶稣会，城门失火，殃及池鱼，这个宗教组织一向对中国文化的赞誉也受到怀疑、攻击及诋毁。随之而来的是1793年英国马戛尔尼使团访华的失败，使英人切身感受到中西文明间的巨大差异，发现这个重农抑商、君权致上、闭关自守的古老帝国与他们先前拥有的东方天朝上国的印象间存在着极大的落差，欧洲的中国观开始出现逆转。西方世界愈益强势，一种建立在政治、文化、宗教基础之上的东西（弱强）关系逐渐形成并固化。

不可否认的是，"中国风"的失魅有中国自身的因素，如官僚体制腐败、科学技术停滞、军事力量薄弱等。但最根本的原因还在于19世纪中叶两次鸦片战争的得手使欧洲民族沙文主义及种族中心主义甚嚣尘上。法国思想家孔多塞（Marquis de Condorcet,1743—1794）在《人类精神进步史表纲要》（Sketch for a Historical Picture of the Progress of the Human Mind, 1781）一书中将人类社会依进步程度的不同分为十阶段，中国被列入第三阶段，也即刚刚脱离游牧时代但未曾进入科学进步时代。西方种族中心主义的理论大行其道，傲慢与偏见进一步助长了帝国主义殖民野心的加速膨胀。对此，艾田蒲曾一针见血地指出："对中国的排斥就是这样起作用的，这是欧洲殖民主义的序曲。谁有胆量去把一个曾给予世界这么多东西的文明古国变成殖民地呢？那么，首先只有对它进行诋毁，然后由大炮来摧毁它。"[1] 由仰慕到蔑视直至排斥，"中国风"的失魅就此无可挽回。

对后东印度公司时代"中国风"消长兴替的思考

"17、18两个世纪是西方艺术发展的黄金时代之一。这个时期的欧洲以探险家的狂热试图探索形态和具象所能够提供的各种风格，这个时期的文化从各种矛盾的因素中汲取丰富的营养"。[2] 影响欧洲近两个世纪的"中国风"是谁也无法否认的事实，是中西思想及文化交流史上的一个备受瞩目的热点问题。中国对欧洲启蒙思想与文化是否产生过实质性的影响，或者欧洲只是借镜中国幻象展开自我建构？目前中西学界仍存在颇多争议。"中国文化本质上只是欧洲启蒙运动的一个'外力'，它只是刚好适合、并被欧洲启蒙思想家选择作为其自我重新建构的一个'榜样'。这个'榜样'的内涵主要是西方借'他者'的想象所展开的自我诉求与言说。换言之，从'中国'这儿，他们找到的是他们所期望得到的东西。倘若没有遇见'中国'，欧洲启蒙思想家或许会从别的地方找来他们的

---

[1] 《中国之欧洲》下卷，第286页。
[2] Germain Basin, *Destins du Baroque*, Editeur: Hachette, Paris, 1970, p.217.

'榜样',进而产生另一种'确认式影响'(con-fluence)"。[1]启蒙时期的"中国风"对于欧洲文化确实存在着"影响"与"幻像"相互交织缠夹,两者间更是一种彼此共存、相互印证和感染的关系。

斗转星移,欧洲各国在后东印度时代经历了一个多世纪的持续发展及繁荣稳定后,于20世纪蒙受了两次世界大战的劫难,人力、物力遭受巨大损耗,经济实力开始落后于美、日,海上霸主地位也一去不返。二战以后,欧洲百废待兴,经济再次进入高速发展轨道。1993年欧盟成立,经济一体化的逐步深化有效促进了该地区的进一步繁荣。进入21世纪后,欧洲经济在维持平稳增长态势十年后出现了持续衰退的局面,不断升级的债务危机成为牵制欧盟经济复苏的头号杀手。随即而来的难民潮、英国脱离欧盟等一系列重大事件,都给欧洲社会、经济和政治带来深远影响。反观中国,自20世纪下半叶以降便开始推行改革开放的国策,经济蓬勃发展,国力迅速提升,"中国风"因此复兴于欧美,在西方文学影视、时尚设计及室内装饰等多个领域吹皱一池春水。

文学影视方面,英国小说家萨克斯·罗默(Sax Rohmer,1883—1959)仍继承19世纪欧洲丑化中国人的传统,在其傅满楚(Dr. Fu Manchu,也译作傅满洲)系列小说中汇集了西方对中国人所有的恶劣想象,如残暴成性、诡计多端、精通五花八门的酷刑和稀奇古怪的毒药、时刻阴谋策划危害白人世界的邪恶勾当等,傅满楚的形象是欧洲"黄祸论"(Yellow Peril)在文学中的最典型体现。玛格丽特·杜拉斯(Marguerite Duras,1914—1996)小说《情人》(*L'Amant*,1984)里的中国人形象大都愚昧、野蛮、麻木、粗俗、卑微,不时出现的"支那""黄祸"等带有鲜明种族歧视的词语,无不昭示着文化傲慢及种族优越论对她的影响。出现在西方文学作品中的中国形象也并非都是负面的,英国小说家希尔顿(James Hilton,1900—1954)在《消失的地平线》(*Lost horizon*,1933)中描绘了名为"香格里拉"的优美恬静的人间仙境,此处的居民尽管信仰不同,却团结友爱、幸福安康,而这个安宁祥和的仙境就在中国。美国女作家赛珍珠(Pearl S. Buck,1892—1973)小说《大地》(*The Good Earth*,1931)描绘了一群坚强、奇妙、善良、令人钦佩的中国农民的形象,美好的大地、诗意的中国再次回到欧洲人的视域中。欧美电影或者以西方视角演绎中国历史片段,如意大利导演贝纳尔多·贝托鲁奇(Bernardo Bertolucci)的《末代皇帝》(*The Last Emperor*,1987),或者在情感及动作片中加入大量中国元素以增加异域情调,如英国导演彼得·格林纳威(Peter Greenaway)的《枕边书》(*The Pillow Book*,1996)及美国导演加里斯·爱德华斯(Gareth Edwards)《星球大战:侠盗一号》(*Rogue One: A Star Wars Story*,2017)等,或者以动画片形式讲述中国民间故事或重构中国素材,如美国托尼·班克罗夫特(Tony Bancroft)执导的《花木兰》(*Mulan*,1998)、马克·奥斯本(Mark Osborne)

---

[1] 刘耘华:《欧洲启蒙思想与中国文化有何相干?——就一个学界热点问题回应张西平先生》,《国际比较文学》2019年第3期,第439页。"确认性影响"指两个或多个影响来源之间并无因果决定论的关系,而是彼此共存、相互印证和感染的关系。

及约翰·斯蒂文森(John Stevenson)执导的《功夫熊猫》(Kung Fu Panda, 2008、2011、2016)等,中国元素越来越被商业化、资本化的欧美电影市场所看重。

时尚设计及室内装饰方面,欧洲诸如香奈儿、卡地亚、范思哲、迪奥等许多奢侈品牌纷纷在其服饰、箱包设计中运用各种中国元素。(参见彩图46)法国时装设计大师伊夫·圣·洛朗(Yves Saint Laurent, 1936—2008)曾由衷感叹:"有什么国度这样引人遐思呢?只有中国,我们西方艺术受中国之赐可谓多矣,那影响是多方面的。没有中国,我们的文明决不能臻于今日的境地。"而室内装饰设计界也已形成一种将中式风格引入时尚前沿的趋势,以发扬其恒久不变的古典神韵及和谐共容的艺术魅力。以2014年在巴黎北郊维勒蓬特举行的巴黎家居装饰博览会为例,[1]包括香港和台湾地区在内的中国展商多达48家,而欧洲的参展商也乐意运用中国元素于展品中,因为他们发现中国情调越来越受西方人青睐,成为吸引客源、开拓市场的一个法宝。

但必须引起我们警惕的是,欧洲的民族沙文主义及文化傲慢依旧根深蒂固,现今西方世界流行的所谓"中国风"依旧不乏对中国及中国人形象的曲解,对中国文化自以为是的误读,欧美的文化话语霸权与东印度公司时代相比,有过之而无不及。

这首先表现在夸大中国文化中的消极、负面成分,用以烘托、反衬西方文化的"一枝独秀";其次是宣扬中国威胁论,如美国学者芒罗(Ross Munro)在《正在觉醒的巨龙》中宣称"中国龙"已经觉醒,全世界将面临其威胁,[2]中国经济及国力的崛起让某些人如芒在背;而更多的是以中国元素为掩护的文化侵略及西方价值观的渗透。面对当今政治、经济、文化日趋全球化的大背景,我们在海纳百川的同时必须坚守自己的文化身份与民族尊严,"中国风"方能成为真正具有中国特色的一种文化言说及消费时尚。具体而言,必须在以下四方面作出长期而艰巨的努力:

一、保持国民经济的持续稳定发展。东印度时代,欧洲人对"中国风"的痴迷很大程度上基于对这个地大物博、城乡繁荣、经济发达的神秘东方古国的向往。鸦片战争之前,康乾盛世(约1667—1799年)的经济总量全球第一,人口占世界三分之一,丝绸、茶叶、瓷器等拥有全球性市场,良性贸易顺差保证了白银储备,增强了综合国力。而这一时期恰好是"中国风"在欧洲的鼎盛期,由此可见国家经济实力对文化输出至关重要的作用。20世纪末、21世纪初,中国经济再次崛起,现已上升为世界第二大经济体,这也有力增强了中华民族的文化自信。但如何保持我国国民经济持续、稳定、良性的发展,这是国家决策层目前面临的最大问题,相信凭着中华民族的智慧及韧性,这个问题能得到圆满解决。

二、构建文化大国的话语权。东印度公司时代在欧洲流行的"中国风"完全由欧洲人操控,包括对中国物品的进口及消费、对中国哲学的解读与阐释、对中国艺术的扬弃与

---

[1] 巴黎家装博览会是欧洲三大著名博览会之一,堪称欧洲室内装饰的风向标。
[2] Ross Munro, Awakening Dragon: The Real Danger in Asia Is from China, Policy Review 62, 1992, pp. 10-16.

重构,而这一时尚的发源地中国则是沉默、被动、无语、漠然的一方,亦鲜有文人、艺术家入欧。当今的中国早已不是闭关锁国的封建王朝,而是国际大家庭的重要一员。但在国际话语体系中,中国仍落后于欧美,处于与国力并不相称的弱势地位,这对展现大国风范、传播民族文化都是不利的。"需要警惕的是,在很多场合西方仍主张利益的选择、实力的后盾、科学的视野可以决定一切。在政治上的反映就是西方仍试图以自己的政治标准去处理不同文化、不同社会政治结构的国家关系,于是出现了世俗性利益冲突与文化冲突交织在一起的复杂国际政治局面"。[1]因此,如何在各领域进一步有效构建中国话语权是亟待解决的问题。强化顶层设计,设置关键议题,创新传播模式,提炼中国核心价值,充分发挥多元主体的积极性、能动性和联动功能,这些均为急待落实之要务。此外,必须让更多学者、艺术家走出国门,与欧美同行平等对话,在各领域共同创造令人信服的学理体系,方能有效构建中国话语权。

三、坚守文化身份与民族特色。鲁迅先生曾就木刻、绘画及文学艺术的地方性问题指出:"有地方色彩的,倒容易成为世界的,即为别国所注意。打出世界上去,即于中国之活动有利。"[2]这位文化大家早就认识到文化是民族的,因为它具有各民族的个性特征,是不同地域及人文环境的造化,也是不同民族精神、气质的凝聚;文化又是世界的,因为它是人类智慧、文明进化的结晶,其产生及发展过程是动态的、流动的,且具有一定的共同性和普遍规律。只有在丰富、多元的民族文化土壤上,方能开出最具生命力的人类文明之花。因此,在对异质文化采取"拿来主义"政策之时,我们要理性保持自己的文化身份及民族特色,追求文化的多元发展、优势互补及和谐共存,如此方能"各美其美,美人之美,美美与共,世界大同"。[3]

四、变"中国制造"为"中国创造"。东印度时代的"中国制造"是东方情调、奢华精致和诗意浪漫,时过境迁,当下在欧美遍地开花的"中国制造"却是廉价劳动力的商品化,是价格低廉、品质平庸、了无创意的代名词。物质的贸易也属文明交流的一种方式,如何让异国他乡之人在享用中国物品的同时分享中国人的审美观、价值观、创造力及商品本身所包含的生活哲学?这是一个值得深思的问题。对此,李克强总理在2020年5月主持召开的国务院常务会议上大声疾呼消费品工业必须"增品种、提品质、创品牌",只有弘扬精益求精的工匠精神,推进品质及品牌的革命和创新,"中国制造"方能变为"中国创造",并以高端、大气的形象立足于世界市场,方能为"一带一路"倡议提供物质层面的支持。

综上,启蒙时期吹遍欧洲的"中国风"在物质层面是海上丝绸之路的一个经典个案,

---

[1] 周春生:《对文艺复兴世俗性文化的历史评析》,《上海师范大学学报》(哲社版)2016年第5期。
[2] 鲁迅:《且介亭杂文集》,《鲁迅全集》卷一三,人民文学出版社,2005年,第81页。
[3] 费孝通:《人的研究在中国——个人的经历》,"东亚社会研究国际研讨会"讲演,1990年。

在精神层面是西方文化接纳、吸收、融合、变异中国美学思想的一次有益尝试。中国既非耶稣会士、伏尔泰心目中诗意化、理想化的世外桃源,亦非欧洲中心主义论者笔端下怪异化、妖魔化的黄祸,无论狂热的赞颂还是恶毒的谩骂,中国的影响始终在那儿,不增不减,无从拔高也难以抹煞。可惜的是,300年前,中国这个"地球上最强大的聋子"[1]如果能对西方世界刮起的与己相关的流行旋风作出及时反馈及回应,并且达成由物质进而思想的交流,那将会发生怎样的一场文化交融与革命?但是,"两个傲慢者互相顶撞,双方都自以为是世界的中心,把对方推到野蛮人的边缘"。[2]时至今日,全球化的多元文化语境应该创造包容互鉴、合作共赢、共同发展的民族社区,每个社区都应收敛各自的傲慢,因为文化不存在高下之分,均是人类文明史不可或缺的有机组成部分,如此,"中国风"式的异质文化交流方能此伏彼起、长盛不衰。

---

[1] [法]阿兰·佩雷菲特著,王国卿等译:《停滞的帝国——两个世界的撞击》前言,生活·读书·新知三联书店,1993年,第19页。

[2] 同上。

参考文献

一、外文专著目录

1. Abraham Rees, *The Cyclopædia; or, Universal Dictionary of Arts, Sciences, and Literature*, London, 1819.
2. Adrian Hsia ed., *The Vision of China in the English Literature of the Seventeenth and Eighteenth Centuries*, Hong Kong: The Chinese University Press, 1998.
3. Aeneas Anderson, *A Narrative of the British Embassy to China in the Years 1792, 1793, and 1794*, London: J. Debrett, 1795.
4. Alan Caiger-Smith, *Tin-Glaze Pottery in Europe and the Islamic World: The Tradition of 1000 Years in Majolica, Faience and Delftware*, London: Faber, 1973.
5. Alexandre de Laborde, *Description des nouveaux jardins de la France et de ses anciens chateaux*, Paris: De L'imprimerie De Delance., 1808.
6. Alfred Spencer Ed., *Memoirs of William Hickey*, London, Hurst & Blackett Ltd., 1775.
7. Alvaro Semmedo, *Relatione delle grande monarchia della Cina*, Romæ, 1643.
8. André Everard van Braam Houckgeesf, *An Authentic Account of the Embassy of the Dutch East-India Company to the Court of the Emperor of China in the Years 1794 and 1795*, London, 1798.
9. André Félibien, *Description Sommaire du Chateau de Versailles*, Paris: G. Desprez, 1674.
10. Alvaro Semedo, *The History of that Great and Renowned Monarchy of China: wherein all the Particular Provinces are accurately Described, as also the Dispositions, Manners, Learning, Lawes, Militia, Government, and Religion of the People...*, London: Printed by E. Tyler, 1655.
11. Andrew Lang, *Ballades in Blue China*, London: C. Kegan Paul & CO., 1880.
12. Antoine Joseph Dézallier D'Argenville, *The Theory and Practice of Gardening*, London: printed by Geo. James, 1712.

13. Anthony Xavier Soares, *Portuguese Vocables in Asiatic Languages*, New Delhi: Asian Educational Services, 1988.
14. Arthur Young, *Travels in France during the Years 1787, 1788, 1789*, London: G. Bell, 1913.
15. Athanasius Kircher, *China monumentis, qua sacris qua profanis, nec non variis naturae & artis spectaculis, aliarumque rerum memorabilium argumentis illustrate*, Latin edition, Amsterdam: Apud Joannem Janssonium à Waesberge & Elizeum Weyerstraet, 1667.
16. Bengt Johansson, *The Golden Age of China Trade: Essays on the East India Companies' trade with China in the 18th Century and the Swedish East Indiaman Götheborg*, Hong Kong: Viking Hong Kong Publications, 1992.
17. Berit Wastfelt, Bo Gyllensvard, Jorgen Weibull edit, translated by Jeanne Rosen, *Porcelain from the EAST Indiaman Gothebort*, Private Publication, 1990.
18. Bernard Korzus, *Georges Louis Le Rouge Un cartographie franco-allemand du XVIIIe siecle,* in V. Royet Le Rouge, Les Jardins anglo-chinois, Paris: 2004.
19. Bernard Watney, *English Blue and White Porcelain of the Eighteenth Century*, London: Faber, 1973.
20. Bettina Noak, *Joost van den Vondel (1587–1679): Dutch Playwright in the Golden Age*, Leiden: Brill, 2012.
21. Braga José Maria, *China Landfall, 1513- Jorge Alvares' Voyage to China*, Hong Kong: K. Weiss, 1856.
22. Catherine Pickett, *Bibliography of the East India Company: Books, Pamphlets and other Materials Printed between 1600–1785*, London: The British Library, 2011.
23. Carl Crossman, *The Decorative Art of China Trade*, Published by the Antique Collectors Club, Woodbridge, Suffolk, England, 1991.
24. Carl Crossman, *The China Trade: Export Painting, Furniture, Silver and Other Objects*, New York: The Pyne Press, 1972.
25. Catchick Paul Chater, James Orange, *The Chater Collection, Pictures relating to China, Hong Kong, Macao, 1655–1860; with Historical and Descriptive Letterpress*, London: T. Butterworth limited, 1924.
26. Charles Burney, *The Letters of Dr. Charles Burney*, Alvaro Ribeiro edited, Oxford: Clarendon Press, 1991.
27. Charles Lamb, *The Last Essays of Elia*, New York: G. Routledge & sons, 1902.
28. Charles C. Oman and Jean Hamilton, *Wallpapers: An International History and Illustrated Survey form the Victoria and Albert Museum*, New York: Harry Abrams, 1982.

29. Charles Ralph Boxer, *Dutch Merchant and Mariners in Asia, 1602-1795*, London: Variorum Reprints, 1988.

30. Charles Toogood Downing, *The Fan-qui in China, in 1836-7*, London, 1838.

31. Christiaan J. A. Jörg, *Interaction in Ceramics: Oriental Porcelain & Delftware*, Hong Kong: Urban Council, 1984.

32. Colin Campbell, *A Passage to China, Colin Campbell's Diary of the first Swedish East India Company Expedition to Canton, 1732-33*, Edited by Paul Hallberg and Christina Koninckx, Royal Society of Arts and Sciences in Goteborg, 1996.

33. Colin Sheaf, *The Hatcher Porcelain Cargoes: The Complete Record*, Oxford: Phaidon Christie's, 1988.

34. Cook Cecil, Hood Basil, *The Willow Pattern: Comic Operetta in two Episodes*, London: Chappell & Co. 1902.

35. C. J. A. Jorg, *The Geldermalsen History and Porcelain*, Groningen: Kemper Publishers Groningen, 1986.

36. C. J. A. Jörg, *The Porcelain Trade of the Dutch East India Company, Interaction in Ceramics Oriental Porcelain & Delftware*, Hong Kong: Urban Council, 1984.

37. Daniel Defoe, *A Tour through the Whole Island of Great Britain*, Edited by P. N. Furbank and W. R. Owens, New Haven: Yale University Press, 1991.

38. David Beevers, *The Royal Pavilion Brighton: The Palace of King George IV*, Bright: The Royal Pavilion & Museums, 2014.

39. David Piper, *The English Face*, London: Thames and Hudson, 1957.

40. David Porter, *The Chinese Taste in Eighteenth-century England*, New York: Cambridge University Press, 2010.

41. Desmond Shawe-Taylor, *The Conversation Piece: Scenes of Fashionable Life*, Royal Collection Publications, 2009.

42. D. Clarke, *Chitqua, Chinese Art and its Encounter with the World*, HongKong: HongKong University Press, 2011.

43. D. J. Kavanacgh, *The Pagoda: Type of Chinese Architecture*, San Francisco: James H. Barry Company, 1915.

44. Edward W. Said, *Orientalism*, New York: Pantheon Books, 1978.

45. Elkanah Settle, *The Conquest of China by the Tartars: a Tragedy*, 1676.

46. E. Meteyard, *The Life of Josiah Wedgwood, from His Private Correspondence and Family Papers*, London: Hurst and Blackett, 1865-6.

47. Eliza Chalk, *A Peep into Architecture*, London: George Bell, 1847.

48. Elizabeth Hope Chang, *Britain's Chinese Eye: Literature, Empire, and Aesthetics in Nineteenth-Century Britain*, Stanford Calif: Stanford University Press, 2010.
49. Emile de Bruijn, Andrew Bush and Helen Clifford, *Chinese Wallpaper in National Trust Houses*, National Trust (Great Britain), 2014.
50. Frans-Willem Korsten edited, *Joost van den Vondel (1587–1679): Dutch Playwright in the Golden Age*, Leiden: Brill, 2012.
51. Frederick Wells Williams, *The Life and Letters of Samuel Wells Williams: Missionary, Diplomatist, Sinologue*, New York: G. P. Putnam's Sons, 1889.
52. F. M. Sterck, *Bij het missie-tooneelspel Zungchin, in Oud en nieuw over Joost van den Vondel: Verspreide opstellen*, Amsterdam: De Spieghel, 1932.
53. G. Parker and J. Stalker, *A Treatise of Japaning and Varnishing*, Printed and sold by the authors, Oxford, 1688.
54. G. H. R Tillotson, *Fan Kwae Pictures: Paintings and Drawings by George Chinnery and Other Artists in the Collection of the Hong kong and Shanghai Banking Corporation*, London: Spink & Son Ltd., 1987.
55. George Borrow, *Wild Wales: Its People, Language and Scenery*, London: J. Murray, 1862.
56. George Dixon, *A Voyage round the World*, London, 1789.
57. George Henry Mason, *The Costume of China: Illustrated with Sixty Engravings with Explanations*, London: Printed for William Miller, by S. Gosnell, 1800.
58. George Leonard Staunton, *An Authentic Account of an Embassy from the King of Great Britain to the Emperor of China*, London, 1798.
59. George Macartney, *An Embassy to China*, London: Longmans, 1962.
60. George Thomas Staunton, *Miscellaneous Notices Relating to China, and Our Commercial Intercourse with that Country, Including a Few Translations from the Chinese Language*, London: J. Murray, 1822.
61. George Thomas Staunton, *Ta Tsing Leu Lee, being the Fundamental Laws, and a Selection from the Supplementary Statutes, of the Penal Code of China*, London: Printed for T. Cadell and W. Davies, in the Strand, 1810.
62. George Thomas Staunton, *Memoirs of the Chief Incidents of the Public Life of Sir George Thomas Staunton*, London: L Booth, 1856.
63. Georges Louis Le Rouge, Véronique Roye, *Le Jardin Anglo-Chinois*, Paris, 2004.
64. Germain Basin, *Destins du Baroque*, Editeur: Hachette, Paris, 1970.
65. Gervase Jackson-Stops ed., *The Treasure Houses of Britain*, New Haven and London: Yale University Press, 1985.

66. Geoffrey A. Godden, *Caughley and Worcester Porcelains, 1775–1800*, New York: Frederick A. Praeger, 1969.
67. Hanley, *The True History and the Interesting Legend of the Willow-pattern Plate. Done into Rhyme*, London: Allbut & Daniel, 1882.
68. Hans Georg Gadamer, *Truth and Method*, New York: The Continuum Publishing Co., 1975.
69. Harewood House Trust, *The Chinese Wallpaper, Harewood House*, Leeds: Harewood House Trust, 2017.
70. Henry Ellis, *Journal of the Proceedings of the Late Embassy to China*, London: John Murray Albemarle Street, 1817.
71. Henry Nelson Goodman, *Ways of Worldmaking*, Indianapolis: Hacett Publishing Company, 1978.
72. Henry Wadsworth Longfellow, *Kéramos, and other Poems*, London: George Routledge and Sons, 1878.
73. Herbert Allen Giles, *Glossary of Reference on Subjects Connected with the Far East*, Hongkong: Messes, Lane, Crawford & Co., 1878.
74. Hilderic Friend, *The Willow Pattern*, London: Hayman Brothers and Lilly, 1883.
75. Hobson-Jobson, *The Anglo-Indian Dictionary by Henry Yule & Arthur Coke Burnell*, first printed 1896, reprinted by Wordsworth Editions, 1996.
76. Horace Walpole, *Anecdotes of Painting in England: with Some Account of the Principal Artists; and Incidental Notes on other Arts*, London: Printed for J. Dodsley, Pall-Mall, 1782.
77. Horace Walpole, *The Letters of Horace Walpole, Fourth Earl of Oxford*, London: Richard Bentley and Son, 1891.
78. Isaac Ware, *A Complete Body of Architecture*, London: printed for J. Rivington, L. Davis and C. Reymers, R. Baldwin, 1768.
79. Jacques Delille, *Les jardins, ou L'art d'embellir les paysages: Poème*, Paris: chez Valade, 1782.
80. James Fergusson, *The Illustrated Handbook of Architecture*, London: John Murray, 1855.
81. James Walvin, *The Fruits of Empire: Exotic Produce and British Taste, 1660–1800*, New York: New York University Press, 1997.
82. Jan Daniel van Dam, *Dutch Delftware 1620–1850*, Amsterdam: Rijksmuseum, 2004.
83. Jean-Baptiste Du Halde, *The General History of China: Containing a Geographical, Historical, Chronological, Political and Physical Description of the Empire of China, Chinese Tartary, Corea and Thibet*, Richard Brookes tr., London: John Watts, 1736.

84. Jean Denis Attiret, Joseph Spence, *A Particular Account of the Emperor of China's Gardens near Pekin*, London: printed for R. Dodsley, in Pallmall, 1752.
85. Jennie Batchelor and Cora Kaplan, *Women and Material Culture, 1660–1830*, Palgrave Macmillan Limited, 2007.
86. Jessica Wallien-van Erkel, *De Koninklijke Porceleyne Fles*, Delft: Bekking & Blitx, 2013.
87. Jewitt, Llewellynn Frederick William, *The Wedgwoods: Being a Life of Josiah Wedgwood*, London: Virtue Brothers and Co., 1865.
88. Joannes Antonides van der Goes, *Trazil, of overrompelt Sina*, Amsterdam, 1685.
89. Johannes Nieuhof, *An Embassy from the East-India Company of the United Provinces to the Grand Tartar Cham Emperor of China*, London, Printed by the Author at his House in White-Friert, 1673.
90. John Barrow, *Travels in China, Containing Descriptions, Observations, and Comparisons, Made and Collected in the Course of a Short Residence at the Imperial Palace of Yuen-Min-Yuen and on a Subsequent Journey Through The Country from Pekin to Canton*, London, Printed by A. Strahan, Printers-street, 1804.
91. John Dinkel, *The Royal Pavilion Brighton*, New York: The Vendome Press, 1983.
92. John Evelyn, *The Diary of John Evelyn*, London: Oxford University Press, 1959.
93. John Nash, *Views of the Royal Pavilion*, London: Pavilion Books Limited, 1991.
94. John Nichols, *Illustrations of the Literary History of the Eighteenth Century*, London, printed by and for J. B. Nichols and son, 1828.
95. John Stalker and George Parker, *Treatise of Japanning and Varnishing*, Oxford: printed for, and sold by the author, 1688.
96. Jorge Welsh, Luísa Vinhais, *Kraak Porcelain, the Rise of Global Trade in the Late 16th and early 17th Centuries*, London: Jorge Welsh Books, 2008.
97. Julie Emerson; Jennifer Chen, and Mimi Gardner Gates, *Porcelain Stories: From China to Europe*, Seattle: University of Washington Press, 2000.
98. J. A. van Aalst, *Chinese Music*, Shanghai: Published at the statistical department of the inspectorate general of customs, 1884.
99. J. v. Vondel, *Zungchin of Ondergang der Sineesche heerschappye: treurspel*, Amsterdam, 1667.
100. Kate Teltscher, *Henry Yule and A. C. Burnell Hobson Jobson: The Definitive Glossary of British India*, Oxford: Oxford University Press, 2013.
101. Lamb Charles, *Elia and the Last Essays of Elia*, Oxford: Oxford University Press, 1987.
102. Laurence Binyon, *Painting in the Far East: An Introduction to the History of Pictorial*

Art in Asia Especially China and Japan, London: Edward Arnold, 1913.
103. Leonard Blussé, *Tribuut aan China: Vier eeuwen Nederlands-Chinese betrekkingen*, Amsterdam: Cramwinckel, 1989.
104. Leon Radzinowicz, *A History of English Criminal Law and its Administration from 1750*, Vol. 1, The Movement for Reform, 1750–1833, London: Stevens, 1948.
105. Liang Ssu-ch'eng, Wilma Fairbank ed., *A Pictorial History of Chinese Architecture*, The MIT Press, 1984.
106. Lydia H. Liu, *The Clash of Empires: The Invention of China in Modern World Making*, Cambridge: Harvard University Pressm, 2004.
107. Manjusha Kuruppath, *When Vondel Looked Eastwards: A Study of Representation and Information Transfer in Joost Van Den Vondel's Zungchin*, Jeroen Dewulf edited, Shifting the Compass: Pluricontinental Connections in Dutch Colonial and Postcolonial Literature, Cambridge Scholars Publishing, 2013.
108. Martino Martini, Joan Blaeu, *Novus atlas Sinensis*, Amsterdam, 1655.
109. Martino Martini, *De bello Tartarico historia; in quâ, quo pacto Tartari hac nostrâ aetate Sinicum Imperium invaserint, ac ferè totum occuparint, narratur: eorumque mores breviter describuntur*, Antverpiae, 1654.
110. Mary Gertrude Mason, *Western Concepts of China and the Chinese, 1840–1876*, New York: The Seeman Printery, Inc., 1939.
111. Mathilda Larsson, João Pedro Veiga, *Ming Porcelain from the Santa Clara-a-Velha Monastery in Coimbra, Portugal*. First Results Using a Portable μ-Edxrf Spectrometer, Sofia: Publishing House "St. Ivan Rilski", 2008.
112. Matteo Ripa, Fortunato Prandi, *The Memoirs of Father Ripa, during Thirteen Years' Residence at the Court of Peking in the Service of the Emperor of China*, London: J. Murray, 1844.
113. Maura Rinaldi, *Kraak Porcelain: A Moment in the History of Trade*, London: Banboo Published Ltd., 1989.
114. Melissa Gallimore, *The Chinese Wallpaper: Harewood House*, York: Harewood House Trust, 2008.
115. Mendoza, J. G., Robert Parke trans., *The History of the Great and Mighty Kingdom of China and the Situation Thereof*, London: Printed by I. Wolfe for Edward White, 1588.
116. Michael Hatcher with Max de Rham, *The Nanking Cargo*, London: Hamish Hamilton Ltd, 1987.
117. Mildred Archer, *Company Drawings in the India Office Library*, London: H. M. S. O.,

1972.

118. N. Hudson Moore, *Delftware-Dutch and English*, London: Hodder & Stoughton, 1909.

119. Neale Gillian. *Miller's Encyclopedia of British Transfer-Printed Pottery Patterns: 1790–1830*, London: Miller's, 2005.

120. Nicholas Berdyaev, *The Meaning of History*, Cleveland: World Publishing Company, 1962.

121. Olfert Dapper, *Gedenkwaerdig Bedryf Der Nederlandfche Ooft-Indische Maetfchappye, op de Kufte en in het Keizerrijk van Taising of Sina*, Amsterdam: Jakoe van Meurs Bookverkooper, 1672.

122. Oliver Goldsmith, *The Citizen of the World: or, Letters from a Chinese Philosopher, Residing in London, to His Friends in the East*, London: printed for R. Whiston, J. Woodfall, T. Baldwin, R. Johnston, and G. Caddel, 1776.

123. Oliver Impey and Christiaan Jorg, *Japanese Export Lacquer, 1580–1850*, Amsterdam: Hotei Publish, 2005.

124. Orietta Rossi Pinelli, Il secolo della ragione e delle rivoluzioni. *La cultura visiva nel Settecento europeo*, Torino: Utet, 2000.

125. Osmond Tiffany, *The Canton Chinese, or the American's Sojourn in The Celestial Empire*, Boston and Cambridge: James Munroe and Company, 1849.

126. Patrick Conner, *The China Trade 1600–1860*, Brighton: Royal Pavilion, Art Gallery and Museums, 1986.

127. Patrick Conner, *Oriental Architecture in the West*, London: Thames and Hudson, 1979.

128. Patrick Conner, *Paintings of the China Trade: The Sze Yuan Tang Collection of Historic Paintings*, Hong Kong: Hong Kong Maritime Museum Limited, 2013.

129. Paul A. van Dyke and Maria Kar-wing Mok, *Images of the Canton Factories, 1760–1822, Reading History in Art*, Hong Kong: Hong Kong University Press, 2015.

130. Percy Alfred Scholes, *The Great Dr. Burney, His Life, His Travels, His works, His Family and His Friends*, Vol. 1, London: Oxford University Press, 1948.

131. Peter J. Kitson, *Forging Romantic China: Sino-British Cultural Exchange 1760–1840*, Cambridge: Cambridge University Press, 2013.

132. Peter Mundy, *The Travels of Peter Mundy in Europe and Asia, 1608–1667*, Cambridge: Printed for the Hakluyt Society, 1907–1936.

133. Peter Osbeck, *A Voyage to China and the East Indies*, London: Printed for Benjamin White, 1771.

134. Peter Willis, *Charles Bridgeman and the English Landscape Garden*, London: A.

Zwemmer, 1977.

135. Phillips, John G., *China-Trade Porcelain*, Cambridge: Harvard University Press, 1956.
136. Phyllis Ackerman, *Wallpaper: Its History, Design, and Use*, New York: Tudor Publishing Company, 1938.
137. P. Manuel Teixeira, *George Chinnery: No Bicentenário Do Seu Nascimento 1774–1974*, Edição do Governo, 1974.
138. Richard Cocks, Edward Maunde Thompson, *Diary Of Richard Cocks, Cape-merchant in the English Factory in Japan, 1615–1622: with Correspondence*, London: Printed for the Hakluyt Society, 1883.
139. Richards Sarah, *Eighteenth-century Ceramics: Products for a Civilised Society*, Manchester: Manchester University Press, 1999.
140. Robert Castell, *The Villas of the Ancients Illustrated*, London, 1728.
141. Robert Copeland, *Spode's Willow Pattern and other Designs after the Chinese*, London: Studio Vista, 1980.
142. Robert Finlay, *The Pilgrim Art Cultures of Porcelain in World History*, Berkeley: University of California Press, 2010.
143. Robert Fortune, *Robert Fortunes Wanderungen in China waehrend der Jahre 1843–1845, nebst dessen Reisen in die Theegegenden China's und Indiens 1848–1851*, Leipzig: Dyk'sche Buchhandlung, 1854.
144. Robert K. Barnhart, *The Barnhart Dictionary of Etymology*, New York: H. W. Wilson Co., 1988.
145. Robert Sayer, *The Ladies' Amusement, or Whole Art of Japanning Made Easy*, London, 1762.
146. Robert van Gulik, *The Willow Pattern*, Penguin Books Ltd., 1965.
147. Ron Guleij en Gerrit Knaap ed., *The Dutch East India Company Book*, Zwolle: Wbooks, 2017.
148. Rosalien van der Poel, *Made for Trade, Made in China-Chinese Export Paintings in Dutch Collections: Art and Commodity*, Copyright, Rosalien van der Poel, 2016.
149. Samuel Mossman, *The Mandarin's Daughter*, London, 1876.
150. Simeon Shaw, *History of the Staffordshire Potteries: and the Rise and Progress of the Manufacture of Pottery and Porcelain*, Hanley: Printed for the author by G. Jackson, 1829.
151. Timothy Brook, *Vermeer's Hat: The Seventeenth Century and the Dawn of the Global World*, New York and London: Bloomsbury Press, 2008.

152. Thomas Allom, G. N. Wright, *China, in a Series of Views, Displaying the Scenery, Architecture, and Social Habits of that Ancient Empire,* London: Fisher, Son & CO., 1843.

153. Thomas Gray, *Correspondence of Thomas Gray,* Paget Toynbee ed., Oxford: Clarendon Press, 1935.

154. Thomas H. C. Lee, *China and Europe, Image and Influences in Sixteenth to Eighteenth Centuries,* Hong Kong: The Chinese University of Hong Kong Press, 1991.

155. Thomas Percy, *Miscellaneous Pieces Relating to the Chinese,* London: Printed for R. and J. Dodsley in Pall-mall, 1762.

156. Thomas Collins Overton, *The Temple Builder's Most Useful Companion, Being Fifty entire New Original Designs for Pleasure and Recreation; consisting of Plans, Elevations, and Sections, in the Greek, Roman, and Gothic Taste,* London: printed for I. Taylor, 1774.

157. T. Volker, *Porcelain and the Dutch East India Company,* Leiden: E. J. Brill, 1954.

158. Valery M. Garrett, *Heaven is High, the Emperor Far Away: Old Guangzhou and China Trade,* Singapore: Marshall Cavendish Editions, 2002.

159. Vasco da Gama, Glenn Joseph Ames, Em nome de Deus, *The Journal of the First Voyage of Vasco da Gama to India, 1497–1499,* Leiden: Brill, 2009.

160. William Alexander, *The Costume of China, Illustrated in Forty-eight Coloured Engravings,* London: Published by William Miller, Albemarle Street, 1805.

161. William Chambers, *An Explanatory Discourse by Tan Chet-qua, of Quang-chew-fu, Gent,* London: The Augustan Reprint Society, 1978.

162. William Chambers, *Designs of Chinese Buildings, Furniture, Dresses, Machines, and Utensils,* London: Published for the author, 1757.

163. William Chambers, *A Dissertation on Oriental Gardening,* London, 1772.

164. William Halfpenny, John Halfpenny, *New Designs for Chinese Temples, Triumphal Arches, Garden Seats, Paling, etc,* London, 1750.

165. William Hickey, Memoirs of William Hickey, Alfred Spencer ed., London: Hurst & Blackett Ltd., 1913.

166. William Mason, *An Heroic Epistle to Sir William Chambers,* London: Printed for J. Almon, in Piccadilly, 1776.

167. William Temple, *Miscellanea, the Second Part: in Four Essays: I. Upon Ancient and Modern Learning; II. Upon the Gardens of Epicurus; III. Upon Heroick Vertue; IV. Upon Poetry,* London: Printed by J. R. for Ri. and Ra. Simpson, 1690.

168. William Jardine Proudfoot, *Biographical Memoir of James Dinwiddie*, Liverpool: E. Howell, 1868.
169. William Wrighte, *Grotesque Architecture, or Rural Amusement*, London: printed for Henry Webley, 1767.

二、外文报刊及论文目录

报刊：

1. *Chinese Repository (1832–1851)*
2. *Country Life*
3. *Family Friend, 1849*
4. *Gentleman's Magazine and Historical Chronicle, London, Printed at St. John's Gate*
5. *Journal of the North China Branch of the Royal Asiatic Society*
6. *Journal of the Royal Asiatic Society*
7. *The Canton Register (1827–1843)*

论文：

1. A. Hyatt Mayor, Chinoiserie, *The Metropolitan Museum of Art Bulletin*, Vol. 36, No. 5, 1941.
2. A. Staring, Chineesche Portretfiguren, *Oud Holland-Quarterly for Dutch Art History*, 1958, Vol. 73(1).
3. Albert T. E. Gardner, Cantonese Chinnerys: Portraits of Howqua and Other China Trade Paintings, *The Art Quarterly*, 16(4), 1953.
4. Andrew C. West, Catalogue of the Morrison Collection of Chinese Books, London, *School of Oriental and African Studies*, 1998.
5. Aubrey J. Toppin, *Chitqua, The Chinese Modeller and Wang-Y-Tong, the "Chinese Boy"*, Transactions of the English Ceramic Circle 2, No. 8, 1942.
6. Barbara Brennan Ford, *East Asian Lacquer, The Florence and Herbert Irving Collection*, New York: The Metropolitan Museum of Art, 1992.
7. Catherine Lanone, Toujours la porcelaine: George Meredith and the Willow Pattern, *Miranda*, Issue 7, 2012.
8. Clare Le Corbeiller, China into Delft: A Note on Visual Translation, *The Metropolitan Museum of Art Bulletin*, New Series, Vol. 26, No. 6, Art Forgery, 1968.

9. David L. Porter, Eighteenth-Century Fashion and the Aesthetics of the Chinese Taste, *Eighteenth-Century Studies*, Vol. 35, No. 3, 2002.
10. D. Blayney Brown, A Chinaman found in western art, *The Ashmolean*, 6, 1984–5.
11. Edith Appleton Standen, Embroideries in the French and Chinese Taste, *The Metropolitan Museum of Art Bulletin*, New Series, Vol. 13, No. 4, 1954.
12. Ella Schaap, Three Delft Pieces in the Philadelphia Museum of Art, *Philadelphia Museum of Art Bulletin*, Vol. 62, No. 294, 1967.
13. G. A. Godden, The Willow Pattern, *The Antique Collector*, June 1972.
14. Grace Jorge, The Portuguese Porcelain Trade with China, *Arts in Asia*, 7, 1977.
15. G. C. Stent, Chinese Lyrics, Notes on Chinese Instruments of Music, *Journal of the North China Branch of the Royal Asiatic Society*, New Series 7, 1871/72.
16. Isabelle Lambert & Claude Laroque, An Eighteenth-century Chinese Wallpaper: Historical Context and Conservation, *Studies in Conservation*, Vol. 47, 2002.
17. James Beattie, China on a Plate: a Willow Pattern Garden Realized, *Studies in the History of Gardens & Designed Landscapes*, 2015.
18. J. B. L., The Story of the Common Willow Pattern Plate, *Family Friend*, Vol. 1, 1849.
19. Jessie McNab Dennis, J. G. Herold and Company: The Art of Meissen Chinoiserie, *The Metropolitan Museum of Art Bulletin*, Vol. 22, No. 1, 1963.
20. John Francis Davis, On the Poetry of the Chinese, *Transactions of the Royal Asiatic Society of Great Britain and Ireland*, Vol. 2, No. 1, 1829.
21. John R. Haddad, Imagined Journeys to a Distant Cathay: Constructing China with Ceramics, 1780–1920, *Winterthur Portfolio* 41, No. 1, 2007.
22. Mark Lemon, A True History of the Celebrated Wedgewood Hieroglyph, Commonly Called the Willow Pattern, *Bentley's miscellany*, 1837–1868, London: Richard Bentley, 1838.
23. Nikolaus Pevsner and S. Lang, A Note on Sharawadgi, Nikolaus Pevsner ed., *Art, Architecture, and Design*, Vol. Ⅰ, London: Thames and Hudson, 1968.
24. N. B. Dennys, Short Notes on Chinese Instruments of Music, *Journal of the North China Branch of the Royal Asiatic Society*, New Series 8, 1874.
25. Patricia O'Hara, The Willow Pattern that We Knew: The Victorian Literature of Blue Willow, *Victorian Studies*, Bloomington, Ind. Vol. 36, No. 4, 1993.
26. R. J. Charleston, Chinese facemakers, *Antiques Magazine*, May 1958.
27. Simon Chaplin, Putting a Name to a Face: the Portrait of a "Chinese Mandarin", *The Hunterian Museum Volunteers Newsletter*, Issue 3, 2007.

28. S. C. Bosch Reit, Two Different Kinds of Ming Porcelain, *The Metropolitan Museum of Art Bulletin*, Vol. 14, No. 11, 1919.

29. William Jones, On the Second Classical Book of the Chinese 2, *Asiatick Researches*, 1790.

30. Y. Z. Chang, A Note on Sharawadgi, *Modern Language Notes*, Vol. 45, 1930.

三、中文古籍、档案、方志目录

清以前

1. （春秋）孔子著，杨伯峻、杨逢彬注释：《论语》，岳麓书社，2000年
2. 陈戍国点校：《周礼 仪礼 礼记》，岳麓书社，1989年
3. （汉）司马迁撰：《史记》，中华书局，1982年
4. （汉）班固撰：《汉书》，中华书局，1962年
5. （南朝）刘义庆著，徐震堮校笺：《世说新语校笺》，中华书局，1984年
6. （南宋）郑樵撰：《通志》，浙江古籍出版社，2000年
7. （元）陈澔注：《礼记》，上海古籍出版社，2016年
8. （元）陶宗仪撰：《辍耕录》，中华书局，1985年
9. （明）高濂撰，王大淳校：《遵生八笺》，巴蜀书社，1992年
10. （明）葛寅亮撰：《金陵梵刹志》，天津人民出版社，2007年
11. （明）顾起元撰：《客座赘语》，中华书局，1987年
12. （明）孙承泽撰：《春明梦余录》，江苏广陵古籍刻印社，1990年
13. （明）屠隆撰：《考槃余事》，中华书局，1985年
14. （明）张溥撰：《汉魏六朝百三家集》，明崇祯张氏刻本

清

1. （清）陈浏撰：《匋雅》，金城出版社，2011年
2. （清）高士奇撰：《蓬山密记》，古学汇刊本
3. （清）高宗敕撰：《清朝通典》，商务印书馆，1935年
4. （清）纪昀编纂：《钦定续文献通考》，上海图书集成局，1901年
5. （清）姜绍书撰：《无声诗史》，清康熙五十九年李光暎观妙斋刻本
6. （清）李佐贤撰：《书画鉴影》，清同治十年利津李氏刻本
7. （清）梁廷枏编：《粤海关志》，广东人民出版社，2014年
8. （清）梁廷枏著，邵循正校注：《夷氛闻记》，中华书局，1959年

9. （清）刘晚荣辑：《广川画跋》，古冈刘氏翠琅馆刻本
10. （清）年希尧撰：《视学》，清雍正刻本
11. （清）彭定求等校点：《全唐诗》，中华书局，1960年
12. （清）屈大均撰：《广东新语》，中华书局，1985年
13. （清）沈家本撰：《历代刑法考》，中华书局，1985年
14. （清）王庆云撰：《石渠余纪》卷六《纪市舶》，北京古籍出版社，1985年
15. （清）王韬撰：《漫游随录》，《走向世界丛书》Ⅵ卷，岳麓书社，2008年
16. （清）王锡祺辑：《小方壶斋舆地丛钞》，杭州古籍书店，1985年
17. （清）王之春撰，赵春晨点校：《清朝柔远记》，中华书局，1989年
18. （清）吴士鑑撰：《清宫词》，北京古籍出版社，1986年
19. （清）谢清高口述，杨炳南笔录，冯承钧注释：《海录注》，中华书局，1955年
20. （清）夏燮撰：《中西纪事》，岳麓书社，1988年
21. （清）徐珂编：《清稗类钞》，中华书局，1984年
22. （清）赵尔巽等撰：《清史稿》，中华书局，1976年
23. （清）姚元之撰：《竹叶亭杂记》，清光绪十九年姚虞卿刻本
24. （清）赵翼撰：《檐曝杂记》，中华书局，1982年
25. （清）张廷玉等撰：《明史》，中华书局，1974年
26. （清）宗圣坦撰：《九曲山房诗钞》，嘉庆刻本
27. （清）邹一桂撰：《小山画谱》，王云五编《丛书集成》初编，商务印书馆，1991年

档案、方志类：

1. 北平故宫博物院编：《清代外交史料》嘉庆、道光朝，（北平）故宫博物院，民国二十一年（1932）
2. 北京故宫博物院编：《掌故丛编》，中华书局，1990年
3. 中国第一历史档案馆、澳门基金会和暨南大学史籍研究所编：《明清时期澳门问题档案文献汇编》，人民出版社，1999年
4. 中国第一历史档案馆编：《鸦片战争档案史料》，天津古籍出版社，1992年
5. 中国第一历史档案馆编：《嘉庆道光朝上谕档》，广西师范大学出版社，2000年
6. 中国第一历史档案馆藏：《旨意底档》
7. 中国第一历史档案馆藏：《造办处各作成做活计清档》
8. （清）戴肇辰等修，史澄等编：《广州府志》卷二四，（台北）成文出版社，1966年
9. （清）桂坫等纂：《宣统南海县志》，《中国方志丛书》181，（台北）成文出版社，民国五十五至七十八年
10. （清）卢坤等编：《广东海防汇览》，道光十八年版

11. （清）毛鸿宾、郭嵩焘等修，桂文灿纂：《广东通志》，（台北）华文书局股份有限公司，1968年
12. （清）田明曜修，陈澧纂：《光绪香山县志》，（台北）台湾学生书局，1985年同治十二年本衙藏版影印本
13. 刘芳辑，章文钦校：《葡萄牙东波塔档案馆藏清代澳门中文档案汇编》，澳门基金会出版，1999年
14. 张荣选编：《养心殿造办处史料辑览》，紫禁城出版社，2015年
15. 上海商务印书馆编译所编纂：《大清新法令（1901—1911）》第1卷，商务印书馆，2010年

四、现当代中文专著及论文目录

1. 蔡鸿生：《广州与海洋文明》，中山大学出版社，2004年
2. 陈辅国主编：《诸家中国美术史著选汇》，吉林美术出版社，1992年
3. 邓开颂、黄启臣编：《澳门港史资料汇编》(1553—1986)，广东人民出版社，1991年
4. 邓之诚：《古董琐记全编》，北京出版社，1996年
5. 郭沫若：《青铜时代》第一辑《公孙尼子与其音乐理论》，群益出版社，1946年
6. 郭延礼选注：《秋瑾选集》，人民文学出版社，2004年
7. 范存忠：《中国文化在启蒙时期的英国》，上海外语教育出版社，1991年
8. 方豪：《嘉庆前西洋音乐流传中国史略》，《大陆杂志》第4卷第10期
9. 方豪：《中西交通史》，上海人民出版社，2008年
10. 方豪：《方豪文录》，北平上智编译馆，1948年
11. 宫宏宇：《"他者审视"：明末至民国来华西人眼中的中国音乐》，《音乐研究》2014年第4期
12. 郭廷以：《近代中国史纲》，香港中文大学出版社，1980年
13. 广东省博物馆编：《异趣同辉：广东省博物馆藏清代外销艺术精品集》，岭南美术出版社，2013年
14. 故宫博物院、首都博物馆编：《长宜茀禄：乾隆花园的秘密》，北京出版社，2014年
15. 韩进廉主编：《禅诗一万首》，河北科学技术出版社，1994年
16. 洪再新选编：《海外中国画研究（1950—1987）文选》，上海人民美术出版社，1992年
17. 黄鸿钊：《澳门同知与近代澳门》，广东人民出版社，2006年
18. 黄时鉴、[美]沙进编著：《十九世纪中国市井风情——三百六十行》，上海古籍出版社，1999年

19. 江滢河：《清代洋画与广州口岸》，中华书局，2007年
20. 冷东主编：《广州十三行文献研究暨博物馆建设》，世界图书出版广东有限公司，2014年
21. 李格非、吴志达主编：《文言小说（先秦南北朝卷）》，中州古籍出版社，1987年
22. 李世庄：《中国外销画：1750s—1880s》，中山大学出版社，2014年
23. 李文禄、宋绪连主编：《古代爱情诗词鉴赏辞典》，辽宁大学出版社，1990年
24. 林青华：《中乐西渐的历程：对1800年以前中国音乐流传欧洲的历史探讨》，中央音乐学院出版社，2014年
25. 刘承华：《从文化传统看中西音乐传统的不同》，《黄钟》（武汉音乐学院学报）1995年第3期
26. 马廉颇：《晚清帝国视野下的英国——以嘉庆道光两朝为中心》，人民出版社，2003年
27. 马溪吟：《羊城竹枝词》卷一，广州科学书局，民国十年
28. 李孝迁编校：《近代中国域外汉学评论萃编》，上海古籍出版社，2014年
29. 梁嘉彬：《广东十三行考》，广东人民出版社，1999年
30. 梁敬錞：《在华领事裁判权论》，商务印书馆，1934年
31. 逯钦立：《先秦汉魏晋南北朝诗》，中华书局，1983年
32. 钱穆：《现代中国学术论衡》，岳麓书社，1986年
33. 沈云龙主编：《近代中国史料丛刊》，台湾文海出版社，1966—1973年
34. 孙璇主编：《广东望族》"伍氏家谱"，羊城晚报出版社，2015年
35. 苏精：《中国，开门：马礼逊及相关人物研究》，（香港）基督教中国宗教文化研究社，2005年
36. 谭树林：《英国东印度公司与澳门》，广东人民出版社，2010年
37. 汤开建：《澳门开埠初期史研究》，中华书局，1999年
38. 汤开建：《明清士大夫与澳门》，澳门基金会，1998年
39. 唐珪璋编：《全宋词》，中华书局，1965年
40. 汪熙：《约翰公司——英国东印度公司》，上海人民出版社，2007年
41. 王光祈：《王光祈音乐论著选集》，人民音乐出版社，1993年
42. 王光祈：《中国音乐史》，音乐出版社，1957年
43. 王宏志：《翻译与近代中国》，复旦大学出版社，2014年
44. 王绳祖：《中英关系史论丛》，人民出版社，1981年
45. 王世襄：《髹饰录解说：中国传统漆工艺研究》，文物出版社，1983年
46. 吴钊、伊鸿书、赵宽仁等编：《中国古代乐论选辑》，人民音乐出版社，2011年
47. 许地山编：《达衷集 鸦片战争前中英交涉史料》，商务印书馆，民国二十年
48. 薛砺若：《薛砺若宋词通论》，吉林人民出版社，2013年

49. 乐黛云：《多元文化中的中国思想》，中华书局，2015年
50. 尹建平：《瑞典东印度公司与中国》，《世界历史》1999年第2期
51. 余冠英选注：《汉魏六朝诗选》，人民文学出版社，1958年
52. 域外汉籍珍本文库编委会编：《高丽大藏经》，人民出版社，2013年
53. 章文钦：《澳门历史文化》，中华书局，1999年
54. 张慈生、邢捷编著：《文物图注》，天津杨柳青画社，1990年
55. 张荣铮等校点：《大清律例》，天津古籍出版社，1993年
56. 张林：《中国古代音乐节拍之我见》，《音乐艺术》1989年第1期
57. 张绅：《在华英商群体与鸦片战争前的中英关系》，暨南大学出版社，2014年
58. 张星烺：《欧化东渐史》，商务印书馆，1934年
59. 张星烺编注，朱杰勤校订：《中西交通史料汇编》，中华书局，1997年
60. 张旭春：《"Sharawadgi"词源考证与浪漫主义东方起源探微》，《文艺研究》2017年第11期
61. 郑师许：《漆器考》，中华书局，1936年
62. 钟叔河编：《走向世界丛书》，岳麓书社，2008年
63. 朱立元：《当代西方文艺理论》，华东师范大学出版社，2014年

五、中文译著目录

1. ［英］阿雷恩·鲍尔德温等著，陶东风等译：《文化研究导论》，高等教育出版社，2004年
2. ［美］爱德华·W·萨义德著，王宇根译：《东方学》，生活·读书·新知三联书店，2007年
3. ［英］爱尔尼·安德逊著，费振东译：《英使访华录》，商务印书馆，1963年
4. ［法］艾田蒲撰，许钧、钱林森译：《中国之欧洲》，广西师范大学出版社，2003年
5. ［法］保尔·芒图著，陈希秦译：《十八世纪产业革命——英国近代大工业初期的概况》，商务印书馆，1983年
6. ［荷兰］包乐史撰，庄国土译：《〈荷使初访中国记〉研究》，厦门大学出版社，1989年
7. ［法］陈艳霞著，耿昇译：《华乐西传法兰西》，商务印书馆，1998年
8. ［法］杜赫德编，朱静译：《耶稣会士中国书简集》，大象出版社，2001年
9. ［英］格林堡著，康成译：《鸦片战争前中英通商史》，商务印书馆，1961年
10. ［美］何伟亚著，邓常春译：《怀柔远人：马戛尔尼使华的中英礼仪冲突》，社会科学文献出版社，2002年

11. ［德］黑格尔著，王造时译：《历史哲学》，上海书店出版社，2001年
12. ［美］亨特著，沈正邦译，章文钦校：《旧中国杂记》，广东人民出版社，1992年
13. ［美］亨特著，冯树铁译：《广州"番鬼录"：1825—1844》，广东人民出版社，1993年
14. ［英］柯律格著，刘颖译：《中国艺术》，上海人民出版社，2013年
15. ［英］孔佩特著，于毅颖译：《广州十三行：中国外销画中的外商》(1700—1900)，商务印书馆，2014年
16. ［德］利奇温著，朱杰勤译：《十八世纪中国与欧洲文化的接触》，商务印书馆，1962年
17. ［意大利］利玛窦、金尼阁著，何高济等译：《利玛窦中国札记》，中华书局，1983年
18. ［英］李约瑟：《中国科学技术史》，科学出版社，1975年
19. ［日］笠原美智子著，何积惠译：《招摇：另类人体宣言》，华夏出版社，2004年
20. ［瑞典］龙思泰著，吴义雄译：《早期澳门史》，东方出版社，1997年
21. ［比利时］鲁日满著，何高济译：《鞑靼中国史》，中华书局，2008年
22. ［英］马礼逊夫人编，顾长声译：《马礼逊回忆录》，广西师范大学出版社，2004年
23. ［英］迈克尔·苏立文著，洪再辛译：《山水悠远：中国山水画艺术》，上海书画出版社，2015年
24. ［英］迈克尔·苏立文著，赵潇译：《东西方艺术的交会》，上海人民出版社，2014年，第291页
25. ［英］马丁·坎普编，余君珉译：《牛津西方艺术史》，外语教学与研究出版社，2009年
26. ［法］孟德斯鸠著，许明龙译：《论法的精神》，商务印书馆，2012年
27. ［意大利］马可·波罗撰，冯承钧译：《马可·波罗行纪》，凤凰出版传媒集团、江苏文艺出版社，2008年
28. ［美］马士：《中华帝国对外关系史》，上海书店出版社，2006年
29. ［美］马士著，区宗华译：《东印度公司对华贸易编年史(1635—1834)》，广东人民出版社，2016年
30. ［法］佩雷菲特著，王国卿等译：《停滞的帝国——两个世界的撞击》，生活·读书·新知三联书店，1993年
31. ［英］彼得·弗兰科潘著，邵旭东、孙芳译：《丝绸之路——一部全新的世界史》，浙江大学出版社，2016年
32. ［法］P.朗多尔米著，朱少坤等译：《西方音乐史》，人民音乐出版社，1989年
33. ［葡］平托著，金国平译注：《远游记》，澳门基金会，1999年
34. ［新西兰］乔纳森·思朋斯：《秦的广袤大陆：西方人心中的中国》，企鹅书店，1998年
35. ［美］乔迅著，刘芝华、方慧译：《魅感的表面：明清的玩好之物》，中央编译出版社，

2017年

36. ［英］乔治·马戛尔尼、约翰·巴罗著,何高济、何毓宁译:《马戛尔尼使团使华观感》,商务印书馆,2019年

37. ［英］乔治·梅瑞狄斯:《利己主义者》,湖南人民出版社,1988年

38. ［法］钱德明著,叶灯译:《中国古今音乐考》,《南京艺术学院学报》(音乐及表演版)1997年第3期

39. ［法］让·鲍德里亚著,刘成富、全志刚译:《消费社会》,南京大学出版社,2008年

40. ［美］司马勤:《谈音说乐:中国当代音乐面面观》,北京师范大学出版社,2014年

41. ［美］唐纳德·普雷齐奥西主编,易英等译:《艺术史的艺术:批评读本》,上海人民出版社,2016年

42. ［法］托克维尔:《旧制度与大革命》,商务印书馆,2013年

43. ［意大利］卫匡国著,何高济译:《鞑靼战纪》,中华书局,2008年

44. ［美］卫三畏著,陈俱译:《中国总论》,上海古籍出版社,2005年

45. ［英］修·昂纳、约翰·弗莱明著,吴介祯等译:《世界艺术史》,北京美术摄影出版社,2013年

46. ［希腊］亚里士多德撰,罗念生译:《诗学》,人民文学出版社,1997年

47. ［英］裕尔著,［法］考迪埃修订,张绪山译:《东域纪程录丛:古代中国闻见录》,中华书局,2008年

48. ［英］亚当·斯密著,王亚南、郭大力译:《国富论》,商务印书馆,1972年

49. ［英］伊凡·威廉斯著,程美宝译:《广州制作:欧美藏十九世纪中国蓪纸画》,岭南美术出版社,2014年

50. ［瑞典］英格丽·阿伦斯伯格:《瑞典"哥德堡号"再度扬帆》,广州出版社,2006年

51. ［英］约翰·汤姆逊著,徐家宁译:《中国与中国人影像》,广西师范大学出版社,2012年

52. ［美］詹姆斯·埃尔金斯著,潘耀昌、顾泠译:《西方美术史学中的中国山水画》,中国美术学院出版社,1999年

53. ［葡］曾德昭著,何高济译:《大中国志》,上海古籍出版社,1998年

54. ［日］真人元开、(明)李言恭、(明)郝杰撰,汪向荣、严大中校注:《唐大和上东征传日本考》,中华书局,2000年

图书在版编目(CIP)数据

海上丝路：东印度公司与启蒙时期欧洲的"中国风" / 施晔著. —上海：上海古籍出版社，2021.11
ISBN 978-7-5732-0052-5

Ⅰ.①海… Ⅱ.①施… Ⅲ.①海上运输—丝绸之路—研究 Ⅳ.①K103

中国版本图书馆CIP数据核字（2021）第226551号

海上丝路：东印度公司与启蒙时期欧洲的"中国风"
施 晔 著
上海古籍出版社出版发行
（上海市闵行区号景路159弄A座5F　邮政编码201101）
（1）网址：www.guji.com.cn
（2）E-mail：guji1@guji.com.cn
（3）易文网网址：www.ewen.co
苏州市越洋印刷有限公司印刷
开本787×1092　1/16　印张21.25　插页15　字数440,000
2021年11月第1版　2021年11月第1次印刷
ISBN 978-7-5732-0052-5
K·3039　定价：98.00元
如有质量问题，请与承印公司联系